U0534855

本书得到渭南师范学院优秀学术著作出版基金资助

王先谦的外国史地著作研究

程天芹 ◎ 著

中国社会科学出版社

图书在版编目(CIP)数据

王先谦的外国史地著作研究 / 程天芹著. —北京：中国社会科学出版社，2016.11

ISBN 978-7-5161-9705-9

Ⅰ.①王… Ⅱ.①程… Ⅲ.①王先谦（1842—1917）–世界历史–书评 ②王先谦（1842—1917）–世界–地理–书评 Ⅳ.①K825.8

中国版本图书馆 CIP 数据核字（2017）第 012394 号

出 版 人	赵剑英
责任编辑	任　明
特约编辑	李晓丽
责任校对	王佳玉
责任印制	李寡寡

出　　版	中国社会科学出版社
社　　址	北京鼓楼西大街甲 158 号
邮　　编	100720
网　　址	http://www.csspw.cn
发 行 部	010-84083685
门 市 部	010-84029450
经　　销	新华书店及其他书店
印刷装订	北京市兴怀印刷厂
版　　次	2016 年 11 月第 1 版
印　　次	2016 年 11 月第 1 次印刷
开　　本	710×1000 1/16
印　　张	26.5
插　　页	2
字　　数	448 千字
定　　价	95.00 元

凡购买中国社会科学出版社图书，如有质量问题请与本社营销中心联系调换
电话：010-84083683
版权所有　侵权必究

目 录

引言 ……………………………………………………………… (1)
 第一节 王先谦著作及其研究 ……………………………… (1)
  一 "著书满家"王先谦 …………………………………… (1)
  二 成果丰硕的王先谦及其著作研究 …………………… (2)
 第二节 晚清外国史地著作研究现状 …………………………… (9)
 第三节 王先谦的外国史地著作研究现状 …………………… (12)
  一 《日本源流考》研究 …………………………………… (12)
  二 《外国通鉴》研究 ……………………………………… (14)
  三 《五洲地理志略》研究 ………………………………… (16)
  四 整体研究 ………………………………………………… (18)
 第四节 篇章结构、方法与特色 ………………………………… (20)
  一 篇章结构 ………………………………………………… (20)
  二 研究方法 ………………………………………………… (22)
  三 研究特色 ………………………………………………… (22)

第一章 王先谦的生平、学术与思想 ……………………………… (24)
 第一节 晚年疾病缠身的王先谦坚持完成外国史地著作的
     缘由 ……………………………………………………… (24)
 第二节 "王先谦的外国史地著作由门人代写"考辨 ………… (27)
 第三节 王先谦的"日本观" ……………………………………… (31)
  一 对日本的关注体现为多方面 …………………………… (31)
  二 对日本的成功深刻思考 ………………………………… (33)
  三 对日本的看法因时而异 ………………………………… (35)
  四 对王先谦"日本观"的评价 …………………………… (37)
 第四节 王先谦的"西学观" ……………………………………… (39)

一　讲西学之法 …………………………………… (39)
　　二　中西学比较 …………………………………… (40)
　　三　中西政治 ……………………………………… (42)
第二章　国人编纂的第一部日本编年体通史：《日本源流考》 …… (43)
　第一节　王先谦创作《日本源流考》 ……………………… (43)
　　一　创作动机、条件 ……………………………… (43)
　　二　体例与版本 …………………………………… (45)
　　三　各卷内容 ……………………………………… (48)
　　四　勘误 …………………………………………… (50)
　第二节　编撰特色 …………………………………………… (52)
　　一　为史书作"注" ……………………………… (52)
　　二　连续时间标注 ………………………………… (53)
　　三　"识余"补充总体知识 ……………………… (54)
　第三节　叙述重点 …………………………………………… (56)
　　一　政治为核心 …………………………………… (56)
　　二　经济进展 ……………………………………… (62)
　　三　外交关系 ……………………………………… (64)
　　四　中日文化 ……………………………………… (64)
　　五　考"源流" …………………………………… (65)
　第四节　资料来源、利用 …………………………………… (66)
　　一　总体资料 ……………………………………… (66)
　　二　四种来源、三类典籍 ………………………… (75)
　　三　征引史料，取舍精审 ………………………… (84)
　第五节　构成《日本源流考》主体部分五部书分析 ……… (86)
　　一　《大日本史》等五部书在《日本源流考》中所占比例 …… (86)
　　二　《日本源流考》与《大日本史》的关系 …… (87)
　　三　《和汉年契》《四裔编年表》也构成正文主体 …… (90)
　　四　《日本外史》主要作为注文 ………………… (94)
　　五　《日本国志》，正文、注文、案语中都有 … (95)
　　六　形成"接力"链条 …………………………… (95)
　第六节　《日本源流考》引用《日本国志》考析 ………… (96)
　　一　《日本国志》版本及史料价值 ……………… (97)

二　《日本源流考》与《日本国志》的异同 …………………… (101)
　　三　《日本源流考》对《日本国志》的大量利用 ……………… (103)
　　四　《日本源流考》用《日本国志》作正文 …………………… (106)
　　五　《日本源流考》用《日本国志》作注 ……………………… (107)
　　六　《日本源流考》"案语"中引用《日本国志》 ……………… (112)
　第七节　史料价值 …………………………………………………… (113)
　　一　"案语"表观点 ……………………………………………… (113)
　　二　辨析历史模糊问题 …………………………………………… (114)
　　三　补充记载"小"叛乱 ………………………………………… (118)
　　四　提出"天下禅代，独日本世王"观点 ……………………… (119)
　　五　列神功皇后为一代统治者 …………………………………… (121)

第三章　历时十二载的《外国通鉴》成稿并逐步完善 ……………… (124)
　第一节　"草稿本"：二十二卷《外国通鉴稿》 …………………… (125)
　　一　稿本"二十二卷"辨 ………………………………………… (125)
　　二　保留修改稿形式 ……………………………………………… (126)
　　三　增加60余国 ………………………………………………… (133)
　　四　引用书籍 ……………………………………………………… (144)
　第二节　"完善稿"：三十三卷《西国通鉴二次稿》 ……………… (145)
　　一　主要依据《万国通史》 ……………………………………… (146)
　　二　以《西史纲目》为参照 ……………………………………… (147)
　　三　内容 …………………………………………………………… (154)
　　四　特点 …………………………………………………………… (159)
　　五　史料价值 ……………………………………………………… (165)
　第三节　"一国"到"多洲"的演变 ………………………………… (175)
　　一　《日本源流考》到《外国通鉴稿》："一国史"到"多
　　　　国史" …………………………………………………………… (175)
　　二　《日本源流考》《外国通鉴稿》《西国通鉴二次稿》的"三
　　　　级跳" …………………………………………………………… (177)
　第四节　王先谦的"外国观" ……………………………………… (180)
　　一　晚清其他题名含"外国"的史地书 ………………………… (180)
　　二　王先谦的"外国观" ………………………………………… (182)

第四章 《五洲地理志略》的内容及资料来源 (186)

第一节 版本及成书过程中缪荃孙的作用 (186)
一 晚清湖南刊刻的域外史地书籍 (186)
二 湖南学务公所刊《五洲地理志略》 (187)
三 缪荃孙与《五洲地理志略》 (190)

第二节 编排特色 (191)
一 各卷记载国家、地区 (191)
二 卷首总论洲、海 (194)
三 欧洲为"五洲"末位 (198)
四 以"国"为序，大清国为第一 (200)

第三节 内容特色 (202)
一 重大国，兼小国 (202)
二 详中国，略外国 (204)
三 详述中国沿革历史 (206)
四 细列各国进出口等经济数据 (207)

第四节 资料来源 (210)
一 正文依据《万国新地志》 (210)
二 列出引用资料88种 (213)
三 书名或著者考辨 (217)
四 四种来源 (220)
五 地图出处及特点 (225)

第五节 资料运用特点 (233)
一 按内容性质分为九类 (233)
二 同一地域用多种资料介绍 (234)
三 多用最新成果 (236)

第六节 学术价值 (237)
一 扩大了世界认知范围 (237)
二 注文有很高的史料价值 (241)
三 王先谦对外国地名译名的贡献 (243)

第七节 同类文献比较 (251)
一 晚清以"五洲"命名的书籍对世界的描述 (251)
二 与《五洲述略》比较 (254)

三　与《瀛寰志略》的关系 …………………………………… (258)
余论　王先谦的外国史地著作的特点及价值 ………………………… (261)
　　一　外国史学系列研究 ………………………………………… (261)
　　二　治史思想 …………………………………………………… (262)
　　三　资料引用与撰述原则 ……………………………………… (265)
　　四　学术贡献 …………………………………………………… (266)
附录一　王先谦学术系年 ……………………………………………… (269)
附录二　王先谦的外国史地著作引用书目提要 ……………………… (295)
　第一部分　《日本源流考》引用书目提要 …………………………… (297)
　　一　国人著作 …………………………………………………… (297)
　　二　日人著作 …………………………………………………… (306)
　　三　西人著作 …………………………………………………… (310)
　第二部分　《五洲地理志略》引用书目提要 ………………………… (310)
　　一　地志 ………………………………………………………… (310)
　　二　游记、日记 ………………………………………………… (323)
　　三　地图 ………………………………………………………… (327)
　　四　史书 ………………………………………………………… (331)
　　五　年鉴、课程、问答、辞典 ………………………………… (335)
　　六　兵书 ………………………………………………………… (336)
　　七　政治法律 …………………………………………………… (336)
　　八　释名 ………………………………………………………… (337)
　　九　规制 ………………………………………………………… (338)
附录三　二十二卷《外国通鉴稿》所加条目 ………………………… (339)
主要参考论著 …………………………………………………………… (395)
后记 ……………………………………………………………………… (411)

表目索引

表2-1 《日本源流考》各卷叙述天皇 …………………… (49)
表2-2 《日本源流考》勘误 ……………………………… (50)
表2-3 《日本源流考》引用篇目 ………………………… (67)
表2-4 《日本源流考》各卷引用《大日本史》《和汉年契》
　　　《日本外史》《日本国志》《四裔编年表》分布 ………… (86)
表2-5 《四裔编年表》记载的日本天王 ………………… (92)
表2-6 《日本源流考》各卷引用《日本国志》分布 ……… (104)
表2-7 倭之五王遣使中国 ………………………………… (115)
表3-1 《日本源流考》与《外国通鉴稿》对天皇的介绍对比
　　　举例 …………………………………………………… (130)
表3-2 《日本源流考》与《外国通鉴稿》中案语的对比 … (132)
表3-3 《外国通鉴稿》中所增加的国家条目 …………… (133)
表3-4 《外国通鉴稿》中所增加的含有具体内容的条目 … (141)
表3-5 《西国通鉴二次稿》各卷记载起止年代 ………… (157)
表4-1 《五洲地理志略》各卷记载国家、地区 ………… (191)
表4-2 《五洲地理志略》中部分国家和殖民地的出入口、铁路
　　　等经济数据 …………………………………………… (208)
表4-3 《五洲地理志略》中、日、西三类资料组成 …… (220)
表4-4 《瀛寰译音异名记》各卷内容 …………………… (246)
表4-5 《五洲述略》所叙国家 …………………………… (257)

引　言

　　王先谦，湖南长沙凉塘人，生于1842年8月6日，卒于1918年1月8日[①]，字益吾，号"葵园"，由于曾任国子监祭酒，世人也称他为"王祭酒"。清同治四年（1865），二十四岁中进士。1868—1876年任翰林院编修，1877—1878年升左中允，1879—1884年任国子监祭酒，1885—1888年江苏学政，1889年辞官，1890—1891年主讲思贤讲舍，1891—1893年主讲城南书院，1894—1903年主讲岳麓书院，1903年部议王先谦为从四品。1907—1910年任湖南学务公所议长。1908年赏内阁学士衔。民国三年（1914）始返长沙凉塘故居。王先谦从1889年辞官到1918年去世，主要从事著述工作。

第一节　王先谦著作及其研究

一　"著书满家"王先谦

　　王先谦著述丰富，受到时人称赞。1911年王先谦七十岁生日之时，

[①] 王先谦的生卒年代，有两种意见。一种是1842—1917年，如虞舜主编《湖南百科全书》近代人物，对王先谦的介绍。参见虞舜《湖南百科全书》，岳麓书社1995年版，第831页。另一种是1842—1918年。参见来新夏《近三百年人物年谱知见录》，上海人民出版社1983年版，第252页。本书同意并采信孙玉敏的说法，认为1842—1818年的说法更妥当，王先谦的卒日为丁巳年十一月乙卯日（二十六），通过公元换算，即1918年1月8日，详见孙玉敏《王先谦生卒年考辨》，《船山学刊》2005年第4期。

吴庆坻①称"长沙阁学王先生,以光绪戊子致士,齿未五十也。里居逾二十年,著书满家,海内奉为大师"。②李宝洤③称"移疾归里,一意著书,积今垂二十年,盖自少壮至白首,未尝一日废书不观"。李宝洤将王先谦的撰述分为经、史、子、集四类,提出,王先谦的撰述中未脱稿者尚多。④其盛名也远播日本,日本宗方北平于1899年来信说"仄闻有王益吾先生者,学德经济,为一代之泰斗"。⑤

王先谦所撰写、编辑、刊刻的书籍很丰富,集中于1872—1917年共46年中。

另有王先谦汇辑《抄本历代高僧集传》三十八卷,稿本,从未刊印,是一部佛教人物大词典,收录自汉明帝至明代高僧1830人,分为译经、义解、习禅、明律、护法、神异、感通、经师、兴福、杂科、忘身十一大类。⑥

王先谦有四部著作受到皇帝嘉奖。1908年,王先谦进所著《尚书孔传参正》《汉书补注》《荀子集解》《日本源流考》,受到了皇帝嘉奖,同时他被赐予内阁学士衔。⑦

二 成果丰硕的王先谦及其著作研究

从王先谦1918年去世至2014年的97年中,关于王先谦及其著作的研究获得了丰硕的成果。从研究时段和研究重点看,进入20世纪80年代

---

① 吴庆坻(1847—1924),字子修,一字敬疆,浙江钱塘县(今杭州)人,光绪十二年(1886)进士,改翰林院庶吉士,散馆后授编修。历任四川学政、湖南学政、湖南提学使,著有《蕉廊脞录》《辛亥殉难记》等。

② 王先谦:《王先谦自定年谱》卷下宣统三年,《葵园四种》,岳麓书社1986年版,第795页(下简称《年谱》,用《葵园四种》页码)。

③ 李宝洤(1864—1919),字经畦、经彝,号汉堂,晚号荆遗,江苏武进(今常州)人。曾任湖南候补道。辛亥革命遁隐居沪上,专心读书、著述。著有《诸子文粹》《汉堂札记》等。参见周家珍《20世纪中华人物名字号辞典》,法律出版社2000年版,第375页。

④ 《年谱》,第798页。

⑤ 王先谦:《虚受堂书札》,"复日本宗方北平(附来书)",《葵园四种》,岳麓书社1986年版,第884—886页(以下简称《书札》,用《葵园四种》页码)。

⑥ 姜亚沙:《影印珍本古籍文献举要》,北京图书馆出版社2002年版,第137页。

⑦ 王先谦:《王先谦自定年谱》,岳麓书社1986年版,第767页。

后，王先谦开始引起学界注意，迅速成为晚清改革史研究的重点人物之一。① 吴忠民最先论及王先谦的思想，认为他是一位洋务思想家。"到 20 世纪 90 年代，王先谦在政治上的整体形象基本被改过来，成为一位识时务、讲求变法的开明士绅。"② 2000 年以后对王先谦的研究又呈现出新特色。罗玉明《王先谦与湖南近代工业的兴起》③、许顺富《论戊戌维新运动时期的王先谦》④、孙海林《王先谦教育实践与教育思想》⑤，这些文章注意到要用新的眼光来评价王先谦。

按照研究类别分，包含以下几个方面。

(一) 学术思想

对其学术思想进行的最深入研究是《王先谦学术思想研究》，也是迄今为止对王先谦著作研究最为全面的，专门研究王先谦著作、学术思想的第一部专著。⑥ 该书从晚清学术背景与王先谦生平谈起，介绍了王先谦的学术交游，主体部分从经学、史学、诸子学三个方面来探讨王先谦的学术成就及学术思想的丰富内涵，最后评价其学术思想。该研究是对王先谦学术成果的整体把握，在研究王先谦著作的领域中占据重要地位。

2007 年李和山的博士学位论文《王先谦学术年谱》，在王先谦《自定年谱》的基础上，以王先谦本人所著的《文集》《诗存》和《书札》为主要材料来源，参考《清史稿》《清实录》《光绪朝东华录》等史料，广采与他同时代人物的年谱、日记、书札、诗文集等资料中的相关记载，补充材料数百则，力图全面准确地反映出他的思想渊源、他一生的学术与政治活动等方面的情况。⑦

梅季坤《王先谦的治学成就与学术思想》提出王先谦的学术思想特点包含八个方面：汉宋同途；古今共辙；诸子并蓄；中西兼容；将考据之学与经世致用治学融为一体；将江浙学派与湖湘学派熔为一炉；经史子

---

① 吴仰湘：《中国内地王先谦研究述评》，朱汉民主编《清代湘学研究》，湖南大学出版社 2005 年版，第 562 页。

② 同上书，第 563 页。

③ 罗玉明：《王先谦与湖南近代工业的兴起》，《船山学刊》2002 年第 4 期。

④ 许顺富：《论戊戌维新运动时期的王先谦》，《湖南论坛》2003 年第 5 期。

⑤ 孙海林：《王先谦教育实践与教育思想》，《湖南第一师范学报》2004 年第 3 期。

⑥ 孙玉敏：《王先谦学术思想研究》，黑龙江人民出版社 2008 年版。

⑦ 李和山：《王先谦学术年谱》"摘要"，博士学位论文，苏州大学，2007 年。

集,全面贯通;求实精神。①

　　王青芝《王先谦的史学成就及思想与观念》认为:晚清著名学者王先谦在史学上成就显著,撰述丰硕,涉及古籍校勘、笺注和考证;史地学与民族史的研究;史料的汇编和纂辑;外国史地的研究等。这些著述反映出王先谦具有求是、爱国、经世、变易、夷夏之辨的史学思想与观念。②

　　(二)治学风格、教育思想等活动

　　朱汉民、黄梓根《王先谦汉学研究与书院传播》③认为王先谦是晚清一位重要的汉学大师。在湖湘理学传统和晚清经世思潮的影响下,王先谦的汉学又不同于传统的乾嘉汉学,已走出纯粹的考据而呈现出既趋重经史考据,又能调和汉宋、兼采古今、求实致用的多途取向。王先谦一生治学讲学,始终没有离开过书院。正是借由书院,王先谦为传播汉学做出了重要贡献。孙海林《王先谦教育实践与教育思想》注意到王先谦在教育上的先进性④,认为王先谦虽为官多年,但教育实践贯通一生;虽政治上保守,但教育思想与时俱进。张庆雄《浅析王先谦教育思想的转变》⑤从教育内容、教育举措、教育目的诸方面对其教育思想及践履一一探讨,目的是对他教育思想的转变及其在中国近代教育演进中的作用有更加完整的认识。

　　张小兰《论王先谦与湖南维新运动》⑥,谢丰《王先谦的教育近代化实践》⑦《清末新政时期湖南官绅对书院改制政策的不同思考:以俞廉三、王先谦、赵尔巽的教育改革活动为例》⑧都是讨论王先谦在维新、教育上的活动的。

---

　　① 梅季坤:《王先谦的治学成就与学术思想》,朱汉民主编《清代湘学研究》,湖南大学出版社2005年版,第207—218页。
　　② 王青芝:《王先谦的史学成就及思想与观念》,《船山学刊》2008年第2期。
　　③ 朱汉民、黄梓根:《王先谦汉学研究与书院传播》,《湖南大学学报》(社会科学版)2004年第4期。
　　④ 孙海林:《王先谦教育实践与教育思想》,《湖南第一师范学报》2004年第3期。
　　⑤ 张庆雄:《浅析王先谦教育思想的转变》,《呼伦贝尔学院学报》2004年第4期。
　　⑥ 张小兰:《论王先谦与湖南维新运动》,硕士学位论文,湘潭大学,2006年。
　　⑦ 谢丰:《王先谦的教育近代化实践》,《船山学刊》2006年第3期。
　　⑧ 谢丰:《清末新政时期湖南官绅对书院改制政策的不同思考:以俞廉三、王先谦、赵尔巽的教育改革活动为例》,《湖南大学学报》(社会科学版)2006年第6期。

(三) 单部著作

学界对王先谦的《汉书补注》及《释名疏证补》《东华录》的研究较集中。

《汉书补注》,一百二十卷。清末王先谦撰,为王氏的重要著作之一,堪称继颜注后又一部对《汉书》研究的集大成者。王先谦的《汉书补注》是汇集了唐以前六十七家和唐以后四十多家注解的集大成之作。① 目前学界对王先谦的《汉书补注》研究最多。马固钢《谈〈汉书补注〉的吸收前人成果》②和《〈汉书补注〉训诂杂识》③、吴荣政《王先谦〈汉书补注〉略论》④认为王氏《补注》实为目前《汉书》注解最完备之本。翟迪《王先谦〈汉书补注〉训诂研究》认为《汉书补注》在清代的训诂学、文献学等领域都占有一席之地。以颜师古的《汉书注》为基础,《汉书补注》继承了很多颜注的训诂方法和训诂内容,包括文字训诂、音韵训诂、词义训诂和语法训诂四个方面。《汉书补注》是《汉书》研究领域中最好、最全面的注本,是一本值得学者们重视、深入研究的著作。⑤ 对王先谦的《汉书补注》的研究最全面的是张海峰的博士学位论文《王先谦〈汉书补注〉研究》,它从以下几个方面评价王先谦对《汉书补注》做出的贡献:从研究方法来说,王先谦继承了前人的研究方法,而在综合抉择方面有不少的突破;从注释内容来说,《汉书补注》已将《汉书》研究史上重要的研究成果网罗殆尽,王先谦又进一步完善了《汉书》的注释,使《汉书》几无漏义。因此,王先谦《汉书补注》是对前人《汉书》研究成果和研究方法的集大成之作,它标志着《汉书》注释时代的结束。⑥

朴相泳《从〈诗三家义集疏〉看王先谦的训诂学》⑦通过对《诗三家义集疏》的研究,总结王先谦在训诂学上取得的成绩,对其进行学术

---

① 翟迪:《王先谦〈汉书补注〉训诂研究》"摘要",硕士学位论文,渤海大学,2013年。
② 马固钢:《谈〈汉书补注〉的吸收前人成果》,《石家庄师范专科学校学报》2002年第1期。
③ 马固钢:《〈汉书补注〉训诂杂识》,《古籍整理研究学刊》2002年第5期。
④ 吴荣政:《王先谦〈汉书补注〉略论》,《兰州大学学报》(社会科学版)1982年第4期。
⑤ 翟迪:《王先谦〈汉书补注〉训诂研究》"摘要",硕士学位论文,渤海大学,2013年。
⑥ 张海峰:《王先谦〈汉书补注〉研究》"摘要",博士学位论文,山东大学,2011年。
⑦ 朴相泳:《从〈诗三家义集疏〉看王先谦的训诂学》,硕士学位论文,山东大学,2002年。

史的定位。张华清《〈释名〉研究》①分为三个部分：韦昭与《释名》研究、毕沅与《释名》研究、王先谦与《释名》研究。学界对《释名疏证补》②《续古文辞类纂》③《后汉书集解》④《葵园四种》的研究文章⑤，都是从文献学角度对王先谦著作研究的。

吴荣政《王先谦与〈东华录〉：兼论王录与蒋录、潘录和〈清实录〉的异同》⑥认为王先谦自清同治八年（1869）五月始入史馆至光绪十八年（1892）编撰11朝《东华录》的23年间，除在外供职、丁忧归里和辞官居家共约11年外，有12年在史馆供职。他先后任国史馆编修、协修、纂修、总纂，功臣馆纂修，实录馆协修、纂修、总校，还任翰林院侍读、日讲起居注官，得见金匮石室秘籍，具备了撰修《东华录》的客观条件。

《王先谦与〈鲜虞中山国事表疆域图说〉》⑦提出：在清王朝陷入社会、民族危机之时，具有爱国思想的王先谦著书立说，以增强中华民族的自信心和自尊心。

贺知章《王先谦与毕沅〈释名〉研究比较》⑧提出：毕沅《释名疏证》和王先谦《释名疏证补》先后是清人《释名》研究的代表性著作，王先谦《释名疏证补》虽以毕沅《释名疏证》为基础，二者相比较，王先谦在方法、内容上对毕沅都有所突破。方法上，王氏采用了不同的校勘方法，注疏的重点也不相同。内容方面，王氏既能补充及完善，又能怀疑并刊正《释名疏证》。

《尚书孔传参正》是王先谦最重要的一部经学著作，他对清代汉学有

---

① 张华清：《〈释名〉研究》，硕士学位论文，山东大学，2005年。
② 单篇有祝敏彻：《〈释名疏证补点校〉序言》，《湖北大学学报》（哲学社会科学版）1989年第1期。黄宗瀚：《〈释名疏证补点校〉引用医籍考》，《医古文知识》2003年第2期。黄宗瀚：《〈释名疏证补点校〉医籍引文之对象与作用》，《医古文知识》2004年第2期。魏宇文、王彦坤：《〈释名疏证补点校〉的"先谦曰"探微》，《学术研究》2005年第3期。
③ 关贤柱：《浅谈黎庶昌的〈续古文辞类纂〉》，《贵州文史丛刊》1992年第3期。
④ 杨树达：《跋后汉书集解》，《清华大学学报》（自然科学版）1927年第1期。
⑤ 梅季：《〈葵园四种〉的史料价值》，《复旦学报》（社会科学版）1987年第4期。
⑥ 吴荣政：《王先谦与〈东华录〉：兼论王录与蒋录、潘录和〈清实录〉的异同》，《湘潭大学社会科学学报》1987年第4期。
⑦ 王青芝、王照兰：《王先谦与〈鲜虞中山国事表疆域图说〉》，《兰台世界》2008年第2期。
⑧ 贺知章：《王先谦与毕沅〈释名〉研究比较》，《延安大学学报》（社会科学版）2008年第5期。

关《尚书》的研究成果做了一次较为全面、系统的整理和总结，是一部集大成之作；同时他对前人的研究成果有补充和发挥，对前人的误漏有纠驳和疏正，他的经解和考据也有许多独到的见解和创获。龚抗云的博士学位论文《王先谦〈尚书孔传参正〉研究》着重从两个方面入手研究，一方面对清代汉学有关《尚书》研究的基本情况做整体把握和比较研究，对其进行较为全面、系统的考察；另一方面对《尚书孔传参正》一书做了深入的解读和探讨，揭示其成就和价值，试图客观、公正地评判王先谦的学术成就及其历史地位。①

（四）刻书活动、文献整理

较早注意到王先谦著书刻书的是刘志盛，他著有《先贤王先谦著书刻书考略》，收在1985年《长沙市北区文史资料》中。②师玉祥《王先谦与刻书》③介绍了王先谦的刻书活动。王秀山《王先谦刊刻书籍简论》④、黄林《也知经术非时务 稍为儒林振古风——王先谦编辑出版活动及思想述论》⑤认为王先谦是近代著名的编辑出版家。由于其编辑思想的保守落后（为了维护清王朝的统治、振兴儒家学说和个人的名利），最终妨碍了他向现代出版人的转化。李绍平、谢斌《浅谈王先谦的文献学成就》⑥统计，王先谦一生汇刻、钞纂、编撰、注释、校勘的著作共达四千卷以上。胡志泽《王先谦整理古代文献的杰出成就》⑦，刘旭青《略论王先谦文献整理的成就与方法》⑧，对王先谦整理的文献收集后，依其性质划分为集注、钞纂、校刊三大类，着重探讨王氏在文献整理的实践中形成的颇具有特色的文献整理方法概括为四个方面：一、兼采众长，不囿门户；二、注重版本，择善而从；三、纵横比勘，征之于实；四、补缺纠谬，是正文字。

---

① 龚抗云：《王先谦〈尚书孔传参正〉研究》，博士学位论文，湖南大学，2013年。

② 刘志盛：《先贤王先谦著书刻书考略》，《长沙市北区文史资料》（湖南）第1辑，1985年。

③ 师玉祥：《王先谦与刻书》，《图书馆》1996年第2期。

④ 王秀山：《王先谦刊刻书籍简论》，《邵阳学院学报》2002年第S1期。

⑤ 黄林：《也知经术非时务 稍为儒林振古风——王先谦编辑出版活动及思想述论》，《湖南师范大学社会科学学报》2004年第1期。

⑥ 李绍平、谢斌：《浅谈王先谦的文献学成就》，《船山学刊》2006年第2期。

⑦ 胡志泽：《王先谦整理古代文献的杰出成就》，《娄底师专学报》1996年第1期。

⑧ 刘旭青：《略论王先谦文献整理的成就与方法》，硕士学位论文，湖北大学，2000年。

(五) 保守主义思想

对王先谦保守主义思想研究，典型的如马秀平《从倭仁到王先谦：清代同光年间保守主义思想的典型探析》[1]，分析和论述了同光年间保守主义思想的总体特征；选取倭仁与王先谦两人作为个案分析研究，着重对其保守主义思想的成因、理论基础与价值取向以及他们在应对社会变局上采取的一系列举措等做了较为系统深入的探讨与研究，揭示出他们的保守主义思想在当时社会中的影响。最后，从近现代中国社会发展的方向来看，同光年间的保守主义思想不可能正确认识和处理"中学"与"西学"，"传统"与"现代"及其相互关系，也不可能对中国的出路做出正确的选择，但在一些具体问题上，保守主义思想又有其合理的、有价值的论点，有其存在的必然性。同时该文认为保守主义思潮在发展过程中有一个逐渐嬗变的轨迹，在社会发展进程中，它与激进主义思潮及其他思潮保持一种张力的平衡关系，从而促进社会的前进。

阳信生《湖南近代绅士阶层研究（1895—1912）》[2]，以湖南绅士阶层在近代（1895—1912）的演变、以湖南绅士与近代社会变迁的互动关系进行研究。该文第六章、第七章分别对新式绅士和守旧派绅士进行了个案研究。旧派绅士选择王先谦、叶德辉、王闿运、曾廉等人为研究对象。通过研究他得出的结论是：社会变迁的深度和广度决定了绅士分化的速度和彻底程度。

戴根平《维新运动时期湖南思想界的动态研究》认为：甲午战争前，湖南是顽固守旧势力比较集中的省份，它对外来的较先进的文化、思想采取排斥的态度，其仇教排外在全国是有名的。甲午战争中中国的惨败深深地刺激着国人，也深深地刺激着湘人，他们懂得中国与西方列强的差距，从此开始幡然悔悟，变法以图自强的思想开始流行。在官方支持下，谭嗣同、梁启超、唐才常、皮锡瑞等人大力倡导维新改革，他们创办了传播新思想的《湘学报》《湘报》，成立了带有议院性质的南学会，也举办了培养新型人才的时务学堂，一时之间湖南出现了维新改革的大好形势。王先谦、叶德辉等所谓旧派人物虽与新派有一定分歧，但他们是大部分新政实

---

[1] 马秀平：《从倭仁到王先谦：清代同光年间保守主义思想的典型探析》，硕士学位论文，福建师范大学，2003年。

[2] 阳信生：《湖南近代绅士阶层研究（1895—1912）》，博士学位论文，湖南师范大学，2003年。

业的参与者和领导者，总体而言，其思想是趋新的。

（六）研究综述

自2005年以来，有四篇关于王先谦的研究综述文章发表。其中2007年之前有三篇：吴仰湘《中国内地王先谦研究述评》[①]、蒋秋华《台湾学界王先谦研究简述》[②]以及孙玉敏《王先谦研究综述》[③]。《中国内地王先谦研究述评》通过对政治层面的王先谦研究和学术层面的王先谦研究两方面的分析，指出，"通过全面、认真地解读已经刊行的王氏著作和相关文献，仍然可以接近其思想原状，重建王先谦的历史图像"。[④]《台湾学界王先谦研究简述》认为台湾学界对王先谦的研究，"有关生平与学术的研究，约略各半。生平部分的文章仅止于传记、逸闻的简述，缺乏较为深入的学术性专论"。这些就为我们开展王先谦的研究指明了方向。以上三篇综述性的文章都于2005年发表。2007年王青芝《近百年来王先谦研究述评》[⑤]将对王先谦的研究分为学行的记述和梳理；政治活动、政治思想的研究；经济思想、经济实践的研究；学术思想、学术成就的研究；教育思想的研究。作者对王先谦研究的总结基本上还在以前那些研究综述的范围之内。

第二节　晚清外国史地著作研究现状

关于晚清外国史地的研究，当前学界主要集中在代表人物、代表著作、译著、"外国观"等研究。

代表人物研究，如对魏源、王韬、黄遵宪、王先谦等研究比较充分；代表著作研究，如《海国图志》《法国志略》《日本国志》《海国四说》

[①] 吴仰湘：《中国内地王先谦研究述评》，朱汉民主编《清代湘学研究》，湖南大学出版社2005年版，第562页。

[②] 蒋秋华：《台湾学界王先谦研究简述》，朱汉民主编《清代湘学研究》，湖南大学出版社2005年版，第562页。

[③] 孙玉敏：《王先谦研究综述》，《北方论丛》2005年第3期。

[④] 吴仰湘：《中国内地王先谦研究述评》，朱汉民主编《清代湘学研究》，湖南大学出版社2005年版，第580页。

[⑤] 王青芝：《近百年来王先谦研究述评》，《兰州学刊》2007年第4期。

《瀛寰志略》《五洲地理志略》等；对晚清不同时段的外国史地研究、晚清外国史地译著的研究比较重视。邹振环专著《晚清西方地理学在中国：以1815年至1911年西方地理学译著的传播与影响为中心》《西方传教士与晚清西史东渐：以1815年至1900年西方历史译著的传播与影响为中心》分别讨论了晚清外国地理、历史著作的传入情况。潘喜颜的博士学位论文（复旦大学，2011年）《清末历史译著研究（1901—1911）》较清晰梳理了晚清最后十余年的历史译著。研究晚清国人对各国的关注，较多讨论日本、英国、法国等当时的大国；研究中国人的"外国观"、日本观的研究比较多，美国观有所涉及，对其他国家却甚少涉及。

从研究时段看，1987年到1999年主要是在一些史学史研究的著作中用部分章节加以介绍。

最早注意到晚清外国史研究的是1987年张承宗、陈映芳《简论戊戌变法时期外国史的介绍与研究》。1991年，胡逢祥、张文建《中国近代史学思潮与流派》第二章"洋务运动思潮影响下的史学"第四节"走向世界的外国史地考察"分别从"开眼看世界"到走向世界、"借法自强"和外国史地考察两部分讨论。指出：鸦片战争前夕中国人对世界知识的探求，已开始显示出反对外国资本主义侵略的近代特点。该书较系统地介绍近代外国史的分期、特点等方面。1994年，马金科、洪京陵编著《中国近代史学发展叙论：1840—1949》对晚清的鸦片战争前的外国史地研究产生的背景进行了勾勒。1996年，王树民《中国史学史纲要》第八章"救亡图变的清朝后期史学"第三节"外国史的介绍与研究"，介绍了王韬、黄遵宪、唐才常的外国史研究。1997年，杜家骥《清朝简史》的"外国史地学的兴起"部分，第一次完整使用"外国史地学"说法。1999年《中国史学史纲》第九章"史学在社会大变动中的分化——清代后期史学"第二节"边疆史地研究的兴起"以张穆的《蒙古游牧记》、何秋涛的《朔方备乘》、姚莹的《康輶纪行》做代表进行了介绍。1999年，《中国法国史研究信息》中陈崇武的《中国的法国史研究》梳理了晚清涉及法国的一些史地著作。

2000年至今，晚清外国史地著作研究进入了一个新阶段。表现为两个方面：一是对外国史地研究深入了，二是出现了研究外国史地的专著。

2001年，喻大华《晚清文化保守思潮研究》上篇第二章"变器卫道、中体西用——戊戌前的文化保守思潮"第二节"晚清文化的新趋向"提出以下几个重要观点：1. 中国史家以外国史地为研究对象始于魏源编《海国图志》；2. 19世纪70年代，随着中国人走向世界，史学界出现专门的外国历史研究著作；3. 王韬《法国志略》是中国人撰写的第一部法国通史；4. 黄遵宪《日本国志》，书中突破了天朝上国意识和夷狄观念，肯定了日本维新的成功，并认为值得效仿；5. 晚清学者借用西洋史料研究中国历史源于元史研究；6. 外国史著的译介开始于传教士。

2001年，汤勤福主编《中国史学史》第八章"近代史学（1840年—1911年）"第一节"西风东渐下的中国史学的新特点"指出近代中国史学发生两个重要变化：一是注重对世界各国研究，二是注重对边疆地理研究。2003年《中国历代的地理学和要籍》第九章"沿革地理学的发展（清）"第六节"清后期的域外地理"，重点谈魏源《海国图志》、徐继畬《瀛寰志略》及清末邹代钧的地理学研究。2003年，戴显红《19世纪后期外国史学传播中国的途径及影响》明确勾画出19世纪外国史地在中国传播的三个阶段。2004年，章永俊《论鸦片战争前后中国边疆史地研究热潮中的史书编纂》讨论了鸦片战争前后中国边疆史地研究在史书编纂上的重大变化。2007年，李孝迁《西方史学在中国的传播（1882—1949）》认为20世纪上半叶西方史学在中国史坛出现过两次传播高潮。第一次发生在19世纪末20世纪初西方史学最初通过国外传教士和国人编著的外国史地著作得到零星松散的传播。第二次高潮出现在20世纪20—40年代。这一时期中外史学交流空前繁荣。该书也未把外国史地作为一个专题进行研究。

在近代中国史学发展历史上，出现了具有特定意义的"传教士史学"。2007年邹振环《西方传教士与晚清西史东渐：以1815年至1900年西方历史译著的传播与影响为中心》研究统计1822—1900年，中国出版翻译了由传教士编著的历史译著共89种。2011年，潘喜颜博士学位论文《清末历史译著研究（1901—1911）》梳理了清末十余年的历史译著情况。

总之，"睁眼看世界"为晚清大的时代背景下进步思想界的强烈诉求，而中国学者关于外国历史地理的有关撰述，是其重要组成部分，学界重视晚清外国历史地理译著研究。王先谦在这样的历史潮流中，于晚年完成了三部外国史地著作，他在这三部著作中系统阐释了自己对日本、外国、世界的看法。

第三节　王先谦的外国史地著作研究现状

本书研究对象为王先谦所著《日本源流考》《外国通鉴》《五洲地理志略》三书。本书所用"域外史地"是以研究对象为标准的，即无论研究主体是哪国人，凡以本国以外的历史地理为研究对象的著作，均称为"域外史地"；"外国史地"则以研究主体作为标准，特指中国人所写的研究外国的史地著作；"世界史地"以研究世界上所有国家为对象。

王先谦所著《日本源流考》《外国通鉴》《五洲地理志略》三书，共300余万字。1901年，王先谦完成《日本源流考》并于1902年刊行；1905年他开始撰写《外国通鉴》《五洲地理志略》，1910年《五洲地理志略》刊行；1916年《西国通鉴二次稿》完成（即为见存的《西国通鉴二次稿》三十三卷本）[①]。

从20世纪80年代起，学术界对王先谦的外国史地著作的研究日渐重视。1997年二十二卷《外国通鉴稿》由中华全国图书馆文献缩微复制中心影印出版，1998年《日本源流考》《五洲地理志略》由北京出版社作为"四库未收辑刊"影印出版，为学界开展这方面的研究提供了便利条件。20世纪90年代至今，对王先谦的外国史地著作的研究，从最初的一般性介绍到现在的对著作内容深入剖析，呈逐步升温、深入的趋势。

一　《日本源流考》研究

集中在史料来源、价值、地位三个方面，从词条收录到概括性研究、系统研究。

首先，关于《日本源流考》史料来源及资料运用比例，存有两种看法。

第一，认为来自中日史籍。如最初对《日本源流考》做基本介绍的

[①] 北京大学图书馆藏王先谦撰《西国通鉴二次稿》，稿本，三十三卷，从第四卷题名"外国通鉴"。此稿本从未以影印本等形式刊行。

1983年《中国历史大辞典·史学史卷》①及1986年《中国史学史辞典》。②这两部辞典所收的《日本源流考》词条，均由袁英光提供，③词条中提出《日本源流考》的资料来源应为两种：一是中国传统史料，二是日本史籍。另外，1994年马金科、洪京陵《中国近代史学发展叙论：1840—1949》认为"《日本源流考》主要依据中国史籍中有关日本的记载，也参考了有关日本史籍"④，这种说法不够精确。

第二，《影印珍本古籍文献举要》认为《日本源流考》所引资料来自四个方面：中国历代正史；最早记载日本的《山海经》等；日本人史书；以及西洋人编纂史书等数十种。⑤

目前学界比较一致的看法是认为《日本源流考》的史料是由中日史籍组成的，王先谦本人也曾讲到《日本源流考》的资料是由中日资料组成的。而这些多忽略西人著作。

关于《日本源流考》引用的资料种类，王青芝《中西文化视野下的王先谦研究——以史学为中心》认为：王先谦在《日本源流考》中共征引了51种参考文献。⑥

其次，《日本源流考》的史料价值方面。李希泌《健行斋文录》将《日本源流考》作为"一九一一年以前国内有关太平洋区域历史研究的文献"中的日本研究文献之一。⑦梅季指出：《日本源流考》二十二卷，介绍了明治维新以前大将军擅权、久不统一、游侠成风、政令被阻的现实和外侮侵至、国势岌岌的形势，宣扬了明治时"捐弃故技，师法泰西"、大张变法的成就，总结了日本得西法之精、力课农桑、广兴工艺为得利之实的经验，并云"非我中国每事拘牵旧章、沮隔群议者比也"。王氏是一位

---

① 《中国历史大辞典·史学史卷》编纂委员会：《中国历史大辞典·史学史卷》，上海辞书出版社1983年版，第65页。

② 明文书局：《中国史学史辞典》，明文书局1986年版，第58页。

③ 《中国历史大辞典·史学史卷》编纂委员会：《中国历史大辞典·史学史卷》，上海辞书出版社1983年版，第65页。

④ 马金科、洪京陵：《中国近代史学发展叙论：1840—1949》，中国人民大学出版社1994年版，第151页。

⑤ 《影印珍本古籍文献举要》，第140—141页。

⑥ 王青芝：《中西文化视野下的王先谦研究——以史学为中心》，博士学位论文，中国人民大学，2007年，第101页。

⑦ 李希泌：《健行斋文录》，书目文献出版社1996年版，第228页。

通过博览群书"走向世界"的极为罕见的朴学大师。这是他一生中最为光辉之处。①

再次，关于《日本源流考》的史学地位。李玉、汤重南等主编的《中国的日本史研究》，认为《日本源流考》与《吾妻镜补》和《日本国志》《日本新政考》和《日本变政考》都是清朝时期研究日本史中较好的著作。强调王先谦的《日本源流考》的贡献在于对日本历史与明治维新的全面、系统的介绍。②

最后，对《日本源流考》提出较为系统研究的是孙玉敏的《王先谦学术思想研究》③。2010年，时培磊《明清日本研究史籍探研》④讨论了《日本源流考》的日本研究特点，分别为：广征博引、考证有据；编年纪事、贯通古今；务实之书、期于有用。

以上研究均未曾对《日本源流考》的文献来源进行完整、系统梳理，也未能指出到底是哪些书籍构成了《日本源流考》主体资料；并未将《日本源流考》与它所引用的书籍展开比较研究。

二 《外国通鉴》研究

王先谦的三部外国史地著作中，《外国通鉴》研究最为薄弱。学术界所称《外国通鉴稿》，是对二十二卷的《外国通鉴稿》的称呼，并非1916年三十三卷的《外国通鉴》版本。目前对《外国通鉴稿》的研究，仅包括史学地位与修改形式两个方面。

一是史学地位，1986年《中国文学史》（下册），将《外国通鉴稿》与徐继畬《瀛寰志略》、夏燮《中西纪事》等，与魏源《海国图志》并列，作为当时研究海外著作之代表，并指出"我国史学著作，已起了一大变化，由记述本国之政事、经济、文化……转而放眼于大世界了"。⑤这是对《外国通鉴稿》的史学地位的较早评价。

---

① 梅季：《光辉与阴影：论岳麓书院最后山长王先谦》，湖南大学岳麓书院文化研究所《岳麓书院一千零一十周年纪念文集》（第一辑），湖南人民出版社1986年版，第190—191页。

② 李玉、汤重南等：《中国的日本史研究》，世界知识出版社2000年版。

③ 孙玉敏：《王先谦学术思想研究》，黑龙江人民出版社2008年版。

④ 时培磊：《明清日本研究史籍探研》，博士学位论文，南开大学，2010年，第206—210页。

⑤ 张孟伦：《中国文学史》（下册），甘肃人民出版社1986年版，第428页。

二是修改形式。姜亚沙编《影印珍本古籍文献举要》介绍《外国通鉴稿》如下：

> 在《日本源流考》的基础上，王先谦除将书名改变为《外国通鉴》外，还将纪年改为只以甲子及中国年号为纲，小字增写其他各国的条目内容，其中一些国家，如暹罗、缅甸等条目，经考证大部分来自王氏的另一部外国研究专著《五洲地理志略》。王氏在书眉及书缝中，还注"朝鲜一条""安南一条"等等，当为他以待定稿时拟增补其具体内容的提示语。从王氏手写的文字来看，这部待定稿本的内容除日本外，还包括了朝鲜、琉球、土耳其、印度、暹罗、真腊、骠国、越南、马来亚、吕宋、爪哇等国家或地区。王先谦的这部稿本，有许多王氏的亲笔批注，由于字迹太小，不甚清楚，有些不易辨识，影印出版时据原书另录于书后是为注释，又一一注明对应页码，方便于参阅。①

此段指出了《外国通鉴稿》的基本特点，仍属于一般性介绍，其中所提的部分内容（"安南一条""马来亚"）有误。对《外国通鉴稿》在《日本源流考》的基础上所加的具体国家究竟有多少，又分别加了哪些条目，具体分布在哪些卷，都未具体说明，尚需进一步研究。

《外国通鉴》研究在介绍层面徘徊，不能更进一步深入的主要原因是三十三卷的《外国通鉴》稿本多年以来未被学界所见，多认为其书已经失传。《外国通鉴》未曾刊行，中华全国图书馆文献缩微复制中心1997年的影印版二十二卷，版心标志是"考"，卷端仍题：日本源流考，与《王先谦自定年谱》所说的《外国通鉴》三十三卷不符。《外国通鉴》还有很大的研究空间，需要继续拓展。

经过笔者研究考证，发现北京大学图书馆收藏的王先谦所著《西国通鉴二次稿》（稿本）恰为三十三卷，即为三十三卷《外国通鉴》成稿的最后一个版本，成为本研究继续开展的资料基础。

总之，学术界对《外国通鉴》的研究虽多属于介绍层面，这种研究还是呈现步步推进的趋势。

---

① 《影印珍本古籍文献举要》，第141页。

三 《五洲地理志略》研究

王先谦的外国史地著作中引起注意最多的是《五洲地理志略》，集中在1998年到2014年16年间，包括史学地位、编撰特色、史料来源、编纂思想等方面，也是先从词条收录到后来的较深入研究。

《五洲地理志略》被认为是"原创性的资料汇编"，曾经被重印。①《五洲地理志略》最初是被几部辞典作为词条收录。② 这个阶段，从严格意义上讲不是《五洲地理志略》研究的开始，仅为简单介绍。

较早注意到《五洲地理志略》价值的是1998年出版的赵荣、杨正泰著《中国地理学史》（清代），将《五洲地理志略》列入"方志与域外地理志"的域外地理志中，排在《明史·外国传》《瀛寰志略》《海国图志》《朔方备乘》之后，依次作为清初至清末中国人对域外地理认识的里程碑式的著作。"《五洲地理志略》还反映了在激烈的社会变动中，王先谦思想观念的变化。王先谦是一位饱读经史的旧学者，西方地理学传入以后，他在治学上接受了西方地理学的观点，开始将洋流、季风、海底地貌、铁路、电信、矿产、港口等作为重要内容纳入地理学，丰富和改造了中国传统的地理学；另一方面在思想观念上，他也接受西方文化的影响，这就使他陷进了欧洲中心论的泥潭。"③ 认为王先谦是"欧洲中心论"，并不符合《五洲地理志略》的叙述风格，《五洲地理志略》对五洲的排序恰恰是把欧洲放在各洲之末。《中国地理学史》（清代）列举了《五洲地理志略》中来自日本的史料（"所引用日本地理著作至少有15种"④），这样一个估算，虽然不够准确，仍对研究《五洲地理志略》的史源起了导引作用。但《五洲地理志略》中的部分作者（如吉田晋）的身份需要考辨。

邹振环著《晚清西方地理学在中国：以1815年至1911年西方地理学译著的传播与影响为中心》认为王先谦的《五洲地理志略》是注意利用域外文献来补正中国地理资料之不足的突出例子，并且提出其引用的中外

---

① 陈平原、米列娜：《近代中国的百科辞书》，北京大学出版社2007年版，第44页。

② 《中国历史大辞典·史学史卷》，第45页；明文书局：《中国史学史辞典》，明文书局1986年版，第34页。

③ 赵荣、杨正泰：《中国地理学史（清代）》，商务印书馆1998年版，第81—84页。

④ 《中国地理学史》（清代），第204页。

文献多达近 90 种。① 指出了《五洲地理志略》所引用文献基本类型（两种：域外文献与传统文献）和总数，这个结论符合王先谦的学术背景。

2000 年,《中国科学技术史: 地学卷》把《五洲地理志略》与《瀛寰志略》《海国图志》并列，作为清代外国地理著作的编写的代表。② 认为"《五洲地理志略》是清末出版的一部反映世界地理知识的著作，其内容充分反映了清朝末期我国学者学习和接受西方科学技术知识的程度与水平，以及思想观念的变化。同时又反映了我国古代传统地理学向西方现代地理学的日益靠拢和接近。"并将《五洲地理志略》的正文、注文以及校补的地理内容，与道光、咸丰年间成书的地理译著和中国传统的沿革地理著作相比，指出其有以下明显的特点:（1）记叙更加完备详尽。记载世界各大洲大洋的界限，已较过去更加准确。（2）内容更加丰富多彩，自然地理、经济地理内容明显增加。（3）增加了清末的地理内容，编撰体例逐渐向西方地理学靠拢。

2006 年，刘芹《论王先谦的〈五洲地理志略〉》③，认为《五洲地理志略》是王先谦晚年在学术研究方向转变之后所撰的一本比较成熟的史地学著作。

2008 年出版的孙玉敏所著《王先谦学术思想研究》，对《五洲地理志略》做了较为全面的研究。

2012 年王青芝《〈五洲地理志略〉的编撰及其思想》认为从撰述形式而言，《五洲地理志略》属于"纂辑之史"，其内容和资料取舍反映了王先谦广搜博采、兼容并蓄的采撰思想，以及求新、求真的史料取舍标准。④

本书拟从整体上对《五洲地理志略》研究，并将其放在王先谦的外国史地著作研究系列中审视。

---

① 邹振环:《晚清西方地理学在中国: 以 1815 年至 1911 年西方地理学译的传播与影响为中心》，上海古籍出版社 2000 年版（下用简称《晚清西方地理学在中国》），第 341 页。
② 唐锡仁、杨文衡:《中国科学技术史: 地学卷》，科学出版社 2000 年版，第 466—470 页。
③ 刘芹:《论王先谦的〈五洲地理志略〉》，《史学史研究》2006 年第 4 期。
④ 王青芝:《〈五洲地理志略〉的编撰及其思想》，《史学史研究》2012 年第 1 期。

四　整体研究

对王先谦的外国史地著作整体研究由地位到编纂特色、史源、内容、思想性。

最早对王先谦的外国史地著作研究做出评价的是吴荣政，1989年他把王先谦的四部著作作为王先谦在经世致用学风影响下的代表：

> 在晚清经世致用学风影响下，王先谦有四种著作：一为记述本朝掌故"以明国是"的编年体史料长编11朝《东华录》，二为集清儒之说，通合勘证而成的《蒙古通鉴长编》；三为《日本源流考》，此书于日本治乱得失政事学术略能窥见本源，旨在使塞聪蔽明的中国急宜仿效积富成强的日本，并着意表彰了明朝沿海人民抗倭的英雄业绩，意在激励中国人民抵抗外来侵略；四为《五洲地理志略》，此书系荟萃古今中外史地图籍，以史志法为之，突出介绍了中国，寄托了著者的爱国之心，又对欧美殖民主义者特别是沙皇俄国的扩张主义进行了披露。①

吴荣政的评价主要针对王先谦的《日本源流考》与《五洲地理志略》的内容方法。

2005年，梅季坤《王先谦的治学成就与学术思想》②提出了《日本源流考》和《五洲地理志略》在编纂学上的特点。

2006年，谭雯把王先谦撰写的《日本源流考》《五洲地理图志》《外国通鉴》作为"他对国外的地理历史的关注，却表现出在那个文化激烈碰撞的时代中一位学术大师的开阔眼界"的明证。③

对王先谦的外国史地著作史源提出独到见解的是邹振环，"被认为是正统主义史学代表的王先谦也努力不忘学习域外史学，编纂了《日本源

---

① 吴荣政：《王先谦》，徐泰来《中国近代史记（下）1840—1919》，湖南人民出版社1989年版，第24—26页。

② 梅季坤：《王先谦的治学成就与学术思想》，朱汉民主编《清代湘学研究》，湖南大学出版社2005年版，第214—215页。

③ 谭雯：《王闿运与王先谦治学特点之比较》，羊列荣编《诗书薪火》（蒋凡卷），上海古籍出版社2006年版，第401页。

流考》《五洲地理志略》和《外国通鉴稿》等，大量引用包括《泰西新史揽要》在内的西文译著"①。

对王先谦的外国史地提出专门研究的有王青芝所撰的2007年的中国人民大学博士学位论文《中西文化视野下的王先谦研究》。指出"王先谦史学中的时代特色主要体现在其晚年对世界史地之学的关注和研究上，即撰成《日本源流考》《五洲地理志略》《外国通鉴》等。从中反映出王先谦的西学观，即主张学习西方及日本的先进文化。在重道轻器、夷夏之辨等传统思想的影响下，王先谦赞同的是学习西方的农桑、工艺和商业等。他虽然也承认西方工艺的先进性，但还是认为西学是'形而下'的学问，有贬抑西方文化的意味"②。该文第4章"外国史地研究与西学观念"分日本史研究和世界史地研究两部分展开，主要对《日本源流考》和《五洲地理志略》的主要内容进行介绍。

2008年出版的孙玉敏著《王先谦学术思想研究》，第三章"王先谦的史学思想"第四节"外国史地研究"，共用了40页篇幅，分两部分对王先谦的外国史地进行研究，（1）王先谦与《五洲地理志略》，从《五洲地理志略》其主要内容、思想性两个方面展开。（2）《日本源流考》研究，从王先谦以前中国人对日本的研究、《日本源流考》的写作动机及其特点、《日本源流考》所依据的主要史料、《日本源流考》的主要思想剖析四个方面展开。③ 该书首次提出"王先谦的外国史地研究"课题，并就其中的两部外国史地著作，做了较有深度的探索。《王先谦学术思想研究》也对王先谦的外国史著作的史源进行了分析。

总之，目前对王先谦的外国史地著作的研究总体特色是，《五洲地理志略》研究最为丰富，但仍需要对其内容、特点深入分析；《日本源流考》的研究取得了一定成果，在具体性上还需做大量工作；《外国通鉴》研究很薄弱。很多研究仅评价《日本源流考》与《五洲地理志略》，避而不谈《外国通鉴》。《外国通鉴》研究中最需要解决的问题是其成书变化过程，必须把这种过程由模糊状态梳理出一个比较清晰的"链条"。从整体上研究王先谦的三种外国史地著作，更是王先谦著作研究中一个必须突

---

① 邹振环：《西方传教士与晚清西史东渐：以1815年至1900年西方历史译著的传播与影响为中心》，上海古籍出版社2007年版（下用简称《西方传教士与晚清西史东渐》），第326页。

② 王青芝：《中西文化视野下的王先谦研究》，博士学位论文，中国人民大学，2007年。

③ 《王先谦学术思想研究》，第191—230页。

破的环节。本书正是以王先谦的外国史地著作作为研究对象，讨论其变化关系，总结王先谦的外国史地著作的特点、价值等问题。

第四节　篇章结构、方法与特色

一　篇章结构

本书除引言外，含四章、余论及附录。主体部分共三章，从第二章到第四章，以著名学者王先谦（1842—1918）在其晚年完成的三部外国史地著作《日本源流考》《外国通鉴》《五洲地理志略》分别列为一章。

关于王先谦的生平与学术已有多种论著讨论，关于其生平已有详细的年谱，本书就其学术编纂了比较翔实的附录。第一章就王先谦晚年学术、"日本观""西学观"等若干问题，提出了几点思考。

1902 年《日本源流考》刊行，王先谦主张学习日本的长处，但不支持盲目学习日本。《日本源流考》22 卷，主要阐述日本历史，是"国人编纂的第一部日本编年体通史"。第二章考察《日本源流考》的资料来源与贡献。讨论《日本源流考》体例、版本、创作动机及条件，主要内容、列出勘误表，详细罗列《日本源流考》中的错误之处及其错误在《外国通鉴稿》中的沿袭或改正情况；对《日本源流考》王先谦列出篇名的引用之处详细统计，发现共达 3205 处，涉及 111 个篇目、39 种书；重点探讨《（大）日本史》《和汉年契》《日本外史》《日本国志》《四裔编年表》五种书在《日本源流考》中的资料贡献；组成了《日本源流考》的主体资料；讨论了《日本源流考》与《日本国志》的关系，比较研究了两者的异同。得出《日本源流考》是以日本史籍为最主要资料的结论。

1902 年，《日本源流考》刊行；1905 年，王先谦开始撰写《外国通鉴》，先在《日本源流考》的基础上增加亚洲的其他国家，成二十二卷《外国通鉴稿》；又在《外国通鉴稿》基础上增加欧洲、非洲的国家。王先谦共历时十二载，于 1916 年初步完成三十三卷《外国通鉴》（即现存的《西国通鉴二次稿》）。《外国通鉴》最终仍停留在书稿状态，并非王先谦所理想中的最终版本，未予正式刊行。

第三章探讨王先谦的未刊稿本《外国通鉴》的成书过程。本书把二十二卷的影印本《外国通鉴稿》称为"草稿本",把藏于北京大学图书馆的三十三卷的《西国通鉴二次稿》称为"完善稿"。详细梳理《日本源流考》—《外国通鉴稿》—《西国通鉴二次稿》的变化关系,指出《西国通鉴二次稿》是《外国通鉴》的"完善稿"。比较研究了三者的关系。指出三者构成了王先谦外国史书研究的系列。通过整理二十二卷《外国通鉴稿》在《日本源流考》基础上所增2800左右条目,发现除了日本之外增加60余国,对这一问题进行了详细阐述。对《外国通鉴》的名称、卷数,都有所考辨。最后总结王先谦的"外国观"。

1905年王先谦开始编辑《五洲地理志略》,到1910年刊行,前后历经6年时间。《五洲地理志略》共36卷,《五洲地理志略》五洲的排序为亚洲第一、澳洲第二、非洲第三、美洲第四、欧洲第五。这种以欧洲作为最后一个洲的排序方式,此前的晚清外国地理书籍均未曾采取过。

第四章以《五洲地理志略》的资料来源为中心,讨论了其版本,引用地图、记载洲、国家、地区特点、叙述编排特色,强调其以"国"为内在叙述顺序,详述沿革历史、细列进出口等方面的经济数据、对中国记载尤为详细。其资料来源主要分为四个途径。将《五洲地理志略》与其所依据的最主要资料《万国新地志》的异同做了详细对比,并比较研究《五洲地理志略》与《瀛寰志略》。《五洲地理志略》的史料价值主要体现在译名及注文上。《五洲地理志略》中记载的"国"有82个之多,在晚清的地理著作中是记载国家最多的一部,扩大了认知世界的范围。

余论部分总结了王先谦的外国史地研究的特色及学术贡献,指出其研究的"系列"性、史地结合、以"通"为主、领域逐步扩展等特点。

王先谦的外国史地著作的编撰特色是一个值得深入探讨的问题,本书各章中分别讨论其编撰特色。《日本源流考》作为编年体史书,多个年份被保留,内容却付之阙如,其连续的时间标注模式为主要特色。《日本源流考》采取为史书作"注"的方式书写:以《日本史》《和汉年契》《四裔编年表》《日本国志》,以及正史等作为正文,而以其他史书作为注文。《五洲地理志略》合众人之力,采取多种研究成果,"集众善,成巨观"。同时重视外国地名译名问题,特地引用了不为晚清学界所重视的《瀛寰译音异名记》一书,《瀛寰译音异名记》是对汉文地理书中的地名进行详细罗列的代表著作。

附录内容是正文研究展开的前提资料及补充,共由三部分组成:王先谦学术系年；王先谦的外国史地著作引用书目提要；二十二卷《外国通鉴稿》所加条目。

由王先谦三种外国史地书籍撰写的时间脉络，可以看出，他对外国的研究，是循着"日本—亚洲—亚欧非三洲—世界"的研究轨迹展开的。王先谦的外国史地著作的撰写，是一个视域逐步开阔的过程，对世界的认识也是一个变动思考过程。他的外国史地研究具有历时长、形成系列研究、多以某一种或几种书为"底本"擅长作注、史地结合、以"通"为主、领域逐步扩展等特点。

二 研究方法

《王先谦学术思想研究》是对王先谦的学术著作高度把握的著作，其中分析了《日本源流考》与《五洲地理志略》。本书在此基础上，回应《王先谦学术思想研究》的说法，提出自己的见解，并深入探讨《王先谦学术思想研究》中所未研究的稿本《外国通鉴》的编撰成书过程，还比较研究相关著述。

本书主要运用历史文献学、考证学、目录学、版本校勘学的方法，对王先谦所著《日本源流考》《外国通鉴》《五洲地理志略》的史源、编撰特色及其关系进行梳理，揭示了王先谦外国史地知识的来源的变化——由以引用传统文献为主到以引用传统文献与西方文献为主。由王先谦的外国史地著作的撰写时间脉络及研究范围，揭示他研究外国史地的轨迹。

全书重点在于考察王先谦的外国史地著作所引文献的来源。本书立论建立在对时人所撰写文献中所提供的资料分析基础上，多采用他们的说法，并回应后人的研究成果。最后，得出王先谦的外国史地著作的特点及价值。

三 研究特色

本研究创新点如下：

1. 首次详细统计《日本源流考》中出现的由王先谦在编撰期间所列出篇名的引用之处，共达3205处，共有39种书，111个篇目。《日本源流考》所用资料来自中、日、西三种文本，其史料中的主干是《大日本史》《和汉年契》《日本外史》《日本国志》《四裔编年表》五种书。

2. 统计指出二十二卷《外国通鉴稿》在《日本源流考》的基础上增

加条目达2700余处，增加62个国家或地区。发现、研究了北京大学图书馆所藏《西国通鉴二次稿》稿本三十三卷，得出结论：《西国通鉴二次稿》是通常意义上的二十二卷《外国通鉴稿》（中华全国图书馆文献缩微复制中心1997年影印本）的完善本，《外国通鉴》的最终成稿，是逐渐补充、完善的过程：《外国通鉴稿》是在《日本源流考》基础上增补亚洲一些其他国家条目而成，《西国通鉴二次稿》又是在《外国通鉴稿》基础上增加欧洲、非洲国家而成。《西国通鉴二次稿》中所指的"外国"指亚、欧、非三洲各国。

3. 王先谦所引文献都是汉文文献（含汉译西书），王先谦三种外国史地著作的撰写时间脉络，揭示出他对外国的研究是循着"日本—亚洲—亚、欧、非三洲—世界"的轨迹展开的。

4. 本书对王先谦外国史地著作史源的梳理和辨析，条分缕析、竭泽而渔，客观、详尽。

本书建立在阅读原始资料的基础上，通过深入剖析史料，得出结论。从第二章到第四章共含有17个表格，尤其是本书的附录三是"二十二卷《外国通鉴稿》所加条目"含卷数与序号、所加条目、具体内容、在位天皇（年）、对应公元纪年五项，梳理了从公元前206年到1893年共2096年，《外国通鉴稿》在《日本源流考》的日本历史上所增加的亚洲各国的条目，对研究这些国家历史与国际关系起着重要作用。

本书以晚晴学者王先谦所著的外国史地著作作为切入点，对与之有关的诸多外国历史地理书籍都有详细介绍。可谓"抛砖引玉"，由本书能看到晚清国人撰写的部分外国史地著作的概况，也为研究晚晴国人撰写外国史地著作提供了一些方法、路径。

第一章

王先谦的生平、学术与思想

关于王先谦的生平与学术已有多种论著讨论，关于其生平已有其详细的年谱，其学术亦可参见本书附录一。本章就王先谦晚年学术、"日本观""西学观"等若干问题，提出自己的几点思考。

第一节 晚年疾病缠身的王先谦坚持完成外国史地著作的缘由

孙玉敏《王先谦学术思想研究》将王先谦的生平分为几个时期，其中京华二十年（同治四年至光绪十一年，即1865—1885年，近二十年的时间）是王先谦学术积累期，也是厚积薄发时期。辞官后的三十年里，王先谦写了大量著作。[①] 在王先谦不到77年的人生历程中，其后半生的46年（1872—1918），几乎每年都有著作，甚至去世前一年还在著述，甚至一年数部。王先谦的三部外国史地著作，是在王先谦晚年完成的。

1889年王先谦脱离官场回家专门著述，叶德辉在《葵园四种》跋中谈到王先谦自回里后，"二十余年，无日不从事文字之役"[②]。王先谦这种生活的心态，可以从其1910年所写小诗《休官》看出，"我生勇决不如人，只有休官浑舍嗔。赢得读书清静业，乞还随俗笑谈身"[③]。其一"赢"与一"笑"，活现了王先谦晚年潜心著述时内心的无限快乐之情。

虽然内心是快乐的，但是晚年王先谦的健康状况却不容乐观，他时时

[①] 《王先谦学术思想研究》，第23—24、30—31页。
[②] 叶德辉：《〈葵园四种〉跋》，《葵园四种》，岳麓书社1986年版，第940页。
[③] 王先谦：《虚受堂诗存》庚戌宣统二年（1910），"休官"，《葵园四种》，岳麓书社1986年版，第668页（下简称《诗存》，直接用《葵园四种》页码）。

要和病痛做坚强的斗争，才能把著述工作进行下去。

光绪二十六年（1900）二月，刻《汉书补注》百卷成，"虽病剧，书不释手，中情怫郁，舍此亦无消遣。……了此大愿，亦一喜也。"① 时年59岁的王先谦，不顾病痛，仍以著述为"消遣"。光绪二十八年（1902），王先谦61岁，完成了《日本源流考》。光绪三十一年（1905），王先谦64岁之时，开始编辑《外国通鉴》《五洲地理图志略》，他深感"造端宏大，年力已颓，未卜果能竣事否也。"② 担忧之情虽溢于言表，但他依然坚持了下来。光绪三十三年（1907），王先谦66岁时，健康状况更遭，"余头眩之疾，已愈数年，四月中复发，倾跌一次，幸未中风痰。天祖大恩，感谢何极！从此闭关谢客，不敢出厅户一步矣。"同年（1907），督抚推荐他做湖南学务公所议长，王先谦觉得自己"衰年多疾，于公务更复何神？"③ 宣统三年（1911），70岁的王先谦，健康状况更是每况愈下，"余右手二指麻木，不能作书，闻江苏有针医尤姓，于六月二十日买舟前往就医，竟无存效。而右颧发际忽生一疮，洪大肿痛，证极危险，延刘姓医治，越日即溃，遂邀刘同归，又匝月始愈"④。

王先谦身体状况如此之差，不得不把更多时间、精力耗费在看病上，给他所钟爱的著述工作无疑造成了极大障碍。

即使在这样的身体条件之下，王先谦仍于其生命最后十余年（1908—1918）完成了《葵园自定年谱》《五洲地理志略附图》《后汉书集解》《元史拾补》《外国通鉴》等多部有分量的著作，其毅力之坚韧，不能不让后学者由衷佩服。1901年王先谦重刊《景教纪事碑文考证》一卷成，1907年阮元阅读后赋诗一首，盛赞王先谦的治学精神，"葵园著书有真乐，才力纵横气磅礴。苞孕九流屯七略，函富琳琅庋盈阁。就中新刊景教编，乃出番禺杨氏作。公为制序论源流，使我读之意寥廓"⑤。

---

① 《年谱》，第746页。
② 同上书，第762页。
③ 同上书，第763—764页。
④ 同上书，第790页。
⑤ 《诗存》，第654页。

正在王先谦著述《日本源流考》之时，1899年他通过与日本宗方北平①的通信，表达了心声"生平耽嗜文艺，一息未死，犹思有所述作，以诏往来"②，恰为他晚年写作完成外国史地著作的心情。

经多年学术积累，王先谦形成了对文章反复修改、校订的严谨治学风格。光绪九年（1883），完成校刊《新、旧唐书合注》，序曰"予于二书，反复积年，颇有考订"③。于光绪二十六年（1900）作《汉书补注》序，"时有改订，忽忽六旬。炳烛馀明；恐不能更有精进。忘其固陋，举付梓人"④。王先谦写作外国史地著作，也把这种习惯延续了下来。

宣统三年（1911），王先谦在《此生》诗中表达了自己对学术的强烈热爱之情，"此生何幸老书林，斗室纤尘了不侵！开卷如逢今日事，定文时见昔贤心"⑤。

王先谦晚年撰述外国史地著作，主要有两个方面的缘由：

其一，王先谦认为中国对于域外的研究应有专书讨论，解释清楚模糊问题。在书信《与但方伯》中，王先谦提出研究域外之重要性。"即讲求中国舆地，考古通今，尚非难事，若域外之观，止能得其大概。至疆域之细目，古今分合之源流，宜别有专书，因当俟之异日者也。"⑥

1906年，清朝总理学务大臣审订《瀛寰全志》，透露了对以前地志的叙述缺陷的忧虑，"地志一书，坊间罕有佳本。非本国过略，即外国不详"⑦。即很多地理志对中国的叙述过于简略，或对外国的叙述不够详细。

---

① 宗方北平（1864—1923），日本人，又名宗方小太郎，肥县人。他自幼好读历史，1884年到上海学习中文，并打扮成中国人游历北方9省，成为日本著名的中国通之一。后来，他成为日本海军省著名的间谍和东亚同盟的鼓吹者之一，曾任日本早期在华情报机构"乐善堂"北京支部主任，负责刺探清朝中央政府，因此取号"北平"。1890年，他与著名间谍荒尾精（1858—1896）在上海创办日清贸易研究所（后为东亚同文书院），任学生监督，为日本培养了130多名针对中国的间谍。甲午战争期间，他曾冒死潜入威海卫军港侦察，为日军攻克威海卫建立奇功，受到天皇破格接见。战后，他任日本东方通讯社社长。不明其真实身份的王一亭和吴昌硕曾多次与他诗酒征逐。参见沈文泉《海上奇人王一亭》，中国社会科学出版社2011年版，第239页。
② 《书札》，第885页。这是王先谦回复1899年宗方北平的来信。
③ 王先谦：《虚受堂文集》，《葵园四种》，岳麓书社1986年版，第126页（以下简称《文集》，直接用《葵园四种》页码）。
④ 《文集》，第106页。
⑤ 《诗存》，第674页。
⑥ 《书札》，"与但方伯"，第889页。
⑦ 谢洪赉：《瀛寰全志》，（上海）商务印书馆1906年版，"例言"。

王先谦所著的《五洲地理志略》照顾到了不同国家，尽量囊括更多的国家。

其二，提倡学习日本，不支持盲目学习。

1902年《日本源流考》刊行，王先谦主张学习日本的长处，但不支持对日本的盲目学习。孙玉敏认为王先谦由于年老多病推脱了湖南图书馆总理的职务，编撰《五洲地理志略》是受湖南巡抚端方的委托。[①]这是直接原因。本书认为其深层次的原因是，王先谦认为不能盲目学习日本，他编撰《外国通鉴》与《五洲地理志略》是对这种状况的回应。光绪三十一年（1905），"仿日本例开设图书馆于会垣"请王先谦总理馆事，"余谢不敏，允为编纂新学数部，以塞其意。于是有编辑《外国通鉴》《五洲地理志略》之举"[②]。

总之，王先谦晚年编撰外国史地著作，既有从学术角度考虑的因素，也有从政治角度考虑的因素。一方面要写出一部集大成的总结性著作，另一方面要通过对世界上更多国家的了解，为中国的发展提供更多的借鉴。这是一位忧国忧民的学者的人生夙愿。这是他即使在身体状况非常差的情况下，也要完成外国史地著作的根本缘由，这也是王先谦由早年研究中国传统典籍到晚年撰写外国史地著作的学术转型的实践。

第二节 "王先谦的外国史地著作由门人代写"考辨

王先谦的著作也受到了同时代一些学者的评价或质疑，如李肖聃[③]著《星庐笔记》中这样评价王先谦：

> 导少年读书，欲其沉潜用心，莫要于笺释古籍，不特群经注疏也。郭象之注《庄》，扬倞之注《荀》，王逸之注《楚辞》，颜师古

[①] 《王先谦学术思想研究》，第192页。

[②] 《年谱》，第2页。

[③] 李肖聃（1881—1953），湖南善化（今长沙）人。湖南近代著名学者和教育家。原名犹龙，号西堂、星庐、桐园、亟斋，笔名天武、灵岩。1898年（清光绪二十四年）秀才，1899年入时务学堂肄业，后转城南书院，又入江南陆师学堂，曾任民国学院文学系主任兼教授，湖南省文献委员会《艺文志》编纂委员。新中国成立后，受聘为湖南军政委员会顾问。

之注《汉书》，裴松之之注《三国志》，胡三省之注《通鉴》，皆可与其元书并传千古。故亭林常欲取明代八股文数十篇，令诣生注其来历。王葵园为国子监祭酒，亦令监生笺解古文，以为引之入于著述之途，非此莫由。其自著书，亦首《汉铙歌释文笺正》，为二十八岁作。其后为《荀子集解》《庄子集解》《汉书补注》《后汉书集解》《新旧唐书集注》，经则《尚书孔传参正》《诗三家义集疏》《释名疏证》，皆此类也。常论先生著述，不外续、纂、选、辑四者，如《十一朝东华录》为续蒋良父书；《南菁书院经解》为续阮元学海堂书；《续古文辞类纂》，则承姚氏而作也。如《骈文类纂》《十家四六文钞》《湘中六家词》皆选也。各书集解皆集也。章太炎谓其本无心得，而通知法式，斯言得之。惟先生性好著书，如《五洲通鉴》《外国地志》及《日本源流考》诸书，足末履外国之土，目不识蟹行之字，乃亦假乎众人，杂采他书，以成诸书而尸其名。其疏三良诗，至云远西书记，言非洲亦有以人殉葬之法，而不能实指其书名，邻于不知而作，斯则末可为训也。①

李肖聃承认王先谦"性好著书"，却以其不懂外文，所撰写的外国史地书籍都是"假乎众人、杂采众书，以成诸书而尸其名"。

张舜徽也持有类似观点，"其自抒心得，独著一书者，则未之见。"同时认为"《五洲通鉴》《外国地志》及《日本源流考》，皆纂也。"② 还有容若《谈王先谦》③，提到王先谦的外国史地，但对其总体评价很低。认为王研究外国国情的《日本源流考》22卷、《五洲地理志略》36卷和《外国通鉴稿》33卷，"只能抄撮中国的旧传闻，钉饳成书"，缺乏实地见闻考察。④

如果认为王先谦的外国史地著作为"纂"，尚可；认为其"杂采众书"也未尝不可。若认为其都是"假乎众人，尸其名"，值得商榷。

王先谦治学很严谨，其著述中凡有多人参与者，在成书后的序言中都加以明确交代。如光绪十年（1884）五月王先谦在《天禄琳琅》跋中，

---

① 李肖聃：《星庐笔记》，岳麓书社1983年版，第71页。
② 张舜徽：《爱晚庐随笔》，华中师范大学出版社2005年版，第293—294页。
③ 容若：《谈王先谦》，《"中央"日报》1995年3月13日第6版。
④ 《台湾学界王先谦研究简述》，第582页。

表明参与者"并假湘潭周氏抄本,与湘潭胡元常、王启原、善化刘巨及从弟先豫,精心雠校"①。

光绪二十一年(1895)王先谦《释名疏证补》序,"旧本阙讹特甚,得镇洋毕氏校订,然后是书可读。长洲吴氏所刊顾千里校本,是正甚多。其中奥义微文,未尽挥发。端居多暇","与湘潭王启原、叶德炯、孙楷、善化皮锡瑞、平江苏舆、从弟先慎,复加诠释,决疑通滞。岁月既积,简帙遂充"。②

光绪二十二年(1896)五月,王先谦刻《葵园校士录存》成。③指出"《葵园校士录存》者,从弟先慎与及门诸子裒《三省乡墨》《两同门录》及《吴中清嘉三集》选辑合刊者也。"④冬十二月《韩非子集解》序,"书都二十卷,旧注罕所挥发,从弟先慎为之集解,然后是书厘然可诵"⑤。

光绪二十六年(1900)刊行的《汉书补注》序例中列出引用书目47种(非注本书者不列),王先谦也列出参订者姓氏:

同时参订姓氏

郭嵩焘(字筠仙,湖南湘阴人,官编修侍郎)

朱一新(字蓉生,浙江义乌人,官编修御史。著《汉书管见》,参订时尚未成)

李慈铭(字恁伯,浙江会稽人,进士,官御史)

缪荃孙(字筱珊,江苏江阴人,官编修)

沈增植(字子培,浙江嘉兴人,进士,官户部主事)

王闿运(字壬秋,湖南湘潭人,举人)

瞿鸿礼(字子久,湖南善化人,官编修侍郎)

杜贵墀(字仲丹,湖南巴陵人,举人)

王启原(字理庵,湖南湘潭人,官江华训导)

李桢(字佐周,湖南善化人,附贡生)

---

① 《文集》,第28页。
② 同上书,第102页。
③ 《年谱》,第744页。
④ 《文集》,第104页。
⑤ 同上书,第106页。

叶德辉（字奂彬，湖南湘潭人，进士，官吏部主事）
皮锡瑞（字鹿门，湖南善化人，举人）
苏舆（字厚康，湖南平江人，举人）
陶惠曾（字伯成，湖南安化人，廪生）
陶绍曾（字仲甫，湖南安化人，县学生）
王文彬（字莲生，湖南长沙人，县学生）
王先和（字蕙庭，湖南长沙人）
王先惠（字敬吾，湖南长沙人，廪生）
王先恭（字礼吾，湖南长沙人，附贡生，分省补用知府）
王先慎（字慧英，湖南长沙人，官道州训导）①

以上20人共同参订《汉书补注》校订，王先谦均已逐一列出。

这几种书籍的编订中均有参与的是王先慎。王启原、皮锡瑞、苏舆，参与的次数也比较多。

《五洲地理志略》序言中，王先谦也列出了有贡献的好友名字。《日本源流考》《外国通鉴》中并未举出参与者。若说《五洲地理志略》有多人参与，确有一定道理，王先谦的另外两部外国史地著作，确为独著。

王先谦七十岁（1911）生日之时，吴庆坻在贺寿文中道出了王先谦著述《五洲地理志略》《外国通鉴》所付出的艰辛"比秋，返长沙，谒先生相慰劳，而先生洒然无几微感容。方刊《五洲地理图志》，手自雠斠，辑《外国通鉴》不少倦"②。

王先谦晚年研究外国史地，很多人以其未到过外国为由，贬低他。王先谦在《王先谦自定年谱》中说："臣生五洲大通之世，年力衰谢，不能周历百川，开拓胸臆，滋用为愧。泛览诸志，叙述歧分，译音互殊，难可推究。"③ 本书研究发现，王先谦的外国史地知识均来自汉文，所以不能单凭王先谦不懂外文，就断定他的外国史地研究都是"假乎众人而成"。

---

① 王先谦补注：《汉书补注》"卷首"，书目文献出版社1995年版，第4页。
② 《年谱》，第796页。
③ 同上书，第775页。

第三节 王先谦的"日本观"

周启乾分别对晚清的知识分子的"日本观"进行阐述,认为,晚清知识分子自 19 世纪中叶直至 20 世纪初期的日本观,概而言之,至少涉及两个方面:一是对明治维新及维新后的发展的认识;二是对日本侵略扩张的活动的预言。[①] 晚清学者王先谦(1842—1918)的"日本观"基本也不脱离这两个方面。王先谦的"日本观"主要体现在他所撰写《日本源流考》及与友人的通信和自己的年谱中。他的"日本观"包含丰富的内容。本节探讨王先谦"日本观"的多面性、对学习日本成功的思考及其变动性。

一 对日本的关注体现为多方面

王先谦对日本的研究、关注,不局限于某一特定方面,他对日本的诸多方面都有研究和议论。

1. 对比"日本维新"及"中国求新"的不同

"日本维新,从制造入;中国求新,从议论入。所务在名,所图在私,言满天下,而无实以继之,则仍然一空,终古罔济而已。"[②] 王先谦的诸多议论,表明他对当时中国学习西方及日本所持的基本观点。强调学习日本,不能仅仅停留在表面言论,即使有汗牛充栋的论著,也不如从实事做起。

2. 对比中日学术

王先谦对中日文化交流有独到的见解。他提出"日本之学,向以中国为转移"。——指出不同时期中国学术对日本的不同影响,并对日本受西方学说影响造成的负面效应举例说明:

> 盖日本之学,向以中国为转移。五代以前,攻习词章;元明以来,讲求性理。德川继霸,承平二百余年,文士竞鸣,蔚然深美。及

[①] 周启乾:《晚清知识分子日本观的考察》,《日本学刊》1997 年第 6 期。
[②] 《书札》,"复毕永年",第 861—863 页。

西人驰逐，事事效法，即文学一道，无不取条约之体式，为词翰之规模。往往复沓冗长，不能卒读。自赖朝创霸，讫于德川，争战相寻，俗尚武健。一旦归政王朝，结党立会，举国皆然。自由之说，作乱之风，深入人心，弥久未已。明治维新之后，尚有刺客戕宰相之事（如大久保利通）。而重臣罢职者，乃为自由党之首长（如板垣退助）。或且举兵倡乱，卒被赏恤（如西乡隆盛）。故其学人立论施教，不以为嫌。此则其国家化俗未一之征，亦学者见理稍偏之过也。①

王先谦对日本的学术、政治了解深刻，他希望日本能够保持稳定，而不出现暗杀、叛乱等现象。

王先谦《致朱莼卿太守》："近来日本勃兴，廷臣疆吏，竞派人游学西洋，并广布日本书籍，兴教育才，至为殷切。惟择术宜慎，流弊宜防，即论书籍一门，亟应大加裁酌，勿使贻误后学，流为乱阶，庶有百宜而无一损。"他还评论日本的教育书籍，包括：《教育学总论》，《统合教授法》上第六章"游戏教授"，《统合教授法》下第一章"修身科教授法"、第三章"作为教授法"，《修身科教授法》，《伦理书》第一章"统论"、第五章"行为之标准"，《学校卫生学》，《国民教育资料》第六章"爱国心"等。提出其中很多说法不适合于中国。举《行为之标准》云"伦理之世界，成于人、己之关系。人、己之关系得宜，则益从而进步。惟有本人已并立以为主以全其关系，是则可进于人生究竟本旨之标准，即伦理世界所以可期进步之道也"。王先谦认为："其言伦理如此，非中国所谓伦理也。"②

在多种通信中，王先谦表明了他对中日间学术交流的观点——日本学术受到中国学术的巨大影响。"盖日本学术，向以中国为转移。……今中国虽甚贫弱，根本尚固。"③ "向来日本学术，视中国为转移。特俗尚既殊，教法亦别。"④ 王先谦所撰写的《日本源流考》中就记载了许多中日学术交流的内容。

---

① 《书札》，"致朱莼卿太守"，第 901—904 页。
② 同上。
③ 同上。
④ 《书札》，"致俞中丞"，第 904—905 页。

3. 与日本友人探讨国际形势

明治三十二年（1899）十二月二十八日，日本宗方北平给王先谦来信，探讨了严峻的国际形势。当时，宗方北平在汉口总办东亚同文会事所，力图中日两国联络。他分析道，"试观于方今之时势，俄、法、英、德环而居，鹰瞵而鹗视，要挟多端，祸心不测，是诚亚洲全局之危机。……若高丽，若越南、暹罗，不足言也。是故我两国须及早释嫌疑，去畛域，上下一致，通力合作，制大势之机，先奠将来之局也。"宗方北平还赠给王先谦三本《同文会章程》和一篇自己写作的《东方时局论序》。①

王先谦在回信中也就这些问题做了回应。"窃以为西方诸国，环境偪处，狼顾鹰视，蓄谋至深。今日在东言东，非如尊论，诚恐别无良策。贵国与中国，自甲午朝鲜之事，致启兵戎。和好之后，气谊犹昔。"同时他希望宗方北平帮忙找到有关日本明治以来的书籍。②

二 对日本的成功深刻思考

王先谦对日本的关注虽然是多方面的，但他思考最多的仍是日本成功的经验。他在这方面的思考是相当深刻的，认为日本在近代的成功有其政治体制方面的因素，也有其重视发展商业方面的原因，然而他强调日本学习外国成功，应该是结合了本国的具体国情的。

1. 推崇天皇制度

《日本源流考》以日本各代天皇为中心叙述。王先谦推崇日本"万世一系"的天皇制度。明治二年（1869）引用《日本维新史》，记载了"萨、长、土、肥四藩还版籍"一事：

> 木户孝允去说其藩主毛利敬亲，劝奉还版籍，又谋大久保利通，利通可之，以说其藩主津忠义。于是萨长二藩与肥前、土佐二藩，四藩主连署上表曰：臣谨案朝廷一日不可失者，大体；而一日不可假者，大权也。自天祖肇基，皇统一系，万世无穷。普天率土，莫非其有，莫非其臣，是为"大体"；爵禄絷下，与夺任上，尺土不能私

---

① 《书札》，"复日本宗方北平"，第884—886页。
② 同上。

攫，一民不能私有，是为"大权"。昔在圣主，躬所统御，海内一由乎此，故名实并立，天下无事。中叶以降，纲纪弛废，弄柄争权者接踵，私其民、攘其土，遂成搏噬篡夺之势，朝廷失所守之体，弃所秉之权，而不能制之。奸雄乘弱肉疆之食，大者并州，小者养士数千，若夫幕府以土地、人民，擅分其所私，扶植其权势，是朝廷徒拥虚器，至于窥其势息为休戚，横流之极，滔天不回，六百有余年。……自法度、典型、军旅之政，以至衣服器械之制，悉出自朝廷，天下事无大小，皆归于一，然后名实相得，始可与海外各国并立，是朝廷今日之急务，而又臣子之责也。①

这段话意在强调日本天皇在日本统治的重要性，特别是在明治时期发表如此议论，王先谦认为这是日本明治维新成功的一个重要条件。

《复岑中丞》"日本以专治之国，改为立宪，乙未和俄之事，交哄于中衢。丙午铁路之议，忿争于广座。此外风潮，靡岁蔑有"②。针对日本近代所实行的君主立宪，王先谦认为不如天皇专治，立宪造成政令的不统一。

2. 重视发展商业

王先谦《日本源流考》序言中也表明了重视商业的重要性。"考其内政所施，惟力课农桑，广兴工艺，为得利之实；而以官金资助商会，知保商即以裕国，从而维持附益之。斯得西法之精者也。"这是很有见地的说法，把日本学习西方的要点、精髓点了出来，即其所谓"保商即裕国"的观点。

3. 联系本国国情

王先谦撰写的《日本源流考》序指出日本学习外国成功，与其国具体情况有关：

夫举一国之政而惟外邦之从，匪易事也。而日本行之如转圜流

---

① 王先谦：《日本源流考》，卷二十，明治二年，考十一、十二，捌辑4—536。《四库未收书辑刊》编纂委员会《四库未收书辑刊》捌辑肆册，北京出版社1998年版（下引该书用此版本，直接用四库未收书辑刊页码）。其原文见［日］重野安绎《大日本维新史》，光绪二十五年（1899）商务印书馆代日本善邻译书馆铅印本。卷上，叶十六至叶十八。

② 《书札》，"复岑中丞"，第933页。

水，此其故亦有二：

一则地悬海中，事简民朴，其先规制取则李唐，安德而后，权移霸幕，王朝无政焉。德川氏偃武三百年，人士涵濡宋学，晓然于尊王之义，日思踣幕府而定一尊。乘德川积弱之势，借口攘斥西人，责以归政。耸动群藩，纳上户土。亿兆一心，拱戴王室。于是英杰在位，审时制宜，朝廷规模，悉由刱立，倾一国之人，乘方新之气，日皇皇焉惟国制之图，其前无所因，故后并不得谓之变。非我中国每事拘牵旧章、沮格群议者比也。

二则初效西人，不得要领，衣服、饮食、器用、宫室，刻意规摹，虚縻无算，人民重困，异议纷起。或复旧制，或倡民权。官与官龃龉，则退归而谋乱；民与官不协，则刺杀以泄怨。国是丛脞，亦曰殆哉！而我中国塞聪蔽明，百务苟且。台湾生番之偿金，隐中其机权；甲午北洋之利益，饱张其威力。故彼国之士气咸伸，而更新之机势大顺矣。①

王先谦对比日本与中国学习外国的情形，认为日本是由于地理位置、习俗以及学习模仿中的逐步扬弃的结果。同时也认为日本最初是学习中国的，到了后来才开始学习西方。

他还认为日本维新是讲究实业的，中国只是停留在议论上，所付出的实际行动不多。

三 对日本的看法因时而异

从1880年到1905年左右，王先谦对日本的看法在逐渐发生变化。

中日甲午战争前，中国社会存在三种不同性质的"日本观"——普遍存在的是传统的"轻日观"，萌生了"师日观"，"联日观"昙花一现。② 王先谦也曾经有过"联日观"的经历。光绪六年（1880），王先谦39岁，升补国子监祭酒。八月二十二日，因曾纪泽往俄议协约未定，俄遣布莱来华，八月二十九日王先谦上奏会议防俄未尽事宜折，提出四条：

---

① 《日本源流考》序，捌辑4—112下至4—113上。
② 韩小林、冯君：《论甲午战争前中国社会的日本观》，《嘉应学院学报》（哲学社会科学版）2005年第2期。

(1) 豫定应敌之策；(2) 暂联日本之交；(3) 宜专任之权；(4) 精求船械之利。①"暂联日本之交"中他详细分析了中、日、俄三者的关系。如果俄国船只来华，日本人必然窥伺中国台湾、朝鲜。日本人"与俄交颇亲"，实际上有"忌俄之心""畏俄已非一日"。俄国人驻船购煤，都是依靠日本，长驱直入必然以日本为中间接济。如果暂时与日本交往，孤立俄国，"俄惧日挠其后，不敢逞志于我"。他的"联日"策略，强调"暂"，因为他看出日本人"其心未尝一日忘中国"。②

晚清的中国，活跃在政界、文坛的很多人物也看到了日本将要侵略中国的野心。维新运动的发起者康有为从1888年开始就一直把日本与英、法、俄等列强相提并论，认为日本与西方列强一样，是侵略中国的潜在威胁力量。③虽然很多人有过短暂的"联日观"时期，但随着时间的推移，日本的侵略行径日益明显，李鸿章、薛福成等的观点后来都发生了改变。

作为传统的知识分子，王先谦虽身处政界之外，却十分关心边疆局势，1894年发生了中日甲午战争后，他说："甲午之后，边事日棘。中外之臣，以和战相凌轧。公独居慨叹，如忧其私。"④ 他时时关心中外政治变化。光绪二十一年乙未（1895）中日签订了《马关条约》。1896年王先谦称"乙未，倭人不靖，边事大坏"⑤，深切表达了自己的无比痛心之情。以此为分界线，此后他对日本的认识、态度逐步产生明显的变化。

1899年日本宗方北平再次向他提出联合主张，让王先谦从中斡旋，他婉言谢绝"邦交之固，权在朝廷，草莽之臣，不便身预其事"⑥。而对比同一年之中他寄给宗方北平的信件，可以发现王先谦前后态度的变化及其立场。

1899年王先谦正在编撰《日本源流考》，在他与宗方北平的通信中，表达了中国要学习日本的强烈想法：

> 贵国历代以来，权归方镇，自经西人构衅，强藩退位，势定一

---

① 《年谱》，第699—705页。
② 同上书，第702—703页。
③ 臧世俊：《康有为的日本观》，《学术论坛》1995年第3期。
④ 《年谱》，第812页。
⑤ 《文集》，第104页。
⑥ 《书札》，"复日本宗方北平"，第884—885页。

尊，封建之区，俄为郡县。殆运会所开，不尽由于人事。改制之后，殆精工艺，并心一力，遂分西国利权之重，而开东方风气之先，积富成强，操之有要。此我中土所急宜仿效者。先谦虽身处田野，不能一日忘矣。①

对于中日联合，王先谦推说自己是"草莽之臣，不便身预其事"；提起学习日本的长处，却又"虽身处田野，不能一日忘"。王先谦此时关心的是中国如何学习日本、逐步强大起来，所谓"积富成强，操之有要"，并不认为把力量放在帮助别国打仗是好事。此时的王先谦已58岁，距1880年上书陈述"暂联日本之交"主张时隔19个年头，他在回复宗方北平的信中不温不火地表达了自己的看法。有学者认为王先谦的回复反映了王"畏缩与孤高，油滑与狐疑"②，据王先谦前后对日本的看法和研究来看，他的回复态度是十分朗明的，立场是坚定的。处于既要学习日本之长处，又要时刻防范日本的中间状态。

光绪三十一年（1905），英国人贝纳锡在长沙太平街开设豫亨泰洋行。许多人都认为应该让官府出面把贝纳锡迁出城外。道员张鹤龄③提倡以华洋杂居之说来解决，提出"不妨按日本办法，令贝纳锡在省开行。必不可，则与领事订约年限，以待外国正商之至"。王先谦认为盲目学习日本的做法是不对的。因为中国没有治外法权，外人杂居，必然遗留无穷后患。④

四 对王先谦"日本观"的评价

1851年到1894年，日本发生了一系列事件，其中很多与中国密切相关：1854年开国、1868年明治维新、1871年中日建交、1872年日本吞并

---

① 《书札》，"复日本宗方北平"，第884—885页。

② 赵树功：《中国尺牍文学史》，河北人民出版社1999年版，第62页。

③ 张鹤龄（1867—1908），清末教育家，字长儒、筱圃、小浦，号啸圃，江苏阳湖（今武进）人。光绪十五年（1889）中举，1892年中进士，旋被选为翰林院庶吉士，散馆后授户部主事职，入赀为道员，候补于湖南，主持在长沙设立的"明德学堂"。1902年，清政府恢复京师大学堂，张鹤龄以试用道派充京师大学堂副总教习。后与张之洞意见不合，愤而辞职，赴湖南任粮储道，按察使等职。1906年，调任奉天（今辽宁）省提学使，积极推行地方教育。1908年，病逝于任内。

④ 《年谱》，第762页。

琉球和台湾，1874年侵略台湾，1894年中日甲午战争。这些事件都引起了中国人的思考。彭雷霆认为1871—1915年近代中国人对日本的认识，呈现为三个特点：变动性、多元性、不对称性。① 王先谦生活在1842—1918年，日本的这些变化和中日的这些交流，他都目睹经历过，他对日本的看法，也符合当时中国人对日本的看法的基本变化过程。

与王先谦生活在同时代的黄遵宪（1845—1905），是中国近代著名政治家、外交家、思想家，是近代中国最早系统了解和介绍日本的人。他仰慕日本明治维新式的西化运动，明确提出以"日本为师"的政治主张；他对日本的侵略性有一定认识，警惕日本对中国的侵略威胁；主张加强中日友好往来。黄遵宪的日本观，对近代中国产生了重要影响。② 黄遵宪曾经到过日本，撰写的《日本国志》在中国影响很大，王先谦看重黄遵宪对日本明治维新的看法，他撰写《日本源流考》曾大量引用《日本国志》中关于日本明治维新的内容。他们二人的共同点是都看到了日本要侵略中国的趋势。不同之处在于黄遵宪明确提出要以"日本为师"，王先谦却强调要因时制宜，并要结合中国实际。

王先谦对日本的看法具有因时而异的变动性的特点，同时对日本的关注是多方面的，但其日本观的核心是中国学习日本经验应该符合中国的具体情况。

王先谦认为不能把日本的很多东西来和中国直接对应，应该选择适合中国情况的因素。光绪二十一年乙未（1895）发生了中日甲午战争后，"二三豪俊，瞋目扼腕，太息于国之无良，富强之不亟讲，相与归咎于制艺无用之学，思一扫刮绝"③。王先谦的忧虑是学习日本难免会犯过犹不及的错误，因而中国一方面要学习日本，另一方面又不能放弃对中国文化的继承和发展。1896年他刻成《葵园校士录存》，即为针对盲目学习日本的风气的一个回应。

王先谦强调学习日本应该符合中国的情况。反观日本，经过对世界各国文化的对比，没有盲目照抄照搬，而是根据自己的国情，做出了自己的选择。从明治初年始，日本先后吸收借鉴了西方的功利主义、自由主义、

---

① 彭雷霆：《近代中国人的日本认识（1871—1915年）》，博士学位论文，华中师范大学，2008年，第178—179页。

② 冯君：《试论黄遵宪的日本观》，《嘉应学院学报》（哲学社会科学版）2010年第7期。

③ 《文集》，第104页。

实证主义、进化论、法国自由人权说、德国国家主义，但几经选择，既未完全舍弃传统，也未完全置身于西方，而是根据日本国情，执政者于明治二三十年代将日本的思想定位在德国国家主义与传统儒家道德结合点上，继续维系"万世一系"的天皇体制。①

第四节　王先谦的"西学观"

王先谦的西学知识除了写作外国史地著作之外，还来自其友人"朋好中间，有博通新学、宅心正大者，时复咨询及之。"② 王先谦在他的多篇文章及通信中提出了他的"西学观"，概括起来主要有以下几点。

一　讲西学之法

在《复吴生学兢》中，王先谦表达了他对西学的看法，指出西人以工商立国，用他们的货物，来掠夺中国的资源，虽然我们没有能力禁止其货物的进入及民众的购买，但"必讲求工艺以抵制之"。他强调中国要发展自己的制造业"以西学导中人，亦是于万难之中，求自全之策"。提出自己以前经营火柴、机器等公司，的确出于自愿。③

王先谦对西学的措施与分类提出见解，他提出具体的实施西学的措施：（1）筹经费；（2）建学堂；（3）择教习，无论从经费，还是从文化渊源上，都是延聘日本人比西洋人合适；（4）招学徒；（5）设管领；（6）附建制造所；（7）区分学目；（8）游历外国；（9）劝工场；（10）奖励学生；（11）奖捐输。这种做法的十大便利之处是：开利源；塞漏卮；养穷民；收游民；开民智；纾民困；培邦本；足国用；张国威；保名教。

王先谦重点论述了"区分学目"条。仿照西国学堂，分为十门。一曰格致；二曰图画；三曰化炼；四曰制作；五曰工程；六曰测量；七曰种植；八曰开采；九曰书式；十曰机器。开设各种学习科目，王先谦都强调

---

① 杨薇：《日本书化模式与社会变迁》，济南人民出版社2001年版，第138页。
② 《书札》，"复岑中丞"，第934页。
③ 《书札》，"复吴生学兢"，第863—864页。

西国在这方面的做法，如化炼，"西国技艺，视化炼为要图"。测量，"西国格物致用，半由测量"。种植，"种植亦技艺之一端，西国莫不讲求，故新法日出"。机器，"西人之于工艺，虽一丝一缕，皆借机器之功，所由物美价廉，商务日旺"。①

二 中西学比较

（一）"空谈"与"实用"

王先谦多次批评中国之学的"空"，认为"中国学人大病，在一空字。……新学兴，又斥西而守中，以西学尤繁重也。"②《与俞中丞》认为，各省若不先将中西学界划清，就会导致"入学肄业者，忽而经史辞章，忽而洋文西语。不特课程纷繁，而茫无头绪，而其间聪颖之士，终心涉两歧，无所专注。"③造成的后果是，即使号称通西学，也是以此作为仕进之阶梯。

（二）中西学科目

1. "学堂"与"书院"不同，中西有许多相同的科目

王先谦曾作《学堂论》"学堂者，西国教授工艺之地，与中学之书院，名相似，实不相涉也。其师徒传习，无中学也。"④

"学堂科目，自群经、国文外，历史、舆地、算学、图画、中西共者。各国文字，亟宜通者也。博物、物理、化学，不过启其新知而已。"⑤

所以王先谦认为向外国派学生去学习，回国教授新知识是简捷便利的方法。

2. 西学中算学最精，但在文字、人伦方面不如中国

王先谦特将中学与西学内容对比，认为：

> 就外人科学析言之：修身伦理，乃中国人所强，附以张彼帜者可以不论。五洲既通，其语言文字，自应有人通习。历史舆地，皆吾儒皆有事，此当视为中学。天算，西学极精，而亦中学所有。体操，如

---

① 《书札》，"与俞中丞"，第894—900页。
② 《书札》，"复毕永年"，第861—863页。
③ 《书札》，"与俞中丞"，第894—900页。
④ 《文集》，"学堂论上"，第13页。
⑤ 《文集》，"学堂论下"，第14页。

中国八段锦、五禽戏之类,不必另立专门。此外关涉工艺各科,以中国人材之多,果得在其上者切实提倡,何患不能精求猛进、驾乎其上?外洋诸邦,立国自有根本,不可轻视。亦有开物成务之圣人(却非摩西、基督之谓),特无如中国所称数大圣人者,以故文字、人伦,不如中国。

且中土人敏慧,过绝西土,但令鼓舞得法,极深研几,岂曰无人!

夫工艺之学,形而下者也,与中学之形而上者,古今殊途,本非治世之要务。然而处交通之世局,挽既倒之狂澜,欲不从事于此,其势不能。今崇奉外人者,不啻扬之升天;而鄙夷外人者,必欲抑之入地。于外人无毫发加损,似皆未为适中之论。①

王先谦在这封信中阐发了他对中西学的看法。他认为中国人比西方人聪明,对西学的态度应该是:其一,对西学不能过高地褒扬,也不能过低地贬低,在如今各国交往频繁的情况下,应该学习其有利的地方。其二,西学中最精者是"算学",很多学科中国早已有之,中国应该学习其语言文字,但在文字、人伦方面,它们不如中国。

3."工艺之学"

王先谦认为"工艺之学"即为西学,在别处也曾为"工艺之学"寻找中学依据"夫工艺之学,初非西有而中无。……自汉以来,视为贱役,于是中国阙焉弗讲。而西人竭其所能,开辟途径,遂以横绝地球。今之时局,盖天将使中国之圣教行于西土,西土艺术还之中国,亦宇宙自然之气运也!"② 他对当时的时局用"宇宙之气运"来解释。

(三)"西学西文"

在中国要学习西学,"西学西文,求实见有教习,各书院仿照增设,亦可勉应诏书。倘依外国之法,遍设乡、县、府、省诸学,必令其与考试相须,方能收荟集之效。惟中国户口殷繁,非学舍如林,窃虑不敷容纳。应有大宗经费,方能办理。外人童子七岁,无论富贫,皆令入学,官为经

---

① 《书札》,"复黄性田舍人",第 927—928 页。
② 《书札》,"与俞中丞",第 894 页。

理，亲属不复过问。此中国情所不能行，亦官长心力所办不到。"① 鉴于中外不同情形，王先谦认为在中国"欲强中就西，实无长策"②。

三　中西政治

王先谦称自己"对西国政书，罕有研究"③。但是他还是根据自己的理解，提出了一些看法。

> 窃谓政不一端，安民而已。今中国之病，不在民之不安已明矣。必吐弃一切政令，事事效法西人，以为如是则自强，恐强之效不章，而安之象已失矣。
>
> 夫所谓自治云者，从前西国，本无政教。百姓困苦，不能相忍。自下劀上，以成此局。西人各挟一自治之权，鸠合大朋，互相抑制。坐而谋者公益，其势皆出于不得而然。今以中国自私之心，而行西人自治之政，其不能相合决矣。④

他通过对西方与中国不同的历史状况的分析，认为施政的目的之一是安民，西方与中国公私不同，盲目学习其政治方式，是不明智的，其结果必然是以失败而告终。

王先谦提出"西国强，源于富，富源于商，商源于工，工源于学"，"西学无论巨细，止当以工艺统之"。⑤ 王先谦这句话把西国强大的原因推诸开来，形成了他的观点，要从工艺的学习入手，达到商业富裕，国家富强的目的。

---

① 《书札》，"与但方伯"，第889页。
② 同上。
③ 《书札》，"复岑中丞"，第934页。
④ 同上。
⑤ 《书札》，"复万伯任"，第900—901页。

第二章

国人编纂的第一部日本编年体通史：《日本源流考》

《日本源流考》二十二卷，共907叶，54万余字。《日本源流考》是中国人编纂的第一部日本编年体通史著作。

《日本源流考》的编撰起始时间，无文字资料可考，1899年王先谦与日本宗方北平通信中提到"曾为贵国《源流考》一书，根据中国史志，参稽贵邦图籍，颇有斐然之观。惟明治以来，搜讨不悉，迟未付梓。阁下东邦巨擘，博极群书，尚启将来有以惠我。"[①] 于1901年完成，1902年刊行。所以王先谦编撰《日本源流考》的时间至少花了3年时间（1899—1901年）。

第一节 王先谦创作《日本源流考》

一 创作动机、条件

明治维新在日本历史上具有划时代意义，是日本近代化的起点。它有狭义和广义之分，狭义指1868年倒幕派推翻德川幕府，建立明治政权的事件，也称"王政复古"；广义指1853—1890年日本发生的社会政治变革运动。明治维新使日本走向了强国之路，中国作为邻邦，在这方面迅速产生了反应。1872—1879年《申报》有关明治维新的消息、评论报道共有306篇，主要涉及经济（155篇）、文教（59篇）、政法（58篇）、军事（34篇）。经济方面包括交通通信、财政货币、商务贸易、开采矿藏、

---

① 《书札》，"复日本宗方北平"，第884—885页。

农业垦荒五大内容。文教方面包含社会风俗、学校教育、文化变革三大内容。政法方面包含政治刑法变革和反抗运动两部分。军事方面主要研究当时日本所采取的一系列军事改革，不涉及当时的日侵台事件和日本吞并琉球事件，而分为军备提升、兵制改革和军事教育三部分。① 当时中国学界对明治维新给日本带来变化的研究，成为一时的风尚。

学界研究王先谦著《日本源流考》创作动机，有以下几种观点：

第一，"宣扬君主统治"说。"宣扬封建君主万世一统的专制统治，连君主立宪都加以反对。"②《日本源流考》按照不同天皇作为标准排布各卷内容，这种排序方法容易给研究者造成"宣扬天皇统治"的印象。

第二，《王先谦学术思想研究》提出两点：（1）从国家安全角度，申明和日本处理好关系的重要性。（2）不满与维新派对日本历史的研究得出结论尤其是维新派对日本明治经验的总结。③

撰写《日本源流考》是王先谦长期观察、思考、积累起来的结果，并非一时之考虑。由王先谦的通信及文集言论中，可以看出王具备以下几方面的创作动机及条件：

第一，从长远看，《日本源流考》是王先谦对中国研究域外薄弱现状的一种反应与实践。书信《与但方伯》认为，对于域外的研究，应有专书讨论。他对日本研究的这种成果是多年来对中国域外研究薄弱现状的一种反应和实践。

第二，王先谦对传统典籍中的日本史早有研究。对《明史·日本传》王先谦研究很深入，他在《日本源流考》中娴熟地引用包括《明史·日本传》在内的中国传统典籍，与日本典籍互证。他曾在《宗子相先生诗集》序中介绍了宗子相的生平等，指出"《明史·文苑传》言倭薄城，先生与主者共击退之。《日本传》不详其事。今集有《明巡按福建御史樊献科序》，言当事者既去，乃从戈矛中密与子相议战守。则主者即献科，亦足补史阙云"④。

第三，《日本源流考》试图重新思考日本维新在中国的影响。《日

---

① 参见姚琦《〈申报〉有关早期明治维新报道的研究（1872—1879）》，硕士学位论文，华东师范大学，2005年。

② 高国抗、杨燕起：《中国近代史学史概要》，广东高等教育出版社1994年版，第86页。

③ 《王先谦学术思想研究》，第217—221页。

④ 《文集》，第60—61页。

源流考》序言中，王先谦表明了写作目的，"叹曰天下禅代独日本世王"。日本"国家灵长之祚或在兹乎？日本得志之后，所刊维新法规大全诸书，扬诩过情。观之徒乱人意，不可概执为兴邦之要道也。是书成，因地附述鄙见，以质当世如此。至日本史家文章之美，览者自得之，故不复云。"①关于学习日本，王先谦并未直言自己的态度，但认为要慎重对待那些市场上流行的过于美化日本的维新法规之类的书籍，不能拿过来就作为自己的法宝。王先谦称，《日本源流考》成书，自己在写作的时候，将个人见解附于其下，对"当世"情况质疑。

二 体例与版本

（一）体例

《日本源流考》的体例，现存四种不同意见，并多有一定道理。

以宣统三年（1911）王先谦七十岁生日，其好友祝寿所献诗文为代表，存两种说法：

第一，属"史"。李宝淦把王先谦的著述分为经、史、子、集四种，将《五洲地理图志》《外国通鉴》《日本源流考》，都归属于"史"类。这是从大的范围划分的。

第二，有关国闻时事资料者。瞿鸿机把《十朝东华录》《续录》《钦定天禄琳琅前后编》《日本源流考》《五洲地理图志》《外国通鉴》《续古文辞类纂》《骈文类纂》八部书列为"有关国闻时事资料者"，并把王先谦几种外国史地著作列为"校刊"类著述。② 这是从《日本源流考》的作用方面考虑的。

以上为王先谦同时代人的观点，后人也有两种说法：

第一，日本的编年体史书。此说法最早见于20世纪80年代：1983年《中国历史大辞典·史学史卷》③、1986年《中国史学史辞典》④、2002年《影印珍本古籍文献举要》⑤，也持同样观点。这是最符合《日本源流考》本身特点的说法。

---

① 《日本源流考》序，捌辑4—113上。
② 《年谱》，第791页。
③ 《中国历史大辞典·史学史卷》，第65页。
④ 明文书局：《中国史学史辞典》，明文书局1986年版，第58页。
⑤ 《影印珍本古籍文献举要》，第140—141页。

第二,"地方志"说。1998年《中国方志大辞典》从解释方志词语、方志名称角度,举《日本源流考》为例。"考:原意有查校、研求、研考之义。古代官修、私撰史志书亦有称考者,如清乾隆时官修的《日下旧闻考》,清王先谦撰《日本源流考》等。"① 很显然,《中国方志大辞典》把有关区域(无论中国的,还是外国的)地理、历史的叙述一律归入"地方志"的范畴之中。

依据《日本源流考》本身的叙述特点,本书认为《日本源流考》是"中国人编撰的第一部日本编年体通史"。

(二) 版本主要有三种

《日本源流考》成稿后,光绪二十八年(1902)思贤书局与长沙王氏家分别刻印。1998年由北京出版社影印光绪壬寅年(1902)思贤书局版影印本,属"四库未收书辑刊"系列之一。

思贤书局光绪二十八年(1902)刻本,共907叶,有9册本和10册本。10册本比9册本略小,其第九、十册内容,相当于9册本的第九册的内容的合并。

长沙王氏家,光绪二十八年(1902)刻本,上海图书馆藏两种版本:10册版和5册版。5册版版框:高21cm,半叶宽14.5cm;页面:26.5cm×17cm。外加蓝色书衣,黏合在一起。书内大题:日本源流考廿二卷;光绪壬寅岁孟春月刊藏。"序"字处嵌有一红色藏书章:嵩兴杨氏珍藏。书脊题"鸿英图书馆"。可见,《日本源流考》曾进入鸿英图书馆②收藏阅览。

光绪十六年(1890),在王先谦等人的倡议下,思贤讲舍刻书处与传忠书局合并,正式组建为思贤书局。传忠书局建于同治十二三年(1873—1874),位于长沙黎家坡遐龄庵。思贤讲舍刻书处与传忠书局合并为思贤书局后,规模更加宏大,一跃成为全国著名的官方书局。自是年

---

① 《中国方志大辞典》编辑委员会:《中国方志大辞典》,浙江人民出版社1988年版,第5页。

② 鸿英图书馆成立于1933年6月,在1942年暑假后正式开放。它是一个历史图书馆,也是一个现代史图书馆。新中国成立后,鸿英图书馆和新闻图书馆合并,改名为报刊图书馆又和上海图书馆、上海科学技术图书馆、历史文献图书馆合并,组成了规模庞大的上海图书馆。杨宝华、韩德昌:《中国省市图书馆概况(1919—1949)》之"上海鸿英图书馆",书目文献出版社1985年版,第160—164页。

起至宣统三年（1911），它除重刻和修原思贤讲舍和传忠书局旧雕版外，还新刻了60多种书籍。所刻之书，在清末各省官书局中影响很大，曾名噪一时。自光绪五六年至宣统年间的30余年中，共计刊刻经、史、子、集四部古书八九十种。到光绪中季，书局附设于思贤讲舍，因而改名为思贤书局，选刻的标准则着重在近人著作，如王先谦的《前汉书补注》和《后汉书集解》、叶德辉所著观古堂各书、孙诒让的《周礼正义》和《墨子问诂》等。以上所记之书都切于实用，字体雅丽，校勘认真，在市场上颇为畅销。①

思贤书局注重刻书，从思贤讲舍、思贤书局所刊书籍内容看，属传统经史、诗词的著作占绝大多数，表现尊崇"先贤"和重视历史文化遗产。其中颇多富有价值的成果，如皮锡瑞撰《皮氏经学丛刻》（9种），郭嵩焘撰《礼记质疑》《中庸质疑》《大学章句质疑》，李道平撰《周易集解纂疏》《春秋左氏传》《春秋公羊传》，袁枢撰《通鉴纪事本末》，谷应泰撰《明史纪事本末》，乾隆御选《唐宋诗醇》，江标编《宋元名家词》（15种）等。还刊刻了多种实用性较强的地理、医药、理财著作，如毕沅撰《三辅黄图》，胡庆宣著《水道源流》，屠道和编《本草汇集》，桓宽撰《盐铁论》等，反映了思贤讲舍、思贤书局尊崇"先贤"，"维持风教，奖励人才"，以及提倡实学之宗旨，具有鲜明的时代特色。② 其中，思贤书局曾经刊刻王先谦所著的五部书籍：王先谦撰《荀子集解》《庄子集解》，姚鼐、王先谦编《正续古文辞类纂》，王先谦编《合校水经注》，王先谦撰《日本源流考》。思贤讲舍、思贤书局所刻78种书中，关于外国史地著作占少数，其中包括王先谦撰《日本源流考》，曹典球编《外国地理讲义》。③ 后来王先谦编撰《五洲地理志略》，列曹典球所译《外国地理讲义》为主要引用书目之一。

王先谦与思贤讲舍、思贤书局关系密切。王先谦1889年辞官后，在

---

① 湖南省地方志编纂委员会：《湖南通鉴1》，湖南人民出版社2008年版，第615页。

② 刘泱泱：《思贤讲舍、思贤书局小考》，中国近代现代出版史编纂组编《中国近代现代出版史学术讨论会文集》，中国书籍出版社1990年版，第365页。

③ "在思贤讲舍、思贤书局存在的30年间，约刻书78种。内容以传统的经史和诗词方面为主。还刻有介绍国外情况的著作，包括王先谦撰《日本源流考》，曹典球的《外国地理讲义》。"叶再生：《中国近现代出版通史》（第一卷：清朝末年），华文出版社2002年版，第355页。

思贤讲舍主讲多年的郭嵩焘①请他到讲舍主讲，王于1890—1891年到思贤讲舍担任主讲。光绪十七年（1891）二月，城南书院院长王楷（字雁峰）病故，地方大吏多次聘请王去主讲，王才辞去思贤讲舍职务，到了城南书院。②

三 各卷内容

《日本源流考》序言交代叙述总时段为："日本开国以来迄于明治二十六年癸巳（1893）"所记的有准确纪年的时段是：自周惠王十年（前667）到明治二十六年癸巳（1893），共计2560年历史。

《日本源流考》通过引用《四裔编年表》《宋史·日本传》《山海经·十二海内北经》等对于日本历史的记载，从日本远古时代记起，"自言初主号天御中主，至彦瀲，凡三十二世，皆以尊为号，居筑紫城"，以720字篇幅把日本最早的32代君主情况简单带过，"其所记载事多不经，今并无取。自周惠王九年前甲子，亦不悉记云"。这就为王先谦记载日本历史的确切年代之始做了一个交代。

据《日本源流考》第一次引用《四裔编年表》的内容③，对其所述远古时期时段可有大致界定。

《四裔编年表》之纪年以中西相对照方式，最下一栏为西历。记载起始时间为少昊四十年壬子，公元前2349年，对波斯、小亚细亚、亚西里亚巴比伦亚里亚、巴勒士登、希利尼（希腊古名）、埃及记事是描述国家起源、人类起源。在公元前2349年至公元前2254年的表格中第一次记载日本，"日本为东北海岛，遂古之初，有天神御世，递嬗千余年，其说荒远难稽，厥后国主俱号天皇，数千年来一姓相传，疆域依旧实宇内所仅见"。《日本源流考》卷一起始引自《四裔编年表》的内容与之完全相同，故其记载日

---

① 郭嵩焘（1818—1891），字伯琛，号筠仙、云仙，晚号玉池老人。清末外交官、洋务派。清湖南湘阴人。道光进士。1876年首任出使英国大臣，后兼使法国。为中国最早主张学习西方文物制度人物之一。受同僚排斥，乡里非议，郁郁而终，曾主讲城南书院。晚年居养知书屋，学者称养知先生。著有《礼记质疑》《大学中庸质疑》《订正家礼》《周易释例》《毛诗约义》《史记札记》《使西纪程》《养知书屋遗集》《郭嵩焘日记》等。

② 《年谱》，第736页。

③ [美]林乐知、严良勋同译，李凤苞汇编：《四裔编年表》，江南制造局翻译馆1874年版。

本模糊年代历史起始时间应介于公元前2349年至公元前2254年,迄于公元1893年,所跨时段在4147年到4242年之间。

《日本源流考》由正文、注文及案语三部分组成。共22卷,记载了日本开国以来自神武天皇到明治天皇122代天皇在位和1代皇后摄政的日本历史。各卷所含的天皇代数不同,最多的是卷三,含20代天皇(安康天皇到宏文天皇);其次是卷十八,13代天皇(后水尾天皇到仁孝天皇)。仅有4代天皇分别单独占一卷或两卷:正亲町天皇(卷十六)、后阳成天皇(卷十七)、孝明天皇(卷十九)、明治天皇(占的篇幅最多,卷二十、二十一)。

表2-1　　　　　　　　《日本源流考》各卷叙述天皇

卷次	天皇代数	具体天皇
一	1—10	神武天皇、绥靖天皇、安宁天皇、懿德天皇、孝昭天皇、孝安天皇、孝灵天皇、孝元天皇、开化天皇、崇神天皇
二	11—19(另有1代皇后摄政)	垂仁天皇、景行天皇、成务天皇、仲哀天皇、神功皇后、应神天皇、仁德天皇、履中天皇、反正天皇、允恭天皇
三	20—39	安康天皇、雄略天皇、清宁天皇、显宗天皇、仁贤天皇、武烈天皇、继体天皇、安闲天皇、宣化天皇、钦明天皇、敏达天皇、用明天皇、崇峻天皇、推古天皇、舒明天皇、皇极天皇、孝德天皇、齐明天皇、天智天皇、弘文天皇
四	40—45	天武天皇、持统天皇、文武天皇、元明天皇、元正天皇、圣武天皇
五	46—52	孝谦天皇、淳仁天皇、称德天皇、光仁天皇、桓武天皇、平城天皇、嵯峨天皇
六	53—56	淳和天皇、仁明天皇、文德天皇、清和天皇
七	57—63	阳成天皇、光孝天皇、宇多天皇、醍醐天皇、朱雀天皇、村上天皇、冷泉天皇
八	64—68	圆融天皇、华山天皇、一条天皇、三条天皇、后一条天皇
九	69—76	后朱雀天皇、后冷泉天皇、后三条天皇、白河天皇、堀河天皇、鸟羽天皇、崇德天皇、近卫天皇
十	77—80	后白河天皇、二条天皇、六条天皇、高仓天皇
十一	81—84	安德天皇、后鸟羽天皇、土御门天皇、顺德天皇
十二	85—92	仲恭天皇、后堀河天皇、四条天皇、后嵯峨天皇、后深草天皇、龟山天皇、后宇多天皇、伏见天皇
十三	93—96	后伏见天皇、后二条天皇、花园天皇、后醍醐天皇
十四	97—100	后村上天皇、长庆天皇、后龟山天皇、后小松天皇
十五	101—105	称光天皇、后花园天皇、后土御门天皇、后柏原天皇、后奈良天皇
十六	106	后亲町天皇

卷次	天皇代数	具体天皇
十七	107	后阳成天皇
十八	108—120	后水尾天皇、明正天皇、后光明天皇、后西天皇、灵元天皇、东山天皇、中御门天皇、樱町天皇、桃园天皇、后樱町天皇、后桃园天皇、光格天皇、仁孝天皇
十九	121	孝明天皇
二十	122	明治天皇
二十一	122	明治天皇
二十二	识余	

四 勘误

《日本源流考》有 13 处涉及时间上的一些错误，多数可据前后文找出其正确年代，少数需根据史学常识判断。在《日本源流考》基础上增补的二十二卷《外国通鉴稿》，多沿袭《日本源流考》错误。其勘误表如下：

表 2-2　　　　　　　　《日本源流考》勘误

序号	卷次	天皇在位年	《日本源流考》错误记载	应为	勘误依据	二十二卷《外国通鉴稿》
1	卷一	崇神十六、十七两年	汉武帝征和五年、六年	汉武帝后元元年、二年	汉武帝征和年号仅有 4 年（前 92—前 89），而后两年应该是后元年号（前 88—前 87，共 2 年）	沿袭
2	卷二	景行天皇六年	丙子章帝建和元①	丙子章帝建初元	东汉章帝有建初、元和、章和三个年号，没有建和年号，日本景行天皇五年是"乙亥（明帝永平）十八"，永平年号之后，应该是"建初"年号（共 9 年，76—84 年）。而"建和"是东汉桓帝刘志的年号，共 3 年（147—149 年），与"建初"年号时间相去甚远	此处沿袭。而在后面，王先谦手写的两处修改意见中用的是"章帝建初"，如"庚寅章帝建初五""壬午章帝建初七"②改成了正确的纪年方式

---

① 《日本源流考》考二，景行八，捌辑 4—135 下。
② 王先谦：《外国通鉴稿》卷二，中华全国图书馆文献缩微复制中心 1997 年版，第 93 页（下用同一版本）。

续表

序号	卷次	天皇在位年	《日本源流考》错误记载	应为	勘误依据	二十二卷《外国通鉴稿》
3	卷二	景行天皇三十五年	乙巳汉殇帝元兴元	乙巳和帝元兴元	元兴应为汉和帝的年号（共1年，即公元105年），殇帝的年号为延平（共1年，即公元106年）	沿袭
4		景行天皇四十四年	甲寅元和元	甲寅元初	其前的年代是"癸丑（安帝永初）七"，即公元113年，其后应为"元初元年"，114年	沿袭
5	卷三	钦明二十年	乙卯三①	己卯三	其前后两个年代是"戊寅二""庚辰文帝天嘉元"	改正②
6		钦明二十二年	庚辰文帝天嘉元二十二年	钦明天皇二十一年	此前一年的纪年为"二十年"王氏把二十一年隔过去，有问题，所以应予以修改，其后的二十三年至三十二年都应该依次减去一年	沿袭③
7		钦明二十三年	辛卯二④	辛巳二	其前一年的年代为"庚辰文帝天嘉元"	改正⑤
8		钦明二十四年	癸未四	壬午三	此前一年的纪年为"辛巳二"	沿袭
9		天智	记载了元年到六年，又记载了元年到四年	应该保留其中的元年到四年的记载	天智天皇是日本第38代天皇，在位时间是668年正月初三至671年十二月初三之间，共4年	沿袭⑥
10	卷四	圣武	丁丑二十五，天平元年⑦	天平九年	其前后的两个年代记为"丙子二十四，天平八年""天平十年"	沿袭

---

① 《日本源流考》考三，钦明十五，捌辑4—160下。

② 《外国通鉴稿》卷三，考三钦明十五，正文将"乙"改为"己"，在板框外该行对应处书写"己"，以表示修改，第194页。

③ 《外国通鉴稿》卷三，考三钦明二十、二十二，第194页。

④ 《日本源流考》考三，钦明十五，捌辑4—160下。

⑤ 《外国通鉴稿》卷三，考三钦明十五，正文已将"卯"改为"巳"，并在板框之外，对应该行之处书写一"巳"字，表示修改，第194页。

⑥ 《外国通鉴稿》卷三，考三天智，第231—238页。

⑦ 《日本源流考》，考四圣武天平元，捌辑4—184下。

续表

序号	卷次	天皇在位年	《日本源流考》错误记载	应为	勘误依据	二十二卷《外国通鉴稿》
11	卷十三	花园	自堀河至此凡十世①	自后堀河至此凡十世②	《日本国志》卷二《国统志二》记载是"自后堀河至此凡十世",另据从天皇代数的排列顺序,后堀河天皇到花园天皇,就是"十世"	沿袭③
12	卷十四	后村上	辛巳至正元兴国元年	辛巳至正元兴国二年	其前后的年代分别是"兴国元年""兴国三年"	改正④
13		后小松	癸未太宗永乐元年	癸未成祖永乐元年	永乐元年,应为明成祖的年号,1403年为癸未年	沿袭⑤

在54余万字的《日本源流考》中,这13处错误比例不到万分之一。

第二节 编撰特色

《日本源流考》是以日本天皇为中心的日本编年体通史。全文采取为史书作"注"的方式书写。

一 为史书作"注"

《日本源流考》采取为史书作"注"形式书写。正文一般采用《日本史》《和汉年契》《四裔编年表》《日本国志》及正史等,以小字来作为注文。文中仅有几处表达过王先谦的编纂原则,如神功皇后四十七年(247),王先谦引用《日本史》为正文,以《魏志·东夷传》《梁书·倭

---

① 《日本源流考》卷十三,考十三花园七,捌辑4—305上。
② 黄遵宪:《日本国志》,卷二,"国统志二"七,上海古籍出版社2001年版(下用同一版本),第36页上。
③ 《外国通鉴稿》卷十三,考十三花园文保二,第771页。
④ 《外国通鉴稿》卷十四,第862页。王先谦将"兴国元年"的"元"划去,在旁边附上手写体"二"。
⑤ 《外国通鉴稿》卷十四,考十四后小松应永十,第943页。

国传》作为印证的文段，低一格放在其后。

> 案：神功不没于正始中，亦无死后立男不服，更立女主之事，此皆传者之误。中国史志与日本史抵牾太甚者，仍按年编入，低一格以示区别后放此。①

由此可见王先谦尽量将众家之说（甚至包括他并不同意的说法在内），都罗列在一起。

《日本史》《和汉年契》《日本外史》《日本国志》《四裔编年表》五种书构成《日本源流考》资料的主体来源，正文中以《日本史》《和汉年契》《四裔编年表》为主，引《日本外史》系为正文作注，《日本国志》有作正文、注文、案语三种情形。

二 连续时间标注

《日本源流考》时间标注，以干支纪年（横排小字，双行）、中国皇帝纪年（竖排小字，双行）方式在前，日本天皇纪年（竖排大字，单行）在后，三者相互对照模式编排。很多年份，甚或未记载任何历史事件，仍刻意将每一个年代都依次排列。这是严格的编年体方式。如第一卷记载日本前 10 代天皇，共罗列了 638 个年份，仅有 87 个年份记载具体事件。第二卷记载日本第 11—20 代天皇，482 个年份中 150 个年份记载有事件。一般以某天皇"元年""二年"……方式记载日本纪年，卷三仁德天皇使用两个年号（大化、白雉）。卷三天智天皇在纪年上似乎出现了一些问题，使用了两次"元年""二年"……的方式，先是"元年"到"六年"，后是"元年"到"四年"，② 对日本天皇纪年常用"年"，共有两处使用"岁"作为天皇纪年：孝谦天皇天平胜宝年号（8 年，749—756 年）的第七年和第八年称为"天平胜宝七岁""天平胜宝八岁"，源于这两年"改年为岁"，"乙未十四，天平胜宝七岁，《日本史》：春正月敕改年为岁"③ 这是一种连续时间标注模式，详近略远，年份越久远，记载事件越

---

① 《日本源流考》考二，神功二十六、二十七。在原文中"中国史志与日本史抵牾太甚者，仍按年编入，低一格以示区别后放此。"是作为小字出现的。
② 这种情形到二十二卷的《外国通鉴稿》中依然保留，详见"勘误表"。
③ 《日本源流考》考五，孝谦二，捌辑 4—187 上。

少，越简略；反之，年份越靠后，记载事件越多、越具体详细。

纪年时，中国同一年内发生两个政权改朝换代关系，中国纪年方面采取两个政权的纪年方式同时并列的方式。一方面承认中国社会政权复杂多变，另一方面又与日本天皇政权"万世一系"对比。《日本源流考》第一次采用中国两种政权的纪年方式是在日本第15代天皇神功皇后二十年，为公元220年，即庚子年，建安二十五年、魏文帝皇初元年。《和汉年契》对这种纪年方式说明为："我邦无僭伪。彼则有僭伪。而别立年号。紊错难于搜索。故为丝栏。尽举各主年纪。靡所遗矣。"①

《日本源流考》叙述时间很有规律，一般在讲中国的皇帝纪年时都是将这个皇帝在位按年号分为元年等，不间断记载下去。只有一处特殊，卷一，考一孝灵二十五，先是用周慎青王纪年，记到了"乙巳五十九 三十五年"处，下一个时间改为了"秦昭王五十二年"，疑有误。

《日本源流考》一般是纪年在前，紧随其后引用典籍叙事。仅有一处特例：崇峻天皇元年，将《和汉年契》书名写在"元年"之前。② 年下按月先后顺序排列叙事，不能确定具体月份之事件，一条用"是岁"列于该年最后，多条用"是岁"连接，这种情况多为王先谦引用《和汉年契》与《日本史》之原话。

《日本源流考》一般按照年代顺序依次排列史实，也有少数情况是采取回溯式写法，类似于纪事本末体。卷二仁德天皇三十五年，写到皇后盘野姬崩之事时，就把仁德天皇在纳八田皇女为妃之事件上与皇后的冲突经过，详细展现出来。③

三 "识余"补充总体知识

《日本源流考》前二十一卷记载的都是关于日本各代天皇在位期间的历史事件。卷二十二"识余"为补充正文总体资料的部分，分为七方面：国号、国姓、地理、礼俗、言语、兵、物产。以"国号"为例。引用《旧唐书·倭国传》《旧唐书·日本传》《唐书·日本传》《宋史·日本传》《元史·日本传》《明史·日本传》六种正史的记载，罗

---

① 日本安政二年（1855）大成增补重刻本《和汉年契》凡例六。
② 《日本源流考》考三，崇峻二十一，捌辑4—163下。"戊申二，《和汉年契》，元年，迁都于仓梯，号紫垣宫，春三月立大伴康手连之女小手子为妃。十月大臣马子造元兴寺。"
③ 《日本源流考》考二，仁德三十五、三十六，捌辑4—148下，4—149上。

列了日本国名的演变过程。王先谦在案语中对这些史书记载的正误进行辨正。

又如"言语",据《日本寄语》"寄即译也,西北曰译,东南曰寄"。《日本源流考》将这些日语分为：天文类（28词）、地理类（9词）、方向类（6词）、珍宝类（8词）、人物类（64词）、人事类（92词）、身体类（14词）、器用类（45词）、衣服类（10词）、饮食类（20词）、花木类（9词）、鸟兽类（11词）、数目类（16词）、通用类（27词），计14类359词。

所选取的词汇都是一些常用词。以身体类（14词）为例。汉语—日语对应如下：耳—眉眉；口—骨土；鼻—发奈；眉—卖；手—铁；足—挨身；心—个个路；头—客成赖；鬓—熏计；发—措迷夹迷；肚—发赖；指—尤皮；爪—卒谜；齿—法。《日本寄语》是明朝薛俊所著，是以汉字来解读日语的，这种读音不一定准确，但给中国人学习日文提供了不少方便。

明朝薛俊的《日本考略》1卷，分沿革、疆域、州郡、属国、山川、土产、世纪、户口、制度、风俗、朝贡、贡物、寇边、文词、寄语15略。《日本考略》的"寄语略"对寄语的总结，与《日本源流考》很相似：

> 寄语略（寄，即译也。西北曰译，东南曰寄）。
> 寄语略分以下这几种：天文类、时令类、地理类、珍宝类、人物类、人事类、身体类、器用类、衣服类、饮食类、花木类、鸟兽类、数目类、通用类。①

《日本考略》中的"寄语略"即为后来一卷本《日本寄语》的雏形，王先谦所引用的《日本寄语》即来自薛俊的著作。

《日本源流考》通过"识余"的方式，补充正文记载之不足，既不影响正文的整体叙述风格，也把一些知识较全面地展现给读者，避免了分散在前面正文中的支离破碎之弊病。

---

① （明）薛俊辑《日本考略》，寄语略，清"得月簃丛书"本。

第三节　叙述重点

《日本源流考》所述历史，虽时间不间断记载，但并非平铺直叙，平均使用笔墨。其以日本的政治为核心，关注经济发展，重视外交关系以及日本学习中国的情况，同时考证各事件"源流"。

一　政治为核心

《日本源流考》以日本天皇作为划分各卷的标准，其中所叙包含日本国以天皇为中心的皇室事件、政令颁布等。政治是本书叙述的核心。

（一）皇室事件：天皇登基、封太子、封皇后、皇帝驾崩等

由天皇的亲属构成皇族，皇室就是天皇以及皇族的总称。皇族的范围包括皇后、太皇太后、皇太后、亲王、亲王妃、内亲王、王、女王。皇族以外的人除女子成为皇后以及同皇族男子结婚外，不能成为皇族。天皇及皇族不得收养皇子，皇族女子同皇族以外的人结婚即脱离皇族身份。①

《日本源流考》不厌其烦地将这方面的事件记载下来，且记载方式也大致相同。正文介绍天皇，注文介绍皇后以及皇后的后代。

第一卷讲日本开国前及十代天皇的历史，能知道确切纪年的是甲寅周惠王十年（公元前667）到汉成帝建始三年（公元前30年）638年的历史。这一卷虽然囊括时间段很长，但记载简单。记载的历史事件到了后面比较复杂。第一卷以661字记载孝元天皇在位57年的事件，有300字为列举中日年代。331字共记载七条史实，除去67字介绍天皇基本情况外，264字记载包括即位、遵封皇太后、封执政、迁都、葬孝灵帝、立皇后、开化天皇出生、灾害、驾崩、后妃及其皇子情况。第一卷中记载最为详细的是崇神天皇，以1677字记载其在位68年的史实，有45年无大事记载，余下23年中记载了不少大事，特别是疾疫后的祭神、叛乱的平叛活动；实行教化、重视农业、制定征收租调的活动等，记载甚为详细。

1. 《日本源流考》对天皇即位的一般记载方式

日本天皇是世袭的职位，只有天皇皇亲血统的男系成员才能继承皇

---

① 曹文振等：《比较宪政制度》，中国海洋大学出版社2005年版，第311页。

位。天皇的继承顺序是：（1）皇长子；（2）皇长孙；（3）皇长子的其他子孙；（4）皇次子及其子孙；（5）其他的皇子皇孙；（6）皇兄弟及其子孙；（7）皇伯皇叔及其子孙；（8）最亲近的皇族，长辈优先，同辈长者优先。①

《日本源流考》记载天皇即位，包括即位、封皇太后、皇后、迁都几方面，别不涉及。以卷二为例，该卷始于垂仁天皇，引用《唐书·日本传》《宋史·日本传》《日本史》三种史书，由略到详书写。引用《日本史》详细介绍天皇：出身（皇子中的排行、母亲）、性格、立为太子的时间等。很多天皇采取类似方式介绍：景行天皇、成务天皇、仲哀天皇、神功天皇、应神天皇、仁德天皇、履中天皇、反正天皇。介绍允恭天皇，也采取此种方式，不过在此之前，引用《梁书·倭国传》作为引子。包括卷三的雄略天皇、清宁天皇、显宗天皇、仁贤天皇、武烈天皇、继体天皇、安间天皇、宣化天皇、敏达天皇、用明天皇、崇峻天皇、舒明天皇、皇极天皇、孝德天皇、齐明天皇、天智天皇的介绍也采取这种方式。

2. 天皇即位的特殊情形

《日本源流考》介绍天皇的方式较为一致，对仁德天皇即位条中加上其节俭之风的记载。② 介绍各代天皇，主要是在其在位期间完成，也有采用补叙方式的。如仁贤天皇时补充记载了显宗、仁贤天皇与清宁、雄略天皇的恩怨处置。③

《日本源流考》除了记载天皇常规的即位方式之外，还记载特殊的即位方式。如第二十四代天皇显宗天皇即位，引用《日本史》以584字叙述其过程：

> 显宗天皇讳来目稚子，初称宏计王，履中帝孙，市边押盘皇子第二子也，母荑媛。……帝大喜，与大臣大连定策，迎入宫中立亿计王为皇太子，天皇为皇子。五年，清宁崩，皇太子让位于天皇。天皇固辞不从，于是饭丰青皇女，自称忍海饭丰青尊听政，忍海角刺宫，十一月葬清宁。是月，饭丰青尊薨。十二月，百官大会于廷，皇太子执

---

① 曹文振等：《比较宪政制度》，中国海洋大学出版社2005年版，第310页。
② 《日本源流考》考二，仁德三十二，捌辑4—147下。
③ 《日本源流考》考三，仁贤八，捌辑4—157上。

玺置天皇前，再拜退就臣位，曰：夫帝位有功者居之，今日皆弟之功也。天皇固辞，皇太子曰：白发天皇所以属天下于我，徒以我居长之故，弟谋脱家难、彰显帝孙，搢绅忻戴，黔首归心，我虽是兄，实无功德，非据而据，咎悔必至。唯弟社稷为计、百姓为心。其言慷慨，至于流涕。天皇不得已，许之，而未遽即位。①

这段记载，原皇太子亿计王说："夫帝位有功者居之"，为其所认为的正确的即位原则，也是让位于显宗天皇（宏计王）的原因。此处还有一段小插曲，在二人互相让位的过程中，出现了饭丰青皇女自称忍海饭丰青尊听政的一段时期。

3. 天皇驾崩、安葬

一般在记载完天皇的驾崩以后，就不再记载其他了。从雄略天皇开始补充其在世性格"严峻如此"②，之后开始记载后妃、皇子，第一次用"又"表示前后条区别。

孝安皇帝即位后安葬孝昭皇帝，保留原有说法，又加以考证。孝安三十八年"《和汉年契》：八月葬孝昭。《大日本史》云葬孝昭不应稽延至此；《旧事记》为元年己丑八月葬，疑是。然上世辽邈不可得而知，今据本书不辄改焉。"③ 用其他史书作为参证，并提出采用这种记载方式的原则。

4. 立皇子

天皇一般都是既定的皇太子来继任的。《日本源流考》正文常在某一年中直接引用史书记载为，某年立某为皇太子，如神功皇后三年"癸未八 三年《和汉年契》：春正月，立誉田别尊为皇太子"④。

仁德天皇即位，引用《日本史》318 字的资料记载此事⑤，包含仁德天皇名字的由来、与原来确定的皇太子皇位相让经过。应神天皇本来立的皇太子是稚郎子，不是他；但是稚郎子不惜以自杀为代价，一定要让位给他，他不得已践位。他说的话道出了日本立皇太子的原则"名分素定"。

---

① 《日本源流考》考三，显宗七，捌辑 4—156 上。
② 《日本源流考》考三，雄略四，捌辑 4—155 上。
③ 《日本源流考》考一，雄略二十，捌辑 4—123 上。
④ 《日本源流考》考二，神功二十三，捌辑 4—143 上。
⑤ 《日本源流考》考二，仁德三十二，捌辑 4—147 下。

天皇即位之事前后有很大对比性。最初，皇子还为天皇之位相让。后来发生过很多为了天皇位残杀皇兄弟的事件。第十八代天皇履中天皇即位前发生了严重的叛乱，他以皇太子身份平定了"住吉仲皇子反"叛乱。①以后的记载中便也时时出现惩罚皇族的事例，这是一个可以表明转折点的标志性事件。雄略天皇即位时，杀了不少于5个皇子，这是日本历史上一次大型内部动乱：

安康暴崩于山宫也，大舍人走告变。天皇疑诸兄，戎服率兵逼八钓白皇子，问其故，皇子不答，天皇拔刀斩之。又问坂合黑彦皇子，亦不答，天皇愈怒，黑彦皇子惧，与梅轮王俱亡，匿大臣葛城圆宅。天皇围其宅，纵火悉烧杀之。初安康尝欲传位盘坂市边押盘皇子，豫后事，天皇衔之，十月诱杀市边押盘皇子及其弟御马皇子。②

各代天皇统治时期，也有不同的皇子叛乱。清宁天皇即位平定了皇子叛乱。③

景行天皇驾崩后，追述了宴会上讳稚足彦因有特殊表现得到景行嘉奖被立为皇太子。

5. 皇后驾崩

一般对皇后驾崩事件，不像对天皇驾崩那样重视，很少记载。

《古事记》中描述仁德天皇的皇后较多，用"皇后的嫉妒和黑日卖"和"八田若郎女"两个标题描绘其嫉妒之强"连天皇所使唤的妃嫔等人，也不许到天皇的寝殿中去。如果有什么异常的表现，她就跺脚捶胸，异常嫉妒"④。其嫉妒在仁德天皇纳八田皇女为妃事上有极端的表现，《日本源流考》引用《和汉年契》详细记载了此事经过，⑤ 重点回顾皇后与仁德天

---

① 《日本源流考》考二，履中三十八，捌辑4—150下。
② 《日本源流考》考三，雄略二，捌辑4—154上。
③ 《日本源流考》考三，清宁五，捌辑4—155下。
④ ［日］太安万侣著，周启明译：《古事记》卷下"仁德天皇"，人民文学出版社1963年版，第137页。
⑤ 《日本源流考》记载仁德天皇在位87年共用了1829字，346字用于介绍天皇。有25年记载了历史事件，其中花篇幅最多的是仁德天皇三十五年，时值中国东晋穆帝永和三年（347），用275字记载皇后磐野姬驾崩之事。

皇间，因仁德纳八田皇女为妃所闹矛盾的前因后果：

> 丁未三，三十五年。《和汉年契》：夏六月，皇后磐野姬（一作磐之媛）崩于纪国山背筒城宫。帝初欲纳八田皇女，作歌谕意于后，后答歌沮之。三十九年①后幸纪国熊野岬，采御纲叶。帝时其亡，召八田皇女，纳宫中。后还至难波，闻之，大恚。投御纲叶于海，不肯下船，因名其处曰"叶济"。帝未知其情，幸大津以迎后，后径溯江自山背赴倭。帝使舍人岛山谕后还宫，后不肯还，营后山背洞城，岗南而居焉。帝遣口持臣谕之，后默不答。口持臣日夜伏殿前，雨雪不去，其妹国依媛事后见其状而泣，后问其故。对曰："今伏庭俟命者，妾兄也，雨雪不避，是以泣。"后曰："告汝兄速还，吾意已决矣！"十一月，帝欲见后，幸山背，至筒城宫，唤后，后不出。帝作歌谕之，后使人奏曰："陛下纳八田皇女为妃，妾不欲与妃共事，故不敢见。"帝怅然还。至是崩。②

自从仁德天皇纳了八田皇女为妃之后，皇后拒不见他，直至驾崩，其性情之刚烈描写得栩栩如生，仁德天皇的形象也显得有血有肉，透露出很多富有人情的东西。这种回溯式的叙述，将其中史实的来龙去脉都很清晰地呈现了出来。《日本源流考》这种以天皇为中心的编年体中引用此段，给原本严肃的叙述，增添了些许轻松的氛围。

6. 注释中解释皇族

以《日本源流考》卷一为例，小字注释中对皇族的解释包括以下几个方面：

（1）解释皇后、妃子的身份由来

神武天皇七十六年，解释神武天皇皇后、皇妃身份"《日本史》：后媛蹈鞴五十铃媛，事代主命大女；妃吾平津媛，日内吾田小猗君妹"③。

（2）解释谥号由来，如"神武"谥号，"《和汉年契》春三月，天皇崩于橿原宫，年百二十七，葬亩傍山东北，谥曰神武天皇，凡'神武'

---

① 《日本源流考》考二，仁德三十二，至仁德三十三，捌辑4—148下，4—149上。
② 同上。
③ 《日本源流考》考一，神武八，捌辑4—117上。

等追谥之号，淡海御船奉敕所撰"① 是对天皇谥号撰写部门的解释。

（3）另一种说法的补充。"《和汉年契》：春立五十铃依姬为皇后，姬一作媛"②，后文皇后多称"媛"。"中津姬一作中津媛"③"壬申二十六，二年《和汉年契》立细媛（一作姬）为皇后"。④

（二）谋反、官员职位的变迁、官制

称德天皇时参议兵部卿和气王谋反，详载谋反后官员处置情况"伏诛式部大辅粟田道麻吕、兵部大辅式部员外、少辅石川永年，坐其党远窜。"⑤ 四年后，道镜谋反，《日本史》"从五位下和气清麻吕，以忤道镜流于大隅"⑥ 此为对道镜的处罚、流放。《日本国志》于注文中记述其谋反经历，"《日本国志》语曰：我国家惟承绪，敢萌非常望者，速加诛戮，道镜大怒，夺官当流"⑦。

光仁天皇即位，记载了皇太子即位前后官员职位变更"僧道镜奉梓宫留庐陵下，庚戌贬道镜为造下野药师寺别当。辛亥流大纳言宫削净人，其子广方等于土左；乙卯以河内职复为河内国。九月壬戌沙汰，令外官冗员；甲子，召还流人和气清麻吕；十月己丑朔，皇太子即位于太极殿，时年六十二。先是，肥后连献白龟，诏改神护景云。四年，为宝龟元年，大赦，天溪赈赡高年、贫穷及孝义者，免天下今年田租。十一月乙酉，敕宥先后逆党"⑧。

《日本源流考》侧重考察官制来龙去脉。孝德天皇时期"制冠十九阶"："大化五年，《日本史》：春二月，改制冠十九阶，置百官"⑨ 仁德天皇仁寿元年开始设立完备的"三公"，"辛未五，仁寿元年，《日本史》……《日本国志》：以藤原良房为太政大臣，赐剑佩上殿；源信为左大臣，藤原良相为右大臣，兼左大将军。于是三公始备"⑩。此处是解释

---

① 《日本源流考》考一，神武八，捌辑4—117上。
② 《日本源流考》考一，绥靖九，捌辑4—117下。
③ 《日本源流考》考一，安宁十一，捌辑4—118下。
④ 《日本源流考》考一，孝灵二十三，捌辑4—124下。
⑤ 《日本源流考》考五，称德八，捌辑4—190上。
⑥ 同上。
⑦ 同上。
⑧ 《日本源流考》考五，光仁十，捌辑4—191上。
⑨ 《日本源流考》考三，孝德三十一，捌辑4—168下。
⑩ 《日本源流考》考六，文德仁寿元，捌辑4—207下。

日本三公开始完备的标志性事件。

（三）重要大臣的册封、去世、大赦

《日本源流考》重点叙述天皇活动、制度设立外，多处介绍大臣活动。"戊戌二，历仁元年，《日本史》：春二月癸巳，征夷大将军藤原赖经入朝。秋七月癸巳，以前左大臣藤原良平为太政大臣。冬十一月己巳，前摄政师家薨。甲寅，藤原赖经还镰仓。十一月甲午，改元。十二月己巳，宜秋门院崩。"① 在这一年之中所记录的七件事件中，有五件是关于大臣活动的。

评判执政得失。"戊午五，文保二年，《日本史》……《日本国志》：自堀河天皇至此，凡十世九十七年，兵马之权，皆在镰仓。自北条时政至高时，凡九世一百五十四年，君之废立、宰辅将军之进退，皆惟命是听。其迟之久而后灭亡者，立主以嗣源氏。迁官，犹称原衔，子孙相承，终身不过相。模武藏守，又务为勤俭以养民，其取祸不速。操之，盖有术也。至高时荒纵，则一败涂地矣。"② 此处引用日本国志对日本这些年以来的政治的评价非常具有概括力。

记载"大赦"。如因天变的一次大赦。"辛巳，庆历元，长久二年《日本史》：冬十一月甲寅，以天变大赦。"③

二 经济进展

《日本源流考》多次记载日本修沟渠状况，如仁德天皇十二年、十三年和十四年共三年记事中，记载了四件修沟渠之史实：凿大沟于山背栗隈县、作和珥池筑行野堤、造桥于猪甘津、凿大沟于感玖。④

《日本源流考》记载赈灾的条目很多，多引自《日本史》；有很多关于自然天象的记载，记载"大雪"、地震等。

推古天皇三十四年，《日本史》所载自然灾害："春正月，桃李华陨，霜雪。夏五月，大臣苏我马子薨。六月，雪。三月至七月，霖雨。天下大饥，盗贼蜂起，以苏我虾夷为大臣。"⑤ 推古天皇三十六年，《日本史》记

---

① 《日本源流考》考十二，四条十，捌辑4—288下。
② 《日本源流考》考十三，花园七，捌辑4—305上。
③ 《日本源流考》考九，后朱雀二，捌辑4—233上。
④ 《日本源流考》考二，仁德三十三，捌辑4—148上、下。
⑤ 《日本源流考》考三，推古二十六，捌辑4—166上。

载推古天皇因在位期间发生很多自然灾害,不让另起山陵。"春三月,天皇崩于小垦田宫,年七十五。遗诏曰:比年五谷不登,百姓大饥,勿起山陵、厚葬。当就竹田皇子茔葬之。四月,雨雹,大如桃子。春夏连旱,九月葬竹田陵。"①

发生灾害,会带来诸多负面影响,如产生盗贼现象。"丁亥八,贞观元年,《日本史》:春二月,以是春饥馑,畿内特甚。盗贼群起。劫人行火,令国司每乡结保督察。"② 发生饥馑,不得已使乡民结保督察。除此之外,日本政府方面还出台了一些政策措施,缓和灾害的影响破坏程度。

一是赏赐赈灾者,甚至许以官位。如"癸丑八,宝龟四年,《日本史》:春正月戊寅,立皇子中务卿山部亲王为皇太子。三月,以天下谷贵,廷议定常平法,遣使七道,粜谷赈民,其贱粜私稻者,授位。"③ 针对灾情,采用经济立法及赈灾措施,甚至还答应在这种时候能够出力者,对其进行授官的奖赏,这是特殊时期的特殊政策。

二是约束在职官员,如通过降低官员封禄抵御灾情"戊戌十三,宏仁九年,《日本史》:春三月,公卿奏年水旱相继,损害不少,请省减臣下封禄,以资国用,俟年丰稔,即复旧。许之"④。

三是制定一些法律制度,作为赈灾的常法延续下来。如"乙亥十四,宏仁十年,《日本史》:春二月,公卿奏曰,频年不稔,百姓饥馑,仓廪空尽,无物赈粜,穷民临饥必忘廉耻;臣等伏望,遣使畿内,实录富豪之贮,借贷困穷之士,秋收之时,依数俾偿,庶几富者无失财之忧,贫者有全命之欢。许之。三月,敕曰:仓贮已罄,无物赈赡,宜加借贷以救其急,班给之法,准赈给例。"⑤ 常年的灾害,对统治者的统治提出了挑战,以上措施,于情、于理,都是行得通的。

日本政府在灾害出现时采取很多措施,不止以上三种。

---

① 《日本源流考》考三,推古二十六,捌辑4—166上。
② 《日本源流考》考六,清和二十,捌辑4—210下。
③ 《日本源流考》考五,光仁十一,捌辑4—191下。
④ 《日本源流考》考五,嵯峨二十四,捌辑4—198上。
⑤ 《日本源流考》考五,嵯峨二十六,捌辑4—199上。

三　外交关系

《日本源流考》多处引用《大日本史》《和汉年契》中记载日本与各国交往的史实。《大日本史》卷二百三十二到二百四十三，立诸藩：新罗上、下、高勾丽、高丽、百济上、下、任那、耽罗、渤海上、下、蝦夷上、下、肃甚、女真、琉球、隋、唐、宋、元（辽、金）、明、吐火罗、崑崙，主要是周边国家，尤其是与中国、朝鲜的关系。记载中国始于隋朝，迄于明朝。《和汉年契》中也保留了日本与其他国家交往的情况。

以日本为中心，兼及日本周边国家的情况，尤其是与中国、朝鲜与日本的外交往来关系；对不同国家的叙事态度上有明显不同。

卷二神功时期与各国交往，尤其是对三韩的交往很多。神功皇后驾崩时，第一次记载有三韩贡物之事件，"己丑五，六十九年，《和汉年契》：四月，神功皇后崩于稚樱宫，年百十二。三韩遣使吊，贡金银锦繡，十月葬狭城盾列陵。"①。应神天皇十四年与三十七年有两条出于《和汉年契》的缝衣女的记载，"癸卯四，十四年，《和汉年契》：百济贡缝衣女"②"丙寅光熙元，三十七年，《和汉年契》遣使于吴求缝工女"③，体现出日本对中国与三韩的不同态度："贡"于百济、"求"于中国。应神二十八年，"丁巳七，二十八年《和汉年契》：秋九月，高丽遣使朝贡，表文不敬，诘责使者，坏其表。"④ 体现出日本认为本国高于高丽的地位。"《日本史》春三月，以百济王阿花无礼，削忱祢多礼，及岘南支侵谷那南韩之地，阿花惧，其子直来朝谢罪。"⑤ 这条记载是日本对其他国家、地区的一种政治态势。《日本史》中这样的记载很多，《日本源流考》经常引用，三韩中的某一国，不贡，日本"责之"。这些体现出日本是以本国为中心，把三韩作为附属国看待的政治心理。

四　中日文化

王先谦的"日本之学，向以中国为转移"思想在《日本源流考》中

---

① 《日本源流考》考二，神功二十八，捌辑4—145下。以前的天皇去世没有这种记载。
② 《日本源流考》考二，应神二十九，捌辑4—146上。
③ 《日本源流考》考二，应神三十一，捌辑4—147上。
④ 《日本源流考》考二，应神三十，捌辑4—146下。
⑤ 《大日本史》中这样的记载很多，主要是以日本为中心，把三韩作为附属国看待。

体现为中日文化的交往。

从秦汉到南北朝时期，中日两国交往频繁密切，来往人员日益增多，中国文化在日本的传播和影响相当广泛。至6世纪初，中国儒家思想在日本传播有了进一步的扩大和深入。① 6世纪到8世纪即日本的飞鸟奈良时代汉籍在日本的传播属于"以人种交流为自然通道的传播形式"②。此时正值中国的隋唐时期。

此期间中国的文化对日本的影响，《日本源流考》中也有记载。桓武天皇延历十一年（792），王先谦引用《和汉年契》记载"敕令学习《汉书》"③。延历十七年（798），引用《日本史》："春三月，式部省奏，请立《春秋公羊》《谷梁》二传于学官，许之"④。这是官方学校承认《春秋公羊传》《春秋穀梁传》的学官地位。

"廐户皇子喜诵论语重圣教"⑤，记载日本国家皇子对于中国经典的喜爱情况。清河天皇热爱汉文化，亲自讲《论语》，"辛巳二，贞观三年，《日本史》：夏六月宣明历。秋八月，天皇始讲《论语》"。⑥

五 考"源流"

《日本源流考》有100多处考证各种缘由。

（一）地名

如蹈石，卷二记载（考二景行八），是景行天皇在平"土蜘蛛"贼时许愿，如愿之后命名的。"初，天皇次柏峡大野，有巨石长六尺，天皇祝曰：'得灭土蜘蛛者，蹴石如柏叶之扬。'因蹴之，果如其言，故名其石曰'蹈石'。"

（二）歌曲名

思邦歌（卷二记载，考二景行九）

---

① 武斌：《中华文化海外传播史》，陕西人民出版社1998年版，第209页。
② 严绍璗：《汉籍在日本的流布研究》，江苏古籍出版社1992年版，第3页。
③ 《日本源流考》考五，桓武十五，捌辑4—193下。
④ 《日本源流考》考五，桓武十六，捌辑4—194上。
⑤ 《日本源流考》考三，钦明十六，捌辑4—161下。
⑥ 《日本源流考》考六，清和十九，捌辑4—210上。

（三）中国古代对日本及日本神功皇后的各种称呼

1. 倭奴国："《隋书·倭国传》：安帝时，又遣使朝贡，谓之倭奴国。"①

2. 卑弥呼：对神功皇后的记载，王先谦先是引用了《后汉书·东夷传》《魏志·东夷传》《晋书·东夷传》《南齐书·倭国传》《梁书·倭国传》《隋书·倭国传》六种史书后给出案语，"案：据《日本史》，汉献帝建安六年，神功皇后为主，诸传志所称女王，盖是矣。后名气长足姬，与卑弥呼之名不合，汉献时立，亦非桓灵间，此传闻异矣。"包括现在中国很多史书的研究，都对卑弥呼的记载还持有肯定态度，质疑的很少。

第四节　资料来源、利用

《王先谦学术思想研究》将《日本源流考》依据的主要史料分为四大类：中国正史；私家著述；类书、会要、地方志；日本史书。② 这种归类，为了解《日本源流考》的史料来源提供了概貌。本书研究发现：《日本源流考》的总体引用资料3205处，包括来自中、日、西的39种书籍，111个篇目，史料取舍精审。

一　总体资料

王宝平提出："清代研究域外的著述，在资料来源的问题上一般通行两种方法：或一一明示，或隐而不注。前者如翁广平的《吾妻镜补》（40卷，1814年）、陈家麟的《东槎闻见录》（4卷，1887年）；后者有王之春的《谈瀛录》（4卷，1879年）、顾厚的《日本新政考》（2卷，1897

---

① 《日本源流考》考二，景行十一，案：《日本源流考》中引用《隋书·倭国传》与《隋书·倭国传》，非《倭国传》外有《俀国传》，只是过去旧本《隋书》的两种写法而已。（上述判断，见之于华东师范大学胡逢祥教授在笔者的博士学位论文明审评阅书中特意提出的，在此特别感谢！）此处将其看成了两种篇目，实际是错误的。《俀国传》应为《倭国传》，后文表格中从王先谦原书写法。

② 《王先谦学术思想研究》，第221—222页。

第二章 国人编纂的第一部日本编年体通史:《日本源流考》　　67

年）等等。"①

王先谦《日本源流考》引用史料属于前者：对所引的篇目一一标出。均以【】标示，如【四裔编年表】，篇名在前，引用内容在后。《日本源流考》引用篇目，散见于书中各处，其引用的篇目到底有多少，是长期困扰史学界的一个问题。《影印珍本古籍文献举要》指出《日本源流考》引用书籍达数十种，也列举了一些书目（除了正史之外的 16 种）。② 这是对《日本源流考》的资料来源较早总结的一次。《王先谦学术思想研究》将《日本源流考》所依据主要史料列出 51 种，是对王先谦《日本源流考》资料来源列出的最为全面的一种。如《日本源流考》中共引用《元史》十篇，《王先谦学术思想研究》列出其中八篇。然而他列出的史料来源，系将篇名、书名混合列出，依此很难判断其总体资料到底是来自多少篇、多少部书，甚至具体来自什么书籍，都依然留存疑惑。

本书通过详细爬梳王先谦《日本源流考》内部叙述中引用之处，列出篇目的详细统计，发现引用共达 3205 处，有 111 个篇目，按中、日、西三种著作，依次排列如下（"篇名"一栏含篇名和书名，保持王先谦《日本源流考》中原文标注形式）：

表 2-3　　　　　　　　　《日本源流考》引用篇目

著作归类	书名	《日本源流考》中出现情况					
^	^	出现顺序	篇名	总引用次数	首出现处		出现卷（总卷数：具体分布各卷）
^	^	^	^	^	版心标志	四库未收书辑刊（捌辑）页码	^
国人著作	山海经	2	山海经十二·海内北经（山海经·海内北经郭璞注）	2	考一开国一	捌辑 4—113 下（以下略去"捌辑"）	2：1、22
^	汉书	14	汉书·地理志	1	考一孝灵二十三	4—129 下	1：1
^	论衡	9	论衡·恢国篇	1	考一神武二	4—114 上	1：1

---

① 王宝平：《黄遵宪〈日本国志〉征引书目考释》，《浙江大学学报》（人文社会科学版）2003 年第 5 期。

② 参见《影印珍本古籍文献举要》，第 140—141 页。

续表

著作归类	书名	《日本源流考》中出现情况				
		出现顺序	篇名	总引用次数	首出现处		出现卷（总卷数：具体分布各卷）
					版心标志	四库未收书辑刊（捌辑）页码	
国人著作	后汉书	15	后汉书·东夷传（后汉·东夷传）	8	考一孝灵二十三	4—129下	3：1—2，22
		16	后汉书·世祖纪	1	考二垂仁六	4—134下	1：2
	三国志	17	魏志·东夷传	11	考二垂仁六	4—134下	2：2、22
		22	魏志·齐王芳本纪	1	考二神功二十六	4—144下	1：2
	晋书	19	晋书·东夷传	8	考二神功二十三	4—143上	2：2、22
		23	晋书·武帝纪	1	考二神功二十八	4—145下	1：2
	宋书	24	宋书·倭国传	9	考二允恭四十一	4—152上	2：2—3
		25	宋书·文帝纪	1	考二允恭四十二	4—152下	1：2
		26	宋书·孝武帝纪	2	考三雄略二	4—154上	1：3
		27	宋书·顺帝纪	2	考三雄略三	4—154下	1：3
	南齐书	20	南齐书·倭国传（南齐·倭国传）	2	考二神功二十三	4—143上	2：2、3
	梁书	21	梁书·倭国传	13	考二神功二十三	4—143上	3：2—3，22
		28	梁书·武帝纪	1	考三武烈九	4—157下	1：3
	杜阳杂编	35	杜阳杂编	2	考六文德十五	4—208上	1：6、22
	隋书	18	隋书·倭国传（隋书·倭国传）	11	考二垂仁六	4—134下	1：2
		29	隋书·炀帝纪	1	考三推古二十三	4—164下	1：3
	旧唐书	30	旧唐书·倭国传	4	考三舒明二十七	4—166下	2：3、22
		32	旧唐书·日本传	8	考四元明十五	4—180下	4：4—6，22

续表

著作归类	书名	《日本源流考》中出现情况				
		出现顺序	篇名	总引用次数	首出现处		出现卷（总卷数：具体分布各卷）
					版心标志	四库未收书辑刊（捌辑）页码	
国人著作	册府元龟	31	册府元龟	10	考三天智三十六	4—171上	4；3—6
	唐书	3	唐书①·日本传	79	考一开国一	4—113下	8；1—7，22
		37	唐书	1	考七村上十九	4—222上	1；7
	五代史	38	五代史	1	考七村上十九	4—222上	1；7
	清波杂志	111	清波杂志	1	考二十二，识余十四	4—574上	1；22
	宋史	4	宋史·日本传	98	考一开国一	4—113下	12；1—11，22
	元史	33	元史·日本传	20	考六仁明七	4—204上	5；6、8、12、13、22
		47	元史·世祖纪	1	考十二龟山十八	4—292下	1；12
		48	元史·赵良弼传	1	考十二龟山二十	4—293下	1；12
		49	元史·耶律喜亮传	1	考十二后宇多二十六	4—296下	1；12
		50	元史·昂吉儿传	1	考十二后宇多二十七	4—297上	1；12
		51	元史·张禧传	1	考十二后宇多二十九	4—298上	1；12
		52	元史·刘宣传	1	考十二后宇多三十一	4—299上	1；12
		53	元史·相威传	1	考十二后宇多三十一	4—299下	1；12
		54	元史·成宗纪	1	考十三后伏见一	4—302上	1；13
		55	元史·铁木儿塔识传	1	考十三后伏见二	4—302下	1；13
	明会典	67	明会典	4	考十四后龟山二十三	4—337下	2；14—15

---

① 在《日本源流考》中，凡称《旧唐书》是指《旧唐书》；称《唐书》者，则指《新唐书》。

续表

著作归类	书名	《日本源流考》中出现情况					出现卷（总卷数：具体分布各卷）
^^^	^^^	出现顺序	篇名	总引用次数	首出现处		^^^
^^^	^^^	^^^	^^^	^^^	版心标志	四库未收书辑刊（捌辑）页码	^^^
国人著作	江南经略	71	江南经略	7	考十五称光一	4—350下	2：15—16
^^^	王氏谈录	39	王氏谈录	1	考八一条十	4—228下	1：8
^^^	筹海图编	66	筹海图编	70	考十四后龟山二十一	4—336下	4：14—16，22
^^^	^^^	80	俞献可纪平望之捷	1	考十五后奈良八十五	4—392下	1：15
^^^	^^^	81	龚良相纪横泾之捷	1	考十五后奈良八十七	4—393下	1：15
^^^	^^^	82	张节纪后梅之捷	1	考十五后奈良八十七	4—393下	1：15
^^^	^^^	83	徐渭纪龛山之捷	1	考十五后奈良八十八	4—394上	1：15
^^^	^^^	84	吴嶔纪清风岭之捷	1	考十五后奈良九十	4—394下	1：15
^^^	^^^	85	诸大圭纪乍浦之捷	1	考十五后奈良一百三	4—401下	1：15
^^^	^^^	86	茅坤纪剿徐海本末	1	考十五后奈良一百四	4—402上	1：15
^^^	^^^	87	纪金塘之捷	1	考十五后奈良一百十一	4—405下	1：15
^^^	^^^	89	谢顾纪擒获汪直	1	考十五后奈良一百十四	4—407下	1：15
^^^	^^^	91	谢顾纪舟山之捷	1	考十六正亲町五	4—412下	1：16
^^^	^^^	92	谢顾维扬之捷		考十六正亲町十九	4—419下	1：16
^^^	遵闻录	69	遵闻录	1	考十四后小松四十六	4—349上	1：14
^^^	明史	56	明史·日本传	68	考十三后伏见二	4—302下	6：13—17，22
^^^	广东通志	68	广东通志	3	考十四后小松四十二	4—347上	2：14、16
^^^	日本国志	7	日本国志	213	考一开国一	4—113下	20：1，3—21
^^^	日本寄语	112	日本寄语	1	考二十二，识余十五	4—574下	1：22
^^^	图书编	110	图书编·日本国序	1	考二十二，识余六	4—570上	1：22

续表

著作归类	书名	《日本源流考》中出现情况					出现卷（总卷数：具体分布各卷）
^	^	出现顺序	篇名	总引用次数	首出现处		^
^	^	^	^	^	版心标志	四库未收书辑刊（捌辑）页码	^
日人	古事记	6	古事记	2	考一开国一	4—113下	2：1—2
^	日本书纪	5	日本书纪	1	考一开国一	4—113下	1：1
^	和汉年契	8	和汉年契	599	考一神武二	4—114上	16：1—8，10，14—20
^	日本史	10	日本史	1038	考一神武二	4—114上	14：1—14
^	日本通鉴	11	日本通鉴	2	考一孝灵二十三	4—124下	1：1
^	日本政记	12	日本政纪	1	考一孝灵二十六	4—126上	1：1
^	神皇正统记	13	神皇正统记	1	考一孝灵二十六	4—126上	1：1
^	续日本后纪	34	恒贞传	1	考六仁明九	4—205上	1：6
^	日本外史	36	日本外史一·源氏前记平氏	1	考七朱雀十四	4—219下	1：7
^	^	43	日本外史一·平氏	15	考九鸟羽二	4—242上	3：9—11
^	^	40	日本外史卷二·源氏正记源氏上	1	考八后一条十五、十六	4—231上、下	1：8
^	^	41	日本外史二·源氏上	7	考九后冷泉五、六	4—234下 4—235上	3：9—11
^	^	42	日本外史二·源氏	1	考九后堀河十五、十六	4—239下 4—240上	1：9
^	^	44	日本外史三·源氏正记源氏下	1	考十一后鸟羽二十	4—270下	1：11
^	^	45	日本外史三·源氏下	1	考十一后鸟羽二十四	4—277上	1：11
^	^	46	日本外史四·北条氏	29	考十二仲恭一	4—284上	2：12—13
^	^	57	日本外史五·新田氏前记楠氏	1	考十三后醍醐十四	4—308下	1：13
^	^	58	日本外史五·楠氏附儿岛氏	3	考十三后醍醐十四	4—308下	1：13

续表

著作归类	书名	《日本源流考》中出现情况					出现卷（总卷数：具体分布各卷）
^^^	^^^	出现顺序	篇名	总引用次数	首出现处		^^^
^^^	^^^	^^^	^^^	^^^	版心标志	四库未收书辑刊（捌辑）页码	^^^
日人	日本外史	59	日本外史五楠氏·附名和氏	2	考十三后醍醐十七	4—310上	1：13
^^^	^^^	64	日本外史五·楠氏附土居得能氏	3	考十三后醍醐二十七	4—315上	1：13
^^^	^^^	65	日本外史五·楠氏附北畠氏	34	考十三后醍醐三十三	4—318上	2：13—14
^^^	^^^	61	日本外史六·新田氏正记新田氏	1	考十三后醍醐二十一	4—312上	1：13
^^^	^^^	62	日本外史六·新田氏	19	考十三后醍醐二十三	4—313上	2：13—14
^^^	^^^	60	日本外史七·足利氏正记足利氏上	1	考十三后醍醐十八	4—310下	1：13
^^^	^^^	63	日本外史七·足利氏上	37	考十三后醍醐二十六	4—314下	2：13—14
^^^	^^^	70	日本外史八·足利氏中	25	考十五称光一	4—350下	1：15
^^^	^^^	72	日本外史九·足利氏下	35	考十五后土御门二十一	4—360下，丁酉十三	2：15—16
^^^	^^^	73	日本外史十·足利氏后记后北条氏	2	考十五后土御门二十四	4—362上，甲寅七	1：15
^^^	^^^	75	日本外史十·后北条氏	18	考十五后土御门三十一	4—365下，丙子十一	3：15—17
^^^	^^^	74	日本外史十一·武田氏上杉氏	14	考十五后土御门二十九	4—364下，庚午五	3：15，17—18
^^^	^^^	76	日本外史十二·足利后记毛利氏	1	考十五后奈良三十七	4—368下，庚子十九	1：15
^^^	^^^	77	日本外史十二·毛利氏下	1	考十五后奈良四十	4—370上，辛丑二十	1：15
^^^	^^^	79	日本外史十二·毛利氏	18	考十五后奈良四十三	4—371下，癸卯二十二	3：15—17

续表

著作归类	书名	《日本源流考》中出现情况					出现卷（总卷数：具体分布各卷）
		出现顺序	篇名	总引用次数	首出现处		出现卷（总卷数：具体分布各卷）
					版心标志	四库未收书辑刊（捌辑）页码	
日人	日本外史	88	日本外史十三·织田氏上	6	考十五后奈良一百十二	4—406上，丁巳三十六	2：15—16
		96	日本外史十四·德川氏前记织田氏下	1	考十六正亲町六十一	4—440下，甲戌二	1：16
		97	日本外史十四·织田氏下	17	考十六正亲町六十四	4—442上	3：16—18
		93	日本外史十五·德川氏前记丰臣氏上	1	考十六后正亲町四十四	4—432上，丙寅四十五	1：16
		98	日本外史十五·丰臣氏上	12	考十六正亲町六十五	4—442下	2：16—17
		101	日本外史十六·德川氏前记丰臣氏中	1	考十七后阳成十三	4—465下，壬辰二十	1：17
		102	日本外史十六·丰臣氏中	1	考十七后阳成十八	4—468上，癸巳二十一	1：17
		103	日本外史十七·德川氏前记丰臣氏下	1	考十七后阳成三十一	4—474下，己亥二十七	1：17
		105	日本外史十七·丰臣氏下	7	考十七后阳成三十六	4—477上，庚子二十八	2：17—18
		78	日本外史十八·德川氏正记德川氏一	1	考十五后奈良四十	4—370上，壬寅二十一	1：15
		90	日本外史十八·德川氏一	9	考十六后正亲町一	4—410下	1：16
		94	日本外史十九·德川氏正记德川氏二	1	考十六正亲町五十三	4—436下，辛未五	1：16
		95	日本外史十九·德川氏二	10	考十六正亲町五十五	4—437下，壬申六	1：16

续表

著作归类	书名	《日本源流考》中出现情况					出现卷（总卷数：具体分布各卷）
^	^	出现顺序	篇名	总引用次数	首出现处		^
^	^	^	^	^	版心标志	四库未收书辑刊（捌辑）页码	^
日人	日本外史	99	日本外史二十·德川氏正记德川氏三	1	考十六正亲町八十九	4—454下，甲申十二	1：16
^	^	100	日本外史二十·德川氏三	7	考十六正亲町九十五	4—457下，丙戌十四	2：16—17
^	^	104	日本外史二十一·德川氏正记德川氏四	1	考十七后阳成三十二	4—475上，己亥二十七	1：17
^	^	106	日本外史二十一·德川氏四	11	考十七后阳成五十，	4—484上，辛丑二十九	2：17—18
^	^	107	日本外史二十二·德川氏正记德川氏五	1	考十八后水尾七，	4—490下，甲寅四十二	1：18
^	^	108	日本外史二十二·德川氏五	28	考十八后水尾十六，	4—495上，乙卯四十三	1：18
^	日本维新史	109	日本维新史	20	考十九孝明十七	4—522下，壬戌穆宗同治元	2：19，21
^	^	^	日本维新史参日本国志	2	考二十明治一，	4—531上，丁卯六	1：20
^	^	^	维新史	6	考二十明治二十一，	4—541下，辛未十明治四年	2：20—21
西人	四裔编年表	1	四裔编年表	171	考一开国一	4—113下	6：1、15—19
总计		111篇目		3205处			

  《日本源流考》整部书共引用3205处，111个篇目；第一处引用是第一卷开篇《四裔编年表》，最后一处引用是卷二十二，引《宋史·日本传》。有确切纪年的内容中，第一处引用《和汉年契》，在甲寅周惠王十年（前667）；最后引用《日本维新史》是明治二十六年（1893）。

  这些篇目很多来自同一本书，作者对其多称具体篇目，甚至还列出其具体卷所在。①《日本源流考》一般对所引用篇目在原书的具体卷数直接指出，并不出现"卷"字，仅出现了一次含有"卷"字之处。有的书名在不同的地方称呼不同，如《日本维新史》的三种称呼②，总体上看，《日本源流考》列出引用篇名，基本不用简称。

《筹海图编》被《日本源流考》多处引用。第一次引用该书称书名，后引该书不再指明出处，而标出 11 个具体篇目③，均来自《筹海图编》卷九，"大捷考"。

《日本源流考》引用 111 个篇目，共来自 39 种文献。按照引用的先后顺序，这 39 种文献依次为《四裔编年表》《山海经》《唐书》《宋史》《日本书纪》《古事记》《日本国志》《和汉年契》《论衡》《日本史》《日本通鉴》《日本政记》《神皇正统记》《汉书》《后汉书》《三国志》《隋书》《晋书》《南齐书》《梁书》《宋书》《南齐书》《旧唐书》《册府元龟》《元史》《续日本后纪》《杜阳杂编》《日本外史》《五代史》《王氏谈录》《明史》《筹海图编》《明会典》《广东通志》《遵闻录》《江南经略》《日本维新史》《图书编》《清波杂志》《日本寄语》。

以上所列出的是《日本源流考》的总体资料来源，其中并没有《王先谦学术思想研究》所提到的《甲乙胜言》。

二 四种来源、三类典籍

王先谦在不同的场合提到《日本源流考》的资料来源，有两种说法：

一种说法是在王先谦回复日本宗方北平的通信中这样提出"两种来源说"。"曾为贵国《源流考》一书，根据中国史志，参稽贵邦图籍。"④即把参阅的典籍分为两类，来自中国史志与日本图籍。

另一种说法是《日本源流考》序言"四种来源"说。"采历代史传、

---

① 如《日本源流考》对引自《日本外史》的篇目的称呼，第一次为《日本源流考》卷七，引用【日本外史一·源氏前记平氏】。

② 【日本维新史】是全称，【日本维新史参日本国志】又暗含此条引用是转引《日本维新史》（自《日本国志》）；【维新史】是《日本维新史》的简称。

③ 【俞献可纪平望之捷】【龚良相纪横泾之捷】【张节纪后梅之捷】【徐渭纪龛山之捷】【吴嶔纪清风岭之捷】【诸大圭纪乍浦之捷】【茅坤纪剿徐海本末】【纪金塘之捷】【谢顾纪擒获汪直】【谢顾纪舟山之捷】【谢顾维扬之捷】11 篇。

④ 《书札》，"复日本宗方北平"，第 884—885 页。

暨杂家纪载、参证日本群籍、稽合中东年表，为源流考二十二卷。"① 这是从更细的角度划分为历代史传、杂家记载、日本群籍、中东年表。结合王先谦自己的说法，也是重视中日两种文本资料，并不重视西人所撰写的《四裔编年表》。

《日本源流考》资料共来自三类：国人著作28种、日人著作10种、西人著作1种。王先谦的"四种来源说"中的历代史传、杂家记载、中东年表三种都是来自中国人的著作，日本群籍是日人著作，《四裔编年表》列入西人著作。

（一）国人著作

《日本源流考》引用篇目所涉及书籍，引自中国人所著典籍最多，达28种：《山海经》《汉书》《论衡》《后汉书》《三国志》《晋书》《宋书》《南齐书》《梁书》《隋书》《旧唐书》《册府元龟》《唐书》《王氏谈录》《五代史》《宋史》《元史》《杜阳杂编》《明会典》《遵闻录》《江南经略》《筹海图编》《明史》《广东通志》《图书编》《日本寄语》《日本国志》《清波杂志》。

1. 历代史传：用来印证、补充日本史籍主要资料

中国古代历史学家，把居住在日本列岛上的日本人称为"倭人"。中国记述倭人和中国发生交往关系的历史文献，按成书的时间来说，首推《山海经》《史记》《汉书》和《论衡》。《山海经》"海内北经"第十二，介绍盖国时提到了"倭"，位于燕之南。这部书记载了倭的具体地理方位，以及燕和倭间的隶属关系。据中国史学家考证，《山海经》中的海内经四篇，系前汉时期作品，所以，倭属燕的记事，仍系前汉史观的反映。② 中国古代人对日本已经形成自己的认识和观点。③ 从所记载内容看，以《论衡》为最早。中国史书中所载之倭人，在地域上有严格限制，仅

---

① 《日本源流考》"序"，捌辑4—112。
② 张声振、郭洪茂：《中日关系史》（第一卷），社会科学文献出版社2006年版，第4页。
③ 汪向荣：《古代中国人民的日本观》，《世界历史》1981年第5期。松枝到著，施仁编译：《宋、元时期的日本观》，《国外社会科学快报》1992年第5期。陈建平：《〈日本考〉所见的日本婚葬礼俗：明代中国人的日本观初探》，《西南师范大学学报》（人文社会科学版）2000年第5期。陈小法：《从服饰文化谈谈古代中国人的日本观》，《文献》2003年第2期。张冬冬、巨永明：《刍议中国古人的日本观——从正史中关于日本的专门记载来看古人的日本观》，《重庆师范大学学报》（哲学社会科学版）2007年第3期。

指日本群岛上的倭人。王充的记载，只能看作是反映汉族人民与倭人发生交往的一段古代传说，不可能是历史真实。① 明代以前，中国的日本研究特点是：有关日本的记述均列入各朝的官书之中，在形式上为外国传记，内容上多为介绍和叙述的纪实性记载，方法上，多为记录或抄录前史。②

从3世纪的《三国志》到20世纪的《清史稿》，在25史中有16部正史内立有倭人传或倭传、倭国传、日本传、日本志。这16部正史是：《三国志》《后汉书》《宋书》《南齐书》《梁书》《隋书》《晋书》《南史》《北史》《旧唐书》《新唐书》《宋史》《元史》《明史》《新元史》《清史稿》。以《旧唐书》为分水岭，其前为倭国传，其后为日本传，而《旧唐书》则两传并立，说明日本在唐代发生了由"倭"到"日本"的国名变更。前九史的倭国传内容之间有传承关系。③

（1）引用正史33篇、14种书

《日本源流考》引用的111个篇目中，正史占33篇14种书：《汉书》（1篇）、《后汉书》（2篇）、《三国志》（2篇）、《晋书》（2篇）、《宋书》（4篇）、《南齐书》（1篇）、《梁书》（2篇）、《隋书》（2篇）、《旧唐书》（2篇）、《唐书》（2篇）、《五代史》（1篇）、《宋史》（1篇）、《元史》（10篇）、《明史》（1篇）。引用《元史》篇目最多，达10篇④。

（2）《唐书·日本传》和《宋史·日本传》引用最多，用以介绍天皇世系

引用正史中倭国传、日本传多至12种书籍：《魏志·东夷传》（11处）、《后汉书·东夷传》（8处）、《宋书·倭国传》（6处）、《南齐书·

---

① 张声振、郭洪茂：《中日关系史》（第一卷），社会科学文献出版社2006年版，第4页。
② 李玉等主编：《中国的中日关系史研究》，第一篇"总论"，第一章"中国的日本研究：回顾与展望"，世界知识出版社2000年版，第4—5页。
③ 关于正史中的日本传，有两种说法，（本书采用的）第一种说法是"25史中16部正史"中有《日本传》，代表为刘德有、马兴国：《中日文化交流事典》，"中国正史中的'倭国传'和'日本传'"条目，辽宁教育出版社1992年版，第13页。第二种说法是"十四部十五篇研究日本的专传"，参见时培磊《明清日本研究史籍探研》，博士学位论文，南开大学，2010年，第23页。分析历代正史中的日本传，并不能把《新元史》和《清史稿》归入其中。从这个角度而言，中国历代正史中应该有十四部十五篇研究日本的专传。
④ 《元史·日本传》《元史·世祖纪》《元史·成宗纪》《元史·赵良弼传》《元史·耶律喜亮传》《元史·昂吉儿传》《元史·张禧传》《元史·刘宣传》《元史·相威传》《元史·铁木儿塔识传》。

倭国传》（2处）、《晋书·东夷传》（8处）、《隋书·倭国传》（11处）、《旧唐书·倭国传》（4处）、《旧唐书·日本传》（8处）、《唐书·日本传》（79处）、《宋史·日本传》（98处）、《元史·日本传》（20处）、《明史·日本传》（68处）。

在这些正史的倭国传或日本传中，《日本源流考》引用最多的当属《唐书·日本传》和《宋史·日本传》。《唐书·日本传》出现在八卷中：卷一至卷七，卷二十二；《宋史·日本传》出现在十二卷中：卷一至卷十一，卷二十二。这两种史书在卷一至卷七中，总是同时出现，作为介绍天皇世系的一种固定模式，介绍了第1代天皇神武天皇到第59代天皇光孝天皇。从第60代天皇宇多天皇到第67代天皇华山天皇，仅以《宋史·日本传》来介绍。

《明史·日本传》处于《日本源流考》引用正史中倭国传、日本传频率之第三，分布在六卷：卷十三至卷十七以及卷二十二。位于第四的是《元史·日本传》。

（3）补充日本史书所叙史实

《日本源流考》引用中国正史记载，多补充解释日本史书记载简略的内容。如神功皇后四十年（240），《和汉年契》记载过于简单："魏遣人来报"，王先谦以引用《魏志·东夷传》《晋书·东夷传》《梁书·倭国传》几种史书，使"魏遣人来报"具体化：

> 《魏志·东夷传》：景初二年六月，倭女王遣大夫难升米等诣郡（带方郡），求诣天子朝献，太守刘夏遣吏将送诣京都。其年十二月，诏书报倭女王曰："制诏亲魏倭王卑弥呼：带方太守刘夏遣使送汝大夫难升米、次使都市牛利奉汝所献男生口四人、女生口六人、班布二匹二丈，以到。汝所在逾远，乃遣使贡献，是汝之忠，我甚哀汝。今以汝为亲魏倭王，假金印紫绶，装封付带方太守假授汝。其绶抚种人，勉为孝顺。汝来使难升米、牛利涉远，道路勤劳，今以难升米为率善中郎将，牛利为率善校尉，假银印青绶，引见劳赐遣还。今以绛地交龙锦五匹、绛地绉粟罽十张、蒨绛五十匹、绀青五十匹，答汝所献贡直。又特赐汝绀地句文锦三匹、细班华罽五张、白绢五十匹、金八两、五尺刀二口、铜镜百枚、真珠、铅丹各五十斤，皆装封付难升米、牛利还到录受。悉可以示汝国中人，使知国家哀汝，故郑重赐汝

好物也。"

《晋书·东夷传》：宣帝之平公孙氏也，其女王遣使至带方朝见，其后贡聘不绝。

《梁书·倭国传》：至魏景初三年，公孙渊诛后，卑弥呼始遣使朝贡，魏以为亲魏王，假金印紫绶。

《魏志·东夷传》正始元年，太守弓遵遣建中校尉梯俊等奉诏书印绶诣倭国，拜假倭王，并赍诏赐金、帛、锦罽、刀、镜、采物，倭王因使上表答谢诏恩。①

2. 杂家纪载

《日本源流考》利用的杂家记载较多、种类丰富。

（1）笔记《王氏谈录》：将景德元年（1004）日本僧人寂照来华之事具体化

在宋代，中日交流以民间往来为主要方式，联系双方的媒介主要是商人和僧侣。曾有为数不少的日本僧人东渡巡礼求法，日僧和宋朝文人士大夫结交，结下了真挚的异国友情。他们之间的交流，成为宋日两国友好往来的一段佳话。② 这在《日本源流考》中有记载。

《日本源流考》卷八，景德元年（甲辰年，1004），一条天皇宽弘元年，引用《宋史·日本传》指出景德元年（1004）日本僧人寂照来华之事后，引用《王氏谈录》将这件史实具体化：

> 公言：祥符中，日本僧寂照来朝，后求礼天台山，先中令守会稽，寂照经由来谒。寂照善书，迹习二王，而不习华言，但以笔札通意。时长兄为天台宰中，令以书导之，兼赠诗云："沧波泛瓶锡，几月到天朝。乡信日边断，归程海面遥。秋泉吟里落，霜叶定中飘。为爱华风好，扶桑梦自消。"既至天台，致书来谢，累幅勒至，其字体，婉美可爱，杨文公在禁中识之，亦常序其事。③

---

① 《日本源流考》考二，神功二十五、二十六，捌辑4—144。
② 陈伟庆：《从宋代诗作看宋日交流》，《兰台世界》2012年第15期。
③ 《日本源流考》考八，一条十，捌辑4—228下。

该段文字来自《王氏谈录》，题名是《赠日本僧诗》。①

（2）引用类书《册府元龟》：讲遣唐使之事

《日本源流考》卷三至卷六共四卷中共引用 10 处《册府元龟》。

第一处引用在卷三天智天皇二年，即唐高宗总章二年（669），王先谦以《日本史》作为正文叙述，"是岁遣小锦中、河内鲸等于唐"②。此处对遣唐使之史实记载缺乏更为具体的时间，作者就引用《册府元龟》："总章二年十一月，倭国遣使献方物"，来自《册府元龟》卷九七零《外臣部·朝贡三》，此处的引用是节略了原文，原文是"（总章）二年……十一月，倭国并遣使献方物"③。

第二处引用在卷四，文武天皇大宝二年，即武则天长安元年（701）之历史事件。是针对《日本史》记载遣唐使粟田真人的事，引用正史《唐书·日本传》《宋史·日本传》后又引用《册府元龟》"长安三年，日本遣朝臣真人贡方物"④。达到众说皆存的撰写目的，并且提出自己的判断。

第三处在卷四元明天皇和铜二年，即唐中宗景龙三年（709）记载遣唐使一事，《册府元龟》记载为："景龙五年"发生，王先谦辩证说：案景龙止三年，五盖三之误。⑤ 近人汪向荣对此条史料也进行了辩证⑥，与王先谦的考证有异曲同工之妙。不过，有趣的是，在该资料上判断的结果与王先谦的判断惊人的相似"此条似有误，……故疑三年之误"。他"参见《古今图书集成》所引条"。汪向荣没有提到王先谦在此处的判断。

卷四元正天皇、圣武天皇，卷五孝谦天皇，卷六文德天皇时期都引用了《册府元龟》。

《日本源流考》所有这些引用《册府元龟》之处都是在讲遣唐使之事。

---

① 朱易安、傅璇琮等主编，上海师范大学古籍整理研究所编：《全宋笔记》（第一编十），大象出版社 2003 年版，第 179 页。

② 《日本源流考》考三，天智三十六，捌辑 4—171 上。

③ 汪向荣、夏应元：《中日关系史资料汇编》，中华书局 1984 年版（下引该书为同一版本），第 74 页。

④ 《日本源流考》考四，文武十一，捌辑 4—178 上。

⑤ 《日本源流考》考四，元明十四，捌辑 4—178 上。

⑥ 详见《中日关系史资料汇编》，第 75—76 页注①。

第二章　国人编纂的第一部日本编年体通史:《日本源流考》

(3)《日本国志》:对整部书起重要作用

《日本国志》在《日本源流考》中引用很多,在整部书中起到重要作用。仅举出第一卷为例,共引用 7 处,273 字。这些引用主要是对原文的补充解释,尤其是对地名、国名、读音的解释,还用于对于一些时间的解释,如"自神武至开化,凡九世五百六十年"。

(4) 野史《遵闻录》:通过诗歌了解日本

《日本源流考》共引用一处"《遵闻录》:国初时,尝欲征倭国,彼遣使嚄哩嘛哈奉表乞降。上问倭国风俗如何,嚄哩嘛哈以诗答曰:国比中原国,人如上古人。衣冠唐制度,礼乐汉君臣。银瓮篘新酒,金刀脍锦鳞。年年三二月,桃李一般春。"① 这里引用日人一首诗把日本特点点了出来:地域面积、人种、政治制度、礼乐、器具、生产方式、气候等,通过对话,表达了明朝时期中国人对异域了解的愿望。

3.《中东年表》:《日本源流考》的时间坐标

《日本源流考》时间标注,参照黄遵宪《日本国志》中"中东年表"。黄遵宪制作该表时,说:

>考日本诸史,均托始神武。近仿西人,以耶稣降元之始至今皇明治五年壬申,称为二千五百三十二年。尔后凡外交条约、内国政典,每冠以是成,惟考神武在位七十六年,递传八世而至崇神。曰绥靖在位三十有三年,曰安宁在位三十八年,曰懿德在位三十四年,曰孝昭在位八十三年,曰孝安在位一百二年,曰孝灵在位七十六年,曰孝元在位五十七年,曰开化在位六十年,凡四百八十余年,均无事足述,今故以崇神纪元为始,而仍以神武之元年纪诸篇首云。②

王先谦的引用,都是以中国皇帝纪年在前(以小字标出,为辅),而以日本天皇纪年在后的方式(以大字标出,为主)。

(二) 日人著作(日本群籍)

《日本源流考》引用的日本典籍有:《古事记》《日本书纪》《续日本后纪》《日本史》《和汉年契》《日本通鉴》《日本政记》《神皇正统记》

---

① 《日本源流考》考十四,后小松四十六,捌辑 4—349 上。
② 《日本国志》,卷首"中东年表",第 8 页上。

《日本外史》《日本维新史》，共 10 种。这些日本典籍在《日本源流考》中所起所用也因原书的内容而异。

以第一卷引用情况为例：（1）《古事记》（1 处），主要是印证作用。（2）《和汉年契》（73 处），用于介绍天皇出生、天皇即位、封执政大臣、封皇后、迁都、驾崩；灾害等。（3）《日本史》（44 处），记载日本天皇名讳、出身、纳妃、皇后皇妃生子、平叛、国策、迁都、诏令等。（4）《日本通鉴》（2 处）记载富士山初出、徐福东来之事。

1. 《古事记》与《日本书纪》，用来叙述日本"开国"之事

《古事记》，现存日本最早的历史和文学著作，记载开天辟地至推古天皇时期的历史。《日本书纪》，亦称《日本纪》。是日本现存最早的官修国史，并为神道教的重要典籍之一。三十卷。第一卷至第二卷是"神代"（神世列代），第三卷至第三十卷是从神武天皇到持统天皇的神话、史事，还有一卷"系图"已佚。[①]《日本源流考》引用这两部分书用来叙述日本开国之事。

2. 《日本史》（《大日本史》）：全文资料的最主要来源

《大日本史》共 243 卷，原汉文。权中纳言从三位源光圀修，男权中纳言从三位源纲条校，玄孙权中纳言从三位治保重校。卷一至卷七十三记载神武天皇到后小松天皇历代日本天皇在位事件。从卷七十四，为列传部分。包含后妃传、皇子列传、皇女列传、大臣列传、将军列传、将军家族列传、文学、歌人、孝子、义烈、列女、隐逸、方技、叛臣、逆臣、诸蕃。《大日本史》共有七种版本，其中六种版本是足本。王先谦《日本源流考》刊行前出现的版本都是 243 卷的版本。第七种版本是残本：《大日本史残存本纪》第一至三十五卷，共四册，35 卷。主要收录本纪内容。

王先谦的《日本源流考》是以天皇为中心的叙述，所叙天皇 122 代。《大日本史》叙天皇 100 代，以其时段长，所叙内容丰富，组成了《日本源流考》资料的一个最为重要的来源。

3. 《和汉年契》《日本外史》也甚为王先谦看重

《日本源流考》中也引用了《和汉年契》与《日本外史》多处，对其内容也很看重。

《和汉年契》，日本学者芦屋山人撰，荒井半藏补，日本安政二年

[①] 任继愈：《宗教词典》，上海辞书出版社 1981 年版，第 187 页。

（1855）大成增补重刻本。前有宽政八年（1796）三村其原叙，讲明作者编写目的、过程。有凡例六则、大日本帝王系图、和汉帝王索引、和汉历代年号索引后有大日本年号改元索引。由四个表组成，始于东周平王元年，辛未年（公元前770），终于癸亥年（1862）。有关中国的事件记载到同治四年乙丑年（1865），日本的记载到明治元年戊辰年（1868）。该书最主要的特色是表格设置随内容而变化，而非拘泥于一种固定的格式。

《日本外史》松平氏，[日] 赖襄子成撰，日本明治三十年（1879）刻本。《日本源流考》引用《日本外史》很多篇目。其二十二卷中均有被征引篇目。二十二卷，其所纪，"起源氏创业，以讫极盛至治之今代矣"。

4.《日本维新史》：《日本源流考》关于明治维新史叙述的最主要来源

《日本源流考》中所称《日本维新史》，实指《大日本维新史》。《大日本维新史》，日本汉学家重野安绎著，光绪二十五年（1899）商务印书馆代日本善邻译书馆铅印本。起于庆应三年（1867）幕府还政，讫于明治三十二年（1899），新条约实施。

《日本源流考》卷十九到卷二十一，引用《日本维新史》内容。卷二十与卷二十一是明治天皇，始于庆应三年（1867）到明治二十六年（1893），引用《日本维新史》共28处，叙述时段在《大日本维新史》的范围内，组成了王先谦明治维新知识的主要来源。

《日本源流考》卷十九孝明天皇时期有两处引用《日本维新史》的，一是中国同治元年（1862），即日本孝明天皇文久二年，"《日本维新史》：五国修好，葡萄牙、普鲁士、瑞西、白耳、意大利、丁抹，想继请通商，幕府并许之，缔条约如五国例，遂至十一国"①。二是中国同治四年（1865），即日本孝明天皇庆应元年，"《日本维新史》：幕府之憎长门者，以其处分为过轻，请朝裁锢庆亲父子，削其封十万石，长门不服"②。这两条所叙时段在《大日本维新史》范围之外，这是王先谦把《大日本维新史》中回溯性的内容，按年代放回到其原来所在的年份中。

（三）西人著作

仅《四裔编年表》一种，美国林乐知、严良勋同译，李凤苞汇编。

---

① 《日本源流考》考十九，孝明十七，孝明天皇文久二年条，捌辑4—522下。
② 《日本源流考》考十九，孝明二十八十七，孝明天皇庆应元年条，捌辑4—528上。

江南制造局翻译馆1874年版。年表之纪年共分上中下三栏以中西相对照的方式，最上一栏为中国纪年，中间一栏为日本、印度、波斯、小亚细亚、亚西里亚巴比伦亚里亚、巴勒士登、希利尼（希腊古名）、埃及。最下一栏为西历。

记载时段，起于少昊四十年壬子，对应的西历是公元前2349年；终于大清咸丰十一年辛酉，即西历1861年。这是一个有具体事件的时间，而作者记载的最后一个时间是大清同治元年，仅列出时间，无具体事件。由此推断，该书成书时间应在1861年之后。《四裔编年表》中对日本记载占据重要地位，也为《日本源流考》提供了重要资料。

三　征引史料，取舍精审

《日本源流考》由引用各种史料而成，引用方式有所不同。

（一）直接引用

这种引用方式在《日本源流考》中所占比例比较多，又常据内容略加调整。

1. 增删文字

《日本源流考》引用会根据叙述需要增减文字。如"母玉依姬，年十五立为皇太子，及长，纳吾平津媛为妃，彦潋帝崩，甲寅岁，天皇年四十五，在日向高千穗宫。"《大日本史》中为："母曰玉依姬，年十五立为太子，及长，纳吾平津媛为妃，彦潋帝崩，甲寅岁，天皇年四十五，在日向高千穗宫。"① 对比两书记载，前者比后者多"皇"字，后者比前者多"曰"字，其余相同。

又如《日本源流考》介绍神武天皇"《日本史》：神武天皇，讳彦火火出见，小名狭野，葺不合尊第四子也，母玉依姬，年十五立为皇太子。及长，纳吾平津媛为妃，彦潋帝崩，甲寅岁，天皇年四十五，在日向高千穗宫。"以上63字，引自《大日本史》卷一约434字的介绍神武天皇的内容，删减了很多内容。

《日本源流考》卷五，淳仁天皇天平宝字五年"《旧唐书·日本传》上元中，擢朝衡为左散骑常侍、镇南都护"② 比《旧唐书·日本传》原文

---

① 《大日本史》残本，卷一，本纪一，左侧。
② 《日本源流考》考五，淳仁五，捌辑4—188下。

多一"朝"字。是由于单独引用，缺乏上下文语境，加字后可避免歧义。

2. 去除重复

孝德天皇白雉五年，"《唐书·日本传》：永徽初，其王孝德献，琥珀大如斗，玛瑙若五升器。时新罗为高丽、百济所暴，高宗赐玺书，令出兵援新罗。"① 原文"永徽初，其王孝德即位，改元曰白雉，献虎魄大如斗，码碯若五升器。时新罗为高丽、百济所暴，高宗赐玺书，令出兵援新罗。"引用与原书内容完全一样，仅调了一些序，省略了原文中改元的介绍，因《日本源流考》中都是先把年号写出，再进行引用、叙述的，所以再对原文完全照抄，就有重复之嫌了。

3. 略加解释

采取直接引用的方式时，一般以小字的方式作注（或案语）辨别原文错误之处。神功皇后二年（202），引用《魏志·东夷传》"其国本亦以男子为王，住七八十年，倭国乱。"② 对其中的"住"给出案语：案"住"盖"往"之误字。

（二）多种说法并存

1. 加以辩证

对同一问题不同说法并存时，王先谦通过辩证，以案语形式把自己采信某一说法的理由呈现出来。成务天皇四十八年（178），对于取《和汉年契》"立皇侄足仲彦为皇太子"这条史料的缘由，王先谦详细考证。③又如，仲哀天皇二年（193），《和汉年契》：是岁秦始皇之裔功满王来朝，"案：汉之末世，安得尚有秦遗种称王者邪？必为中国游民假为号，彼土一时不察，而信之，书于史册，侈为美谈耳。《日本史》亦载之，然有愧达识矣。"④

2. 罗列多种记载后提出自己看法

对有些事件的记载存在各种说法，王先谦一般会全部罗列原文说法，之后对其辩证。如考二，神功二十二、二十三中，关于神功皇后的记载，王先谦罗列了《后汉书·东夷传》《魏志·东夷传》《晋书·东夷传》《南齐书·倭国传》《梁书·倭国传》《隋书·倭国传》的说法。这些记

---

① 《日本源流考》考三，孝德三十一，捌辑4—168下。
② 《日本源流考》考二，神功二十二，捌辑4—142下。
③ 《日本源流考》考二，成务十八，捌辑4—140下。
④ 《日本源流考》考二，仲哀十九，捌辑4—141上。

载都认为神功天皇称为"女王",是桓灵之间立的,王先谦提出案语:根据《日本史》所载,"汉献帝建安六年,神功皇后为主。"确认,"女王"即为神功皇后,并据《日本史》确认其对应中国年代为汉献帝,辩证了神功的名字,认为中国正史记载有误。

（三）前后不符,谨慎存疑

与前后不符的情况,王先谦非常谨慎地采取存疑的态度。如履中天皇盘余稚樱宫,案语:"案神功时有盘余稚樱宫,疑此失实。"作者已有证据,却又嫌单一,不敢妄下断语,只好存"疑"。

第五节　构成《日本源流考》主体部分五部书分析

王先谦所撰《日本源流考》共引用39种典籍,其中来自中国人所著的典籍占28种,由此容易让人产生一种印象——认为《日本源流考》的史料来源主要由中国典籍构成。若详细分析其具体引用资料情况,并非表面所显示的那样。《日本源流考》中五种史书引用最多:《大日本史》《和汉年契》《日本外史》《日本国志》《四裔编年表》。这五种书构成了《日本源流考》的主体部分。

一　《大日本史》等五部书在《日本源流考》中所占比例

这五种书共同构成了《日本源流考》的主体部分,在《日本源流考》各卷分布情况见表2-4。

表2-4　《日本源流考》各卷引用《大日本史》《和汉年契》
《日本外史》《日本国志》《四裔编年表》分布

引用频次 卷次	大日本史	和汉年契	日本外史	日本国志	四裔编年表	总计
一	42	73	0	7	1	123
二	82	91	0	2	0	175
三	160	39	0	5	0	204
四	80	5	0	9	0	94
五	78	8	0	8	0	94
六	53	3	0	3	0	59

续表

引用频次 卷次	大日本史	和汉年契	日本外史	日本国志	四裔编年表	总计
七	87	6	1	7	0	100
八	67	2	1	4	0	74
九	118	0	6	3	0	127
十	29	1	7	2	0	39
十一	43	0	25	2	0	70
十二	82	0	19	2	0	103
十三	44	0	56	3	0	103
十四	73	1	54	9	0	137
十五	0	119	80	21	35	255
十六	0	21	82	4	6	113
十七	0	21	51	9	8	89
十八	0	201	38	75	110	424
十九	0	7	0	17	11	35
二十	0	1	0	8	0	9
二十一	0	0	0	12	0	12
二十二	0	0	0	1	0	1
总计	1038	599	420	213	171	2441

据上表,《日本源流考》引用共达3205处。其中《大日本史》(1038处)、《和汉年契》(599处)、《日本外史》(420处)、《日本国志》(213处)、《四裔编年表》(171处)。这五种史书共被引用2441处,其余34种典籍仅提供了764条史料。

以上五部书的作用从其在《日本源流考》中所居的位置可以看出其互不相同。

二 《日本源流考》与《大日本史》的关系

《日本源流考》对其所引用各种书籍一般不用简称,却对引用次数最多的《大日本史》称《日本史》。《大日本史》,日本人源光圀修,源纲条校,嘉永四年(1851)刻本。[①]《大日本史》《日本外史》被日本史家

[①] 本书叙述《大日本史》原书,用《大日本史》;讨论王先谦《日本源流考》引用书目时,用《日本史》。

石村贞一评为兼具"博采、曰记实、巧文"之三长。① 坂本太郎认为《大日本史》"已超出藩和近世的范围，是有代表性的日本历史。"②

1. 《大日本史》构成《日本源流考》神武到后小松天皇时期，卷一到卷十四的主体部分

《大日本史》在《日本源流考》中主要分布在卷一到卷十四，共14卷的正文中。卷三引用《日本史》共160处，为引用最多的一卷。

由于《大日本史》所叙的历史事实截至后小松天皇，未论及《日本源流考》卷十五及其后的内容，故《日本源流考》就以《日本史》来组成全书卷一到卷十四的主干部分。

如《日本源流考》卷九基本来自《日本史》中的相应部分。卷九共叙述8代天皇在位113年的历史，有110年历史都由《日本史》作为主体来书写。卷九无"案语"。卷九的127处引用，来自三种书：《日本史》（118处）、《日本外史》（6处）、《日本国志》（3处）。《日本史》118处引用：介绍天皇。仅有3年历史没引用《日本史》：近卫天皇（癸亥十三）康治元年、白河天皇（癸亥六）永保三年，没有记载历史事件，近卫天皇（壬申二十二）仁平二年，无正文，仅用《日本外史一·平氏》的记载补充这段历史。③

2. 《日本源流考》引用《日本史》的主要内容

《日本源流考》引用《大日本史》主要用于介绍天皇、叙述日本基本史实。《大日本史》各卷对各代天皇的记载的方式是：依次排列出该卷记载天皇名称，首讲其出身，次以编年形式叙述天皇在位期间重大事件，直到其死亡。两代天皇之间，不以天皇名作为标题区分；采用纯粹的日本天皇纪年，这种单一的纪年方式，为一般人书写本国史所常用的纪年方式。《日本源流考》各卷每代天皇都以天皇的名称做标题区别。

其次，《日本源流考》所记载叛臣的内容，来自《大日本史》中"叛臣传"。《大日本史》卷227至卷231共四卷记载叛臣传、逆臣传。

---

① ［日］石村贞一：《日本新史揽要》七卷，光绪二十五年（1899）石印本（序叶四至五）。

② ［日］坂本太郎著，沈仁安、林铁森译：《日本的修史与史学》，北京大学出版社1991年版，第128页。

③ 王先谦：《日本源流考》，考九，近卫三十一，捌辑4—247下。《四库未收书辑刊》编纂委员会《四库未收书辑刊》捌辑肆册，北京出版社1998年版。

《大日本史》卷227讲明该书立"叛臣传"之缘由:

> 《易》曰:雷电噬嗑,先王以明罚勑法,圣人释上九爻义曰:恶积而不可掩,罪大而不可解,何校灭耳凶?夫四海之广,人民之众,一统而居正,莫敢摇动者。卑高以陈、君臣之分定故也。……而今列之将军及家臣者,所以见时事之变也,作叛臣传。①

指出叛臣分四种基本类型:或恃嬖宠之恩,或席兇暴之势,或负山河之固,或矜征伐之功。

3. 《日本源流考》引用《大日本史》的方式

《日本源流考》在正文中引用《大日本史》,注文中仅有少数几处引用。若《大日本史》与其他史书同时被引用,则《日本源流考》常以《大日本史》为先,其他史书排列在《大日本史》之前的情况极少。

以《日本源流考》同时引用《大日本史》与《和汉年契》为例。卷六引用《大日本史》53处、《日本国志》与《和汉年契》各3处,这三种书构成了第六卷主体内容。其中清河天皇时期,正文部分仅贞观五年1处完全用《和汉年契》,其他年份共引用17处,均以引用《大日本史》作为主体叙述。卷十,二条天皇永历元年,《和汉年契》在前,《大日本史》在后。

《日本源流考》对正文中把《大日本史》置于其他资料后面的缘由,一般不作解释。卷二乘务天皇四十八年,正文引《和汉年契》"立皇侄足仲彦为皇太子",详细考证了取《和汉年契》史料,不取《大日本史》说法的缘由:

> 戊午光和元,四十八年,《和汉年契》:立皇侄足仲彦为皇太子(《日本史》云:"《古事记》曰:帝娶建忍山垂根女,弟财郎女上,生诃奴气王";而本书《旧事记》曰:《仲哀纪》及《水镜》等诸书皆云"帝无男,且纳后妃"之文。《古事记》所载无所考实,今

---

① [日]源光圀修,源纲条校:《(大)日本史》,日本嘉永四年(1851)刻本。此为《大日本史》足本,卷二百二十七,叛臣一,列传一。

不取。)①

由于《大日本史》引用《古事记》说法,《古事记》所说与其他史书有出入,王先谦又通过考证,认为《古事记》说法,无从考证,因而不取《日本史》之记载。

4.《日本源流考》与《大日本史》的异同

《日本源流考》与《大日本史》的共同点有两点:都以神武天皇作为全书的起始,为通史著作;以天皇活动作为记载的中心。

两书的不同点有三点。

(1) 叙述时段。《大日本史》起于神武,止于后小松;《日本源流考》起于神代,止于明治天皇二十六年。

(2) 体例。《大日本史》用纪传体形式②,《日本源流考》采取编年体。

(3) 成书历时。《大日本史》从明历三年(1657)开始修撰,至明治三十九年(1906)全部完成,历时250年,纪传、志、表加在一起有397卷,目录5卷,共计402卷。《大日本史》1906年版本是最完整的版本。③ 残本之三十五卷版本,应是源光圀在世前后所修订完成的版本。《大日本史》编撰历时之长,是很多史书不能相比的。《日本源流考》编写历时究竟有多长,很难给出准确的时段,据王先谦1899年与日本宗方北平通信提到此书,推断其历时至少3年,这对于年老体衰的王先谦来说,时间也不能算短;以个人力量这么快完成通史性的著作,还是令人钦佩的。

三 《和汉年契》《四裔编年表》也构成正文主体

1.《和汉年契》构成了《日本源流考》卷一、卷二、卷十五、卷十八的主干

《和汉年契》由于其表格设置,方便各国对比,流传很广,甚至成为日本人到中国旅游的必备品。日本和尚小栗栖香顶于1873年来到北京,

---

① 《日本源流考》考二,成务十八,捌辑4—140下。

② 《日本的修史与史学》,第129页。

③ 《日本的修史与史学》,第133页。

居住生活近一年。他就把《和汉年契》与《支那地图》《新旧两历》《二字三字话》作为履行随身携带的物品。① 《和汉年契》主要有三种版本：日本天保二年（1831）刻本、安政二年（1855）刻本、庆应二年（1866）铜版印本。

《和汉年契》最主要内容是正文第四叶到第四十八叶。据该书每板排列60年的记载看，共记载约2700年历史。始于东周平王元年，辛未年（公元前770），止于癸亥年（1862）这些都是有明确时间记载的。有事件记载的是到同治四年乙丑年（1865）。日本记载到明治元年戊辰年（1868）。主要是中日史实对比。

《和汉年契》表格设置灵活，并非拘泥于某种固定格式，以日本历史为主，以中国历史与之进行对比。在叙述中注意时间的连续性。中国方面记载包含王朝世系变化、太子、皇后、僭越、国内各政权间关系、重要大臣活动（如因罪被贬、卒）、大赦、灾异、经济措施等。表中记载简练，一些重要事件的进一步详细补充的资料（包括介绍皇帝）放在该表的最下面一栏。

《和汉年契》表中所列日本方面内容较简略，记载天皇世系更替，天皇、皇太子生、天皇驾崩、立皇后、立皇太子、迁都；灾异（大雪、大震、疾疫、大水、大饥）、制度沿革，与周边国家关系（尤其是与中国、朝鲜的交往）、经济措施、名臣去世、叛乱、平叛、筑城。重要事件的补充性介绍，如介绍天皇、地震，放在表的最上面一栏。

《日本源流考》卷一至卷八、卷十、卷十四至卷二十，共16卷，引用《和汉年契》599处，引用其关于日本的皇室事件、叛乱、灾害等记录。其中卷一（73处）、卷二（91处）、卷十五（119处）、卷十八（201处）四卷分布较多，构成其主干来源。

2. 《四裔编年表》构成了卷十五与卷十八的主干内容

《四裔编年表》的特色是："在中西对照的纪年下附有大事的，尚属首创。即使在东亚地区也是最早的一种。《四裔编年表》是中国第一部中西合璧纪年的世界大事记，也是东亚最早的一部采用基督教公元纪年大事

---

① ［日］小栗栖香顶：《北京纪事·北京纪游》，中华书局2008年版，第95页。

年表。"①

《日本源流考》引用《四裔编年表》共171处：卷十五（35处）、卷十八（110处），极其简练，仅以几字概括某年大事。

《四裔编年表》②重点记载国家、地区王之更替、宗教信仰、攻伐征战、媾和、叛乱、造城、政治、国家之间的交往通好（如年表一叶十四记载印度，公元前1303年始与犹太国通）等。依据各个国家、地区疆域版图的政治变迁，分列不同表格。记载的国家、地区有日本、印度、波斯、小亚细亚、亚西里亚巴比伦、巴勒士登、希腊、罗马、马其顿、埃及等。

《四裔编年表》所记载的国家中只有日本、印度两国是自始至终连续记载的。其余很多国家、地区，则据历史的变迁来确定其名称是否出现。《四裔编年表》共1000多处记载日本，包括天皇改元、灾害、制度变革、名将去世等；称日本天皇为"天王"。从表2-5所列条目看，记载了以下31代天王的"元年""立"等事件。

表2-5　　　　　　《四裔编年表》记载的日本天王

中国纪年	西历	日本天王	《四裔编年表》位置
周惠王十七年辛酉	公元前660年	神武天王元年	年表一叶二十一左
周简王五年庚辰	公元前581年	绥靖天王元年	年表一叶二十五左
周灵王二十四年癸丑	公元前548年	安宁天王元年	年表一叶二十七右
周元王二年丙寅	公元前475年	孝昭天王元年	年表一叶三十左
周安王十年己丑	公元前392年	孝安天王元年	年表一叶三十四右
周赧王二十五年辛丑	公元前290年	孝灵天王元年	年表一叶三十八左
秦始皇帝三十三年丁亥	公元前214年	孝元天王元年	年表一叶四十一左
汉武帝天汉四年癸未	公元前97年	崇神天王元年	年表一叶四十七右
汉成帝建始四年壬辰	公元前29年	垂仁天王元年	年表一叶五十一左
汉明帝永平十四年辛未	公元71年	景行天王元年	年表二叶三右
汉顺帝永建六年辛未	公元131年	成务天王元年	年表二叶四左

---

① 邹振环：《西方传教士与晚清西史东渐：以1815年至1900年西方历史译著的传播与影响为中心》，上海古籍出版社2007年版，第168页。

② 《西方传教士与晚清西史东渐》，对《四裔编年表》体例、中西时间观念的意义进行了深入探讨，第149—171页。

续表

中国纪年	西历	日本天王	《四裔编年表》位置
汉献帝初平三年壬申	公元131年	仲哀天王元年	年表二叶五左
汉献帝建安六年辛巳	公元201年	神功王后摄政	年表二叶五左
晋武帝太始六年庚寅	公元270年	应神天王元年	年表二叶七左
东晋安帝隆安四年庚子	公元400年	履仲天王元年	年表二叶十二左
东晋安帝议熙二年丙午	公元406年	反正天王元年	年表二叶十三右
宋孝武帝孝建元年甲午	公元454年	安康天王元年	年表二叶十六左
齐高帝建元元年庚申	公元480年	清宁天王元年	年表二叶十七右
齐武帝永明二年甲子	公元484年	角刺天王立，寻卒	年表二叶十八右
齐武帝永明六年壬辰	公元488年	仁贤天王元年	年表二叶十八右
齐明帝永元元年己卯	公元499年	武烈天王元年	年表二叶十八左
梁武帝天监六年丁亥	公元507年	继体天王元年	年表二叶十九右
梁武帝中大通六年甲寅	公元534年	安间天王元年	年表二叶二十
梁武帝大同二年丙辰	公元536年	宣化天王元年	年表二叶二十
梁武帝大同六年庚申	公元540年	钦明天王元年	年表二叶二十
陈宣帝太建四年壬辰	公元572年	敏达天王元年	年表二叶二十三右
陈后主至德四年丙午	公元586年	用明天王元年	年表二叶二十四右
陈后主祯明元年丁未	公元588年	崇峻天王元年	年表二叶二十四右
隋文帝开皇十三年癸丑	公元593年	推古天王元年	年表二叶二十四左
唐太宗贞观四年己丑	公元629年	舒明天王元年	年表二叶二十七
唐太宗贞观十六年壬寅	公元642年	女主皇极天王元年	年表二叶二十八左

崇神天王元年（公元前97）之前，仅单纯记录某某天王元年，而不录入具体事件。从崇神天王时期，开始记载一些重要事件，如汉武帝征和元年庚寅（西历公元前91），定天社国社神邑神户；汉武帝征和后元年癸巳（西历公元前88），始置将军于四道；汉昭帝始元元年乙未（西历公元前86），校人民户口，课男女调役；汉昭帝始元六年庚子（西历公元前81），始令诸国造船；汉元帝建昭元年癸巳（西历公元前38），出云国乱，讨平之；汉元帝建昭三年乙酉（西历公元前36），开通水利；汉元帝竟宁元年戊子（西历公元前33），任那始入贡。

此后记载天王内容逐渐丰富，有天王更替、与新罗及中国往来、政治变革等，尤详于诸如标志为"始"的事件、灾害、平叛等。如624年，始置僧官；636 年，冈本宫灾。

王先谦所著《日本源流考》引用《四裔编年表》，没采取类似纪年方式。1916 年王先谦完成的《西国通鉴二次稿》受《四裔编年表》的影响，采取中西历纪年结合的方式纪事。

对日本天皇的称呼，《四裔编年表》为"天王"，《日本源流考》为"天皇"。

四 《日本外史》主要作为注文

江户时代后期史家、汉诗人、思想家赖山阳（1780—1832）[①] 用汉文撰写的《日本外史》，于 1827 年（文政 10）完稿。在赖山阳逝世后的 1836 年（天宝 7）《日本外史》首次刊行，经幕末至明治初期，迅速地扩大影响。是明治维新后通过官方渠道最早传入中国的日本书籍，赖山阳因而成为最早为国人知晓的日本文人。[②]

日本赖襄子所著《日本外史》二十二卷，其序交代："其所纪起源氏创业以讫极盛至治之今代矣。凡数百千年之久，记事之书充栋不訾，而襄独网罗以折其衷，其间未必无少差失，然其人以通才达识，存平生精力焉，故能详而不繁，略而不疏。序事质而雅健，论实而俊伟，世道治乱隆替、人心邪正忠佞，章章于不律之下矣。"

《日本外史》旁征博引，其所引用书目达到 259 种。如《神皇正统记》《平家物语》《大日本史》等。

《日本外史》共二十二卷，卷一至四为源氏；卷五至六，新田氏；卷七至一百二十主要是足利氏，还有北条氏、武田氏、上杉氏、毛利氏；卷十三至二十二，主要记载德川氏，辅以记载织田氏、丰臣氏。

《日本源流考》引用《日本外史》达 44 篇、420 处。《日本源流考》卷十五（80 处）、卷十六（82 处）、卷十七（51 处）中引用最多，构成了其资料的主要来源，随叙述内容变化，主要在注文中，随时引用，是全书主干最重要的补充。如《日本源流考》卷九，正文以引用《日本史》为主，近卫天皇仁平二年，无正文，就用《日本外史一·平氏》之记载

[①] 赖山阳（1780—1832），名襄，字子成，通称久太郎，德太郎，号山阳外史。赵建民：《赖山阳的〈日本外史〉与中日史学交流》，《贵州大学学报》1992 年第 2 期。

[②] 张冬阳：《赖山阳与〈日本外史〉》，硕士学位论文，吉林大学，2011 年，第 1—2 页。

补充此段历史。① 卷十五，后奈良天皇弘治元年的记载就很详细，② 引用《四裔编年表》，"改元，冬十二月陶晴贤伐毛利元，就于严岛败死。"引用《日本外史十一·武田氏上杉氏》及《日本外史十二·毛利氏》作为注释内容，解释细节。

五 《日本国志》，正文、注文、案语中都有

黄遵宪所著《日本国志》是近代中国第一部对明治维新系统而深入地进行研究的著作。③

《日本国志》也构成了《日本源流考》的主要史料来源，用在正文、注文、案语不同位置。《日本源流考》所用的五种主要书籍中，只有《日本国志》是中国人撰写的日本历史书籍，用它来解释地名、考证史实等。

《日本源流考》引用《日本国志》之处分布在22卷中，是最大量引用《日本国志》的著作。卷十五（21处）、卷十七（9处）、十八（75处）、卷十九（17处）、卷二十（8处）、卷二十一（12处）中都构成了资料的主体，尤其是在卷二十和卷二十一，更为明显。

六 形成"接力"链条

《日本源流考》所利用资料共有39种书籍，作用不同，运用特色也不同。

1. 构成全书资料引用主干的五种书籍，形成"接力"链条

《日本源流考》选取《日本史》《和汉年契》《日本外史》《日本国志》《四裔编年表》五部书，作为整部书的资料的主体。是由于这几种书都是通史、叙述时段长。在资料利用上可以互补，形成"接力"链条。这是《日本源流考》资料运用的总特色。

《日本源流考》第1—14卷以《日本史》为主体；第15—18卷以《和汉年契》为主体；《四裔编年表》分布在卷一、卷十五到卷十九；《和汉年契》与《日本国志》《四裔编年表》共同组成卷十八主体内容；第19—21卷以引用《日本国志》为主；《日本外史》分布在第7—18卷，共

---

① 《日本源流考》卷九，考九近卫三十一，捌辑4—247下。
② 《日本源流考》考十五，后奈良七十一至九十一，捌辑4—385到4—395。
③ 黄遵宪：《日本国志》，刘雨珍"前言"，上海古籍出版社2001年版，第20页。

12卷之间，承担补充正文叙述的功用。

卷九是以《日本史》一种书构成其全卷主体，卷十八以多种书为主体。

2.《宋史·日本传》与《唐书·日本传》是另外两种基本史料

除以上五种书籍外，《日本源流考》引用居第六位与第七位的资料是《宋史·日本传》与《唐书·日本传》，分别引用了98处与79处，主要是介绍天皇代数。

《筹海图编》（引用70次）、《明史·日本传》（引用68次），排在第八位、第九位。其余各种资料引用的次数就比较少了。

3. 正文五种主体资料以选取外国典籍为主，来自中国人撰写的仅有《日本国志》一种。

构成《日本源流考》主体部分的五种书共提供2441处的引用资料，除去《日本国志》的213处外，其他2228条史料是由其他四种外国典籍提供的。这四种外国资料中又是以日本人所写的为主。所以《日本源流考》主要依据资料为日本史籍，而非中国史籍。

《日本源流考》引用中国人所著文献，唯《日本国志》最多，可见王先谦对《日本国志》的价值认可程度之高。王先谦对日本的很多知识来源于《日本国志》。

4. 卷二十二"识余"所用资料都是中国传统典籍的解释，尤以正史为主。

第六节 《日本源流考》引用《日本国志》考析

晚清有多部汉文日本通史。晚清中国人所著关于日本的史书只有《日本源流考》与《日本国志》是"通史性"的著作。王先谦撰写《日本源流考》大量引用《日本国志》。王先谦有意把自己的研究建立在《日本国志》已有研究成果基础之上。《日本源流考》最常引用《日本国志》的《地理志》和《国统志》部分。《日本源流考》中逐条引用《日本国志》的情况主要分为两种。一种是与其他史籍一同直接置于正文中；另一种是用之作为正文的注释内容，补充说明。还有引用《日本国志》作为"案语"的组成部分，发表见解。

一 《日本国志》版本及史料价值

《日本国志》作为晚清中国人研究日本的代表著作,成为了解日本、研究日本的范本,受到时人称赞。梁启超于《日本国志》的后序中提出"中国人寡知日本者也。黄子公度撰《日本国志》,梁启超读之,欣怿咏叹"。

《日本国志》四十卷首一卷,约50万字。黄遵宪辑,1887年夏完成写作,至今共有10种版本,仅清朝光绪年间就有7种版本,其中6种是40卷的《日本国志》:陈郡袁氏渐西邨舍朱墨钞本(1875—1908,十六册)、陈郡袁氏渐西邨舍钞本(十八册)、羊城富文斋刻本(1890,十四册)、汇文书局刻本(1898,十二册)、图书集成印书局铅印本(1898,十册)、浙江书局刻本(1898,十册)①。上海书局石印本(1898,十册);另一种是《日本国志序》单行本,一卷,光绪丁酉(1897)绍邠中西学堂刊本。② 这是晚清中国人所撰写的日本研究方面的书籍重刻、重印次数最多的版本。

《日本国志》成书100年后,20世纪80年代至今又受到出版者的青睐,也有3种版本:1981年文海出版社影印本,以光绪二十四年(1898)上海图书集成印书局铅印本为底本,作为沈云龙主编方"近代中国史料丛刊续辑"丛书之一出版;2001年上海古籍出版社"晚清东游日记汇编"中收录《日本国志》,将其影印出版③;2005年天津人民出版社出版了标点本。

《日本国志序》一卷,由以下几部分组成:一、日本国志序;二、日本国志叙;三、凡例;四、国统志叙;五、邻交志叙;六、天文志叙;七、地理志叙;八、职官制叙;九、食货志叙(叶二十二至三十七,共十六叶,是其大宗);十、兵志叙;十一、刑法志叙;十二、学术志叙;十三、礼俗志叙;十四、物产志叙;十五、工艺志叙。共六十叶。每行22字,每叶26行。

光绪二十四年(1898)浙江书局刊本《日本国志》四十卷。"光绪二

---

① 黄遵宪:《日本国志》四十卷,光绪二十四年(1898)浙江书局刊本。
② 黄遵宪:《日本国志序》一卷,光绪丁酉(1897)孟夏锓木板存绍邠中西学堂刊本。
③ 此影印本共434页。

十四年浙江书局重刊"前有薛福成①（钦差大臣出使英法义比四国二品顶戴都察院左副御史薛福成序于巴黎使馆）于光绪二十年（1894）春三月的序言。还有黄遵宪于光绪十三年（1887）夏五月自序。凡例12条。指出编撰原则是"今所撰录，皆详今略古、详近略远，凡所牵涉西法，尤加详备，期适用也，若夫八大洲之事，三千年之统，欲博其事，详其人，则有日本诸史在。"作者题名：出使日本参赞官黄遵宪编纂。中东年表时间始于辛酉周惠王十七年（BC660），神武帝元年，止于辛巳，大清光绪七年，明治十四年（1881）。

《日本国志》共四十卷，分为12个部分。第一，国统志，凡三卷；第二邻交志，凡五卷；第三，天文志，凡一卷；第四，地理志，凡三卷；第五，职官志，凡二卷；第六，食货志，凡六卷；第七，兵志，凡六卷；第八，刑法志，凡五卷；第九，学术志，凡二卷；第十，礼俗志，凡四卷；第十一，物产志，凡二卷；第十二，工艺志，凡二卷。黄遵宪《日本国志》中所涉及的日本的各个方面，内容比较丰富。举凡国家政治（国统志、邻交志，职官志，刑法志共十五卷）、经济（食货志、物产志，共八卷）、军队（兵志六卷）、天文地理（天文志、地理志，共四卷）、礼俗（四卷）、学术（二卷）都有所涉及。笔者认为《日本国志》堪称"晚清中国人所撰写的关于日本历史的百科全书式的著"，堪与日本人所著《日本维新三十年史》相媲美，二者在中日史学史上都当占据重要地位。

《日本国志》刊行后，其史料价值就引起了晚清的学术界的高度重视。尤其是在对史书作注、立论之上，多有学者利用《日本国志》的说法。

清朝人吴士鉴、刘承干撰130卷《晋书斠注》，始撰于光绪三十年

---

① 薛福成（1838—1894）字叔耘，号庸盦。江苏无锡人。同治四年（1865），两江总督曾国藩"张榜郡县，招贤才，先生于宝应舟中上万言书，文正大奇之，延入幕"光绪元年（1875），下诏求言，"其上'治平六策'、'海防十议'，一时传诵"，以直隶州知州入李鸿章幕，掌文事。五年，作《筹洋刍议》，言变法。七年版，第署宣化府。十年，任浙江宁绍台道，于镇海口击败法舰。十三年，辑其文为《庸盦文录》。十四年，授湖南按察使。十五年，又辑其文为《庸盦文续编》。同年，以三品京堂候补，出使英、法、意、比四国大臣，复转光禄寺卿、太常寺卿、大理寺卿、都察院左副都御史，皆未莅任。十八年编《出使日记》《庸盦文外编》。二十年四月，卸事内渡。六月，以疾殁于沪。参见梁淑安主编《中国文学家大辞典 近代卷》，中华书局1997年版。

(1904),至民国十六年(1927)由刘承干出资刊行。"广泛利用了20世纪新发现的文献资料,吸收了王国维、罗振玉及梁启超等人的学术成果,带有史注在思想方法上新旧交替的特点。"①《晋书斠注》卷九十七列传第六十七,注《倭人传》部分引用《日本国志》15处。如第一、二处:

  倭人在带方东南大海中,依山岛为国。(黄遵宪《日本国志》曰:《山海经》称:南倭北倭属于燕境。《史记·封禅书》云,齐威、宣王、燕昭王,皆尝使人入海至三神山见所谓仙人、不死之药,渤海东渡,后遂不绝,似即今日本地。然彼国尚未通往来也。又曰:全国四面濒海,统四大岛,而为国。所属小岛,凡一千八百余,西北隔日本海,遥与朝鲜相对;北有桦太岛,隔尼哥劳斯海峡遥与鲁西亚相接;东北千岛诸岛或断或续,直与鲁西亚之堪察加相连;东南面太平洋,西南为琉球,与中国之台湾等处相对。长凡五百余里。广凡三十余里或至六十余里。地形修长。)②

  地多山林,无良田,食海物。旧有百余小国相接,至魏时有三十国通好。(《日本国志》曰:上古国造百三十余国,其在九州岛者分十九国,在四海者分为十国。《汉书·地理志》:"倭人分为百余国")《三国志》:"倭人旧邑百余国,汉时有朝见者,今使驿所通三十国。"(二书所谓百余国,与《国造本纪》相符。所谓三十国,盖指九州岛四海之地,地在日本西南海滨,距朝鲜最近。)③

  以上两段,第一处两次以《日本国志》作注,分别出自《日本国志》卷四"邻交志上一"④、卷十"地理志一"⑤。第二段引用同样出自"邻交志上一"⑥。

---

 ① 李晓明:《〈晋书斠注〉的史注成就》,邓鸿光、李晓明主编《史学理论与史学史》(第1辑),崇文书局2002年版,第238页。
 ② 吴士鉴、刘承干:《晋书斠注》卷九十七列传第六十七,民国十六年(1927)吴兴刘氏嘉业堂刻本。
 ③ 同上。
 ④ 《日本国志》卷四,"邻交志上一:华夏",第51页。
 ⑤ 《日本国志》卷十,"地理志一",第105页。
 ⑥ 《日本国志》卷四,"邻交志上一:华夏",第52页。

《晋书斠注》引用《日本国志》主要是来自卷四"邻交志上一"、卷三十四与三十五的"礼俗志"、卷二十七"刑法志"等，且同意黄的观点。文廷式撰《纯常子枝语》中六次引用《日本国志》中的说法，作为议论的佐证。① 卷十二第一次引用时称"余友人黄公度《日本国志》"。

唐才常②通过对《日本国志》等书的记载进行反驳，得出了"孝武朝日本遣使于汉，此为中日交通之始"的结论。

> 孝武朝日本遣使于汉此为中日交通之始。（据《日本国志》：若《论衡》，则以周初倭人贡鬯草，未知所据。而日本人著述，则但以隋大业二年，遣大礼小野妹子于隋，为交通之始。而《汉志》《魏书》所叙朝觐封拜，概置弗道，是自讳其臣中国之迹也，四裔编年表因之，非是。）③

曾为《日本国志》作序的薛福成对《日本国志》深为赞赏，《日本国志序》收录在其所撰《庸庵文编》"海外文编"卷四。④ 晚清及后来较多学者读过《日本国志》，黄遵宪刊行《日本国志》后，曾赠书一部给叶昌炽。⑤ 有学者对其给予一定评价，清袁昶认为"君纂《日本国志》翔实有

---

① 文廷式：《纯常子枝语》卷十二，民国三十二年（1943）刻本。主要在卷十二、二十四、二十五、二十八、三十四，这五卷中有六处引用《日本国志》。

② 唐才常（1867—1900），清末湖南浏阳人，字黻丞，后改佛尘，号洴澼子。贡生出身。中日甲午战争时，鉴于民危机严重，愤斥李鸿章议订《马关条约》。光绪二十三年（1897）与谭嗣同等倡办浏阳算学馆，开新学风气之先，在长沙编辑《湘学报》，参与创办时务学堂。次年又创办南学会、群萌学会和《湘报》，宣传资产阶级民主民权学说。戊戌政变发生，出亡日本。二十五年冬与林圭回国。次年在上海组织正气会，作为策动起义机关。旋易名自立会，筹组自立军。并在上海张园召开国会（又名中国议会），拥护光绪帝当政，自任总干事，于汉口英租界设自立军秘密机关，运动沿江各省会党和清朝防军，定期起兵"勤王"。湖广总督张之洞勾结英国领事围自立会机关，捕杀他与林圭等人。有《唐才常集》。参见许焕玉等主编《中国历史人物大辞典》，黄河出版社1992年版。

③ 唐才常：《觉颠冥斋内言》卷三《各国交涉源流考》，光绪二十四年（1898）长沙刻本。

④ 薛福成：《庸庵文编》其"海外文编"卷四，清薛福成光绪刻庸庵全集本。

⑤ 叶昌炽：《缘督庐日记抄》卷七，民国上海蟫隐庐石印本。

第二章　国人编纂的第一部日本编年体通史：《日本源流考》　　101

体"。① 胡思敬"《日本国志》颇具史裁，谈洋务者多宗之。"②《日本国志》流传很广，甚至小说《孽海花》中都有如此的语句，"《日本国志》把岛国的政治风俗网罗无遗。"③

二　《日本源流考》与《日本国志》的异同

《日本国志》共四十卷，分为 12 个部分。国统志、邻交志、天文志、地理志、职官志、食货志、兵志、刑法志、学术志、礼俗志、物产志、工艺志。黄遵宪《日本国志》中所涉及的日本的各个方面，内容比较丰富。举凡国家政治（国统志、邻交志，职官志，刑法志共十五卷）、经济（食货志、物产志，共八卷）、军队（兵志六卷）、天文地理（天文志、地理志，共四卷）、礼俗（四卷）、学术（二卷）都有所涉及。

《日本源流考》1902 年刊行后，于 1908 年与《尚书孔传参正》《汉书补注》《荀子集解》同时受到了清政府嘉奖。《日本源流考》是晚清中国人所撰写的第一部完整的日本编年体通史。

《日本源流考》与《日本国志》有许多不同之处。

1. 编撰体例

《日本国志》是"中国典志体与编年体的结合"。《日本国志》采取典志体，各卷内又以编年体例记述史事，夹以考证，但无史料出处。各类志前有"外史氏"的评论，志后大多也有评论。他在编史体例与方法上有许多革新。④ 各卷内有编年痕迹，并非严格的编年模式，把有史实的年份罗列出来。《日本源流考》是严格的编年体通史，每年有无史实都将年代排列出来。

2. 引用方式

《日本源流考》——标明各种引用资料的出处。

关于《日本国志》的资料来源，2003 年王宝平通过研究，认为《日本国志》"采书至二百余种"，其中包括中日两国书籍、日本的各种年报

---

① 袁昶：《安般簃集》诗续己，《送黄公度再游欧西绝句十首》，光绪十六年（1890）袁氏小汇巢刻本。
② 胡思敬：《戊戌履霜录》卷四，民国二年（1913）南昌退庐刻本。
③ 曾朴：《孽海花》卷九，民国铅印本。
④ 马金科、洪京陵：《中国近代史学发展叙论：1840—1949》，中国人民大学出版社 1994 年版，第 147 页。

等，却没有标注出处。初步考释了《日本地志兵要》《艺苑日涉》《国史纪事本末》三书。《日本地志兵要》77卷，内务省地理寮地志课塚本明毅等编，（东京）日报社明治七年（1874）至十二年（1879）刊，用日文写成。《艺苑日涉》十二卷，村濑之熙著，文化四年（1807）刊，用汉文写成。《国史纪事本末》四十卷，青山延光著，明治九年（1876）刊，用汉文写成。①

2008年孟旭琼的硕士学位论文《黄遵宪〈日本国志〉的文献学价值研究》探讨了《日本国志》的史料来源，认为来自文字史料（中国史料、日本史料）、口碑资料、实物资料。② 根据孟旭琼的研究和本书的研究，对比《日本国志》和《日本源流考》采用的中国史料和日本史料中，发现二者都采用了大量的中国传统史书，日本史料中的《大日本史》《日本外史》都被《日本国志》和《日本源流考》采用。

两书引用资料都含中日两国书籍，王先谦没有到过国外，不懂外文，他所用的资料都是汉文文献。黄遵宪出使日本，引用的资料有日文文献，还有口碑资料和实物资料等一手资料。

3. 天皇部分

此为两书最大的重合之处。《日本国志》总结叙述各代天皇执政情况，具有总括性。《日本源流考》是以天皇为中心的编年体，较详细。

4. 观点部分

《日本源流考》用"案"的方式，放在正文后给出自己见解。《日本国志》每部分正文前都用"外史氏曰"讲明作此部分的缘由、目的，起引领作用。

5. 流传影响

《日本国志》产生了极广泛的影响。当时许多思想家和学者极为推崇此书。薛福成称为"近世奇作"。梁启超读《日本国志》后，"乃今知日本之所以强"，编著《西学书目表》列此书为必读书。戊戌变法前夕，光绪帝多次向翁同龢等索取《日本国志》阅读。康有为为了推动变法，曾编撰《日本变政考》，进呈光绪皇帝，认为《日本国志》记日

---

① 参见王宝平《黄遵宪〈日本国志〉征引书目考释》，《浙江大学学报》（人文社会科学版），2003年第5期。

② 孟旭琼：《黄遵宪〈日本国志〉的文献学价值研究》，硕士学位论文，广西师范大学，2008年，第17—34页。

本维新掌故，于政治裨益尤深。对照戊戌变法时光绪皇帝所颁发的诏令及革新措施，很多与《日本国志》中记载的明治新政如出一辙。可见，《日本国志》为中国的维新运动做了舆论准备，且直接为戊戌变法提供了借鉴。[1]

《日本国志》四十卷首一卷，约50万字。黄遵宪辑，1887年夏完成写作，至今"1次修订，12次再版，在清季是经久不衰的畅销书"[2]。仅清朝光绪年间就有7种版本，是晚清所有中国人所撰写的日本研究方面的书籍重刻、重印次数最多的版本。《日本国志》影响广泛，不仅被多次重版重印，还被时人引用。而《日本源流考》在晚清仅存有1902年的两个版本。

从内容及对近代影响看，《日本源流考》远不能与《日本国志》相比，但《日本源流考》增加了《日本国志》成书后的日本变化，且以编年形式出现，便于从时间演变角度考察日本历史。

三 《日本源流考》对《日本国志》的大量利用

根据王先谦的自定年谱，1894—1903年王先谦主讲岳麓书院，而《日本国志》和《日本源流考》在此期间都分别刊行。黄遵宪撰《日本国志》四十卷，光绪二十五年（1899）长沙萧仲祁、王国柱刊。[3] 黄遵宪的《日本国志》虽然有多种版本，但在长沙刊刻的这个版本，据推测应为身为长沙人的王先谦撰写《日本源流考》参考的主要版本。

《日本源流考》1902年刊行，共213处引用《日本国志》，分布在22卷中，是最大量引用《日本国志》的著作。《日本源流考》引用中国人所著文献，唯《日本国志》最多，可见王先谦对《日本国志》的价值认可程度之高。王先谦对日本的很多知识来源于《日本国志》。《日本国志》构成了《日本源流考》的主要史料来源之一。

---

[1] 宋衍申：《中国史学史纲要》，东北师范大学出版社1996年版，第331—335页。

[2] 王宝平：《黄遵宪〈日本国志〉清季流传考》，《文献》2010年第4期。

[3] 湖南省地方志编纂委员会：《湖南省志》（第二十卷：新闻出版志·出版），湖南出版社1991年版，第343—344页。

表 2-6　　　　《日本源流考》各卷引用《日本国志》分布

所在卷	一	二	三	四	五	六	七	八	九	十	十一	总计
引用总数	7	2	5	9	8	3	7	4	3	2	2	
正文				2								
注文	5	2	5	6	8	3	7	4	3	2	2	
案语	2			1								
所在卷	十二	十三	十四	十五	十六	十七	十八	十九	二十	二十一	二十二	总引用 213 处。正文:121 处 注文:88 处 案语:4 处
引用总数	2	3	9	21	4	9	75	17	8	12	1	
正文		2	5	20	3	1	58	17	6	7		
注文	2	1	4	1	1	8	17		2	5		
案语											1	

其利用方式及特色表现为以下几点:

1. 承认《日本国志》的"今制"之记载,故略而不载

黄遵宪详察日本的目的,在于为中国的改革寻找合理的道路。在《日本国志》中,他在介绍日本情况的同时,常常结合中国现实发表议论,系统阐发了自己希望中国效法日本变法改革的思想。近代中国借镜邻邦,效行西法的具有可操作性之书,当首推《日本国志》。① 王先谦有意把自己的研究建立在《日本国志》已有研究成果基础之上。《日本源流考》卷二十二"案日本自明治以来,疆域日拓、藩县屡更,已与诸史所载地理迥异。西洋互市如织,语言文字皆通者,尤多。其兵制取法泰西,日臻精密,民皆勤于物产滋殖,整齐教诲遂启雄图。前志所称已成陈迹,不可舍弃。都为一卷以殿兹编。至今制之详,有《日本国志》在,不赘述云"。② 王先谦表明因为《日本国志》对最近制度已详细记载,故不赘述。

2. 完全用《日本国志》的部分:中东年表

《日本国志》卷首列《中东年表》,将干支、中日两国帝王纪年三项对比,所列起始年代是"辛酉　周惠王十七年　神武帝元年",即公元前

---

① 王蓉、朴美颖:《黄遵宪〈日本国志〉在中日交流中的贡献》,《宁波工程学院学报》2012 年第 1 期。

② 王先谦《日本源流考》考二十二,识余二十三,《四库未收书辑刊》编纂委员会:《四库未收书辑刊》(捌辑肆册),北京出版社 1998 年版,捌辑 4—578 下。

660年；最后一个年代是"辛巳 大清光绪七年 明治帝十四年"，即1881年，记载的有确切纪年的历史2541年，称各代天皇为"帝"。《日本源流考》完全采用中东年表的时间方式，向前推7年（前667—前661），向后延12年（1882—1893），自周惠王十年（前667）到明治二十六年癸巳（1893），共2560年历史，对各代天皇称"天皇"，不称"帝"。

晚清所见史书中对日本天皇的称呼，欧美人称"天王"，如《四裔编年表》；日本人有两种称呼。一曰"帝"，如《日本全史》[①]；一曰"天皇"，如《日本新史揽要》。中国人所撰两部日本通史性著作，也有这两种称呼。王先谦采用"天皇"的说法，是《日本源流考》卷一起始语，源自于《唐书·日本传》"彦潋子神武立，更以天皇为号，徙治大和州。"以此作为叙述日本各代天皇之开端。

3. 用《日本国志》作正文、注文、案语

《日本源流考》正文中引用《日本国志》次数最多，达121处，在注文中88次，"案语"中4次。《日本源流考》中逐条引用《日本国志》的情况主要分两种。一种是与其他史籍一同直接置于正文中。另一种是用之作为正文的注释内容，进行补充说明。王先谦习惯于把《日本国志》的记载放在各种记载的最后。从卷十九孝明天皇安政二年开始把《日本国志》《和汉年契》《日本维新史》这几种史书作为正文参考的重点之时，《日本国志》又往往位于其他史书之前。

4. 最推崇《日本国志》之处：日本明治维新

由《日本国志》看出黄遵宪的明治维新观主要表现在：强调学习西方资产阶级政治制度，对其法制尤为羡慕，认为是治国之根本；主张学习西方和日本，发展资本主义经济，保护和促进民族工商业；在文化教育方面，强调要重视"西学"，学习"西学"；强调应该加强武备，巩固国防。[②]

《日本国志》是第一部全面翔实介绍日本情况的中国著作，堪称中日交流文献宝库中的稀世珍品，是一部全面评价日本明治维新的书，详细叙述了古老日本变成一个新型国家的过程，特别介绍新的法律、政治和军事

[①] ［日］斋谷祯夫：《日本全史》，记载国常立神到彦波潋武鸬鹚草茸不和神的18代天神与地祇及神武帝到明治帝122代天皇的历史，清末教育世界社石印本。

[②] 黄涛、黄伟：《从〈日本国志〉看黄遵宪明治维新观》，《商丘师范学院学报》2009年第7期。

概况。① 王先谦高度重视《日本国志》所载的明治维新过程,《日本源流考》对明治维新的记载,由中国人著《日本国志》与日本人所著《日本维新史》两书共同组成。《日本源流考》最常引用《日本国志》的《地理志》和《国统志》部分。

5. 引用《日本国志》的方式

《日本源流考》引用尤注意由繁变简。《日本国志》以 79 字的篇幅解释"邪马台国即大和译音也"。这是一个非常有价值的提法,有学者称,《日本国志》对"即说邪马台是大和的译音,认为邪马台国是当时日本列岛上政治中心的所在。这是中国人在这个问题上第一次明确的表示。"② 王先谦写作《日本源流考》注意到这一说法的价值所在,卷一引用时简略为 21 字的概括语句"案《日本国志》云:《汉书》、《魏志》称为邪马台国,即大和译音也。"并解释"愚案后又称国为和,盖即以此。和、倭同字,变大和,即大倭矣。"至 1902 年,《日本国志》已经刊行多年,没必要照抄《日本国志》原文,仅需提取其要点即可。

《日本源流考》引用《日本国志》,不一定遵循原文所放位置,《日本国志》原文是正文,《日本源流考》有可能放在注文中;反之亦然。《日本源流考》虽有时引用《日本国志》的原文,但其取义可能相去甚远。

有学者认为《日本源流考》:"不仅大量引用《日本国志》的史实,而且还整段抄录黄遵宪用'外史氏曰'形式发表的评论。"③

四 《日本源流考》用《日本国志》作正文

《日本源流考》从卷十三始较多地把《日本史》与《日本国志》共同为正文引用。如卷十三花园天皇文保二年(1318):

> 《日本国志》:自堀河天皇至此,凡十世,九十七年,兵马之权皆在镰仓。自北条时政至高时,凡九世,一百五十四年,君之废立,

---

① 王蓉、朴美颖:《黄遵宪〈日本国志〉在中日交流中的贡献》,《宁波工程学院学报》2012 年第 1 期。

② 杨正光:《中日关系史研究的回顾与前瞻》,杨正光主编;中国中日关系史研究会编《中日关系史论文集(第一辑)从徐福到黄遵宪》,时事出版社 1985 年版,第 10 页。

③ 王晓秋:《黄遵宪〈日本国志〉初探》,北京市中日文化交流史研究会编《中日文化交流史论文集》,人民出版社 1982 年版,第 253 页。

宰辅将军之进退，皆惟命是听。其迟之久而后灭亡者，立主以嗣源氏，迁官犹称原衔，子孙相承，终身不过相模武藏守，又务为勤俭以养民，其取祸不速，操之盖有术也。至高时荒纵，则一败涂地矣。①

此处引用《日本国志》评价日本多年来的政治，具有很强的概括作用。原话在《日本国志》卷二《国统志二》注文中，②说法基本与《日本源流考》所引相同，《日本源流考》更加简练。引用之时，《日本源流考》错误地把原文中"自后堀河天皇至此"的"后"落下。

《日本源流考》卷十五始以《日本国志》与《和汉年契》《四裔编年表》一起作为正文。卷十九，孝明天皇时期共 37 处引用：《日本国志》17 处，《四裔编年表》11 处、《和汉年契》7 处、《日本维新史》2 处。卷二十、二十一，明治天皇时期，共引用《日本国志》20 处，《日本维新史》28 处，《和汉年契》1 处。卷二十明治元年（1868）至明治六年（1873），每年历史事件都引用《日本国志》。因《日本国志》记载的时间没有涉及后面的十二年，故引用《日本维新史》记载明治十四年（1881）到明治二十六年（1893）史实。

五 《日本源流考》用《日本国志》作注

《日本源流考》注文中处于第一位的是《日本外史》，《日本国志》即处于第二位。《日本国志》作注多是紧跟在《大日本史》（正文）之后。分几种具体情形：

1. 总结重要政治事件

《日本源流考》多处引用《日本国志》总结日本历史上标志性的事件，仅一句话，概括性很强：

卷四，圣武天皇：天平胜宝元年（749），天皇为僧始。③

卷五，淳仁天皇：天平宝字八年（764），上皇又宠僧，道镜押胜妒忌遂谋反。

卷五，称德天皇：神护景云四年（770），《日本史》：八月己巳，天

---

① 《日本源流考》考十三，花园七，捌辑4—305上。
② 黄遵宪：《日本国志》卷二，"国统志二"七，上海古籍出版社2001年版，第36页。
③ 《日本源流考》考四，圣武二十六，圣武天皇"天平胜宝元年"捌辑4—185下。

皇崩于西宫寝殿（《日本国志》：道镜进异味得疾不起）。①

卷六，文德天皇：天安二年（858），委任外戚，吏民凋敝，盗渐滋。②

卷六，清河天皇："贞观八年（866），《日本史》：秋八月辛卯，敕太政大臣良房摄，行天下之政。藤原摄政始于此。（《日本国志》：相门自此专权）"③ 此处是用《日本史》写出"藤原摄政始于此"的具体历史事件，用《日本国志》佐证解释相门自此专权。

2. 释地名

《日本源流考》以简略几句话引用《日本国志》解释地名。从序言中始，最前几卷次数较多。卷一有 4 处解释地名。开国时期 1 处："凡二十三世，并都于筑紫日向宫（《日本国志》后为日向国）。"神武天皇时期 3 处：甲寅周惠王十年，"甲寅岁，天皇年四十五，在日向高千穗宫（《日本国志》雾岛山，在诸县郡，其东岳即古之高千穗峰也）"；戊午十四，"《日本史》：二月，舟师遂东，舳舻相接，抵浪速国（《日本国志》：摄津国，古名浪速国）"；己未十五，"《日本史》：……三月，下令奠都于亩傍山，东南橿原之地，命有司经始之（《日本国志橿》：橿原，今太和国上郡柏原村）"。均来自《日本国志》"地理志"，如对橿原的解释来自《日本国志》卷十，地理志一，原文为"神武初都橿原（即葛上郡柏原村）"④。

卷十一，安德天皇迁都摄津（《日本国志》今兵库）⑤

3. 天皇间所历世代

《日本国志》第一部分《国统志》多次对不同天皇间，甚至神代间的代数进行总结。《日本源流考》吸收了此成果。

《日本源流考》卷一，开化天皇六十年（前98）"《和汉年契》：夏四月，天皇崩于率川宫年百十一（一作百十岁），葬春日率川版本陵（《日本国志》：自神武至开化，凡九世五百六十年。"卷三，武烈八年"《日本史》：冬十月，天皇崩于列城宫……（《日本国志》：自崇神至武烈，凡十

---

① 《日本源流考》考五，称德九庚戌五"神护景云四年"条，捌辑 4—190 下。
② 《日本源流考》考六，清和十七，捌辑 4—209 上。
③ 《日本源流考》考六，清和二十，捌辑 4—210 下。
④ 《日本国志》卷十，"地理志一"五，第 107 页。
⑤ 《日本源流考》考十一，安德一，捌辑 4—260 下。

七世，六百有六年。）"

4. 属于"始"的内容

一条天皇正历元年（990），正文引用《日本史》"春正月壬午，天皇加元服。夏五月己卯，摄政太政大臣兼家罢，诏为关白。兼家罢，以内大臣藤原道隆为关白，丙戌以兼家疾，大赦"，注文引用《日本国志》，"兼家有疾，削发，称法兴院。皇太后亦削发，称东三条院。相臣院、女院始此。"①《日本国志》卷一《国统志一》正文"初，兼家有疾，削发，称法兴院关白。皇太后亦削发，称东三条院。相臣院、女院始此。"②《日本源流考》比《日本国志》原文少了"初""关白"两词。因"关白"正文引《日本史》中有交代，注文不再重复。

后朱雀天皇长历三年（1039），《日本国志》"是为僧徒横行之始"③。

5. 补充天皇、皇后各种关系

《日本源流考》卷七村上天皇于康保四年（967）驾崩，引用《日本史》"时论谓德亚醍醐"。引用《日本国志》作注补充"惟通帝后妹之为帝兄妃者，还纳为尚侍，左大臣实赖，惜其累德，而不能匡正之。"④ 原文在《日本国志》卷一《国统志》中是"帝留心政治，后世以为德亚醍醐，言政者必曰延喜、天历云"⑤ 的注文。

6. 补充变乱等

冷泉天皇二年（969）"安和之变"，《日本国志》作注"有告源高明、橘繁延等谋废立者，帝不之信，诸藤原氏矫诏讨之，悉处罪。京师大扰，是为安和之变。"⑥ "帝不之信"四字，为王先谦加上去的，原文在《日本国志》卷一《国统志一》正文中并无此四字。⑦

卷十，后白河天皇保元元年（1157）发生叛乱，引用《日本国志》总结为"是为保元之乱"⑧。《日本国志》卷二《国统志二》正文有此句，

---

① 《日本源流考》考八，一条八，捌辑4—227下。
② 《日本国志》卷一，"国统志一"十三，第31页。
③ 《日本源流考》考九，后朱雀一捌辑4—232下。
④ 《日本源流考》考七，村上二十一，捌辑4—223上。
⑤ 《日本国志》卷一，"国统志一"十四，第31页。
⑥ 《日本源流考》考七，冷泉二十二，捌辑4—223下。
⑦ 《日本国志》卷一，"国统志一"十四，第31页。
⑧ 《日本源流考》考十，后白河二，捌辑4—249上。

详细记载了叛乱经过。①

7. 大段引用《日本国志》作注，政策补充

《日本源流考》卷七，醍醐天皇延喜十四年，正值中国后梁末帝乾化四年（甲戌，916），正文引用《日本史》："春二月壬午，诏公卿大夫及诸国司进谠议，尽谋谟。六月，禁衣服奢靡。"后大段引用《日本国志》原文作注：

> 帝方励精求治，以连年水旱不登，诏求直言。式部大辅兼大学头三善清行上封事，略曰："国朝天险，土沃民庶，臣服三韩，所以能然者，国俗敦庞，民风忠孝，轻赋敛，简征调，上以仁牧下，下以诚戴上，一国之政，犹一身之治故也。尔后教化渐薄，法令滋彰，赋役日增，田畴日荒。逮佛法东渡，上下倾产造寺，合田施僧，极于天平、国分二寺，各用其国正税，而天下费十之五矣。桓武营宫城，尽赋庸调，又费五之三矣。仁明好奢，后房之饰，竭帑倍赋，又费二之一矣。及贞观中宫殿频灾，屡诏修复，又费一之半矣。古以十一取民，今岂足供用乎？臣尝为备中介试阅其一乡，皇极晚年有二万兵士，神护中有二千丁者，至贞观初七十余人，及臣任时仅得九人，今闻乃无一人。二百五十年来，衰弊如此，以此推之，天下之虚耗可知也。臣以为当今要务，在张纪纲、饬风俗以复物力。陛下察万古兴衰，宵衣旰食，降惠民庶，苟用臣言，太平复见，臣谓不难。谨陈便宜十二事，惟陛下裁之。其一，请肃祭祀。凡祈丰穰，攘灾患，当竭诚敬，勿徒备故事。其二，清禁奢侈。贞元间，亲王公聊以筑紫绢为夏衫，今史生以白缣为之，妇女婢妾，非纨绫不服，富者以夸人，贫者耻不及，一衣费中人之产，一馔破八口之家，田亩因是而荒，盗贼因是而滋，望随阶定制，诸凡丧葬，皆有定则，纠其僭式，毋许奢靡，则自上率下，源澄而流清矣。其三，请修口分田，今之豪富收兼并之利，牧宰抱无用之籍，富者连阡陌而不纳税，贫者无立锥无以取调。须令计口分田，阅实班给，所有遗田，收为公田，任国司沽值，或纳地子以充无身之调租，犹有遗稻，存之勿动，略计其数，必三倍调庸，于国有利，子民无损。其四，请复大学学田，治国在贤，得贤

---

① 《日本国志》卷二，"国统志二"二，第33页。

在学，今至以大学为坎壈之府，冻馁之乡，望复学田以养贫生。又请严教博士公贡举法，专论材艺，毋受请托。其五，请减五节选妓员，无袭前朝好内之例。其六，请增置判事。旧制判事六员，今独大判事用明法者，以万民死生系一人唇吻，括五刑轻重，决独见谳书，殊非国家仁育黎庶、慎重刑章之意也。望依旧补六员，皆择明法律者，使俱议科比，详定条章，庶无滥狱，无冤民。其七，请均给百官四季禄。比年官库乏物，惟公卿及出纳请司充给，其余皆五六年止给一季料，虽事有繁简，官有尊卑，然同一从公，至于颁赐宜无差别。其八，渍俘诸国吏民越诉。以牧宰之重，与小吏贱民比肩受鞠，事虽得白，威权已废，知耻之士，谁甘为吏。望拘以文法，除反逆外，概令牧令审鞠，不发朝使。其九，请定勘籍人数。自三官以下，诸王、大夫、命妇、诸司、卫府、式部、兵部、二省，每岁籍人至三千人之多，国朝课、丁课、奥羽、大宰、九国外，不满三十万，而大半无身，则见丁十余万人而已。其中岁除三千人，未盈四十年，天下皆为不课之民。望年立定额，大国十人，以次差减，载之蠲符，以为永式。其十，诗选任检非违使、督使。检非违使本以纠境内奸滥，乃令民纳赀者为之，何以称任使？望监试明法学生以充任。今奥宇镇西及沿海诸国营使，皆全给年俸，许令斥卖，惟论价值，不问才伎。望令六卫练习，随功劳任之。其十一，清禁僧徒滥恶及宿卫强暴。向以官符禁权贵规取山泽、侵夺田地，交易施治，民得安居。然害犹有甚于此者，今诸寺度僧，每年二三百人，大半邪滥及逃课逋租者，天下之民，秃首者居三之一，皆畜妻啖腥，甚至群聚为盗，窃铸钱货。望痛禁惩之，夺其度牒，使返本役。六卫舍人，本以扈宫阙备仪从，自宜结队警备，而散居诸国，名存实亡。此皆部内强豪遭国司纠勘，潜入京师，纳货充补者。自今既补，不得归住，有宁归者限以暇日，取府牒送国衙，过限者解职，送状本府。其十二，请修鱼住泊。西南三道舟程，自径生至河尻凡五泊，各行一日。今此泊废，自韩泊直指轮田，每岁荡覆舟过百艘。望差官司修造，以播磨、各中税给其费。其余向既献言，不更重陈。"帝虽嘉纳，然不能用，惟于是岁禁奢靡而已。[1]

---

[1] 《日本源流考》考七，醍醐十至醍醐十一，捌辑4—217到4—218。

这段引文在《日本国志》卷一《国统志》中，是附于正文后的注文，其前正文为"醍醐天皇嗣，奉先帝命以时平为左大臣，道真为右大臣，参决机务，颁延喜式，世称盛治。惜听谮，贬菅原道真，又不用三善清行之言"。

黄遵宪承认醍醐天皇时期是"盛治"，强调了"惜"的内容，《日本国志》以"帝方励精求治，以连年水旱不登，诏求直言。式部大辅兼大学头三善清行上封事"① 三善清的十二条详细罗列，暗含有对三善清主张的认可，其结果是"帝虽嘉纳，然不能用，惟于是岁禁奢靡而已"。对于同样一段史实，《日本国志》取前半部分"不用"，为之惋惜；《日本源流考》取其后半部分"是岁禁奢靡"之一端，重点落在对醍醐天皇统治的赞赏上。

《日本源流考》虽引用《日本国志》中的原文，但未必表示王先谦就赞同意黄的观点。如以上例子，二人观点截然相反。二书立论不同，叙述选材也不同。《日本源流考》对"万世一统"的天皇制度持肯定甚或赞赏态度。《日本国志》中"国统志"重点在于记录不同天皇执政时期的政治变动情况。

六 《日本源流考》"案语"中引用《日本国志》

《日本源流考》引用《日本国志》作为"案语"的组成部分，发表见解。如卷一孝灵天皇七十二年（公元前219年），引用《日本通鉴》"秦人徐福来"，王先谦给出"案语"：

> 案日本初通中国，自称吴太伯后，亦相传为徐福后。源光圀作《大日本史》去"太伯后"语。赖襄《日本政纪》，并徐福亦屏不书。《日本国志》云：太伯之后，本无所据。殆以日本断发文身，俗类句吴，故有此伪传。至徐福则今纪伊国有祠，熊野山有墓。日本传国重器三：曰镜剑玺，皆秦制也。君曰尊，臣曰命，曰大夫，曰将军，又周秦语也。自称神国，立教育重敬神，国之大事，莫先于祭，有罪则诵祓词以自洗濯，又方士之术也。崇神立国，始有规模，计徐福东渡已有百年。当时主政者，非其子孙，殆其徒党欤？先谦案：史

---

① 《日本国志》卷一，"国统志一"十一到十三，第30—31页。

志皆谓澶州为徐福遗忍，而澶州未闻立国，疑即纪伊、熊野之地。徐福未往日本以前，彼土非必虚无，人民是否中国苗裔，无所其争执，或国制得华人，而益明志，言较合事理。日本《神皇正统记》云：秦始皇好仙，求长生不死之药于日本，日本求五帝三王书，秦始皇赠之，则临于荒诞矣。①

此处用《大日本史》《日本政纪》（日本政纪）、《日本国志》，不同的解释，提出自己的看法。认为"徐福未往日本以前，彼土非必虚无，人民是否中国苗裔，无所其争执，或国制得华人，而益明志，言较合事理。"将《日本国志》中说法同其他说法一并罗列，但并不同意其观点。

第七节　史料价值

王先谦《日本源流考》，采用"案语"或注提出许多观点。

一　"案语"表观点

王先谦的多部典籍中用"先谦案"发表观点：《汉书补注》989条，《荀子集解》607条，《续古文辞类纂》6条，《释名疏证补》1条。《日本源流考》中王先谦以"案"或者"先谦案"，表达观点。全书共用61处"案"，《许颐经籍题跋》卷二史部"日本源流考书后"条，对《日本源流考》案语总结：

> 所附案语，如神功皇后汉献帝时立，非在桓、灵间，其死在泰始中，亦无死后立男不服，更立女王之事；钦明直梁承圣元年为十三年，非十一年；用明在陈后主时，其直开皇末者为崇峻，非用明；天丰财即齐明，为皇极重践阼，非孝德子，以虾夷进唐王，即齐明、非天智；天武为天智弟，非子；天武死，天智女持统立，非天武子，其谥非总持，亦非持总；阿闭即元明，死后非即圣武，尚有元正一代；元正称皈依天皇，为众僧所奉，非谥；圣武改元神龟，非白龟，为文

---

① 《日本源流考》考一，孝灵二十六，捌辑4—126上。

武子,非元明子。圣武后为孝谦,非孝明,当时禅位于大炊,非死后始立;大炊被废,孝谦重莅政,是为称德天皇,始名高野姬,后名阿倍,非圣武又有一女。白璧在位十二年,无二十四年;良怀乃怀良亲王,非日本王。其他应神得中国文字在乙巳,非甲辰;舒明遣使于唐为高表仁,非仁表……①

主要辩证历史模糊问题。此处选取几个有代表性的例子探讨。

二 辨析历史模糊问题

(一) 倭五王

自西晋武帝泰始二年(266)至东晋安帝义熙九年(413),中国史书上中断了近150年的日本朝贡记载重新开始,出现了中国史书上所谓的"倭五王时代"。②《宋书·倭国传》翔实地记录了日本统一后的大和朝廷与南朝刘宋的密切往来,同时也记录了大和朝廷历任的统治者,保存了倭五王的珍贵资料,它历来受到中外学者的重视。《宋书·倭国传》的记载清楚地表明,在这个时期日本先后有五代倭王,就是赞、珍、济、兴、武。

倭五王究竟是日本历史上哪几代天皇,日本史学界早就开始进行研究和考证。20世纪80年代,较为一致的意见是:倭王济是元恭天皇,兴是安康天皇,武是雄略天皇,关于赞和珍相当于哪个天皇,还有争议,尚无定论。③

依田熹家认为中国史书上出现的"倭之五王",和日本方面的史书《古事记》《日本书纪》中传说所表明的当时天皇的系谱部分相吻合。《宋书·倭国传》中记载五王的名字是赞、珍(《梁书》中为"弥")、济、兴、武。济、兴、武相当于《古事记》《日本书纪》中的传说的允恭、安康、雄略天皇。关于赞,有相当于应神、仁德或履中天皇的各种说法;珍

---

① 胡玉缙撰,吴格整理:《续四库提要三种》,《许顾经籍题跋》卷二史部,上海书店出版社2002年版,第527—529页。
② 武心波:《日本与东亚"朝贡体系"》,《国际观察》2003年第6期。
③ 杨孝臣:《中日关系史纲》,"关于倭五王的记载",上海外语教育出版社1987年版,第37页。

也有相当于仁德或反正天皇两种说法。①

倭五王时代，大和国势力强盛，经济繁荣，对中国各种物品的需求日益增加，想通过朝贡来满足需要。而当时朝贡是获得中国物品的一个重要途径，所以尽管中国政权更迭频繁，但只要有可能五倭王就力图保持这种朝贡关系。② 自晋武帝泰始二年（266）倭人遣使之后，中国史籍中就暂时完全看不到倭的名字，再次出现倭的名字是在147年以后的东晋安帝义熙九年（413）。在中日两国交通暂时中断的这一百多年中，中国出现了南北朝分裂的局面，日本开始了国家统一的运动。③ 413—502年，日本倭五王向中国派遣使者达到13次。

表 2-7　　　　　　　　　倭之五王遣使中国

年份	王朝	皇帝	事项
413	东晋	安帝	赞王朝贡
421	宋	武帝	赞王朝贡，赐除授
425	宋	文帝	赞王朝贡
430	宋	文帝	赞王朝贡
438	宋	文帝	赞王死，弟珍王朝贡
443	宋	文帝	济王朝贡，赐除授
451	宋	文帝	济王朝贡，赐除授
460	宋	孝武帝	倭国朝贡
462	宋	孝武帝	济王死，子兴王朝贡
477	宋	顺帝	倭国朝贡
478	宋	顺帝	兴王死，弟武王朝贡
479	宋	高帝	赐武王除授
502	梁	武帝	赐武王除授

资料来源：[日] 依田憙家著，卞立强等译：《简明日本通史》，上海远东出版社2003年版，第11页。

晚清王先谦《日本源流考》已经提出了这个问题。《日本源流考》按年代叙述正好在晋朝安帝时，日本到了允恭天皇时期，辅以《梁书·倭

---

① [日] 依田憙家著，卞立强等译：《简明日本通史》，上海远东出版社2003年版，第11—12页。
② 武心波：《日本与东亚"朝贡体系"》，《国际观察》2003年第6期。
③ 武斌：《中华文化海外传播史》，陕西人民出版社1998年版，第188页。

国传》记载,"晋安帝时有倭王赞",案语,"案此后通中国者,名皆不符。岂达于译使者,不用名邪?宋初仍封赞为王,则所谓赞者,岂即允恭邪?不可考矣。"① 王先谦对此后倭王的名字和日本史的记载不相符合推导了原因,推测说赞可能就是允恭天皇,为严谨起见,他说"不可考"。

五王统治时期,为大和全盛时期。全国政权集中在倭王手中,控制了西至九州岛,东至关东的广大地区。倭五王实行贵族的氏姓等级制度,建立了较邪马台国更为完善的政治、经济制度,还积极开展对外活动。②

王先谦据《大日本史》载,疑《宋书·倭国传》《宋书·文帝纪》所载"赞死,帝珍立",并不存在;及"珍遣使献物"之事,可能是别国所为。③

(二) 日本遣唐使粟田真人来唐

遣唐使中最重要的是大使、副使、判官、录事等四等官。有时在大使之上还设执节使或押使。因他们代表日本国家,当时似乎选任最通晓经史、长于文艺的人。如文武朝的执节粟田真人。④

针对"日本遣唐使粟田真人来唐"这一问题,史籍记载,甚至近人研究,都有不同说法。有两个方面需弄清楚,一是来唐的粟田真人的名称究竟是什么,二是他来唐的具体时间。

首先"真人"。据《唐书·日本传》,"长安元年,其王文武立,改元曰太宝,遣朝臣真人粟田贡方物。朝臣真人者,犹唐尚书也。建中元年,使者真人兴能献方物。真人,盖因官而氏者也。"这里有两点信息,一是把日本的真人,与中国唐朝的尚书做类比;二是将真人与姓氏联系起来。

其次古书有很多这方面的记载,《新唐书·日本传》载,"长安元年,其王文武立,改元曰太宝,遣朝臣真人粟田贡方物。开元初,粟田复朝,请从诸儒受经,诏四门助教赵玄默即鸿胪寺为师,献大幅布为贽,悉赏物贸书以归。"⑤《宋史·日本传》载,"大宝三年,当长安元年,遣粟田真

---

① 《日本源流考》考二,允恭四十,捌辑4—151下。
② 高书全等主编:《日本百科辞典》,吉林人民出版社1990年版,第93页。
③ 《日本源流考》考二,允恭四十二。捌辑4—152下。
④ [日]木宫泰彦著,胡锡年译:《日中文化交流史》,商务印书馆1980年版,第101页。
⑤ (宋)欧阳修、宋祁:《新唐书》卷二二〇《东夷传·百济传》,中华书局2003年版,第6205—6206页。

人入唐求书籍，律师道慈求经。"① 这是以长安元年作为粟田真人入唐时间的，却有两个名称："真人粟田""粟田真人"。

王仪著《隋唐与后三韩关系及日本遣隋使遣唐使运动》认为，日本推行遣唐使运动的263年间，计遣使15次。② 其中第8次是武后长安元年（日本书武天皇大宝元年，701），日本遣朝臣真人（官职若唐尚书）粟田偕大使高桥笁间、副使坂合部大分、山上忆良、僧道慈等使唐。并据《新唐书·日本传》介绍粟田："冠进德冠，顶有华蕤四披，紫袍帛带。真人好学能属文，进止有容，武后宴之麟德殿，授司膳卿。"③ 该书仍认为粟田入唐是长安元年（701）。

长安三年（703），日本遣朝臣真人粟田来贡方物。开元初，此人复朝，请从诸儒授经。诏四门助教赵玄默即鸿胪寺为师，献大幅布为贽。粟田并未正式修业于国学，仍不缺束修之礼。④ 该书采用长安三年粟田入唐。

清代学者方浚师《蕉轩随录·续录》，"朝臣真人"条：长安初，日本遣朝臣真人粟田、副使仲满贡方物。朝臣真人犹唐官尚书也。⑤ 方浚师将粟田入唐时间模糊地定为长安初，把朝臣真人定位为一种官职名称。

《日本国志》记载粟田真人，"考日本各籍，称守民部粟田真人，盖粟田是其氏，朝臣乃嵯峨帝赐其子姓为源朝臣是也。真人，《唐书》称朝臣真人粟田，误矣。"⑥

王仲殊《关于日本第七次遣唐使的始末》认为：当时粟田真人任民部尚书之要职，初任时的官位为"直大贰"，随着大宝律令的实施而改为"正四位下"（相当唐的正四品下），有奉救参议朝政的资格。他是编纂大宝律令的主要成员之一，学识渊博，颇有声望。⑦

---

① （元）脱脱：《宋史》，中华书局1977年版，第14132页。

② 王仪：《隋唐与后三韩关系及日本遣隋使遣唐使运动》，台湾中华书局1972年版，第109页。

③ 同上书，第113页。

④ 王志民、黄新宪：《中国古代学校教育制度考略》，首都师范大学出版社1996年版，第118页。此处原作者注明史料来自《旧唐书·日本》。

⑤ 方浚师撰，盛冬铃点校：《蕉轩随录·续录》，"122，朝臣真人"，中华书局1995年版，第104页。

⑥ 《日本国志》卷四《邻交志上一》，第55页。

⑦ 王仲殊：《关于日本第七次遣唐使的始末》，《考古与文物》2000年第3期。

《日本源流考》吸收了《日本国志》的说法，以辨析粟田真人名称。《日本源流考》卷四考证粟田真人名称、入唐时间，通过引用《日本史》文武天皇大宝二年（702）"六月，先是遣唐使粟田真人等，会风浪留筑紫，至是乃发。"并同《唐书·日本传》《宋史·日本传》《册府元龟》的记载对比，认为"案所记入唐时间参差，疑长安二年是也"①。王先谦以"疑"为论断，对这次入唐时间有了一个与别人不同的说法，也对粟田真人的名字进行了辩证。

木宫泰彦《日中文化交流史》中"遣唐使一览表"定第八次遣唐使是粟田真人为持节使，从文武大宝元年（701）正月任命，同二年六月从筑紫出发。②他这个记载和王先谦的考证属一致。依田熹家将日本的遣唐史列表，认为从630年（舒明二年）犬上御田锹使唐到894年（宽平六年）菅原道真、纪长谷雄遣唐的废止，共18次。依田熹家认为第7次是粟田真人遣唐，出使的时间是702年（大宝二年）。③ 702年（大宝二年）就是唐代的长安二年。无论是这次遣唐使的使节名字，还是遣唐时间，依田熹家的看法也恰与王先谦看法一致。

三 补充记载"小"叛乱

《日本源流考》记载叛臣事迹详细，多来自《大日本史》卷二百二十七至卷二百三十一。其中还详细记载了一些"小"的叛乱，例如：

1. 武埴安彦反：卷一，崇神天皇十年，时值西汉武帝后元元年（前88）发生的叛乱，共用了90字的篇幅记载了其前因后果。并且在平定叛乱之后，对其后续事情有所交代，就是第二年四月"道将军奏平夷状"。

2. 狭穗彦谋反：卷二，垂仁天皇四年至五年，时值西汉成帝建始三年（前32）、四年（前31）发生的狭穗彦谋反的前后经过。作者以424字的篇幅记载该事件。起因是：皇后的兄长狭穗彦乘机进行挑拨离间的活动，劝说皇后，"以色事人，色衰宠弛。今天下多佳人，递进求宠，汝岂

---

① 此处是对文武天皇时期真人入唐时间的考证。王先谦疑为长安二年。《日本源流考》考四，文武十一，捌辑4—178 上。

② [日]木宫泰彦著，胡锡年译：《日中文化交流史》，商务印书馆1980年版，第65—66页。

③ [日]依田熹家著，卞立强等译：《简明日本通史》，上海远东出版社2003年版，第30页"遣唐使表"。

得永恃？令我得志，与汝共临天下，不亦乐乎？"具体做法：狭穗彦让皇后藏一把匕首于衣服中，准备趁垂仁天皇睡着之时刺杀他。过程：稻城之战。其间，把皇后的大仁大义体现得淋漓尽致。皇后在临死前，考虑了垂仁天皇的纳妃问题，她提出"丹波道主王五女志并贞'宜纳掖庭'以充后宫"。天皇于皇后死后 10 年纳了丹波道主王五女为妃。此处生动地记载了皇后的表现。

3. 熊袭第一次叛乱：卷二，景行天皇十二年，时值东汉章帝建和（应为建初）① 七年（82）。用了 180 字的篇幅叙述了此次平叛（熊袭第一次叛乱）经过。重点介绍了叛贼的险要居处，以及平叛所用诱降之术。

4. 熊袭第二次叛乱：卷二，景行天皇二十七年，时值东汉和帝永元九年（97）。这次是由皇子日本武尊，男扮女装潜入枭帅内部行刺，才顺利平叛。记载细致入微。

5. 东夷叛：卷二，景行天皇四十年，时值东汉安帝永初四年（110）。对这次平叛记载相当详细，重点记录了当时天皇与皇子日本武尊之间的对话，以及在途中日本武尊遇到的各种险情。

6. 住吉仲皇子反：卷二，履中天皇即位前发生了严重的叛乱，时间正值中国东晋安帝隆安三年（399）。他以皇太子的身份平定了叛乱。② 王先谦引用《日本史》，通过 260 字的篇幅清晰地再现了这个事件的前后经过。

四　提出"天下禅代，独日本世王"③ 观点

日本古代的天皇制是模仿中国古代的帝王制度建立的。奴隶社会时期，部落联盟领袖称大王或天皇。天皇制度从奴隶制社会产生延续至今，这在世界历史中绝无仅有。虽然今天的天皇制度在日本现实政治生活中的作用是十分有限的，但是作为形式上的国家元首，天皇对国民的政治心理、政治行为的影响仍然是不可替代的。1889 年日本宪法颁布，据宪法，1890 年日本首次开创"帝国议会"。议会制度只是在国内人民对自由和民

---

① 此处记载有误，《日本源流考》考二，景行八，捌辑 4—135 页下左侧第一行记载为章帝建和元年，下页记载又有元和元年（84—86），可见章帝"建和"元年为"建初"元年（76—83）之误写。"建和"为桓帝的年号（147—149）。详见"勘误"表。

② 《日本源流考》考二，履中三十八，捌辑 4—150 下。

③ 《日本源流考》序。

主的强烈要求之下才得以存在的，实际上是为天皇制度服务的一种机构。①

对日本"世代为王"的这种天皇制度的原因的揭示，《大日本史》跋曰"若曰正闰之分，非臣子所当识，则神器亡重万世宝镜，授受至严，以绝觊觎之心。此乃元祖业所以肇鸿基于无穷者。凛乎可畏也，昭乎不可诬也。大统所归，惟神器是视，则万世之公论，自有不可欺者矣。"

中国古代直到晚清，有不少学者对日本的天皇制度发出感慨。如明朝薛俊所辑《日本考略》，计分15略，世纪略以604字介绍日本天皇。首句即为："国王以王为姓，一姓传袭，历世不易。"② 依次列出了日本的最初国主"初主号天御中主"，到"次平天天皇，当此宋雍熙初也"。王韬《日本疆域考·日本沿革考》提出"日本自开国至今数千年来一姓相传、疆域如旧，实为宇内所仅见。"③ 仍含有对日本这种"一姓相传，历世不易"的天皇制度的肯定。王先谦在《蒙古通鉴长编》中也曾感慨某些国家帝王之一系不变，如巴黑塔（即大食）"子孙相袭，传位至今，二十九代，经六七百年。"④

《四裔编年表》中也有类似提法："日本为东北海岛，遂古之初，有天神御世，递嬗千余年，其说荒远难稽。厥后国主俱号天皇，数千年来一姓相传，疆域依旧，实宇内所仅见。"⑤《四裔编年表》由美国林乐知写作的，同样体现出对日本天皇制度的一种惊叹。

20世纪初期，伴随东西方资产阶级学术思想的大量输入以及民族民主革命运动的蓬勃发展，批判"君史"，提倡"民史"，成为史学界参与反封建革命的重要渠道。徐仁铸认为中西史学之所以会出现"君史"与"民史"的差异，就在于旧史学以一朝一姓之家天下的治乱安危为去取，维护的是一姓之私；而西方史学则着眼于整个国家和民族之荣辱兴衰，关

---

① 曹文振等：《比较宪政制度》，中国海洋大学出版社2005年版，第308—312页。
② （明）薛俊：《日本考略》，清得月簃丛书本。
③ 王韬：《日本疆域考·日本沿革考》，稿本。
④ 全国公共图书馆古籍文献编委会汇刊编著，王先谦撰：《蒙古通鉴长编》卷五，中华全国图书馆文献缩微复制中心1994年版，第377—378页。
⑤ ［美］林乐知、严良勋译，李凤苞编：《四裔编年表》。

注的是天下之公。这就一针见血地揭露了旧史学为封建君主专制服务的本质。①

日本历史上也曾发生过多次叛乱。如承久元年（1219）发生的承久之乱。幕府军取得了胜利，把后鸟羽、土御门、顺德三个太上皇流放，且废除了仲恭天皇。但是却为什么没有彻底废除朝廷、建立新王朝。一般认为原因如下：其一，日本古代社会，天皇是世俗的统治者，又具有宗教权威，很多人认为天皇的地位是神圣的，非其他家系的人所能代替的。因此，幕府不能建立新王朝，只能让皇族中的一人来即天皇皇位。在南北朝内乱中，也不废除天皇本身或建立新王朝。其二，幕府的保守性也是原因之一。其三，当时北条氏虽在幕府的内部掌握强有力的主导权，但还不具有统治一切的能力，因此不可能进行废除旧王朝、建立新王朝和彻底否定庄园制这样伟大的事业。②

在"民史"思想深入人心的情况下，王先谦撰写《日本源流考》时，依然以天皇世系更替作为记事和分卷的标准。《日本源流考》以大量笔墨记载了日本各代天皇时期的叛乱。字里行间，可以窥见王先谦高度认可天皇的平叛能力。王先谦曾经阅读过康有为的《彼得政变记》进呈的折稿，康取君权最重之国，由此得出结论，认为康有为的主张，"民权或非定论"③。

五　列神功皇后为一代统治者

神功皇后（170—269）是日本第十四代天皇仲哀天皇的皇后。名息长足姬。193年选为皇后。仲哀八年为平定熊袭叛乱曾随天皇西征。天皇死于途中，秘不发丧，继续率军渡海，征服新罗。归途中生下誉田别尊（应神天皇），并平定叛乱，皇后尊为皇太后，誉田别尊被立为皇太子。此后皇太后摄政达69年之久。④ 神功皇后摄政事，在《日本书纪》第9

---

① 刘兰肖：《近代报刊与"民史"思想的阐发》，瞿林东主编《史学理论与史学史学刊2004—2005年卷》，社会科学文献出版社2005年版，第210页。
② ［日］依田熹家著，卞立强等译：《简明日本通史》，上海远东出版社2003年版，第67—68页。
③ 《书札》，"再致陈中丞"，第868页。
④ 吴春秋：《外国军事人物辞典》，世界知识出版社1996年版，第515页。

卷中有独立记载，而在《古事记》中，对此记载却相当的短。①

中外的各种史书对神功皇后身份、地位的处理有不同的方式。

（一）《大日本史》把神功皇后放在后妃传中，称"摄政七十年"

《大日本史》卷七十四，仲哀神功皇后：

> 仲哀神功皇后，气长宿祢王之女也，母曰葛城高颡媛，幼而聪叡，容貌壮丽，宿祢异之。帝二年正月，立为皇后，及帝崩，后亲绸缪后事，督军征三韩，外国归化，威风大行。及生应神帝，后临朝称制，群臣尊曰皇太后，摄政七十年矣。②

此处，作者特意指出：

> 《古事记》历叙帝王治天下，直以应神接仲哀之后，不数皇后，至于日本纪，则特书曰：摄政元年，其义亦严矣。且女主即真，如推古、持统，皆称天皇，而皇后则否，……其不宜列于帝纪，审矣。虽然，仲哀、应神之际，皇后称制，行天子之事，故今不没其实，备后学劝于二帝本纪，而不别作皇后纪。③

《大日本史》重在考虑名分，把神功皇后放在后妃传中，记载极其短小，归入"摄政"。日本学者坂本太郎认为这是《大日本史》一特笔之"《大日本史》在仲哀天皇之后立应神天皇，神功皇后摄政时代作为应神天皇的即位前纪，并且不按年份记载"④。

（二）《日本源流考》把"神功皇后"列为日本第十五代统治者

《四裔编年表》认为"神功王后摄政"，王先谦的处理方式也与之不同。

《日本源流考》部分吸收了《大日本史》的意见，即在仲哀与应神天皇之间，增加神功；却另有发明，即出于日本历史不间断的考虑，把神功皇后实际统治的69年（201—269）列为自神武天皇始的第十五代统治

---

① 壹岐一郎：《徐福集团东渡与古代日本》，天津人民出版社1996年版，第104页。
② 《大日本史》足本卷七十四，本纪七，左。
③ 《大日本史》足本卷七十四，本纪七，左。此处所引用的内容为原书的注释部分。
④ 《日本的修史与史学》，第131页。

者,不称"天皇",仍称"皇后"。所以《大日本史》内容叙述到了后小松天皇号称"百王本纪",① 后小松天皇在《大日本史》中排为第 100 代天皇,《日本源流考》中后小松天皇排为第 101 代天皇。

(三)《五大洲女俗通考》"神功皇后实录"盛赞神功皇后

1903 年的《五大洲女俗通考》中有"神功皇后实录"②。称"日本僻处东隅,素不与闻他国之政教风俗,其得通西道,引入西方之教化,自神功皇后之征服高丽始。"

"日本皇后九人之中,自当以神功为最。以后未必再有此人矣。""日本政教风俗,初从高丽得来,实由神功皇后,大开西方之门。嗣后又通于中华,更得儒教、佛教,及一切教化技艺,输于国民之脑中,亦皆由神功开其路也。但今之皇后,与西国相通,能输入西学西法于国中,于得列万国公会,不当归于今皇后之崇效西法哉!"

虽然《五大洲女俗通考》盛赞神功皇后,也把神功皇后作为"皇后摄国",但是"自开国至今,以皇后摄国者,共有九人,最有名者,神功皇后。"

---

① 《日本的修史与史学》,第 129 页。后小松天皇,1392—1412 年在位。
② [美]林乐知辑译,任保罗译述:《五大洲女俗通考》第二集,上卷日本、神功皇后实录,叶十八到二十。光绪二十九年(1903)上海广智书局编行,上海美华书局摆印。

第三章

历时十二载的《外国通鉴》成稿并逐步完善

1902年,《日本源流考》刊行；1905年，王先谦开始撰写《外国通鉴》，先在《日本源流考》基础上增加亚洲的其他国家，成二十二卷《外国通鉴稿》；又在《外国通鉴稿》基础上增加欧洲、非洲的国家。王先谦共历时十二载，于1916年初步完成三十三卷《外国通鉴》（即现存的《西国通鉴二次稿》）。《外国通鉴》最终仍停留在书稿状态，并非王先谦所理想中的最终版本，未予正式刊行。

《王先谦学术思想研究》未研究《外国通鉴》，以为其"失传"。[①] 梅季坤也认为王先谦"适应时世的需要，博考古今中外著作，在75岁时编《外国通鉴》长编，惜翌年病逝，稿佚"[②]。北京大学图书馆藏有《西国通鉴二次稿》，即为王先谦1916年的三十三卷《外国通鉴》稿本，本章在此将《外国通鉴》的逐步完善过程陈述出来。

关于《外国通鉴稿》及《外国通鉴》名称，需要说明的是：王先谦及其友人论述中，均称《外国通鉴》，并无《外国通鉴稿》的说法。"《外国通鉴稿》"是后人对这部书的称呼，在目前学界，是指二十二卷稿本。本书凡称《外国通鉴稿》者，是指二十二卷稿本，凡称《外国通鉴》者，是三十三卷稿本，即《西国通鉴二次稿》。

1997年二十二卷《外国通鉴稿》影印，为开展研究提供了便利条件。影印本"前言"称其为王氏《外国通鉴》的"草稿本"，是新中国成立初期，湖南省文物管理委员会于长沙水陆制造厂所收的大量废书中抢救出的书籍中的一种，将其称为"王氏《外国通鉴》的待定稿本的一种"，这

[①] 《王先谦学术思想研究》，第192页。

[②] 梅季坤：《王先谦的治学成就与学术思想》，朱汉民主编《清代湘学研究》，湖南大学出版社2005年版，第216页。

种说法很科学，因此后来的三十三卷《西国通鉴二次稿》，仍保留许多修改痕迹，仍不能称为"定稿本"。① 承接影印本"前言"说法，本书称二十二卷影印本《外国通鉴稿》为"草稿本"，称藏于北京大学图书馆的三十三卷《西国通鉴二次稿》为"完善稿"。

本章分别讨论二十二卷《外国通鉴稿》与三十三卷的《西国通鉴二次稿》，探寻《外国通鉴》的成书变化轨迹。

第一节 "草稿本"：二十二卷《外国通鉴稿》

王先谦著《外国通鉴稿》1997年由北京中华全国图书馆文献缩微复制中心影印出版，共1875页，60万余字。

以往介绍《外国通鉴稿》，在影印本前言指出王氏在书眉和书缝中注"朝鲜一条""安南一条"②。仅提到朝鲜、土耳其、印度、暹罗、真腊、骠国、越南、马来亚、吕宋、爪哇等国，③并未注意到《外国通鉴稿》中所提到的国家有60余个，都在亚洲，如罽宾、康国、米国、史国、曹国、何国、安国等国都被《外国通鉴稿》所记载。经核查，《外国通鉴稿》中并无"安南一条"的记载。《外国通鉴稿》一书在《日本源流考》基础上所加条目，每年之下，少则一条单举，多则数条并举，共2800条左右，限于《日本源流考》原书篇幅，王先谦用尽可能小的字体，将所增条目写在行间缝隙中，到最后几卷字体越来越小，若真正补充出这些内容来，当是一部亚洲多国史书，或亚洲的区域性史书。

一 稿本"二十二卷"辨

王先谦于1916年完成《外国通鉴》，多处记载为三十三卷，常见到的是二十二卷的稿本影印本，需进行辨析。关于《外国通鉴》的卷数，众说纷纭，归纳起来，迄今共有四种不同说法。

一是姜亚沙《影印珍本古籍文献举要》持"二十二卷说"；二是徐州

---

① 董又林：《王先谦外国通鉴稿影印前言》，"王先谦著《外国通鉴稿》"。
② 同上。
③ 《影印珍本古籍文献举要》，第141页。

师范学院编的《中国近代作家传记暨著述要目》（初编）①持"三十卷说"；三是"三十二卷说"，刘声木《桐城文学渊源撰述考》，列出王先谦撰述的37种著作，认为《外国通鉴》是三十二卷②；四是"三十三卷说"，持有这种说法的比较多，最早是《王先谦自定年谱》持这种说法；1921年《清朝续文献通考》卷二百六十七经籍考十一、张政伟《王先谦〈诗三家义集疏〉对诗旨的拟定》③等，都认为是三十三卷。

二十二卷及三十三卷的说法，是基于《外国通鉴》的不同版本而言的。前者是据现珍藏于湖南图书馆的《外国通鉴稿》所得结论；后者据《王先谦自定年谱》的记载。最符合《外国通鉴稿》本身特点的是三十三卷的说法。"三十二卷说"也有一定道理，北京大学图书馆所藏《西国通鉴二次稿》虽标三十三卷，缺少卷十三，实存三十二卷。"三十卷说"是沿袭《清史稿》的提法。④

这些说法都有一定道理，多年来未发现三十三卷《外国通鉴》稿本，不免存在一些模棱两可的说法。目前所存版本，应该是二十二卷和三十三卷的说法，最符合《外国通鉴》版本情况，在理论上也符合其成书过程演变规律。

二 保留修改稿形式

《外国通鉴稿》是在《日本源流考》的基础上增补修改而成。前言标题为"日本源流考序"没有改变。卷一题目改为"外国通鉴卷一"，还删除了一些书名，如《四裔编年表》《宋史·日本史》等。版框上方之外有一些标志，表明该书需要修改的地方。第一卷之外，各卷卷名仍为"日本源流考"。仍为22卷。版心题"考一"等字样。

《外国通鉴稿》保留着修改稿形式，书中遍布王氏的修改意见。整体处于一种设想的状态，多有"朝鲜一条""越南一条"等标记，缺具体

---

① 郑云波、魏云卿：《中国近代作家传记暨著述要目》（初编）（徐州师范学院1964年铅印本），第65页。

② 刘声木：《桐城文学渊源撰述考》，黄山书社1989年版，第522页。

③ 张政伟：《王先谦〈诗三家义集疏〉对诗旨的拟定》，朱汉民主编《清代湘学研究》，湖南大学出版社2005年版，第252页注①。

④ 见赵尔巽、柯劭忞等《清史稿》卷四八二，列传二百六十九《儒林三》，王先谦本传。中华书局1977年版。

内容。

1. 以《日本源流考》为基础

《外国通鉴稿》二十二卷全文是在《日本源流考》的基础上修改的，版心题"考一"至"考二十二"等字样均与《日本源流考》相同，不同的是《日本源流考》原文是刻写体，王先谦的修改意见保留着手写体。序言与《日本源流考》完全相同。

2. 修改形式

修改形式上，包括题名及单双行变动、年代、引用方式变化等。

题名上，卷一"日本源流考卷一"改为"外国通鉴卷一"。其他各卷题目保留"日本源流考"的题名。

作者在各卷的签名，《日本源流考》是"长沙王先谦益吾撰"；《外国通鉴稿》是"臣王先谦撰集"其中，"臣"字较小，是其他字的字体二分之一大小。

《日本源流考》中案语为低出一行，作为正文补充单行写的很多资料，《外国通鉴稿》表明要改为双行注，"案"改为"先谦案"。

介绍年代，《外国通鉴稿》有的省略该年代具体排序，以"明年"等标注。《日本源流考》对中国皇帝纪年，除元年指明是某皇帝元年外，其他年代不再指明皇帝，直接讲某年；日本天皇某年，直接写某年。《外国通鉴稿》明白地改为"日本神武"某年。卷五平城天皇《日本源流考》的介绍是大同二年之前，介绍平城天皇用"《日本史》：平城天皇讳……"并未给出大同元年的年号，《外国通鉴稿》为"《日本史》：日本平城天皇大同元年，平城天皇讳……"其中"日本平城天皇大同元年"便是王先谦以手写体加入的具体年号。《外国通鉴稿》卷十一安德天皇，最开始加上"辛丑八，日本安德天皇养和元年"，后文遇到这一年的时间，直接写为"是岁"。①

引用方式。《日本源流考》以"[ ]"列出引用书目全称，《外国通鉴稿》用书名简称，用"云"连接叙述内容，如将"《宋史·日本传》"改为"《宋史》云"等，将"《和汉年契》"改为"《年契》"等。

3. 内容变化

《外国通鉴稿》在叙述日本史的基础上增补其他国家条目，一年之下

---

① 《外国通鉴稿》卷十一，第953、607页。

增加一条或多条。将基于《日本源流考》所叙一国史的基础上，经增加其他国家条目，变成了多国编年史。

《外国通鉴稿》有时大量删减《日本源流考》原文。如卷一，删减了《日本史》中介绍崇神天皇部分。① 介绍垂仁天皇，合并《唐书》《宋史》，用"《唐书》《宋史》崇神天皇、次垂仁天皇"，删除了《日本史》的内容。② 介绍景行天皇也采用这种方式。③

《外国通鉴稿》省去繁复介绍日本天皇的内容。《日本源流考》中相似的记载很详细的资料，《外国通鉴稿》简略概述，如神功皇后六十六年（266），《年契》载：遣使于唐，《日本源流考》引用了《晋书·武帝纪》：泰始二年（266）冬十一月倭人来献方物，《晋书·东夷传》泰始初遣使重译入贡。在《外国通鉴稿》中仅仅改为一句：先谦案《晋书》纪传同。④ 避免了重复，简练了许多。

4. 几种具体的修改方式

（1）移动

《外国通鉴稿》多次在各页页眉处注明，介绍天皇的内容中多有"接前提行""接写提行""续写转行""提行接前"等。如元正天皇灵龟元年、⑤ 圣武神龟元年，⑥ 淳仁天皇、⑦ 称德天皇、⑧ 桓武天皇⑨，后鸟羽天皇⑩，仲恭天皇⑪。

（2）增加

《外国通鉴稿》在《日本源流考》的基础上增加内容，表现在增加国家条目上。⑫ 序言及第二十二卷没有增加的条目，所加条目，集中在前二

---

① 《外国通鉴稿》卷一，第69页。
② 《外国通鉴稿》卷一，第79页。
③ 《外国通鉴稿》卷一，第92页。
④ 《外国通鉴稿》卷二，第133页。
⑤ 《外国通鉴稿》卷四，第276页，"接前提行"。
⑥ 《外国通鉴稿》卷四，第283页，"接写提行"。
⑦ 《外国通鉴稿》卷五，第304页，"续写转行"。
⑧ 《外国通鉴稿》卷五，第309页，"提行接前"。
⑨ 《外国通鉴稿》卷五，第322页，"接写提行"。
⑩ 《外国通鉴稿》卷十一，第631页，"接写提行"。
⑪ 《外国通鉴稿》卷十二，第687页，"接写提行"。
⑫ 《外国通鉴稿》中增加的国家条目内容，后文有专门论述。

十一卷，其中 1284 个年份中共增加了 60 多个国家的内容。

有些天皇在位时增加的条目较多，如卷三武烈天皇（在位八年）、宣化天皇（在位四年），皇极天皇（在位四年），齐明天皇（在位七年），卷四天武天皇（在位十四年），每年都有增加的条目，卷三钦明天皇在位 32 年中，有 26 年中增加了条目；敏达天皇在位 14 年，有 12 年中增加条目；舒明天皇在位 13 年，有 11 年中增加条目。

同一年中增加的条目名称一般都在一起排列，第 12—14 卷所加国家条目，有在同一年之下两处加入条目的现象，分两种情况，一是在这年资料的中间，二是在当年之末。如卷十二龟山天皇文永七年、① 后宇多弘安四年②、后宇多弘安九年③，卷十三后二条德治三年④，卷十四后村上正平十三年⑤。

（3）删减

关于纪年的处理，针对没有事件的年份，《日本源流考》保留，《外国通鉴稿》多删去之。开化天皇时期，因所加条目关系，保留着《日本源流考》中无事件之年份。对相近两年，用"明年""又明年"连缀。如卷一绥靖天皇元年、二年、三年，用"是岁""明年""又明年"的方式标出。

《外国通鉴稿》，卷一缺少两页（页 71—72），即崇神天皇六年（前 92）到十二年（前 86）的事件。很难了解这中间是否有增减内容。据《日本源流考》对应的这部分内容，可以看出当时日本情况，无从知道其他国家情形。这是二十二卷《外国通鉴稿》与《日本源流考》比较起来，唯一缺少的部分。

《外国通鉴稿》对删除内容，都做了标记，也有原来做了标记准备删除，后来又特别指出"不删"的，如卷十四后龟山元中三年。⑥

---

① 《外国通鉴稿》第 726 页加了"缅国"，又在第 727 页加了"朝鲜一条又越南一条"。
② 《外国通鉴稿》卷十二，后宇多弘安四年，增加"朝鲜一条又越南一条又占城一又缅一"，第 743 页。
③ 《外国通鉴稿》卷十二，后宇多弘安九年，第 750 页。
④ 《外国通鉴稿》卷十三，后二条德治三年，第 766 页。
⑤ 《外国通鉴稿》卷十四，后村上正平十三年，第 833 页加上"朝鲜一条又越南一条又土耳其一"，后又在第 884 页加上"暹罗二"。
⑥ 《外国通鉴稿》卷十四，第 916 页。

(4) 合并

介绍天皇多有条目合并情况。《日本源流考》介绍天皇一般顺序为先引用《唐书·日本传》《宋史·日本传》，再引用《日本史》，又引用《和汉年契》介绍元年事件。《外国通鉴稿》合并这些条目，并调整顺序，由元年写起，以引用《日本史》为主来介绍天皇，把《唐书·日本传》《宋史·日本传》的介绍简为"《唐书》《宋史》□□后次□□同"，元年用"是岁"表示，二年及三年用"明年""又明年"连缀。《日本源流考》几条内容，《外国通鉴稿》合并为一条或一段。《外国通鉴稿》使用"是岁"是出于连接同一年发生的事件的需要，是正文叙述引用之外补充的内容；《日本源流考》中使用"是岁"多是引用《和汉年契》或《日本史》中的原文。

表3-1 《日本源流考》与《外国通鉴稿》对天皇的介绍对比举例

天皇	《日本源流考》	《外国通鉴稿》
安宁天皇	安宁天皇 《唐书·日本传》：次安宁 《宋史·日本传》：次安宁天皇（年代纪） 《日本史》：安宁天皇，绥靖子也。讳矶城津彦玉手看，母五十铃依媛皇后，绥靖二十五年立为皇太子，三十三年绥靖崩，七月皇太子即位。 癸丑二十四，元年，《和汉年契》：冬十月，葬绥靖天皇，尊皇后曰皇太后。 甲寅二十五，二年，《和汉年契》：以出色云色命为执政大夫。《日本史》迁都和州片盐，称浮穴宫。 乙卯二十六，三年，春正月立汀名底中津姬（中津姬一作中津媛）为皇后	癸丑周灵王二十四，日本安宁元，《日本史》：安宁，绥靖子也（《唐书》《宋史》，绥靖后次安宁同），讳矶城津彦玉手看，母五十铃依媛皇后，绥靖二十五年立为皇太子，三十三年绥靖崩，七月皇太子即位。《年契》：冬十月葬绥靖，尊皇后曰皇太后。明年，以出色云色命为执政大夫。《日本史》：迁都和州片盐，称浮穴宫。又明年，立汀名底中津姬（中津姬一作中津媛）为皇后
神功皇后	神功皇后 《唐书·日本传》：次仲哀，死以开化曾孙女神功为主。 《宋史日本传》：次神功天皇，开化天皇曾孙女。又谓之息长足姬天皇，国人言今为太奈良姬大神（年代纪）。 辛巳六元年　《日本史》：皇后伤天皇不从神教而早崩，于谢神以得宝，国即命百僚解罪改过，造斋宫于小山田邑。三月，湄吉入斋宫，…… 壬午七二年　《和汉年契》：改为摄政元年，冬十一月葬仲哀于河内长野陵	辛巳六，日本神功皇后元：《唐书》：次仲哀，死以开化曾孙女神功为主。《宋史》：次神功天皇，开化天皇曾孙女。又谓之息长足姬天皇，国人言今为太奈良姬大神。《日本史》皇后伤天皇不从神教而早崩，于谢神以得宝，国即命百僚解罪改过，造斋宫于小山田邑。是岁三月，湄吉入斋宫……明年，改为摄政元年，冬十一月葬仲哀于河内长野陵

这是《日本源流考》与《外国通鉴稿》介绍天皇的典型例子，《日本

源流考》介绍方式相同，《外国通鉴稿》中介绍方式却代表着不同的类型。

两书介绍安宁天皇的方式，《日本源流考》以日本天皇为叙述主体，以日本天皇作为一个时期的总题目来统领，以日本天皇在位年数来作为叙述标准，叙述中不再在其年前标明天皇名号，如"癸丑二十四，元年"；以叙述不同国家为目的的《外国通鉴稿》重要年份，同时列出中、日具体皇帝年号，如"癸丑，周灵王二十四，日本安宁元"。经合并后《外国通鉴稿》的叙述风格简练了许多。

《外国通鉴稿》中对神功皇后的介绍，从纪年、条目合并上，与安宁天皇的介绍相似，但对《唐书》《宋史》的处理方式有所不同。对安宁天皇，简略为一句话"《唐书》《宋史》，绥靖后次安宁同"，因《日本源流考》引用《唐书》《宋史》，仅限于介绍天皇世系更替，易于简略。对神功皇后，因《唐书》《宋史》介绍很多，难以简略为一句话，故《外国通鉴稿》基本照录《日本源流考》中的引用部分，于"元年"之下，仅仅省去"年代纪"几字。

（5）修改后删减

《外国通鉴稿》一般是将《日本源流考》内容修改后保留，也有修改后又删除掉的情形。崇神天皇二十九年，《日本源流考》原文："壬子地节元，二十九年，《和汉年契》：春正月，垂仁天皇生。"《外国通鉴稿》先改为"壬子，汉宣帝地节元，日本崇神二十九，《和汉年契》：春正月，垂仁天皇生。"后把"汉宣帝""日本崇神"删去，将原文"《和汉年契》：春正月，垂仁天皇生。"逐字划去。

（6）删减后修改、合并

《外国通鉴稿》也存在把《日本源流考》原有内容删减后，改为其他说法的情况。卷三载天智天皇（第二个）"二年"，《日本源流考》先引用《日本史》，又引用《册府元龟》："《册府元龟》：总章二年十一月，倭国遣使献方物。"《外国通鉴稿》中把这一句话全部删去，改为手写体"是岁入贡于唐"，并与其前引用《日本史》的部分合并为一条。[①]

（7）案语简洁化、注释化

《日本源流考》的案语是王先谦考证历史事实后的结论，为单行；

---

① 《外国通鉴稿》卷三，考三天智二年，第236页。

《外国通鉴稿》把很多考证过程也写入案语，合并类似资料，双行排列。以两书对神功皇后的考察为例。

表3-2 《日本源流考》与《外国通鉴稿》中案语的对比

	《日本源流考》	《外国通鉴稿》
神功皇后	神功皇后 壬午七二年　《和汉年契》：改为摄政元年，冬十一月葬仲哀于河内长野陵。 《后汉书·东夷传》：桓、灵间，倭国大乱，更相攻伐，历年无主。有一女子名曰卑弥呼，年长不嫁，事鬼神道，能以妖惑众，于是共立为王。侍婢千人，少有见者，唯有男子一人，给饮食、传辞语，居处宫室、楼观城栅，皆持兵守卫。法俗严峻。 《魏志·东夷传》：其国本亦以男子为王，住（案住盖往之误字）七八十年，倭国乱，相攻伐历年，乃共立一女子为王，名曰卑弥呼，事鬼道，能惑众，年已长大，无夫婿，有男弟佐治国。自为王以来，少有见者。以婢千人自侍，唯有男子一人给饮食，传辞出入。居处宫室楼观，城栅严设，常有人持兵守卫。 《晋书·东夷传》：旧以男子为主，汉末倭人乱，攻伐不定，乃立女子为王，名曰卑弥呼。 《南齐书·倭国传》：在带方东南大海岛中，汉末以来，立女王，土俗，以见前史。 《梁书·倭国传》：汉灵帝光和中，倭国乱，相攻伐，历年乃共立一女子卑弥呼为王，弥呼无夫婿，挟鬼道，能惑众，故国人之。有男弟佐治国，自为王，少有见者。以婢千人自侍，唯使一男子出入，传教令，所处宫室，常有兵守卫。 《隋书·倭国传》桓灵之间，其国大乱，递相攻伐，历年无主，有女子名卑弥呼，能以鬼道惑众，于是国人共立为王有，男弟佐卑弥，理ание其王有侍婢千人，罕有见其面者；唯有男子二人，给王饮食，通传言语，其王有宫室楼观城栅，皆持兵守卫，为法甚严。 案据《日本史》，汉献帝建安六年，神功皇后为主，诸传志所称女王，盖是矣。后名气长足姬，与卑弥呼之名不合，汉献时立，亦非桓灵间，此传闻异矣。	明年，改为摄政元年。冬十一月，葬仲哀于河内长野陵。（双行，先谦案） 《后汉》：桓灵间，倭国大乱，更相攻伐。历年无主，有一女子名曰卑弥呼，年长不嫁，事鬼神道，能以妖惑众，于是共立为王。侍婢千人，少有见者，唯有男子一人，给饮食、传辞语，居处宫室楼观城栅，皆持兵守卫，法俗严峻。魏晋书至隋史书大同。据《日本史》：汉献帝建安六年，神功皇后为主，诸传志所称女王，盖是矣。后名气长足姬，与卑弥呼之名不合，汉献时立，亦非桓灵间，此传闻异矣。（双行止）

对神功皇后即位，《日本源流考》依次列举了中国的传统史书中的六种记载：《后汉书·东夷传》《魏志·东夷传》《晋书·东夷传》《南齐书·倭国传》《梁书·倭国传》《隋书·倭国传》。虽有重复，依然照录，以此得出结论：案据《日本史》，汉献帝建安六年，神功皇后为主，诸传志所称女王，盖是矣。"案"之前与正文一起单行列举诸史。《外国通鉴稿》把这些都放在"案语"中，双行叙述，并非依次列举所有史书，仅举《后汉书·东夷传》内容，将《后汉书·东夷传》简称为《后汉》，其他史书的记载，因多有相同，以"《魏》《晋书》至《隋史》，书大同。"一语带过。

三 增加60余国

《外国通鉴稿》采取以日本史为主,将其他国家的历史贯穿其中的写法。《外国通鉴稿》所谓"外国",除日本外,还有朝鲜、爪哇、越南、满剌加国、林邑、天竺、安康、大宛、真腊、扶南、吐火罗、阿剌伯、康国、波斯、安国、石国、占城等国家、地区,这些都是亚洲国家。把这些同时置于具体某年下,颇类似于《四裔编年表》的写法,又与《四裔编年表》的年表体有很大不同。

《外国通鉴稿》所加条目是在《日本源流考》原文两年代之间的行间缝隙,以一条长"——"拉出来,写在空白处。一般加的都是类似"朝鲜一条""越南一条"的形式,多是有条目而无内容,少数条目含有具体内容,如卷一,开化天皇时期,对天竺的解释。①也有仅留有要加条目的标记"——",卷二垂仁天皇九年、十年之间,无其他任何内容的情况。

影印本最末,是湖南图书馆寻霖同志对其中不易辨认的一些手写文字据原书进行抄录而成的"《外国通鉴稿》注"部分。②这对研究《外国通鉴稿》有重要价值,其仅为该书所增内容的极小部分,本书据影印本逐条统计,获得如下信息:

第一次加"朝鲜一条"条目是孝元天皇九年(公元前206)③。增加最后一条"土耳其一"是在明治二十六年(1903),据统计此间2109年中,有1283个年份中增2700多条,除辨认困难的条目外,涉及具体国家的条目2745条,其分布见表3-3。

表3-3　　　　　　《外国通鉴稿》中所增加的国家条目

总数排序	国家名	总数（虚数）	首条（卷：天皇年）	出现卷（总卷数：具体分布各卷）	条数最多卷/条数	条数最少卷/条数
1	朝鲜	761	一：孝元9	18：1—18	三/142	一/7
2	越南	650（651）	二：垂仁30	17：2—18	十二/76	四、十八/1

---

① 《外国通鉴稿》卷一,第66页。
② 《外国通鉴稿》,第1867—1875页,共9页。
③ 《外国通鉴稿》卷一,第58页,乙未汉高祖元后加上这一条。

续表

总数排序	国家名	总数（虚数）	首条（卷：天皇年）	出现卷（总卷数：具体分布各卷）	条数最多卷/条数	条数最少卷/条数
3	阿剌伯	165（173）	三：武烈1	11：3—12，14	三/48（50）	十四/1
4	土耳其	145	十三：后伏见正安1	9：13—21	十八/48	二十/1
5	印度	120	一：孝元34	17：1—5，8—19	十八/63	三、四、五、九、十、十二/1
6	占城	104	七：村上应和1	8：7—12，14—15	八/29	十一/1
7	琉求	59	三：推古15	8：3，10，12，14—18	十五/27	十/1
8	大食	53	三：孝德白雉2	6：3—5，7—9	八/21	三、七/1
9	蒙古	53	十一：后鸟羽建久5	3：11—13	十二/36	十三/2
10	暹罗	46	三：推古15	7：3，12—16，18	十五/20	十二、十三、十八/1
11	三佛齐	42	三：安康2	8：3，7—10，14—16	八、九/11	十六/1
12	天竺	41	一：开化36	7：1—4，8，14—15	四/13	一/2
13	林邑	35	二：仁德23	4：2—3，5	三/18	七/1
14	撒马儿罕	32	十四：后龟山元中4	4：14—17	十五/21	十六、十七/1
15	爪哇	30	一：崇神31	8：1—3，5，12，14—15，17	十四/12	一、三、十二、十七/1
16	波斯	29	一：开化39	5：1，3—5，8	四/12	一、八/1
17	真腊	27	三：推古24	8：3—5，9，11，14—16	十四/13	四、十一、十六/1
18	罽宾	26（27）	一：开化40	4：1，3—5	三/14	五/2
19	吐火罗	26	三：推古23	3：3—5	四/11	五/2
20	康国	24	三：允恭35	4：2—5	三/11	二/1
21	满剌加	18	二：仲哀5	3：2，14—15	十五/11	二/1
22	石国	18	三：推古17	3：3—5	四/10	三、五/4
23	哈烈	18	十四：后小松明德3	2：14—15	十五/13	十四/5

第三章 历时十二载的《外国通鉴》成稿并逐步完善

续表

总数排序	国家名	总数（虚数）	首条（卷：天皇年）	出现卷（总卷数：具体分布各卷）	条数最多卷/条数	条数最少卷/条数
24	西域下传	15	十二：后堀河贞应2	1：12	十二/15	
25	扶南	14	二：允恭23	2：2—3	三/12	二/2
26	安国	14	三：推古17	3：3—5	三/6	四、五/4
27	木剌夷	12	九：白河应德2	3：9, 11—12	十二/7	九/2
28	货勒自弥	11	十一：顺德建保4	2：11—12	十一/8	十二/3
29	天方	11	十五：后花园永亨2	2：15—16	十五/10	十六/1
30	缅	10	十二：后宇多弘安4	2：12—13	十二/6	十三/4
31	苏门答剌	10	十四：后小松应永10	3：14—15, 17	十五/6	十七/1
32	古里	10	十四：后小松应永10	2：14—15	十五/6	十四/4
33	史国	9	三：推古18	3：3—4, 8	三、四/4	八/1
34	浡泥	9	十四：后龟山建德1	3：14—15, 18	十四/7	十五、十八/1
35	狼牙修	8	三：继体9	2：3, 15	十五/6	三/2
36	曹国	8	三：推古22	3：3—5	三/4	四、五/2
37	大宛	7	一：开化54	3：1—3	一/3	二、三/2
38	米国	7	四：元正养老1	2：4—5	四/5	五/2
39	拂菻	6	三：皇极2	4：3—4, 9, 15	四/3	三、九、十五/1
40	吕宋	6	十四：后小松应永12	3：14, 16—17	十七/4	十四、十六/1
41	老万厅（斤）	5	三：雄略17	1：3	三/5	
42	彭耳	5	十五：后小松应永18	1：15	十五/5	
43	苏禄	5	十五：称光应永27	2：15, 18	十五/4	十八/1
44	康居	4	一：崇神62	2：1—2	二/3	一/1
45	缅甸	4	二：景行26	3：2, 15—16	十五/2	二、十六/1
46	缅国	4	十二：龟山文永7	1：12	十二/4	

续表

总数排序	国家名	总数（虚数）	首条（卷：天皇年）	出现卷（总卷数：具体分布各卷）	条数最多卷/条数	条数最少卷/条数
47	安息	3	二：景行17	1：2	二/3	
48	大秦	3	二：成务36	2：2，8	二/2	八/1
49	何国	3	三：推古35	1：3	三/3	
50	骠国	3	五：桓武延历13	2：5—6	五/2	六/1
51	条支	2	二：景行24	1：2	二/2	
52	桑籽	2	二：允恭24	1：2	二/2	
53	婆罗	2	十四：后小松应永12	1：14	十四/2	
54	柔佛	2	十五：称光应永20	2：15，17	十五/1	十七/1
55	马哈麻	2	十五：称光应永20	1：15	十五/2	
56	□蔡	1	二：神功61	1：2	二/1	
57	朱国	1	三：推古18	1：3	三/1	
58	□新	1	三：推古27	1：3	三/1	
59	天□蜜	1	四：元正养老4	1：4	四/1	
60	刺国	1	五：孝谦天平胜宝3	1：5	五/1	
61	葱岭	1	十四：后小松应永15	1：14	十四/1	
62	丁机宜	1	十七：后阳成庆长1	1：17	十七/1	
汇总		2745（2755）				

注①表格中有□蔡、□新、天□蜜，这三国原文很不清晰，系笔者根据书稿影印本猜测，未必确切。

②据笔者统计共增加2700多条（包含王先谦原来增加上后来又删去的条目），（该表）具体到一些具体国家的条目有2745条，其他未列出的条目都是无法辨认的条目。

③表中所列首列"排序"，是按这些国家名在《外国通鉴稿》中出现的总条数多少由多到少排列的；在此条规则下，若遇到条数同样多的项目，则其在《外国通鉴稿》中出现的先后来排序。

④"总数"一列中"虚数"，指《外国通鉴稿》加上后又划去的条目。

《外国通鉴稿》在《日本源流考》原有的日本之外，要增加的各国条目共2700多条，涉及具体国家60多个。各国所增条目最多者700多条，最少者1条。按照条目总数前20位依次为朝鲜（761条）、越南（650条）、阿剌伯（165条）、土耳其（145条）、印度（120条）、占城（104条）、琉求（59条）、大食（53条）、蒙古（53条）、暹罗（46条）、三佛齐（42条）、天竺（41条）、林邑（35条）、撒马儿罕（32条）、爪哇（30条）、波斯（29条）、真腊（27条）、罽宾（26条）、吐火罗（26条）、康国（24条）。其余国家在20条以下。

《外国通鉴稿》所国家条目，有如下特点：

（一）以"条目"作为记载方式

这也是《外国通鉴稿》的记载特点。凡所增内容都以"一条"方式表示。

如开化天皇六十三年（公元前96），页眉上批有"此为一条"。[①] 所加条目，一般第一条标为"某某一条"，其后各条以"又某某一"连接，一一罗列所增条目。卷一对朝鲜共逐条增加七条："朝鲜一条""朝鲜二条"至"朝鲜七条"。卷二始都是记为"朝鲜一条"形式。《外国通鉴稿》有少数几条不加"一"[②]。有两次用"二"：卷三"阿剌二条"、[③] 卷十四"暹罗二"[④]。

为慎重，《外国通鉴稿》有10条增加后又删去："阿剌伯一"最多（计8条），[⑤]"罽宾一"[⑥]、"越南一"[⑦] 各为1条。其增删变化，表明王先谦审慎思考和严谨的态度。

（二）按照增加条目在《外国通鉴稿》中首条出现顺序，增加的60余国

依次为：（1）卷一，8个：朝鲜、印度、天竺、波斯、罽宾、大宛、

[①]《外国通鉴稿》卷一，第69页。

[②]《外国通鉴稿》卷三有三处条目后没有"一"：安康二年"三佛齐"、武烈一年"阿剌"、敏达十二年"阿剌伯"。

[③]《外国通鉴稿》卷三，舒明十一年。

[④]《外国通鉴稿》卷十四，后村上正平十三年。

[⑤]《外国通鉴稿》，加上又删去的"阿剌伯一"这八条是：卷三推古十八年、推古十九年，卷四天武白凤元年，卷五孝谦天平胜宝八（岁），卷八圆融天延二、圆融天延三年、一条正历元年，卷九崇德天承元年。

[⑥]《外国通鉴稿》，加上又删去的"罽宾一"条是：卷一，崇神五十二年条。

[⑦]《外国通鉴稿》，加上又删去的"越南一"条是：卷十三，后二条德治三年条。

爪哇、康居；（2）卷二，11个：越南、安息、条支、缅甸、大秦、满刺加、□蔡、林邑、扶南、桑籽、康国；（3）卷三，17个：三佛齐、老万厅（斤）、阿剌伯、狼牙修、琉求（琉球）、暹罗、安国、石国、朱国、史国、曹国、吐火罗、真腊、□新、何国、拂菻、大食；（4）卷四，2个：米国、天□蜜；（5）卷五，2个：剌国、骠国；（6）卷七，1个：占城；（7）卷九，1个：木剌夷；（8）卷十一，2个：蒙古、货勒自弥；（9）卷十二，3个：西域下传、缅国、缅；（10）卷十三，1个：土耳其；（11）卷十四，9个：浡泥、撒马儿罕、哈烈、苏门答刺、古里、吕宋、婆罗、葱岭、彭耳；（12）卷十五，4个：柔佛、马哈麻、苏禄、天方；（13）卷十七，1个：丁机宜。

（三）所增国家条目分布在八卷以上的国家共10个

朝鲜（18卷）、越南（17卷）、印度（17卷）、阿剌伯（11卷）、土耳其（9卷）、占城（8卷）、琉求（8卷）、三佛齐（8卷）、爪哇（8卷）、真腊（8卷）。这些国家所占条目分布范围广，其条目总数排名也是最多的，囊括了总数的前七位，真腊在这里是卷数比较多，条数比较少（27条），仍排在总数的第17位。《外国通鉴稿》中所增加国家条目共2745条，其中朝鲜、越南、阿剌伯、土耳其、印度、占城，六国条数都是百位数，共1945条，此六国是《外国通鉴稿》所增最为重要的国家。

（四）《外国通鉴稿》所增国家条目，各卷分布不平衡，甚至集中于某些卷

增加朝鲜761条，分布在第1—18卷共18卷中，是分布卷数比较多的国家。第三卷最多142条，其次依次为第九卷102条、第二卷74条、第十二卷71条、第十四卷59条、第八卷55条、第十五卷46条、第十三卷40条，这八卷共占589条，其他十卷仅占192条，第一卷条目最少，仅7条。增加条目总数居第四的土耳其（145条），分布在第13—21卷共9卷中，第十八卷条目最多，为48条，第二十卷条目最少，仅5条。

（五）有关记载国名及叙述空间范围

《外国通鉴稿》所记国家是以日本为主体的亚洲范围，无疑记载日本最详细。也重点记载朝鲜、越南、阿剌伯、土耳其、印度、占城等，其条数较多。下面简要介绍《外国通鉴稿》中所涉及的某些国名。

《外国通鉴稿》分别记载的有些国名在今天看来是一国的异称。如印度与天竺，指今印度。《外国通鉴稿》卷一，这两个地名都用，第一次加

天竺条时，解释为"天竺即今印度，以下□钞"。① 印度，中国典籍《史记》《汉书》称身毒，《续高僧传》称贤豆，《后汉书》《新唐书》《宋史》称天竺，《海录》称盈丢，还有其他名称，皆为Sindu之译音。②《后汉书》中保存了天竺国的记载，《西域传》中较全面介绍了天竺的概况、信仰、疆域、土特产、与大秦贸易联系等。③ "琉求"与"琉求"应为一国，其中"琉求"条52次，琉球条仅7次。《外国通鉴稿》是按照时间顺序加入这些国家条目的，故据不同历史时期的名称分别命名记载。

古里（Calicut），明朝史籍对印度卡利卡特的称谓。古里国，明朝史籍对古里佛的异称。古里佛（Calicut），国名。见于元朝史籍，明朝译作古里国。故地在今印度西南沿海的卡利卡特一带，地当海道要冲，为古代东西方交通重要港口。公元1407年郑和曾到此访问，并立有石碑。④《外国通鉴稿》中"古里"，共10条分布在卷十四、卷十五，第一条名为"西洋古里"，⑤ 对应明成祖永乐元年（1403）⑥，前用"西洋"，容易认为是西洋国。按向达的论述，明代的西洋是"以交趾、柬埔寨、暹罗以西今马来半岛、苏门答腊、爪哇、小巽他群岛，以至于印度、波斯、阿剌伯为西洋"⑦。可见此处"古里"也在亚洲范围内。明代郑和七次下西洋经历了包括古里在内的30余国。⑧ 约1520年成书的《西洋朝贡典录》卷下《古里国十九》专门介绍古里。⑨ 很多古籍称古里国为"西洋古里"。《甘

---

① 《外国通鉴稿》卷一，开化三十六年，第66页。
② 邵献图等编：《外国地名语源词典》，上海辞书出版社1983年版，第100页。
③ 耿引曾：《汉文南亚史料》，北京大学出版社1990年版，第16—18页。
④ 孙文范：《世界历史地名辞典》，吉林文史出版社1990年版，第82页。
⑤ 《外国通鉴稿》卷十四，后小松应永十年，第944页。
⑥ 《外国通鉴稿》卷三，考十四后小松应永十年，第943页，原书记作"癸未太宗永乐元"，应为"癸未成祖永乐元"，详见前文《日本源流考》一章的勘误表。
⑦ 详见向达校注《两种海道真经·序言》，转引自《汉文南亚史料》，第319页，向达所指出的明代对应"西洋"的"东洋"是"今日本、菲律宾、加里曼丹、摩鹿加群岛为东洋"。
⑧ 郑和下西洋经历的30余国是：占城、爪哇、真腊、旧港、暹罗、古里、满剌加、渤泥、苏门答剌、阿鲁、柯枝、大葛兰、小葛兰、西洋琐里、琐里、加异勒、阿拔把丹、南巫里、甘把里、锡兰山、喃渤利、彭亨、急兰丹、忽鲁谟斯、比剌、溜山、孙剌、木骨都束、麻林、剌撒、祖法儿、沙里湾泥、竹步、榜葛剌、天方、黎伐、那孤儿。耿引曾：《汉文南亚史料》，北京大学出版社1990年版，第310页。
⑨ 《西洋朝贡典录》3卷，黄省曾著，黄省曾，嘉靖十年（1531）举人，耿引曾：《汉文南亚史料》，北京大学出版社1990年版，第317—319页。

二史札记》卷三十五称"西洋之古里国、锡兰国、榜葛剌国、沼纳朴儿国，南洋之白葛达国、占城国、宾童龙国、暹罗国、真腊国，东洋之日本国、琉球国，皆奉佛教。俱见《明史外国传》。"《瀛寰志略》卷二引用《天下郡国利病书》"永乐改元，遣行人闻良辅、内臣侯显、郑和等，招谕西南诸番，暹罗、爪哇以至西洋古里诸国，诸番贡献毕至，奇货重宝，前所未有。"① 这段文字是对郑和下西洋到古里的记载，可见在清朝"西洋古里"的称呼还延续着。

米国，中亚古国名。王治钵息德城。……《北史》《隋书》《新唐书》诸史《西域传》有记载，称作米或弥末。② 古代典籍中，米国多与史国、曹国、何国、安国一起，作为小国记载，如《魏书》《通典》《北史》《隋书》《册府元龟》《通志》《图书编》《南北史合注》《（嘉庆）大清一统志》《渊鉴类函》等都记作"米国、史国、曹国、何国、安国，小"③。

三佛齐，古国名。唐时称室利佛逝、尸利佛逝、室利佛誓，又省作佛逝。……宋以后始称三佛齐。7世纪至13世纪立国，故地在今印度尼西亚苏门答腊，与中国有密切的经济、文化关系。④

（六）含有具体内容的条目分析

《外国通鉴稿》仅有41条所增国家条目是有具体内容的。分布在第1—3、4、8—9、12—16卷中，共11卷。卷一，3处；卷二，9处；卷三，6处；卷五，2处；卷八，1处；卷九，1处；卷十一，1处；卷十二，2处；卷十三，1处；卷十四，9处；卷十五，5处；卷十六，2处。

---

① 徐继畬：《瀛寰志略》卷二，上海书店出版社2001年版，第55页。
② 冯志文等编著：《西域地名词典》，新疆人民出版社2002年版。
③ 见《魏书》卷一〇二列传第九十、《通典》卷一九三"边防"九、《北史》卷九七列传第八十五、《隋书》卷八三列传第四十八"西域"、《册府元龟》卷一千"外臣部"、《通志》卷一百九十四"四裔传"第三、《图书编》卷五十一、《南北史合注》卷八十七，列传第八十九"北史"一〇一、《（嘉庆）大清一统志》卷五百二十九、《渊鉴类函》卷二百三十八"边塞部"九。
④ 郑天挺等主编：《中国历史大辞典》（上卷），上海辞书出版社2000年版。

表3-4 　　　　《外国通鉴稿》中所增加的含有具体内容的条目

项目	国家名	具体内容	天皇年号	所在卷次
1	○天竺一	天竺即今印度，以下□钞。上印度□朝钞，接上写。《新唐书》：天竺居葱岭南，幅员三万里，分东西南北中五天竺，西天竺濒海，北天竺距雪山环抱如壁，东天竺际海，与扶南、林邑接，西天竺与罽宾、波斯接，指画地界，确凿分明。证人之西人地图，亦丝毫不爽	开化36	卷一
2	波斯一条	波斯，古称安息，《汉·安息传》：北与康居，东与乌戈山离，西与条支接，国临妫水，商贾车船行旁国。《后汉·大秦传》欲通使于汉，而安息欲以汉僧彩与之，交市改，遮阂不得自达。波斯东北界有砂碛，临河阿母河，即古妫水。西接土耳其，东土通大秦。□□由大秦通汉，□□则无道路，是□波斯与安息亦无疑也。条支后为阿剌伯。考西人地图，波斯西南之阿剌伯，东界阿□富海（俗称东江湖,）南界□□渡海，西界□□西海，惟西北一隅通陆路，与《汉·条支传》合	开化39	卷一
3	○罽宾一	海水曲环，其南及东北三面路绝，惟西北隅通陆道者□。是合条支为阿剌伯无疑。罽宾今为阿富汗，以罽宾为今印度，□□唐释玄奘证之《新唐书》，不合。罽宾为天竺接界之国，其不在天竺内，明矣。既在天竺之西，则其为今之费马罕，又明矣	开化40	
4	○缅甸一	缅甸国，于亚细亚洲之印度半岛，《郡国利病书》云：缅，古朱波也。汉通西南夷后，谓之掸，唐谓之骠，宋元谓之缅。自永昌西南，山川延邈，道里修阻，因名之曰缅也。《后汉·南夷传》：掸国王雍繇调重译奉国珍宝，赐以金印，皆□□□，君长皆加印	景行26	
5	朝鲜一条	西域排持通于汉时，今之俾路芝也。《汉书》乌戈山离，北上扑挑接乌戈山离，东汉时改名排持，即今之俾路芝也，安息正与其北地望，字音皆合	景行49	卷二
6	满剌加一	满剌加国于亚洲土海峡，以下照钞	仲哀5	
7	越南一条	扶南国亚洲□□……	神功65	
8	越南一条	林□国于亚洲……	神功68	
9	朝鲜一条又□□一条又大秦一	《晋书·洪范》……	应神15	
10	林邑……	林邑国于亚洲之南……以下照钞	仁德23	
11	林邑……	……以下照钞	仁德24	
12	爪哇一越南一条又林邑一条	又爪哇国于□□亚洲……以下照钞	允恭22	

续表

项目	国家名	具体内容	天皇年号	所在卷次
13	朝鲜一条又林邑一条又三佛齐	北亚洲南未知……以下照钞	安康2	卷三
13	朝鲜一条又狼牙修一	亚洲……以下照钞	继体9	
14	琉求一 朝鲜一条又暹罗一条	又琉求国于亚细亚洲之东海岛,《隋·琉求传》以下照钞。暹罗国于亚细亚洲之南隅,隋赤土国上国。以下照钞	推古15	
15	真腊一又□□一条又□国□一	真腊国□□亚洲之南,□□《隋·真腊》……	推古24	
16	□新一朝鲜一条又□宾一	唐初……	推古27	
17	朝鲜一条又吐火罗	吐火罗于亚洲马来……	天智2	
18	骠国一	缅鑑□甲戌十,《南夷传》:骠,古朱波也。自号密罗□□婆国,以下照钞	桓武延历13	卷五
19	○骠国一	德宗十八年,骠国王雍羌遣其弟悉利来潮,献国乐,其曲皆梵音经论	桓武延历20	
20	朝鲜一条又越南一条又占城一条又大食一又印度一	□□国于亚洲之□□□,以下照钞	圆融贞元2	卷八
21	朝鲜一条又越南一条	木剌夷国于□海南,以下照钞	堀河宽治3	卷九
22	朝鲜一条又越南一条又蒙古一又……	……以下照钞	后鸟羽建久5	卷十一
23	木剌康里正大二元太祖二十 朝鲜一条又越南一条又康里一又蒙古一	康里国于咸海里海之间,以下照钞	后堀河元仁1	卷十二
24	越南一条又暹罗一条	暹罗国于亚细亚洲之□印度半岛,暹罗与罗斛二国。元贞初,暹罗入贡,见《郡国利病书》	伏见永仁3	
25	朝鲜一条又越南一条又土耳其一	……照钞	后醍醐元弘3	卷十三
26	暹罗二	《郡国利病书》:暹罗、罗斛合为一。暹,土瘠不宜耕艺;罗斛平衍多稼,暹人岁仰给之。至是降于罗斛,称暹罗	后村上正平13	卷十四
27	朝鲜一条又……	苏禄国于亚洲之马来半岛,以下照钞	后村上正平23	
28	朝鲜一条又越南一条又琉球一又爪哇一	吕宋国于亚洲之马来群岛	后龟山文中1	

续表

项目	国家名	具体内容	天皇年号	所在卷次
29	朝鲜一条又越南一条又琉求一	又彭耳国于亚洲之南海中	后龟山天授4	卷十四
30	朝鲜一条又越南一条又暹罗一又真腊一又琉求一又苏门答剌	苏门答剌国于亚洲之南……以下照钞	后龟山弘和3	
31	朝鲜一条又越南一条又占城一又暹罗一又真腊一又撒马儿罕一	方年……	后龟山元中4	
32	朝鲜一条又越南一条又撒马儿罕一	洪武二十七年，置缅甸军民宣慰使司，以授其酋普剌浪与车里、老挝、八百、大甸、木邦、孟养等五宣慰司，称六慰	后小松应永1	
33	朝鲜一条又越南一条又暹罗一又撒马儿罕一又哈烈一	二十八年，遣内臣赵达、宋福等使暹罗，祭故王，赐其嗣王文绮	后小松应永2	
34	朝鲜一条又越南一条又占城一又真腊一又琉求一又苏门答剌一又满剌加一又哈烈一又西洋古里一又土耳其一	元年，遣使贺即位，自是入贡不绝	后小松应永10	
35	越南一条又琉求一又浡泥一柔佛一又爪哇一又马哈麻一又哈烈一又土耳其一	柔佛国于亚洲之南海中，以下照钞。今机宜国于亚洲之南海中	称光应永20	
36	朝鲜一条又越南一条又暹罗一又真腊一又满剌加一又古里一	十二……天竺	称光应永26	
37	朝鲜一条又越南一条又占城一又暹罗一又琉求一又爪哇一又狼牙修一	暹罗十一，自正统至嘉靖间入贡如前朝	后花园永亨8	卷十五
38	○缅甸	正统间，缅甸宣慰莽次札黧龍川叛，夷思任思机来，献益以地	后花园永亨11	
39	暹罗一○缅甸一条	三十三年，莽纪岁支子端体计夺古剌复缅甸旧疆，又北并木邦所分之孟密，进掠孟养，东侵木邦、八百、车里、老挝之境	后奈良天文23	

续表

项目	国家名	具体内容	天皇年号	所在卷次
40	土耳其一	隆庆中，木邦附于缅孟、密所分之蛮，莫宣抚司亦附焉	正亲町元龟2	
41	印度一	十一年，据木邦地，渐侵云南。边内土司为刘綎、陈用宾所败。古刺者，永乐初内附之夷部也，又名摆古，置大古刺宣慰司与缅甸底马撒（即地悉）、靖定（不知所在）、平缅（今腾越西南龙川宣慰境内）木邦、孟养、八百、车里、老挝，称西南十慰。后为缅蚕食，惟古刺世为劲敌，嘉靖中歼于莽瑞林，不久复自立南（一作览掌即老），北界云南，东界暹罗，西南界缅甸地，甚□□缅甸□□。国朝内□□刺象瑞体起，洞吾复缅地，破览南掌承上哈（暹罗地），攻景迈，服车里，囚思个，陷罕拔，为西南雄瑞体思应里继之	正亲町天正11	卷十六

　　王先谦在《外国通鉴稿》中基于《日本源流考》上所增加的具体内容主要是四方面内容：一是对地理位置的描述；二是与中国的交往；三是当时这些国家与其他国家的交往；四是内容要"以下照抄"的介绍。到底要照抄哪本书，姜亚沙编《影印珍本古籍文献举要》认为"《外国通鉴稿》的小字增写其他各国的条目内容，其中一些国家，如暹罗、缅甸等条目，经考证大部分来自王氏的另一部外国研究专著《五洲地理志略》"。经研究核对确实如此，如本表中第1条对天竺的介绍，即来自《五洲地理志略》卷十。① 同时这些条目在王先谦后来的《西国通鉴二次稿》中也有类似的内容，如表中第2条，对波斯的解释，就在《西国通鉴二次稿》的卷七（"波斯称安息"与"条支后为阿剌伯"）②。

四　引用书籍

　　除《日本源流考》所引书籍外，《外国通鉴稿》增加引用书目，是在修改原书句子基础上的间引。如景行天皇时叙述缅甸条，一次引用《郡国利病书》叙述如下"缅，古朱波也。汉通西南夷后，谓之掸。唐谓之

---

① 王先谦：《五洲地理志略》卷十，捌辑4—766下，《四库未收书辑刊》编纂委员会，北京出版社1998年版（下所引为同一版本）。

② 王先谦：《西国通鉴二次稿》稿本，卷七，叶二十二左，北京大学图书馆藏。

骠，宋元谓之缅。自永昌西南，山川延邈道里修阻，因名之曰缅也。"
《天下郡国利病书》原句为"缅人，古朱波也。汉通西南夷后，谓之掸。唐谓之骠，宋元谓之缅。逮我明立为缅甸宣慰司。自永昌西南，山川延邈，道里阻修，因名曰缅。汉和帝永元五年正月，永昌徼外蛮及掸国王雍繇调遣重译奉珍宝，赐以金印紫绶，小君长皆加印绶钱帛。"另一次是引《后汉·南夷传》"掸国王雍繇调重译奉国珍宝，赐以金印，皆□□□，君长皆加印。"《后汉书》卷八十六《南蛮西南夷列传》原句是"九年，掸国王雍由调遣重译奉国珍宝，和帝赐金印紫绶，小君长皆加印绶、钱帛。"《外国通鉴稿》加工了原话，以达更简练的目的。

《天下郡国利病书》的缅甸介绍曾被《瀛寰志略》卷一引用为："缅人，古朱波也。汉通西南夷后，谓之掸。唐谓之骠，宋元谓之缅。自永昌西南，山川延邈，道里修阻，因名之曰缅也。"这段与《外国通鉴稿》的引用一致，可以推知，他读过《瀛寰志略》。王先谦的《五洲地理志略》即把《瀛寰志略》列为引用篇目之一。

《外国通鉴稿》增加条目多数情况仅罗列条目，很难完整统计其所参考资料，此处不对其展开讨论。

第二节 "完善稿"：三十三卷《西国通鉴二次稿》

光绪三十一年（1905）王先谦始有编辑《外国通鉴》《五洲地理图志略》二书之举。① 民国五年（1916），完成《外国通鉴》三十三卷。② 王先谦所撰三十三卷《西国通鉴二次稿》稿本是《外国通鉴》存世的完善本。目前学界尚未有关于《西国通鉴》的研究。

王先谦撰《西国通鉴》稿本，北京大学图书馆藏。分初稿与二次稿。③《西国通鉴二次稿》存卷一至一二、一四至三三，缺卷一三。每卷

---

① 《年谱》，第762页。
② 《年谱》，第841页。
③ 《西国通鉴》，北京大学图书馆藏。分为初稿13册1函和二稿29册2函。都是残本，稿本。因初稿严重破损，未能寓目，本书所研究的是《西国通鉴二次稿》，将其与《外国通鉴稿》的关系做了对比。《西国通鉴二次稿》书衣书脊上题有：西国通鉴二次稿（稿本），王先谦撰。存卷一至一二，一四至三三。

在1万字到2万字之间，共50万余字。

《西国通鉴二次稿》开始写作及完成时间，从《王先谦自定年谱》看，应为1916年完成，这个时间是确切的。编撰该书所历时段，可从封面的报纸寻些蛛丝马迹。从第四卷始用报纸作封面，该报纸所题时间为中华民国四年，西历一九一五年，四月十七日。所以到了1915年，王先谦《西国通鉴二次稿》刚完成到第四册。从自定年谱看，光绪三十四年（1908）王先谦的一封信中谈道："又地志、西鉴，久负诺责，假年之想，诚结于中。切欲壹精凝神，以毕斯愿。"①所提的"史志""西鉴"当指《五洲地理志略》《西国通鉴》（此不明是初次稿还是二次稿）。叵见1908年正在写作《西国通鉴》，故推知《西国通鉴》编撰完成的时间为1908—1916年，或者更靠前的时间便已开始编撰此书。

一　主要依据《万国通史》

《西国通鉴二次稿》引用书目，除《日本源流考》中的《和汉年契》《四裔编年表》《日本国志》等，还增加了近十余年来王先谦所读过书籍，如《印度新志》《万国通史》等。《西国通鉴二次稿》引用的主要书籍是《万国通史》。

《万国通史》，英国李思伦、白约翰（John Lambeat Rees）辑译，上海蔡尔康芝绂纪述。西历一千九百年三月上海广学会聚珍版印，是一部世界史。其英文名是 History of Ancient and Mordern Nations，共30卷，分前编10卷，续编和三编各10卷。

全书分三编，先后于1900年（清光绪二十八年）、1904年、1905年出版；每编各有10册；附有许多彩色和黑白插图，另有中英文专名对照表200页；全书共计3600多页，是广学会前50年出版物中篇幅最大的一部。②

三编书根上标有各卷篇名。前有是英国李思氏约翰甫1900年正月自序。有中西年表，从五帝纪，太昊公元前2953年到大清朝光绪皇帝1875年。以不同帝王在位的第一年作为中西历对照标志。还穿插图画。卷之下分章。

---

① 《年谱》，第768页。

② 丁光训、金鲁贤：《基督教大辞典》，上海辞书出版社2010年版，第647页。

《万国通史前编》（Part I Ancient History）十卷，叙述古代历史。此编含国家范围最广，涉及非洲埃及、亚洲诸国及欧洲希腊、罗马历史，详于埃及、希腊、罗马历史。第一卷：太古志；第二卷：古埃及志；第三卷：迦勒邸亚述合志；第四卷：米塔波斯合志。第五卷：犹太志；第六卷：斐泥基志　赫涕志　阿喇伯志；第七卷：希腊志上。第八卷：希腊志下。第九卷：罗马志上；第十卷：罗马志下。

第一卷太古志。第一章：人类；第二章：人事。前编之二有子目，分两部分：书目和图目。书目按章数、章名、起叶、止叶四栏标注。分七章。首，小序；一、土地人民；二、古史异同；三至六是其王朝更替；七、政教艺术。

《万国通史续编》（Part II Modern History）十卷，叙英、法两国现代历史。第一卷至第四卷：英吉利志一至四；第五六卷；大英属地志一至二；第七到十卷：法兰西志一至四；序言中提出学习各国历史的看法："史学者，一国政治之原也，天下列国未有一二国适相同者，此国之政治不能用于他国，必先知其国之历史，而后可知其国之政治之所以然。"叙述侧重各国的兴衰政治，图画重在各种风景。

《万国通史三编》十卷，十册，1函。叙德、俄两国历史。

《西国通鉴二次稿》以《万国通史》为正文，以其他史籍作为注文展开叙述。

二　以《西史纲目》为参照

19世纪末，随着西学的进一步输入，西方史学受到国内学者更多的注意。他们编写的不少外国史著作都对近代史学观点有所阐发。周维翰编著的《西史纲目》便是一个较典型的例子。[①]

《西国通鉴二次稿》常取《万国通史》说法，较少采用《西史纲目》说法，并以二书对比论述。《西史纲目》，周维翰撰，分上古、中古、近古，三世，共120卷。仅上古史20卷完成出版。有两种版本：光绪二十七年（1901）石印本；湖南书局，光绪二十九年（1903）刻本。1903年版本与1901年版本相比内容没有变化，只是对其断句处换成了朱色笔迹，便于识别。

---

① 参见陶绪《晚清文化史稿》，湖南出版社1996年版，第228—229页。

(一)《西史纲目》上古史内容

上古史称《西史纲目初函》上古史一，卷三始署名：周维瀚编纂，冯教彭参订。

1. 各卷所叙内容

第一卷：序篇、缘起、目录、凡例、书目、提要、唐虞夏商图、周汉时图、埃及图、米颠巴比伦亚述合图、波斯图、希腊图、意大利图、埃及文字图、埃及文理声音图、太古文字图、西字古今递变图。

第二卷：地球原始、动植物原始、人类原始、鬼神原始、饮食原始、语言原始、人事原始、种族原始。

第三卷：上古史引言、三古说、纪年说、上古史一，起少昊四十年（西历纪元前二千三百四十九年）讫商小庚 四年，共840年。

第四卷，上古史二，起商小甲元年讫武丁五十九年，共289年。

第五卷，上古史三，起商祖庚元年讫周昭王七年（前989），共241年。

第六卷，上古史四，起昭王十年（前986）讫平王二十八年（前743），共230年。

第七卷，上古史五，起平王三十年（前741）讫惠王二十五年（前652），共90年。

第八卷，上古史六，起襄王二年（前650）讫定王十九年（前588），共62年。

第九卷，上古史七，起简王元年（前585）讫景王九年（前536），共50年。

第十卷，上古史八，起景王十年（前535）讫敬王十九年（前501），共35年。

第十一卷，上古史九，起敬王二十年（前500）讫四十三年（前477），共24年。

第十二卷，上古史十，起周元王六年（前471）讫威烈王十年（前416），共56年。

第十三卷，上古史十一，起威烈王十一年（前415）讫安王二十四年（前378），共38年。

第十四卷，上古史十二，起烈王元年（前375）讫显王三十八年（前331），共44年。

第十五卷，上古史十三，起显王三十九年（前330）讫赧王三十四年（前281），共50年。

第十六卷，上古史十四，起赧王三十五年（前280）讫秦始皇三十三年（前214），共67年。

第十七卷，上古史十五，起始皇三十六年（前213）讫汉景帝三年（前154），共59年。

第十八卷，上古史十六，起汉景帝五年（前152）讫武帝四十六年（前94），共58年。

第十九卷，上古史十七，起汉武帝四十七年（前93）讫宣帝二十年（前55），共38年。

第二十卷，上古史十八，起汉宣帝二十五年（前50）讫哀帝六年（前1），共49年。

《西史纲目》上古史所记载的历史时段起于少昊四十年（前2349）讫哀帝六年（前1），共计2349年的历史。

2. 涉及170"国"

名国18个：埃及、印度、巴比伦、亚述、波斯、腓尼基、阿拉伯、犹太、以色列、米颠、叙里亚、安息、大月氏、迦太基、希腊、马其顿、罗马、日本。

小国152个：

在亚西者：所多马、蛾摩拉、押马、西偏、琐耳、以拦、示拿、以拉撒、土兰（以上起讫均不甚可考）、亚摩哩、巴山、耶利歌埃、比哩洗、希未、耶布士、耶路撒冷、希伯仑、耶末拉吉、基遍、立拿、厄伦、底必、基色、亚纳、迦萨、巴尼亚、迦铁、坷山、西法、伯特利、摩押、夏朔以东、锁巴、亚扪、米田（以上俱在迦南地，灭于以色列）、迦维卫、比国、孟买、摩羯提、王舍、毘舍离、比路（以上在印度）、大夏（为大月氏所灭）、末撒（灭亡不可考）、罽宾、高附（以上中亚）、迦勒底、心哩、琐细阿那、书崖、亚壕崖（以上米所多米）、大马巴、亚兰、哈未、哈兰、赫（以上在叙里亚）、阿米尼、奔多、庇推尼、喀必多（以上在黑海滨）、秃累、吕底亚、弗利家以弗所、米利都、该约斯、佛基亚、士每那、别加摩、加拉太、基利家、帕多家、非利士、伽帕都家（以上在亚西，或滨海或近海）、示巴（在阿剌伯）。

在非洲者：阿比西尼、努比阿、古利奈、努米底、毛里达尼。

在地中海者：利斯波、居比路、撒摩斯、罗底、革哩底、拿革梭、巴罗、米罗、底罗、列磨、威磨捕洛、哥古拉、古底拉、哀基那、革耳古拉、哀基达、叙拉古斯、里其斯。

在欧洲者：斯巴达、雅典、哥林多、阿果斯、阿的加、米西尼阿、提比、欧西亚、希腊、曼提尼亚、美基奈、赫伦、胡耳魏、切比、西基云、革利撒、加勒基斯、以里底亚、伯拉代亚、犹皮阿、佛基、罗革利、米利加、亚加底亚、安伯拉加、亚加难亚、塔雷西、欧林图、安非波利、比散典、伊利利亚、伊透鲁、哀多利、伊利、帖撒（以上希腊各图）、拉地唵、伊都斯千、散尼加布亚、佛罗西、哀圭、达伦屯、古买（以上意大利）、马赛利亚、高卢、比利士、日耳曼、金伯利、诏顿、涅尔腓、八奴尼、白里登、西班牙。

在亚东者：出云、任那（以上在日本）、新罗（以上在朝鲜）。

这里所含的国家数目很多，然而对所谓"小国"，该书所持态度是"古时小国亦有不成为国，而止可谓之部落者；其国之主亦有不成为王，而但可谓之酋长者，是在阅者善辨之也"，对分辨不清的地区，作者记作"小国"。①

3. 所叙内容

一为各国世系：特地以不同的符号表示父子相传与亲属相传两种世系传递方式，"其父子相传者，则以——连属之，如非父子相传则否；亲属相传者，则以……连属之……"述埃及世系、亚述世系（第一朝到第三朝）、巴比伦世系（自宁鲁甫答至拿朴拉撒，其朝数世系均不甚可考）、犹太世系、以色列世系、犹太后朝、米颠世系、吕底亚世系、波斯世系（第一朝第二朝）、叙里亚世系、马基顿世系、拉地唵世系。

二为宗教：婆罗门（印度）、释迦牟尼佛教（印度）、摩西耶和华教、马拿西撒马利亚教、法利赛教、撒土该教、以利利教、以希尼教（以上犹太）、琐罗亚斯德教（波斯）、所肥教、斯多噶教、什匿克（以上在希腊）。

三为名王、名将等：

名王：米尼斯、西多司、参美底格、尼哥（以上埃及）、旃陀罗笈

---

① 《西史纲目》所记述的"国"总数，不能算作晚清叙述"国"数目的代表，故后文讨论《五洲地理志略》所记载国家范围，未把《西史纲目》所记的"170国"纳入讨论范围。

多、阿输迦（以上印度）、□鲁答、尼布甲尼撒（以上巴比伦）、你鲁、滴腊比利、伊西培、撒马尼斯、西拿基立（以上亚述）、大辟、所罗门（以上犹太）、设阿色里（米颠）、古列、大流士（以上波斯）、腓立、亚力山大（以上马基顿）、留尼达（斯巴达）、罗慕路、俄达非（以上罗马）。

名将：亚犹列（秃累）、田知斯、门嫩（以上波斯）、苏利那（安息）、哈米加、汉尼巴、哈都思巴（以上迦太基）、赫忌多（米西尼阿）、伯拉西达、古利布、来敏德、散底布（以上斯巴达）、米里泰底、地米多其利、西门、亚基比亚底、低摩底尼、客里阿哥、赛诺芬、哥能、佛妙（以上雅典）、贝罗比达、意巴米能达（以上提比）、多；利买剌基、赛留孤、安提巴的（以上马基顿）、何拉周、巴比流古尔苏、脱尔留、该由革老底、西比扬阿非利该、西比扬哀米连、该由马留、哥尼流苏拉、革尼本贝、茹留该撒、哥略阿奴（以上罗马）、该由本丢（撒尼底）、威利亚都（路西大尼族）。

政治家：利古尔尼（斯巴达）、德拉哥、梭伦、革雷底尼、贝里革利、德摩士的尼（以上雅典）、信武弥惠斯（马基顿）、雷古鲁、发利修、底比留革拉古、该由革拉古、西细罗、亚克立巴、墨尼劳（以上罗马）

名儒：阿妥堆司、明伦、马内多、欧比罗德、欧拉独提尼、虚西格里（以上埃及）、哈必拉、巴旦照理（以上印度）、侯美耳、海修达、他勒、毕达哥拉斯、仁诺法兰斯、安那雪豹的、巴门义克、额拉吉。

希腊七贤：他勒、毕达哥拉斯、额拉吉来图、德谟吉来图、温白德尔、直窝尼士、百拉多。

还有罗马三杰、罗马前后三杰、以色列六士师、犹太以色列十六先知。

四为七大宏功（尖方塔等）、十二大战（斯巴达米西尼亚百年之战）。

五为创始。

（二）上古史所引书目

《西史纲目》是一部纲目体世界编年史，引用当时所能搜集到的外国译著，书前所附上古史引用书目59种，包括中、日、西三种。[①]

[①] 陶绪：《晚清文化史稿》，湖南出版社1996年版，第228—229页。该书把所引《西史纲目》上古史部分所引书目全部罗列出来了，认为有58种，统计总数有误，应为59种。

中国人所著书14种：《瀛寰志略》（徐继畬）、《海国图志》（魏源）、《四国日记》（薛福成）、《使俄草》（王之春）、《俄游汇编》（缪佑孙）、《西国天学源流》（王韬）、《西学原始考》（王韬）、《法国志略》（王韬）、《重学浅说》（王韬）、《日本国志》（黄遵宪）、《采风记》（宋育仁）、《西学通考》（江标）、《各国统系考》《各国交涉源流考》。

已译东文（日文）书9种：《万国史记》《十五战纪》《经国美谈》《万国通商史》《东洋史要》《欧罗巴通史》《印度蚕食史》《世界商业史》。

已译西文书30种：《新旧约》《二约释义丛书》《万国通鉴》《万国通史》《四裔编年表》《古史探源》《格致汇编》《职方外纪》《坤舆外纪》《博物新编》《动物学新编》《古教汇参》《希腊志略》《罗马志略》《欧洲志略》《八大帝王传》《三十一国志要》《万国舆图》《俄属游记》《西学考略》《大英国志》《各国交涉公法论》《几何原本》《谈天》《法人游探记》《民约论》《万法精理》《政治学》《天演论》《犹太地志》。

未译东文（日文）书3种：《万国史要》《日耳曼史略》《万国通史揽要》。

未译西文书3种：《犹太列王传》《以色列列王传》《希腊古史》。

（三）上古史叙述原则

《西史纲目》凡例：

1. 用中西纪年便考订也。用中国纪年附注西历于下，明正统之有在也。

2. 以《四裔编年表》为纲，凡编年表所有者，博考而为之目；编年表所无者，则附列其前后诸条内。

3. 既仿《通鉴纲目》之例，则纲目中宜参笔削，故虽以年表为纲，但取其实，而不袭其言语。

4. 已译西书，其词句多欠雅驯，或且失其肤浅。此书采取各书，多加删改，然事实则仍之，无丝毫敢失真也。

5. 诸译书音互异，往往一人一地各译一音，合而录之折中非易。此书于习见者，则仍其名；否则考其事实，定而归一，附注于下。

6. 同一事实，诸书有前后倒置或年代参差者，则取三占从二之意，以正之，别为注释条于后。

7. 考据家援引类注出处，然《通鉴》及《纲目》无是例也，且此书采辑诸书多非原文，或有数书相同者，或有剌取其一二语、一二字者，若概注其出处，颇嫌烦琐。

8. 诸家议论，择其精者，附之于后。至其说之然否，则阅者各有见解，尚其谅之。

9. 中国史志，汗牛充栋。故《通鉴纲目》之采择其例甚严。西史则译之颇少。此书蒐集，其例从宽，所期阅者勿咎其玉石杂投，良楛罗列也。

10. 教会诸书，往往杂耶和华神语，若谆谆然命之者，此书一律淘汰，故原始诸篇，一宗格致家之说，取其有理可凭也。至其事实，则可以见西国之古事，故仍之，以供参考。

11. 是书兼载日本史事，而统名曰《西史》者，以东方惟此一国，西多而东少也。

12. 中西交涉，虽细必载，以考古家、外交家之助。

13. 凡曾为中国藩属，如暹、越、缅、朝等，皆不载也，不忍载也；惟遇欧西蚕食之处，则不得不载。

14. 本朝域内事，如非交涉，则亦不载，盖既明《西史》，其体例宜然也。

15. 书中颇参己意，发为论说，或就事论事，或别有会心，皆一时兴到之作，无甚精，意幸阅者勿苛责之。

16. 此书易稿已十余次，然体例、章程，恐尚有未尽划一之处，幸阅者谅之。

《西史纲目》凡例，从纪年方式、内容、记述范围的选择、名称由来等，都一一交代。

(四)《西史纲目》对《西国通鉴二次稿》的影响

1. 纪年

《西国通鉴二次稿》受《西史纲目》影响最大的是纪年方面。《西史纲目》纪年是以中国皇帝纪年、干支纪年为正文，西历纪年作为小字，附其后。卷三，纪年说：

> 余编《西史》，概用中国纪年，而附注西历于其下。西历以

前则逐年减之，西历以后则逐年加之。西历之下，兼注希历者，明学术之始也；注罗历者，明一统于其时也。若中国纪年，则一仍《四裔编年表》之旧，编年表纪年，其周秦以后，一遵正史，而共和以前，盖据《竹书》而用之，夫《竹书》之真赝，后人颇多訾议。谓未若皇极世书可据者，然究不足为定论。且此书重纪年不重考据，《编年表》既据之，余仍而不改，幸通人之有道，以拿陋笑之。

受到《四裔编年表》的影响，《西史纲目》采用这种中西纪年统一的方式，《西国通鉴二次稿》吸收了这一方式。

2. 起始年代

《西史纲目》卷三有埃及纪年，从一朝的公元前 5004 年到二十朝的 1288 年（马利惠拖纪年）[①]。《西国通鉴二次稿》的起始年代也定在公元前 5004 年，采取的就是《西史纲目》的起始年代。

3. 重视西方国家及题名

《西史纲目》"统名曰《西史》者，以东方惟此（日本）一国，西多而东少"。《西国通鉴二次稿》也重视西方国家，起初命名为《西国通鉴》。第一册到第二册，封面大题分别题有：《西国通鉴纲目》卷一，第二钞本；《西国通鉴纲目》卷二，第二钞本；《西国通鉴纲目》卷三，第二钞本。卷二十（第十六册）为第二函的第一册，封面上题：西国通鉴纲目第二钞，第二捆。其题名明显受到了《西史纲目》的影响。

三　内容

《西国通鉴二次稿》所记载历史介于公元前 5004 年到公元 1902 年之间，共 6906 年的历史。

卷一，开篇引用《通史》记载五大洲的情况：

> 宾国李思伦《通史》云天下地球凡大洲五，一亚细亚洲（省称亚洲，繁富为五洲最）。二欧罗巴洲（省称欧洲，在大西洋滨，

[①] 周维翰：《西史纲目》上古史，卷三，叶二十四，光绪二十七年（1901）石印本。

领东大陆之西部，在五洲为最小）。三阿斐利加洲（省称斐洲，位东大陆之西南，天时地理人物为最劣）。四亚美利加洲（省称美洲，为地球西土，与东土三洲不相联络）。五澳大利亚洲（省称澳洲，亦曰大洋洲，亦曰阿西亚尼亚洲，为澳洲大陆与太平洋散布群岛之总称，以在南半球，又曰南洋群岛，推之，即五洲之一）。其附洲之岛屿悉隶为（省称斐洲，位东大陆之西南，天时地理人物为最劣）。五洲人凡三种一黄二白三黑，今五大洲及各海岛，凡可养人生命之处无不有人，惟沙漠经年干旱，不能生植物。（【考异】西国传记云，西历前四千年肇生人物，有亚当子孙，传千余年，该隐肆立无道……）①

其次介绍埃及的王位继承、等级制度、刑罚制度、赋税、民俗、丧葬等。

如对埃及的等级制度介绍甚详：

民分上中下三品。祭司为上，其中又分品级。最上为祭司长，典祭外，格致天算医学，皆通之。又与诸长中，自择尤贤智者，举为祭司诸长之长，或王以众情推戴，躬应此职。衣服有定制，无敢紊乱，入庙奉职者，日两浴。间日薙极厚，家产占地三分一，问其故，曰：古今神赐也。战士次之，家业亦占全地三分一，一分英地月得华程一方里。有时兵额极盛，器械常缮治，一闻军令瞬息成行，王亲将，有驯狮夹辇。平民又次之，操业不许改易，定律以课程报官，讳饰及操它艺者，有刑。工有定居，不相杂厕。②

然后依次引用《通史》介绍埃及不同朝代更替。（《埃及史》等分别给出了其起始年代，作者依次罗列于后）对各朝的记载也是详略有致。

"第一朝：曼毅为王，《埃及史》云公元前5004年。"记载较详细。

---

① 引文中，（ ）内为注文，【 】内为对注文中某些内容的解释。（下同）
② 王先谦：《西国通鉴二次稿》稿本，卷一，叶七，北京大学图书馆古籍特藏库藏（下引该书用《西国通鉴二次稿》，不再注明收藏处）。

"第二朝：巴懿德为王，《马史》云前四千七百五十一年，《蓝史》云前三千六百三十九年。"仅记载了一次大地震、筑城、定王女继君统之律。对地震补充说明：今裂痕历历可验，此后埃及二三千年无地震。对定王女继君统之律，补充：考埃及诸王名，似无王女继位，惟外孙入承外祖，则常有之。第三朝：迺佩客为王。第四朝初富氏为王。第五朝阿沙为王。第六朝沛批为王。从第一朝到第六朝都依次指出某某为王。从第七朝开始，到第十一朝仅指出第几朝，及起止年代，不再具体指某某朝了。中间穿插了对迦勒邸国第一朝到第三朝的及印度国的介绍，又转入对埃及第十二朝的介绍，因为此前叙述有中断，所以对第二朝是：埃及第十二阿南（音拿）无（音魔）哈为王。点出属于埃及第十二朝，以免引起阅读上的混乱，自此始对埃及各朝介绍都以"埃及第某某朝"的方式出现。对埃及第十二朝叙述相当详细，对各王的嗣立都有介绍。又穿插了对埒忒涕国的介绍。接着进入埃及第十三朝到第十七朝的介绍。又穿插对亚述国、米国的介绍，同时引用《印度志》指出，"印度始织木棉"。

对各国都详述其开国，若开国情况不详，也指出来（如埒忒涕国）。介绍各国，第一次出现国名，顶格。国名之后内容，低于原国名一格。第一卷以埃及第一朝到第十八朝的历史为主线，贯穿迦勒邸国、印度国、埒忒涕国、斐泥基国历史。

从第二卷起叙述格式变成了以中国的干支纪年、皇帝纪年为主，下面附以西历年代，将世界各国发生的事情囊括进去。第二卷始于埃及第十九朝，王先谦批注：此条改置一卷末。卷一保留了很多关于格式的修改痕迹，如叶十一，"以上皆低一格，切记。"第二卷仍以埃及各代王朝更替为叙事主线，分上下两栏，上栏以小字表示中国大事，下方以小字对应西历年代。如：辛酉商王祖丁二十六年，西元前千四百四十年。这是《西国通鉴二次稿》第一次以中国纪年作为叙述方式，也是《西国通鉴二次稿》所叙有确切纪年的开始，据内容变化来决定某一时间的出现。某个国家名称出现也是放在整个历史时段中。如第二卷出现了一些新的国家名称：希腊国、西伯来国。

《西国通鉴二次稿》缺第十三卷，存1—12卷，14—33卷。卷二起有明显时间标志，各卷所记载内容的起止年代见下表：

表 3-5　　　　　　　《西国通鉴二次稿》各卷记载起止年代

卷次	起始年		终止年	
	干支纪年及中国皇帝纪年	西历	干支纪年及中国皇帝纪年	西历
卷一				
卷二	辛酉　商王祖丁二十六年	前 1440 年		
卷三	丙申　平王二十六年	前 745 年	甲戌景王十八年	前 527 年
卷四	戊寅　景王十二年	前 522 年	甲戌景王十八年	前 406 年
卷五	丙子　威烈王二十三年	前 405 年	己亥显王四十七年	前 332 年
卷六	辛丑　周慎靓王元年	前 320 年	癸酉文帝十二年	前 168 年
卷七	甲戌　文帝十三年	前 167 年	辛卯征和三年	前 90 年
卷八	壬戌　汉武帝元狩四年	（前 125 年）	乙丑永平八年	64 年
卷九	戊辰　永平十一年	68 年	乙丑大同十一（武定三）	(545)
卷十	甲寅　中大通六	534 年	丙申唐肃宗至德元	756 年
卷十一	戊戌　唐肃宗乾元元	758 年	辛未五	851 年
卷十二	庚寅　唐懿宗咸通十一	870 年	庚申宋太祖建隆元	960 年
卷十三（缺）				
卷十四	庚申　真宗天禧四年（辽圣宗开泰九）	1020	乙亥宋哲宗绍圣二年（辽道宗寿隆元）	1095 年
卷十五	丙子　宋哲宗绍圣三年（辽道宗寿隆二）	1096 年	丙子宋高宗绍兴二十六年（西辽承天后崇福二　金主亮正隆元）	1156
卷十六	丁丑　宋高宗绍兴二十七年（西辽承天后崇福三　金主亮正隆二）	1157	宋孝宗淳熙十三年（西辽直鲁古天禧十九　金世宗大定二十七）	1186
卷十七	丁未　宋孝宗淳熙十四年（西辽直鲁古天禧二十　金世宗大定二十八）	1187	癸未宋理宗淳祐三年（元六皇后二）	1243
卷十八	甲辰　宋理宗淳祐四年（元六皇后三）	1244	丙戌元世祖至元二十三	1286
卷十九	丁亥　元世祖至元二十四	1287	乙丑元泰定帝泰定二	1325
卷二十	丙寅　元泰定帝泰定三	1326	癸巳元顺帝至正十三	1353
卷二十一	甲午　元顺帝至正十四	1354	己巳明太祖洪武二十三	1389
卷二十二	庚午　明太祖洪武二十四	1390	庚寅明太宗永乐八	1410
卷二十三	辛卯　明太宗永乐九	1411	戊子明宪宗成化四	1468
卷二十四	己丑　明宪宗成化五	1469	己酉明世宗嘉靖二十八	1549
卷二十五	庚戌　明世宗嘉靖二十九	1550	庚辰明神宗万历八	1580

续表

卷次	起始年 干支纪年及中国皇帝纪年	西历	终止年 干支纪年及中国皇帝纪年	西历
卷二十六	癸未 明神宗万历十一年	1583	己亥明神宗万历二十七年	1599
卷二十七	庚子 明神宗万历二十八年	1600	丙辰明神宗万历四十四年	1616
卷二十八	庚子 明神宗万历四十四年	1617	丙寅清圣祖康熙二十五年	1686
卷二十九	丁卯 清圣祖康熙二十五年	1687	甲辰清高宗乾隆四十九年	1784
卷三十	丙午 清高宗乾隆五十年	1785	丁酉清宣宗道光十七年	1837
卷三十一	戊戌 清宣宗道光十八年	1838	丁卯清穆宗同治六年	1867
卷三十二	戊辰 清穆宗同治六年	1868	丁丑德宗光绪三年	1877
卷三十三	戊寅 清德宗光绪四年	1878	壬寅德宗光绪二十八年	1902①

说明：①依照王先谦《西国通鉴二次稿》稿本中所给出的时间列表；
②缺少地方处，也保持原样。笔者对照出来的西历年代用括号标明。

卷八：止于乙丑永平八年（64）。此后又有庚子明帝永平十三年，又删去。卷十一、卷十二封面上所用报纸，时间是洪宪元年一月四号星期五。卷十五，该册封底用的是《大公报》中华民国五年六月五号星期一。卷二十二、二十三，记载与中国明代同时代事件。引用书籍有：《明一统志》《瀛涯胜览》《明天方传》《明琉求传》《明占城传》等。记载大国也记载小国：卷二十六，叶六十八：《通史》太泥国，在马来半岛中，小国也通好于日本。

《西国通鉴二次稿》以《通史》叙述不同国家历史，也以专门史志书叙述某国历史，以《日本史》载日本史实，以《越记》记安南国史实；以《印度新志》记载印度历史。一个时间之下有多条记载。如卷二十，丙寅元泰定帝泰定三（1326）下记载：

1. 引用《日本史》讲日本几件史实。
2. 引用《元史》：高丽入贡于元，奉方物。
3. 《越记》及《元泰帝记》记载安南事件。
4. 引用《通史》两条，分别记载土耳其和葡萄牙事件。

卷二十一，己巳明太祖洪武二十二（1389）八条。

1. 《日本史》：后龟山元中六。

---

① 光绪二十八年，应为1902年，原稿记为1890年，有误，今更正。

2. 《史略》《明史》：高丽王瑶元年（明洪武二十二）。

3. 《越记》：安南王颙光泰二。

4. 《明真腊传》三入贡。

5. 《明暹罗传》世子昭禄群膺遣使来贡。

6. 《通史》俄罗斯王狄米得里第二卒，子白色里第三立。

7. 《通史》土耳其帝慕辣第一卒，子巴牙屑第一立。巴牙屑略地西进，取塞尔维布尔加利，侵袜拉几，征其贡赋。

8. 《通史》德意志会诸侯于耶那尔。

这些记载包括王位更替、外交。同时对应各国的王的年号及在位的国王等。

卷三十三，庚子德宗光绪二十七年（1901）[①] 引用《通史》记载多国史实。

1. 《通史》：比利时刚果合并义起，寻复展约。

2. 《通史》：美设商会。

3. 《通史》：檀香山焚我商埠。

4. 《通史》：法开博览会。

5. 《通史》：义和团乱起。

6. 《通史》：德皇子。

7. 《通史》：英俄法占我大沽炮台。

8. 《通史》：俄军侵我东三省。

这种写法明显受了作者读过的《四裔编年表》及《西史纲目》的影响。

四　特点

（一）题名变化

《西国通鉴二次稿》第一册到第三册，封面大题有：《西国通鉴纲目》第二钞本。第三册封面大题是：外国通鉴四五六。这种书写方式从第一卷延续至第三卷，第四卷以后封面大题有了变化。第四册封面大题：外国通鉴四五六。第五册封面大题：外国通鉴七八。在《西国通鉴二次稿》内部各卷标题，又有变化，卷一先书写为"西国通鉴纲目一"，王先谦后来

[①] 光绪二十七年，应为1901年，原稿记为1889年，有误，今更正。

又将其划去，修改为"外国通鉴一"。这种对题目的修改，在前三卷中都保留修改痕迹，作者题为：长沙王先谦益吾撰。第四卷，直接将题目书写为：外国通鉴四，长沙王先谦益吾撰集。（又将益吾划掉），以后各卷都是题名为外国通鉴。可见，《西国通鉴二次稿》是《外国通鉴稿》的完善稿。

第一册到第三册前三卷，版心书写叶码在下方，从第四册第四卷始，版心书写叶码在上方。

（二）修改增补内容明显，保留着逐步修改的痕迹

《西国通鉴二次稿》题名是经修改而成的，正文中同样有多处涂改、移动、删除痕迹，并有在原主要参考书的基础上增加大量内容的情况，如公元前104年，原来记载了三条引自《通史》的历史事件"罗马灭努米底""西齐里叛罗马""日尔曼寇罗马"，后来在第三条之后，增加了一大段"大沧国于亚洲之青山城"。主要是引用《武帝纪》《汉西域传》记载。① 公元前101年，引用《通史》记载"罗马大败金利族于波崙雅"，条后加了一条：

《汉书·武帝纪》贰师将军广利，斩大宛王首，获汗血马来，作"西极天马之歌"。（汉西域传）伐宛连四年，宛人斩其王母寡，献三千匹，乃还。②

修改补充的内容在各卷也有所不同。如卷七之前，页眉上王先谦的批注侧重于文字布局上的修改要求，从第七卷开始页眉上补充的资料侧重于对内容的补充，如卷七，叶二十六左页眉上引用《汉·西域传》对大宛进行介绍，叶二十七右页眉上补充的知识是：

《汉书·武帝纪》贰师将军广利，斩大宛王首，获汗血马来，作西极天马之歌。《汉西域传》：伐宛连四年，宛人斩其王母寡，鲜三千匹，乃还。

---

① 《西国通鉴二次稿》卷七，叶二十六左，"丁丑　武帝　太初元年"条。
② 《西国通鉴二次稿》卷七，叶二十七右，"壬午　武帝　天汉二年"条。

王先谦在修改的时候，将补充修改的内容进行了挪动，删除了重复内容。卷六对越南一条的增补与移动，即为显例。卷六二十六叶右"（通史）增越南一条在此"此条出现在叶二十八，上面注明"此条列汉高十一年，下移前"。该条具体信息是：

> 越南国于亚洲之南隅（亦今之远印度半岛）：越南古交阯也。与中国离合不常。《尚书》载尧命义叔宅南交；《史记》纪"颛顼虞舜，其地皆南至交趾；《山海经》有交胫国，周成王六年，越裳氏来朝，事详《后汉南蛮传》。"《史记》言始皇三十三年，取陆梁地，为桂林、南海、象郡。汉高祖五年，以三郡及长沙……

此条记载，系王先谦根据自己知识储备书写的语言，并非引用。

第九卷量很大。起首是戊辰永平十一年（68）。接着是一个空白叶，作者在该叶的页眉上批注：前年契一条移此，这当指卷八末的记载"年契一条"。起止年限是戊辰永平十一年（68）到乙丑大同十一（武定三）。该卷中夹有很多短纸条，尚未将其安置到合适位置，这说明作者当时正在思考中，尚未完全定稿。

（三）引用方式

王先谦对正文引用的书籍直接标注出书名，多以"（通史）"的形式表示，即在书名前加以小括号表示。仅引用《大日本史》一书，是以"【日本史】"形式标注，在书名前加中括号表示。从第六册第九卷引用传统史书增多。

注文中存在书名引用不以括号标明，直接称呼其书名并对前人或外国人所撰史书评价。如卷一，叶十。埃及历史：

> （通史）第一朝曼毅为王。（开国世系：马俚惠伦【一作马利惠拖】，《埃及史》云：西元前五千四年；蓝伍西侑【一作赖丕西侑】史云：前三千八百九十二年。《万国通史》云：埃及事实，荒诞难寻，幸有三端，渊源略其：一西元前三百年，埃及祭司马倪韬，以希腊文著《埃及古史考》；二西元前千八百年有人俪皮为纸，以埃及文记埃及事，历言诸王在位岁月，至十七朝止。近藏意大利国兔陵博物院中，名曰《兔陵册》。二书颇有出入。马云：十七朝二百八十四

王；册云：二百四十七王，即其一端，已难吻合。三埃及古时尖方塔，锐头方体碑之属，中国嘉庆四年【西历千七百九十九年】，法国人在潞塞忒境内，得大碑镌刻埃文，其旁释以希文，于是百年文士，因希文而识埃文。古事多资印证，徒以历法未定，欲就王号以徵岁序，不免互有参差，又言太古天神掌埃及全国为王，荒诞不足信。近代史家，皆言埃及第一王名曼毅，以下诸王大抵实有其人，古迹所称，亦曰曼毅之先，神治世，传至曼毅，实为第一人王。实为曼毅之开埃及，信而有征。史家中有三人：曰马俚惠伦、曰白儸估虚，曰蓝伱西侑，所撰埃及史尤著。其原本占书各异，朝代年历，仍不克相同，至二十九朝，始若合符节焉。

还多用简称引用原书，如称《万国通史》为《通史》。前三卷直接标为"（通史）"。从第四卷始，先标注为"（通史）"，后划去，改为"（波志）"①、"（希志）"、②"（波志希志）"等。③第五卷第一条记载引用书名，先是"（通史）"，后划去，改为"（罗马志）"④旁边加以说明："后称罗志，"⑤这是书中唯一一次对书名简称做出说明的地方。到第五册第七卷中，多以"（通史）"形式表示。卷八中引用"（罗志）""（犹志）"等志，原书稿中很多处的"志"是用细细的楷体字写上的，与整体书稿字体一致，而"罗""犹"字是用较粗的行楷体字体写上的，由此推知，王先谦在最初书写书稿的时候，常在"志"前留一空格，仅为"（　志）"的形式，而"罗""犹"字是后来加上的。仍有一些地方保留着"（　志）"的形式，如公元前37年"巴地耳赛西十五弑其君而自立"条⑥、公元前27年"大月氏灭高附"条⑦。

---

① 即为《万国通史前编》第四卷"米塔、波斯合志"。
② 即为《万国通史前编》第七、八卷"希腊志"。
③ 王先谦：《西国通鉴二次稿》，仅仅在第五卷出现几处未将"（通史）"划去的情况，所以保留的样式分别是（1）"（通史）波志"，卷五，叶六"庚辰　周安王元年　前四百一年"条，(2)"（通史）希志"，卷五，叶六"壬午　安王三年　前三百九十五年"条。(3)"（通史）希志波志"，卷五，叶二十六，"辛卯　显王三十九年　前三百三十年"条。
④ 即为《万国通史前编》第九、十卷"罗马志"。
⑤ 《西国通鉴二次稿》卷五，叶一"丙子　威烈王二十三年　前四百五年"。
⑥ 《西国通鉴二次稿》卷八，叶二十五右，"甲申　汉元帝建昭二　前三十七"条。
⑦ 《西国通鉴二次稿》卷八，叶二十九左，"甲午　河平二年　前二十七"条。

从第五卷开始记载罗马事件。第五卷第一叶版心题有"西国 一"。

(四) 主要来自《万国通史》，也有不少是作者自己的见解

凡王先谦个人见解，非直接引用的段落，段前，不再出书名。《西国通鉴二次稿》中这样的段落不太多。如"波斯称安息"与"条支后为阿剌伯"[①]，对"波斯称安息"，王先谦根据《汉·安息传》及《后汉·大秦传》介绍波斯顿地理位置及与中国汉朝的交往；对"条支后为阿剌伯"，王先谦"考西人地图，波斯西南之阿剌伯，东界阿勒富海，南界印度海，西南界勒必西海，惟西北一面通陆路。与《汉书·条支传》：海水由环其南及东北三面路绝，惟西北隅通陆道者，吻合，是条支为阿剌伯无疑。"此段中与前文表3-4"《外国通鉴稿》中所加的含有具体内容的条目"中的第2条内容相比：

> 波斯，古称安息，《汉·安息传》：北与康居，东与乌戈山离，西与条支接，国临妫水，商贾车船行旁国。《后汉·大秦传》欲通使于汉，而安息欲以汉僧綵与之，交市改，遮阂不得自达。波斯东北界有砂碛，临河阿母河，即古妫水。西接土耳其，东土通大秦。□□由大秦通汉，□□则无道路，是□波斯与安息亦无疑也。条支后为阿剌伯。考西人地图，波斯西南之阿剌伯，东界阿□富海（俗称东江湖,）南界□□渡海，西界□□西海，惟西北一隅通陆路，与《汉·条支传》合。

二者基本相同，可见《西国通鉴二次稿》中的某些条目确实来自《外国通鉴稿》的条目。

(五) 时间标注

《西国通鉴二次稿》第二卷承接第一卷仍以埃及各代王朝的更迭作为叙事主线，不同的是第二卷分上下两栏，上栏以小字罗列中国在当时发生的大事，下栏以小字对应西历年代。如：辛酉商王祖丁二十六年，西元千四百四十年。这是《西国通鉴二次稿》第一次以中国的时间纪年作为一种时间叙述方式的情况，是《西国通鉴二次稿》开始用确切纪年叙述历史的标志性年代。

---

① 《西国通鉴二次稿》卷七，叶二十二左。

《西国通鉴二次稿》根据内容的变化来取舍某一时间、某个国家名称是否列出。如第二卷出现了一些新的国家名称：希腊国、西伯来国。多处将连续的时间放在一起记载几年，其后时间又中断，如卷七从公元前167年到公元前162年，6年中记载连续的时间、事件。其后中断，接下来明显的时间标志是公元前156年。

从第二卷起叙述格式变成了以中国的干支纪年以及皇帝纪年为主线，下面附以西历的年代，将世界各国发生的事情囊括进去。如卷三：从丙申平王二十六年（前745）到甲戌景王十八年（前527）。

与《日本源流考》的那种单纯以干支、中国皇帝纪年的连续纪年不同，《西国通鉴二次稿》明显受到《四裔编年表》影响，采取中西历对照的时间标注模式。

（六）把中国纳入世界范围内记载

《西国通鉴二次稿》以《万国通史》为底本编撰。前六卷不专门记载中国。卷七，前138年，引用《通史》记载了"汉张骞至西域"一事：

> （通史）汉张骞至西域。时中国方苦匈奴，会降者言大月氏与匈奴有隙，帝募能通月氏者，将与夹击匈奴。张骞以郎应募出陇西，是为中西交通之始。①

《通史》把"汉张骞至西域"作为"中西交通之始"记载，这是把中国作为世界的一部分来看待的标志。

这条记载，王先谦在后文错误地记载在"癸丑，武帝元朔元年，前百二十八年"②，后来涂掉了。该年下有一条引用《汉武帝纪》"葰君南闾等畔右渠，率二十八万口，诣辽东内属，武帝以其地为沧海郡，至元朔三年罢。（先谦案，即高祖时北貉致枭骑助汉者也。）"③ 对汉代的记载还有公元前116年"（通史）汉通西域三十六国"④、"汉灭朝鲜分置乐浪、

---

① 《西国通鉴二次稿》卷七，叶十五左至叶十六左，"癸卯　汉武帝建元三年　前百三十八年"条。
② 《西国通鉴二次稿》卷七，叶十九左，"癸丑　武帝元朔元年　前百二十八年"条。
③ 《西国通鉴二次稿》卷七，叶二十右，"癸丑　武帝元朔元年　前百二十八年"条。
④ 《西国通鉴二次稿》卷七，叶二十三右，"乙丑　武帝元鼎元年　前百十六年"条。

临屯、玄菟、夏番四郡"①。

《西国通鉴二次稿》作为中国人所写作的历史书籍，题名为"西国"，从第四卷正式题名为"外国"，从逻辑上讲中国人写外国史不宜把中国纳入其叙述范围之内，这部书把中国纳入其内，在王先谦的外国史研究计划中，内心有一愿望，希望能够从《日本源流考》的一国史的研究到多国史，最后发展为书写为一部世界史。

《西国通鉴二次稿》纳入中国，是王先谦的外国历史书写由多国史向世界史演化的一种实践，一个环节。

（七）不仅是历史书，也含有大量地理信息

下文引用的是对公元前1049年的"希伯来以色列王大辟，克耶路撒冷城"的具体解释，正文侧重历史事件，注文侧重解释地理位置，引用了孙灏的说法。这体现出《西国通鉴二次稿》不仅是历史书，还侧重地理方面。

>（通史）时耶波仕族人，据耶路撒冷城久，王遣将军约押围之。即位之七年，约押觅得泉流之隧道，于地底断其泉源，水涸路通，率众自隧入，遂克其城（耶路撒冷隧道久湮，今格致家究心地理，重寻得之）王制新圣幕移奉盟约匮于耶路撒冷（后为犹太都城，孙灏云耶路撒冷，与亚勒散德，东西向往，隔越两洲，其先即红海地中海之相连海颈，陆行可通。遭苏彝士河后，奂然两洲矣。地在阿拉□之北境，土耳其藩属之南境）②

五　史料价值

《西国通鉴二次稿》所记载的有确切纪年的历史事件是始于第二卷的辛酉商王祖丁二十六年，西元前千四百四十年（公元前1440）。这是《西国通鉴二次稿》第一次出现以中国的时间纪年作为叙述时间方式，也是《西国通鉴二次稿》有确切纪年叙述的开始。

《西国通鉴二次稿》各条记载长短不一，短者仅一句话，如公元前25

---

① 《西国通鉴二次稿》卷七，叶二十四左，"癸酉　武帝　元封三年"条。
② 《西国通鉴二次稿》卷二，"壬辰　昭王四年　前千四十九年"条。

年"（罗志）日尔曼寇罗马"①，寥寥数言，把历史上发生在两国间的大事讲了出来。这在前几卷出现的频率较高。长者可达将近十叶的篇幅，如卷七从叶六到叶十四记载了"（通史）罗马灭雅典哥林都，以希腊为省"之事件，从不同角度介绍希腊，包含丰富的内容。语言："希腊人操语相同，虽相距较远，方音各别，睹面仍可问答。"信封神灵："所奉之神，各地亦皆一律，以是二者虽处他乡，依然族类，而称异邦为夷狄。"风俗："其人喜悦慈善聪明伟丽，多老寿，通情理。""其土人，不及诸地客民富足，勇往勤俭，重视同类而外异邦人，与中国人相似。"政治："于国政，亦愿众咸与闻，故城中国中立议会，喜民主。"等内容，王先谦的注释也包含着许多知识。

《西国通鉴二次稿》未曾被后世阅读研究，有很高的史料价值：

1. 对历史上不同时期国家的强弱有所了解

在世界历史发展的不同时期，会有不同的强国出现。如公元前914年，亚洲的强国首推叙利亚。②

2. 清晰地了解各国王位世系

从第二卷始主要记载各国王位更替。涉及即位、卒、嗣立、弑王等。常在一条记载中将卒、嗣同时罗列。如公元前918年，"希伯来以色列王安利卒，子雅哈嗣。"③ 卷二、卷三这种记载较多。

3. 记载各国建立、兴亡、叛乱、交往、攻伐等事件

从卷四开始这类事件记载比较集中。包含两种情形，一是同一年中发生于不同国家和地区的重大事件。如卷六，公元前320年，记载了以下发生在同一年中三件大事：（希志）犹太降于埃及；（希志）塞留孤据叙利亚，以叛马基顿。（希志）小亚洲乱。④

紧接着，王先谦又接连记载类似事件如下：

公元前317年，（希志）雅典又叛，马基顿击，降之。

公元前316年，（希志）马基顿大破叙里亚。⑤

---

① 《西国通鉴二次稿》卷八，叶三十左，"丙申 河平四年 前二十五年"条。
② 《西国通鉴二次稿》卷二，叶二十七右，"丁未 懿王二十一年 前九百十四年"条。
③ 《西国通鉴二次稿》卷二，叶二十六左，"癸卯 懿王十七年 前九百十八年"条。
④ 《西国通鉴二次稿》卷六，叶一，"辛丑 周慎靓王元年 前三百二十年"条。
⑤ 此两条见《西国通鉴二次稿》卷六，叶二，"乙巳 慎靓王五年 前三百十六年"条与"丙午 慎靓王六年 前三百十七年"条。

全书中这类记载很多。卷七中从公元前167年到162年，6年中记载六件历史事件：

公元前167年，罗马灭伊派鲁。

公元前166年，犹太马他梯起兵，拒叙里亚。

公元前165年，罗马伐亚侅厓盟。

公元前164年，埃及分为古利奈国；叙里亚国王安提奥古第四卒。

公元前163年，犹太马他梯卒。

公元前162年，犹太马他梯卒；比力亚事件；埃及爱烈珊德城人希鲁造测空气冷热之表。

这六件历史事件中，有五件是各国间攻伐、战争、兴亡事件。公元前162年的"比力亚事件"①，具体如下：

> （通史）比力亚欲立撒吐该教中人阿而昔摩为祭司，犹大不许。比力亚请于叙里亚。叙里亚遣大将吕西涯伐犹太，约瑙丹身先士卒，连败之，遂逐阿而昔摩，复取比力亚。渡沧澹河西，克利利。吕西涯敛兵退。犹太复克撒马利亚。罗马嘉其能抗叙里亚，立通商约，以友邦视之。犹大修葺耶路撒冷圣殿，逾月工竣，遂以谷旦献祭岁，以次日为令节，名修殿节。

"比力亚事件"，起因于"比力亚欲立撒吐该教中人阿而昔摩为祭司，犹大不许。比力亚请于叙里亚"。导致后来的攻城略地，并顺理成章地介绍了"修殿节"之来历。

另一种情形是在不同的时间段中，发生在同一地区的重大事件。例子从略。

4. 对地名的修改，暗含了地名演变的某些规律

如对巴比伦地名的修改，卷二，正文中引用《通史》，本出现两处"巴沘崙"。在考异中也使用"巴沘崙"的名称，第一处原来使用的是"巴沘崙"，王先谦又把"巴沘崙"名字中的后两个字的偏旁划掉，改为

---

① 《西国通鉴二次稿》卷七，叶二左，"己卯 文帝后二年 前百六十二年"条。该条条目原书没有具体命名，"比力亚事件"系笔者命名。

"巴比仑"。将"米塔"中"塔"划去，改为"大"，成为"米大"。① 卷三有一条记载中四处提到"巴沘崙"，王先谦都统一把"巴沘崙"中的后两个字的偏旁划掉，改为"巴比仑"。②

5. "考异"或案语等注文解释了不少问题

王先谦在注文中多对一些事件进行考证，或直接考证，或以"案"语形式呈现，或称为"【考异】"，通常是将《西史纲目》与《万国通史》等的内容罗列比对，当二者说法各异时，多采取《万国通史》的说法。如卷六对"哈迷客埒"的考证：

> 哈迷客埒不得其名，《万国史记》作其侄汉尼巴，汉哈双声，是即哈尼巴也。《西史纲目》作侄汉都斯巴，又即哈都斯巴也，今从《万国通史》。

少数采用《西史纲目》的说法，如：

> 《万国通史·罗马志》云：安多尼忌俄达非而伐罗马。案安多尼果有与俄达非争天下之志，不应至此。今从《西史纲目》。③

全文通过考证、解释，在注文中解释了不少问题，如：
(1) "银行"等称呼的由来

> "银行"之名，初曰"桌子"。盖其始，仅一桌子，代人兑换金银钞币也。生意寖盛，乃有屋宇，人可存银其中，而有细账。银行有时亏倒。希人土语，谓须正其桌子。雅典有一银行主，曰葩西恩，其始人奴也，后成巨富，在雅典遇危难时，他行患倒，葩西恩独无所负，遂为雅典之贵人，人共信之。凡是行所出之票，不论持往何国，皆可收取现银。④

---

① 《西国通鉴二次稿》卷二，叶三十一右，"庚戌　厉王二十八年　前八百五十一年"条。
② 《西国通鉴二次稿》卷三，叶七、八，"庚辰　桓王十九年　前七百一年"条。
③ 《西国通鉴二次稿》卷八，叶二十六左，"庚寅　汉成帝建始二　前三十一年"条。
④ 《西国通鉴二次稿》卷七，叶八右，"乙未　景帝十一年　前百四十六年"条。

"银行"的起源、最初经营方式、葩西恩的传说都在其中。①
(2) 天竺的地理位置

  先谦案《新唐书》：天竺居葱岭南，幅员三万里。分东西南北中五天竺。南天竺滨海，北天竺距雪山斯接，指画地界确凿分明，证以西人地图，丝毫不爽。②

王先谦将中国传统史书《新唐书》中关于天竺地理位置的记载，与西人所绘地图印证，认为这种记载很准确。
(3) 高丽名称

  《水经注》，先谦案：汉晋时称高句丽，宋魏后称高丽。句者，语音之余也，今一律称高丽。③

王先谦把高丽在历史上不同时期的称呼罗列，并指出其在清朝的统一称呼。

6. 详于古代战争经过

长于记载战争经过，是《西国通鉴二次稿》的一大特色。公元前898年，希伯来犹太王乐沙法，以色列王雅哈，伐叙利亚（地在亚述西，与亚述接壤）败绩。雅哈死，子雅哈谢嗣。④ 公元前490年，引用《波志》《希志》记载了一次著名战役：马赖敦战役。

  波王复伐雅典。于渡海前，历劝寄居海岛之希腊人，各献地降。降者大半。蔼淇那大岛，与雅典有违言，亦纳款。王命大体为大将军，阿他缶倪佐之，率水路大军，分乘兵商船，径渡地中海（即伊济昂海），经诺寇归岛。慴以兵威。前五百五年，阿他缶倪伐诺寇

---

① 李栋：《词语缘起大观》，黄山书社2007年版，第538页，也有"银行"由来的解释，认为英语"银行"一词源于拉丁语"长板凳"。并指出还有一种观点是认为"银行"一词最早见于意大利语"Banco"意为椅子。王先谦的说法，与此有相似之处。
② 《西国通鉴二次稿》卷七，叶二十左，"己未 汉武帝元狩元年"条。
③ 《西国通鉴二次稿》卷八，叶二十五右，"甲申 汉元帝建昭二 前三十七"条。
④ 《西国通鉴二次稿》卷二，叶二十七左，"癸亥 孝王十二年 前八百九十八年"条。

归，不能得志，至是岛民奔避。波斯夷城毁庙。乘胜至油湮皮阿岛，顿师爱秃里城下，六百奸人开城纳款，摧毁无遗。过由离玻海峡，舍舟登岸，营于马赖敦。距雅典都城六十六里（马赖敦长十八里，中央广六里，两端稍狭，前临海镜，后依山屏，形如半环）雅典国境，截长补短，六十六里有奇，十新族各一族军，国主临其上，亦掌武事，兼名战主，将右军，主议柄。是岁，战主贾里马可，部下共九千人，扼守山巅，俯瞰波营，时同部诸国，泗巴塔人约未至；派腊弟小城人，念曩日受逼于弟孛思时，雅典恩庇之，合倾城之众前人（【考异】《希腊独立史》作六百人）奔赴军前。雅典人为之气壮。前寇沙尼朔城霸主米他雅弟，得罪波斯，复归雅典为将军，谓贾理马可曰："我雅典为人奴隶，抑为自主平民，惟战主一言，自雅典立国，至今，从未遇此险，若乞降于敌，喜披雅见为波斯向导，波斯必命为霸主，雅典后事可逆睹也。我诚战胜，大祸自弭。且为希腊全部之上国。我国人多贪利忘义，战期不速，必有败类离间。今急攻其垒，以寡胜众，在此行也。"贾理马可从之。诸将军奉米他雅弟为全军长，率族听命。米他雅弟尚虑众心不一，待本军执事而举事。喜披雅谓大体曰："希腊人嗜利不耐战，今见大军皆丧胆，必有纳款内应者，或自起猜争，我皆可乘机取之，不待汗马血刃也。"大体从其计。九月中旬，黎明，米他雅弟誓师毕，令各族自为行列，贾里马可将右，派腊弟小城人居左，太米师叨客利将中军。阿利师太弟佐之。米他雅弟令曰："雅典旧法：缓步徐趋为方阵，今对敌宜变为长行，与波斯占地同，以备睹面鏖战。否则吾寡敌众，吾军萃于中坚，彼且张于左右翼，以钞我后，我必败。"遂分中军，以厚左右军势。又令曰："凡我将士，自山巅疾趋下马赖敦，毋令波军乘暇备马械。徐行者，杀无赦！"希军挺矛齐足，飞突下山，波军遇之辄仆。大体率精兵距战，自辰至暮，大败而逃。希军追至海曲，夺其七艘。贾理马可阵亡，大体舟行不远，传令回柁绕行，欲乘虚袭雅典城。米他雅弟遥见，令阿俐，师太弟守马赖敦，自返城严备。翌日，大体自他途登岸，见之，丧气而返，泗马塔军后一日至。是役也，杀波军六千四百人，希军阵亡百九十二人，立十石柱，铭十新族功（是役为西国第一大战，今欧洲小儿，皆知码濑墩之役为欧亚胜败枢机）。①

王先谦认为这次战役是"西国第一大战"。发生在公元前490年，时间追溯到公元前505年，把战役前后双方力量对比、变化都揭示了出来。尤其是战争前各方人心归向，都是把自身利益作为考虑的重要方面。雅典战胜波斯一役中，起关键作用的人物是米他雅弟，对于他归雅典做将军："前寇沙尼朔城霸主米他雅弟，得罪波斯，复归雅典为将军"，明显也是出于利益考虑因素。战役前夕雅典方米他雅弟向贾理马可的献策、波斯方喜披雅对大体的献策，是在充分分析敌我双方特点的基础上提出来的，堪称妙计。战争的转折点是米他雅弟的军前誓师，鼓舞了士气，使雅典军队以迅雷不及掩耳之速，摧毁了波斯的"精兵"。波斯准备乘虚攻雅典城，也被米他雅弟识破，大体悻悻而归。

关于人名翻译，引文中出现"贾里马可"两处，"贾理马可"三处，本为同一人，在同一段中，出现两种译法，显得混乱。

公元前481年，引用《希志》，记载了"希腊诸国合盟御波斯"一事。② 此次战役的记载详于战争的准备、经过，并没有生动的语言描述。

7. 记载了不同时期学者活动及其他文化现象

公元前263年，引用《希志》记载一事如下：

> 希腊人亚奇默德，性颖悟。刱造螺丝起重等器，是为重学之始。又研求物理，以螺丝管吸水，以镜取火。兼精算学，尝论圆球体，等于圆桶体三分之二，乃几何之要理也。亚奇默德谓其人曰：如我死，则镌此图于墓碣，以垂永久（越数百年，有历其地者，见墓碣镌有此图，知为亚奇默德墓）。后又以重学之理，作二奇器，为战阵用。（见后）③

---

① 《西国通鉴二次稿》卷四，叶十、十一，"辛亥　敬王三十年　前四百十九年"条。括号内的字为原文中作者的批注。注意，该条作者所标注的西历时间有误：该条前一条的时间是前四百九十三年，其后一条的时间是前四百八十七年，由此推知，作者在此处将时间写错了，应为前四百九十年。

② 详见《西国通鉴二次稿》卷四，叶十三、十四，"庚申　敬王三十九年　前四百八十一年"条。

③ 《西国通鉴二次稿》卷六，叶十一，"戊戌 周赧王十二年　前二百六十三年"条。

该段记载，把亚奇默德在中学、算学等方面的贡献都一一罗列。

公元前162年，埃及爱烈珊德城人希鲁造测空气冷热之表。"其管中水能日涨夜落，盖日热夜冷故也。法卒未传世。西国寒暑表始此（今之寒暑表，刱于明神宗时）。"① 简练地把寒暑表的发明情况、原理、地位、名称的由来都一一解释了出来。

公元前138年，由精通算学的依巴谷测天的结果，后世称其"天学先师"②。

记载文化现象，如公元前46年"罗马定历法"③。

8. 反映了王先谦的史学观、西学观

时间与地点是史书书写中极为重要的因素。王先谦在《西国通鉴二次稿》中透露了他关于史书时间的看法，也对西方的一些文化名人发表议论与感慨。

（1）耶稣纪年有四年之误

公元前4年，引用《犹志》记载耶稣出生，讨论了西方耶稣纪年，王先谦认为耶稣纪年有四年之误，但由于约定俗成，仍然采用之。

（犹志）犹太耶稣生（此西历纪元，以耶稣生年为断，生后五百年，始有此说。今史家悉心考究，有四年之误，当以建平三年降生之说为正。然各国纪元已定于元始元年，不可追改，故仍之。实则西历之元年，非耶稣降生年也）④

早于王先谦《西国通鉴二次稿》的日本人木寺柳次郎编的《西洋历史》，对于耶稣纪年四年之误，在绪论中也有所讨论"近期耶稣教徒所沿用之纪元，乃以耶稣生诞之年为纪元，此用法乃至纪元后五百三十二年始行，至后耶稣之生诞，实发现于纪元前四年"⑤。王先谦没有读过这部书，但二者的看法却极其相似。

---

① 《西国通鉴二次稿》卷七，叶二左，"己卯 文帝后二年 前百六十二年"条。
② 《西国通鉴二次稿》卷七，叶十五左，"癸卯 汉武帝建元三年 前百三十八年"条。
③ 《西国通鉴二次稿》卷八，叶二十左，"乙亥 初元三年 前四十六年"条。
④ 《西国通鉴二次稿》卷八，叶二十五右，"丁巳 建平三年 前四年"条。
⑤ ［日］木寺柳次郎编，章师濂、李国磐、胡叙畴合译：《西洋历史》，"绪论"第三节，杭州史学斋光绪壬寅（1902）铅印本。

(2) 史书纪年多所牴牾

公元前758年，记载"(通史)亚述王大雅第三卒，路虚嗣。"条时，王先谦在"考异"中指出"史年牴牾"问题。

> 时迦勒邸叛，撒码利崖大码塞皆不朝，犹太王雅罗普安屡侵边界。（案据犹太志覆其年代，雅罗普安第二前死矣，史年牴牾往往如此。）①

鉴于此，王先谦在《西国通鉴二次稿》中多处对史书纪年错乱问题进行纠正。

不同史书对同一问题采用不同时间，王先谦往往对之展开辨析，采信其中一种说法。如公元前667年：

> 埃及王塔尔祐胜亚述，斐泥基归埃及，及排毅派败埃及之明年，移师直指斐泥基，协降之。（《通史·斐泥基志》云：前六百六十七年。今案亚述志，亦有征米塔语，惟史年错误。）②

公元前851年，王先谦据《通史》载，指出"迦勒邸未灭，巴沘崙已立王矣"。

> （通史）亚述王萨□毅思第二，少习兵事，继父武功，亲征不庭者二十三，命将典兵者三：如巴比伦、如米大、如沁里、如阿弥泥崖、如蒇梭波不达米亚北境，如埒忒涕，如派涕拿，如叙利亚，皆俛首乞降。胜斐泥基后，□崞西墩书崖波斯犹太诸国，亦望风款附。考其军行之路，从地中海至波斯海湾，又从若岣崞山至阿喇伯之沙漠，皆有王军车马迹。即位之八年，巴沘崙兄弟争立，王以助其长子为名，连破数城，强隶版图。明年，败其次子，奉长子即王位，率师略迦勒邸南境，协其新王岁纳贡珍。（【考异】案据此，则迦勒邸未灭，巴沘崙已立王矣。《通史·迦勒邸志》第六朝、第七朝云：亚述国渐

---

① 《西国通鉴二次稿》卷二，叶三十六右，"戊子 平王十八年 前七百五十三年"条。
② 《西国通鉴二次稿》卷三，叶十四右，"甲寅 惠王十年 前六百六十七年"条。

兴，未几，败迦勒邸人，兼王迦勒邸全地。于是含弥族。古制渐废，语言庞杂，迦民渐化而效闪弥，且弃其方言，悉学亚述土语。服从至五百五十年之久，疑即指萨□毅思第二时，惟以巴泚崙复兴之年覆之，与六百五十年不合。迦勒志云：即希腊皮理思第二，而亚述志载帝皮理思第二奋武之功，不言并迦勒邸，阙误也。）又入叙利亚北境，叙利亚人纠合埖忒涕、斐泥基、以色列诸部落，合为一军以拒之，大败，死二万人，失兵车战具甚夥，王归数岁未出，叙□亚人复安。①

不仅考证了"迦勒邸未灭，巴泚崙已立王矣"问题，并据《通史·迦勒邸志》做了进一步说明。

（3）重视地理名词的源流及翻译

在《西国通鉴二次稿》整本书中，重视地理名词的源流及翻译是其明显特点。卷五对派堤涯自主国的解释。"（希志）易弗腊底渐河东岸，则有派堤涯自主国。（此即《汉书》之安息国，开国王曰阿尔息，其子孙即以为国名，译曰安息，声相近也。）"卷六"考异"中对"哈迷客塝"的解释"哈迷客塝不得其名，《万国史记》作其姪汉尼巴，汉哈双声，是即哈尼巴也。《西史纲目》作姪汉都斯巴，又即哈都斯巴也，今从《万国通史》"。

（4）对"希腊七贤"的看法

在王先谦思想中，《万国通史》记载的"希腊七贤"，未将苏格拉底列入，实属一大憾事，苏格拉底应该称为贤人，所谓"希腊七贤"："皆蛇蝎偏狭狂诞，岂大儒之行乎？"

（通史希志）希腊杀其明贤苏格拉底（先谦案：西史称希腊七贤：一、他里斯，二、毕达哥拉斯，三、颇拉吉来图，四、温白德尔，五、德谟吉利图，六、直窝尼士，七、百拉多也。然如温白德尔之性傲服侈，以神自居，投火山死，以诳世；直窝尼士之立木槽中讲道，与人言则争，谓举世无人。且皆蛇蝎偏狭狂诞，岂大儒之行乎？

---

① 《西国通鉴二次稿》卷二，叶三十二，"庚戌　厉王二十八年　前八百五十一年"条。

乌在其为贤,且舍苏格拉第,不数又何也?)①

他贬斥西史所称"希腊七贤",对苏格拉底极力推崇,其标准仍是重视道德标准,即"大儒"的标准。

第三节 "一国"到"多洲"的演变

《日本源流考》到《外国通鉴稿》,再到《西国通鉴二次稿》,这一系列环节是王先谦的外国历史著作"一国"到"多洲"的演变过程的缩影。

一 《日本源流考》到《外国通鉴稿》:"一国史"到"多国史"

《外国通鉴稿》与《日本源流考》的关系,学界存在着模糊的认识,因二者均为二十二卷,《外国通鉴稿》版心保留"考"字,孙玉敏《王先谦学术思想研究》"参考文献"列出1997年影印版《外国通鉴》时,用括号指出"实际就是《日本源流考》",② 夸大了两者的相似之处。实则两者有诸多不同之处:

1. 最主要的区别是:《日本源流考》是日本一国的编年体通史;《外国通鉴稿》是以日本为主线,囊括亚洲其他国家的一部多国史。

2. 纪年上,《日本源流考》是严格的编年体通史,以保留所有年份为特征。《外国通鉴稿》也是编年体裁,修改过程中删去了无事件年份,保留含有事件的年份。在纪年上,二者都是同时使用干支、中国皇帝纪年、日本天皇纪年三种方式,《日本源流考》中的中国皇帝纪年、日本天皇纪年,都以"元年"指明具体皇帝或者天皇,后来直接写作省略方式"二年""三年",不再指明具体皇帝或者天皇;《外国通鉴稿》中凡有历史事件之年份都加上具体皇帝或天皇名号,于空白处补充其他纪年方式并说明,如《外国通鉴稿》卷九崇德天皇时,在页眉中增加"康国""大秦"

---

① 《西国通鉴二次稿》卷五,叶六至八,"壬午 安王三年 前三百九十五年"条。
② 《王先谦学术思想研究》,"参考文献",第305页。

的纪年方式,① 卷十二伏见天皇永仁二年,空白处有"以上纪年越南钞本国元年"。②

3.《外国通鉴稿》保留着《日本源流考》的很多内容,纪年上沿袭一些错误,也有部分修改。③

4. 补充《日本源流考》之遗漏。

还以纪年为例,《日本源流考》卷二仁德天皇八十七年,应为干支纪年及中皇帝纪年应为"己亥三"④,而原书遗漏了"三",《外国通鉴稿》补充了出来。⑤

《日本源流考》叙述到不同天皇时,把天皇名号单独列出后介绍,对历史事件逐年介绍。《外国通鉴稿》叙述多国历史,将天皇名号加入到各个具体年代中去,如卷四"元正天皇"的名号于单独列出处删去,却在"灵龟二年"前加上"日本元正"几字,⑥ 很显然,王先谦把日本放在和其他国家一样的多国历史范畴中了。

5. 引用书名、篇目简化。

《日本源流考》引用书名、篇目用全称,涉及中国传统史书中的具体篇目,称全名。《外国通鉴稿》将书名简化,称《和汉年契》为《年契》,整部书把《和汉年契》中"和汉"划去。《外国通鉴稿》卷二神功皇后四十年,把《日本源流考》原来所引用的《魏志·东夷传》《晋书·东夷传》《梁书·倭国传》《魏志·东夷传》改为《魏志》《晋书》《梁》《魏》等,即为明显例子。

6. 增加考证内容。

《日本源流考》以"案"、《外国通鉴稿》以"先谦案"的形式考证。关于大臣武内宿祢的年岁,《日本源流考》引用《和汉年契》,认为有308 岁或 330 岁的两种说法,《外国通鉴稿》中又以《宋史》中的记载作

---

① 《外国通鉴稿》卷九,考九崇德,第 531—532 页。
② 《外国通鉴稿》卷十二,考十二伏见三十二,第 755 页,乙未汉高祖元后加上这一条。
③ 详见《日本源流考》一章"勘误"。
④ 《日本源流考》,卷二,考二仁德八十七,少刻写一个字:三,捌辑 4—150 上。因仁德天皇八十五年是"丁酉安帝隆安元",而隆安年有 5 年(397—401),所以推知仁德天皇八十七年应该是隆安三年。
⑤ 《外国通鉴稿》卷二,第 152 页。
⑥ 《外国通鉴稿》卷四,第 275—276 页。

注，提出另外一种说法是 307 岁。①

《外国通鉴稿》卷二神功皇后四十年，引用《魏志》《晋书》《梁》《魏》等作为案语，最后加上一句"正始四年倭使来贡，六年得赐，《魏志》载之，而不见于《日本史》"。表明王先谦增加史料是为补《日本史》之不足。《和汉年契》记载神功三十九年与四十年的事件，仅两句话"日本神功三十九年，《年契》：遣使如魏。明年，魏遣人来报。"②《和汉年契》记载得很简略，对于其具体入贡的情况，王先谦通过引用中国传统史籍，将其具体化了。

综上所述，从《外国通鉴稿》修改内容及形式看，详记日本历史，他国历史多用"某某一条"，并无具体内容。所以《外国通鉴稿》是一种由"一国史"向"多国史"转化的雏形或设想。从对《日本源流考》的修补看，也可视作《日本源流考》的修订增补稿。

二 《日本源流考》《外国通鉴稿》《西国通鉴二次稿》的"三级跳"

《西国通鉴二次稿》记载的主要国家有日本、德意志、意大利、英吉利、法兰西、印度。对各国史实，多数纪年下以日本为记载的第一条，处不间断状态；其他国家则根据历史发展的变化筛选，决定是否记录。

《西国通鉴二次稿》从卷四开始记载日本，此后记载内容与《日本源流考》存在诸多重合部分。卷八日本的历史事件明显增多，卷八第一条史实是在癸未汉武帝天汉三年，日本开化六十年，引用《年契》《日本史》《汉书·地理志》《后汉·东夷传》来对其进行记载。该卷引用《通史》《日本史》《罗志》《史略》等作为正文，书写不同国家的历史。

《西国通鉴二次稿》从第二卷起，已注意将中国皇帝纪年与西历对照；记载日本历史事件，列出干支纪年和中国皇帝纪年与日本天皇纪年对照，并不将西历纪年对照书写，仍保留《日本源流考》的方式。

《西国通鉴二次稿》第九卷始，以日本史为主线，主要是《日本史》与各种史书进行交替引用。第十卷始引用书籍逐渐采用"【】"方式，变为以日本为第一，其他国家附于其后，并分别以各国在位皇帝年号作为叙

---

① 《外国通鉴稿》卷二，"庚寅十五日本仁德八十七年"条，王先谦加的双行注："先谦案《宋史》有□□纪武内年三百七岁，纪武内即武内宿祢也。"第 151 页。

② 《外国通鉴稿》卷二，第 127—129 页。

事的开端。如卷十九，公元1294年，记载如下：①

【日本史】伏见永仁三。

【元史 史略】高丽王昛二十一年。

【越记】安南王烇兴隆二

【印度新志】千二百九十四年，法罗寺之姪亚剌额亭开列吉，弑其叔自立。

【通史】英吉利与法兰西战，寻和。

【通史】俄罗斯王狄米德里第一卒，弟太一立。

《日本源流考》与《外国通鉴稿》《西国通鉴二次稿》的异同表现为以下几个方面。

（一）题名变化

《日本源流考》名称固定，是王先谦研究日本历史刊行的版本。《外国通鉴》题名，在二十二卷与三十三卷版本之间有变化。二十二卷《外国通鉴稿》版心有"考一"等字样，题名上迄今学界公认为是《外国通鉴稿》。三十三卷《西国通鉴二次稿》从卷四直接题名为"外国通鉴"始，一直保留到卷三十三，此题名去掉了"稿"字。从其题名上删去"稿"这一事实推测，王先谦当时年事已高，即使对这部稿本虽不够满意，自知很难有机会再作修改，把修改意见放在此次修改稿上，这是王先谦有生之年所能做到的最为完善的版本。

（二）纪年方式

《日本源流考》到《外国通鉴稿》到《西国通鉴二次稿》，纪年上的基本共同点：以干支纪年、中国皇帝纪年，放在最前。所不同的是：《日本源流考》同时使用干支纪年、中国皇帝纪年、日本天皇纪年三种纪年方式，连续纪年；《外国通鉴稿》与《日本源流考》纪年大致相同，只是中国皇帝与日本天皇的名称在纪年中更为具体，有些地方还增加其他国家帝王纪年，不讲究年代的严格连续性。在不讲究时间的连续性上，《外国通鉴稿》与《西国通鉴二次稿》很相似；《西国通鉴二次稿》中的纪年与前两书的明显不同是，增加西历公元纪年对照，删去日本天皇纪年，纪年方式注意采用各国不同纪年同时分布于同一年之中。

---

① 《西国通鉴二次稿》卷十九，叶二十三至叶二十五"甲午　元世祖至元三十一年　千二百九四"条。

（三）引用书目

《西国通鉴二次稿》引用书目除了《日本源流考》引用过的《年契》《编年表》《日本国志》等，还增加了很多王先谦这十多年所读过的书籍，如《印度新志》等。从《西国通鉴二次稿》引用书目可以看出，王先谦把他对外国认识的各种知识都调动了起来。

（四）叙述主线

三书都是编年体裁，叙述主线不同。《日本源流考》是日本一国史；《外国通鉴稿》以日本为叙事主线，亚洲其他国家同时发生的历史事件平行排布；《西国通鉴二次稿》叙事范围扩大，并非始终贯通地以日本为叙事主线，最前面几卷以埃及为主线。《西国通鉴二次稿》与《日本源流考》《外国通鉴稿》的一个最明显不同，是把中国纳入世界范围中去书写。

（五）资料来源

《日本源流考》资料主要来自《日本史》《和汉年契》等对日本历史事件有所叙述的典籍，《外国通鉴稿》的史料来源仍是以《日本源流考》的史料来源为主，其他史料来源因王先谦没有明显标注，难以做出明确论断；《西国通鉴二次稿》史料来源有三种：《日本源流考》之史料、《万国通史》、中国传统史书。由于参阅了《万国通史》，《西国通鉴二次稿》叙述范围超出《日本源流考》的日本、《外国通鉴稿》的亚洲，进而叙述亚欧非三洲国家历史。

（六）叙述时段

《日本源流考》总体时段应为始于公元前2349年到公元前2254年，迄于公元1893年，所跨时段在4147年到4242年之间。《外国通鉴稿》与《日本源流考》叙述时段一致。《西国通鉴二次稿》所叙介于公元前5004年到公元1902年，共6906年，近7000年历史，《西国通鉴二次稿》止于光绪二十八年（1902），补充了《日本源流考》所记载时间之后九年（1894—1902）的历史，其时间跨度之长，是《日本源流考》与《外国通鉴稿》无法比拟的。

（七）足本与残本

《日本源流考》正式刊行，保存完好，为足本。《外国通鉴稿》与《西国通鉴二次稿》均为残本。二十二卷《外国通鉴稿》缺少两页，即页71和页72，缺少从崇神天皇六年（前92）到十二年（前86）共7年事件。《西国通鉴二次稿》中缺少卷十三，即公元961至公元1019年共59年的历史事件。

总之，从《日本源流考》到《外国通鉴稿》，再到《西国通鉴二次稿》，在写作范围上，王先谦完成了对外国历史叙写的"三级跳"：从"一国史"延伸到"多国史"，又跨越到"多洲史"（亚、欧、非三洲）。仅《外国通鉴稿》到《西国通鉴二次稿》，即为"亚洲史"到"三洲史"的推进。

可惜由于现藏于北京大学图书馆的《西国通鉴初次稿》稿本已经严重破损，不能详览。如今此研究呈现的链条缺少一个环节，不免留下不小的遗憾。这个遗憾只能等《西国通鉴初次稿》的稿本能够影印出版，得以阅读之时，方能弥补。

第四节 王先谦的"外国观"

《日本源流考》《外国通鉴稿》《西国通鉴二次稿》，也体现了王先谦的"外国观"的逐步扩大过程。

一 晚清其他题名含"外国"的史地书

晚清还出现了几种国人所著的题目命名中含有"外国"的史地书。其"外国"的含义各不相同。

（一）许景澄著《外国师船图表》，光绪十一年（1885）石印本

共八册十五卷。英国（卷一、二）、法国（卷三）、俄国（卷四）、德国（卷五）、奥国（卷六）、义国（卷七）。卷八为日国、和国、葡国、卷九：丹国、瑞国、哪国，卷十：美国，卷十一：巴西、阿国、智国，卷十二：土国、希国，卷十三：日本国。卷十四到卷十六，为杂说。对每个国家都是先总说，次列师船表、给出一些重要船只的图画、最后附以船名洋文。

《外国师船图表》所涉18国，包括欧、美、亚三洲。此为一部专史，国家范围少。

（二）学部辑《外国地名对照表》，光绪宣统铅印本

这是一部中外地名对照之书，凡一册，共收入国名52个、地名1472

个。涉及五洲国名有：A部阿富汗、阿根廷，B部巴比伦（中央亚细亚古国）、俾路芝（亚洲国）、拜沈巴维利亚（德意志王国）、比利时、布护丹（亚细亚国）、布哈尔（西域汗国）、玻利非亚（南美民族国）、巴济（南美国名）、白尔根氏（法国州，旧为国）、缅甸（亚南国今属英），C部中印度（五印度之一）、智利、高丽（亚洲国），D部达哈美（西非国），E部厄瓜多尔、埃及，F部法兰西、法郎科尼（德侯国又北美山），G部日尔曼德意志（欧中央国）、廓提马拉（中美国在莫斯哥南），H部和兰滗国（欧西国）、阗都拉斯（中美英属），I部无，J部日本（亚东岛国），K部高丽亚韩国（亚洲国），M部麦格林堡瑞林（德大公国）、麦格林堡锡特勒（德大公国）、门的内哥黑山（欧洲国），N部那威（欧洲国）、奴密的亚（北非洲古国），O部无，P部巴拉圭（南美小国又其河名）、秘鲁、腓尼基（西亚古国）、波兰（欧洲古国今分属俄奥德三国）、葡萄牙、布路斯（德意志王国），Q部无，R部俄罗斯，S部撒克沙丁堡（德公国）、撒库泊峨达（德公国）、撒麦宁恩（德公国）、撒威迈生纳（德公国）、撒逊尼（德王国）、尚堡里皋（德侯国）、斯班尼亚（欧洲国）、瑞典（欧洲北部国）、瑞士（欧洲大陆国）、叙利亚（安息古国），T部脱兰斯瓦 外瓦尔（南非国），U部美国、合众国（北美洲国），V部委内瑞辣（南美洲国），W部瓦尔德克（德侯国），X部、Y部、Z部无。

该书是五洲52个国家的地名的英汉对照表，并不讨论各国历史，但所涉及的洲的范围比《外国通鉴》要广。

（三）陈伯龙辑《外国人物论》，新民书局，光绪三十年（1904）石印本

四卷，书内大题为：地球英雄论。卷一：泰西诸国选举议员资格得失论、剿匪洋将咥乐德克论、亚里斯多德论、琐格剌底论、弗拉的论、雅典均尼加斯底尼用兵得失论、该撒大帝论、马国王亚力山大论、提比名将贝比达意巴米能达合论、额拉吉来图论、汉尼巴力山大将略优劣论、摩羯陀国王阿输迦奉释迦牟尼教论、比利时王屋可尔第二兴、□康阁政策论、奥相美特涅论、土耳阿须曼公论、斯宾塞哲学论、英霍布士斯片娜莎政学异同优劣论。卷二为英法两国人物。卷三为法、德、美国人物。卷四以俄国、日本为主，兼有飞腊宾、哈那人物。

这是一部人物传记，选取亚、欧、美洲各国人物作为叙述对象。

（四）王□□撰《外国历史讲义稿》，抄本

两册，封面上题名"外史（第一本）上""外史（第二本）中"。全

文是学生记录1906—1908年听王教员讲述《外国历史》的课堂笔记。

上册标题不明显。主要包括：政体、各国之交通、五洲列强是趋势、殖民地政策、历史之定义、历史之别类、历史之范围、历史之民族、亚细亚欧罗巴之界、历史之地理论、六洲海岸线之短长比较、历史之时期、人之眼界、现今各国殖民。

分章节在书中以纸条夹注。第一章：万国历史中古代东方各国述略。分为五节：论埃及建国、进化论、埃及政治、埃及变法、希伯来建犹太国、亚述国、巴比伦都城之富丽壮大。第二章：东西文化接触与融合时代。第一节：希腊地势共分三部十八州、希腊故事略述之"和马史诗时代"等、斯巴达故事略述、雅典故事。下册：论第三篇：罗马大统一时代。第一节：罗马建国与政。又论第二节：罗马扩张版图之次第。统论第三节：希腊隆盛与霸权转移之状况。第四节：马其顿帝国勃兴与其分裂、罗马故事、论第三节：罗马内讧。第四节：罗马帝政时代，第五节：基督教之确立与其传播。论第四章：古代诸国民之国家与社会状态。第一节：古代东方各国之国家与社会。甲埃及、亚述、巴比伦、波斯。乙、腓尼基、希伯来。第二节：希腊诸市之国家与社会。第三节：罗马市府之国家与社会。论第五章：古代诸国民之文化。第一节：宗教。第二节：文学。第三节：美术与科学。第二编：中世史。论第一章：欧洲政教混乱时代。第一节：日耳曼氏族之转徙与建国。第二节：东罗马帝茹斯底年之伟业。第三节：阿刺伯勃兴与麻诃末教之传布。第四节：罗马教王与教会分裂。

此书的外国历史主要针对亚、欧、非三洲，按历史事件演变顺序讲解。首讲埃及历史。其后的叙述以罗马、希腊历史为主线，兼及其他国家的历史。叙述洲的范围与《外国通鉴》相同，也是一部通史，其侧重点与《外国通鉴》不同，《外国历史讲义稿》重点讨论其政治、文化、城市等。《外国通鉴》侧重于王朝世系更替、政治、攻伐战争等。

二　王先谦的"外国观"

王先谦的外国史地著作，没有对"外国"解释，可以据其叙述范围判断，王先谦所认识的"外国"范围在不断变化中。《五洲地理志略》曾引用《外国史略》《外国通鉴稿》，所叙仅限亚洲范围。到1916年《西国通鉴二次稿》，王先谦对外国的认识由亚洲而变为亚、欧、非三洲，而非洲主要是埃及，表明王先谦对外国认识的进一步深化。

晚清中国学者所著的以"外国"来命名的通史性著作，只有王先谦的《外国通鉴》。据王先谦的著述内容分析，其"外国观"包含以下几点：

（一）《外国通鉴序》中解释上古国家

1916年王先谦完成《外国通鉴》，有自序一篇，《西国通鉴二次稿》中未收此序，收在《虚受堂文集》卷六中。① 由该序，王先谦重视解释上古时期之古国。

1. 比王先谦的外国史地著作早70年成书的《瀛寰志略》"凡例"称外国为"域外""外国"。王先谦《外国通鉴》书名称"外国"，在《外国通鉴》自序中，他不称"外国""域外"，称"外域"；《日本源流考》序称日本以外的国家为"外邦"。②

2. 上古时期所记载的国家为大约范围，不能确指。

王先谦对《山海经》记载的上古之世所谓的"国"辨析，认为"自古以来中土志外域之全者，惟《山海经》。……上古之世无大国，水船山樏中，见闻荒忽，余疑《经》之所谓国者，当亦约略其区，未能包举其地"。

3. 据古书，上古可考之国不多。

"自五洲大通，天地之形豁然呈露。……山犹是山也，海犹是海也，而国之为国，更仆难终。执经以证其源流，上古可考者：鲁巨、燕、瓯、闽南北、倭、朝鲜、貊外，大荒海外乃更无可寻求。"

4. 古国产生时间不同。"其名有见于中古者，有起于近古者焉。"

5. 世界各国，无论大小都应重视。王先谦强调史书对大小国家都应记载"荒僻之岛，不遗细微；浡兴之邦，备详始末"。《外国通鉴稿》中记载了很多小国；王先谦撰述《五洲地理志略》，对大小国家、岛屿都纳入记载范围。

6. 世界各国，若遇到外国势力强盛，则会导致本国原有势力衰退。"予观古籍中外载籍，而知宇内四极，人民之流徙无常。若客民势盛，则土著退处，或遂衰绝。所在多有。此所以上古无人事可纪，而后世并无足怪之足征也。"

---

① 《文集》，"《外国通鉴》序"，第125—126页。以下所引未注明出处者，均来自此序。
② 《日本源流考》序，捌辑4—112下。

（二）与马礼逊《外国史略》中"外国"有所不同

据邹振环研究，《外国史略》是早期一部"西洋人谭西洋"的重要著述，是马礼逊父子先后接续完成的一部世界史。"外国"的名称确实是相对于"中国"而言，其核心与中国传统史书中的"外国"概念开始有了本质的差别。如《旧五代史》的"外国传"所记是契丹和吐蕃，主要是指少数民族政权；《明史》9卷"外国传"，将朝鲜、日本、琉球、吕宋、佛郎机、和兰、古里等亚洲、欧洲和非洲的不少国家写了进去，但其基本思路还是将这些国家视为"朝贡诸夷"的"藩邦"来认识，并不是将这些国家放到与中国平等的地位来叙述的。而《外国史略》则根本上改变了这一思路。①

《外国史略》将"外国"视为一个与"中国"完全对应的词汇。② 据《外国通鉴》成书过程，从王先谦对所叙国家称呼上看，他接受了《外国史略》的"外国"观念。《西国通鉴二次稿》所叙"外国"范围还包括中国，他的"外国"为"世界"一部分。

（三）仅称中国为"大"，对其他国家删去"大"

晚清各国史家写作历史书籍，习惯于称自己所属国为"大"，以此命名的史书有：（1）《大英国人事略说》，[英]马礼逊译，马六甲英华书院1832年版；（2）《大日本史》，[日]源光圀修，男权中纳言从三位源纲条校，日本嘉永四年（1851）刻本。（3）《大英国统志》，[普鲁士]郭实腊编著，1834年；（4）《大英国志》，[英]慕维廉编著，上海墨海书馆1856年版；（5）《大美联邦志略》，[美]裨治文编著，管嗣复改译，上海墨海书馆1861年修订版；（6）《大美国史略》，[美]蔚利撰译，黄乃裳润饰，福州华美书局1899年；（7）《大日本维新史》，[日]重野安绎，善邻译书馆明治三十二年（1899）商务印书馆代印。③ 这7部书中仅《大英国统志》是普鲁士人编著，其他6部都是

---

① 邹振环：《〈外国史略〉及其作者问题新探》，《中山大学学报》（社会科学版）2008年第5期。

② 《西方传教士与晚清西史东渐》，第80页。

③ 《西方传教士与晚清西史东渐》，附录提要介绍了其中六部书：（1）《大英国人事略说》，第337—338页；（3）《大英国统志》，第338页；（4）《大英国志》，第340页；（5）《大美联邦志略》，第340页；（6）《大美国史略》，第361—365页；（7）《大日本维新史》，第365页。

本国人所著的本国史。

传统中国学者编写的汉文文献内的"中国""华夏"才是"世界"的中心，清末中国人开始真正了解并接受"万国"的概念，但仍认为中国是"天下之最大"，中国文化为"天下之最高"，于是仍自称"大清国"，为了和"大清国"平等地对应，英美教士也在自己的国家名称前加上"大"字，于是就有了《大英国志》《大美联邦志略》这样的书名。①

《日本源流考》引用《日本史》《日本维新史》两书，原书是日本人所撰《大日本史》《大日本维新史》，王先谦引用时注为《日本史》和《日本维新史》，略去"大"，不能简单理解为使用简称，《日本源流考》所引书目基本不用简称。《五洲地理志略》，把中国排在第一，称"大清国"，其他国家之前一律不加"大"。王先谦承认外国为"国"，但在内心深处，仍觉得中国还是"天朝大国"，含有一定的情感因素在内，他是一个"中国中心主义者"。

"中国中心观"又被称为天下中国观，即中国和若干毗邻国家构成了整个"天下"，中国位于中心，四夷位于四周。大唐时代是中国的"华夷之说"增强巩固时期，唐朝强大，致使东夷南蛮西戎北狄争相朝拜。尽管宋代积弱，在北方辽、金、西夏政权压迫和封锁下始终处于守势，但是中国中心的思想亦没有减弱。明清时代中国中心观发展到顶峰。随着欧洲势力逐渐向东方渗入，中国中心观逐渐瓦解。1842年中英鸦片战争后，清廷被迫与英国签订了《中英南京条约》，中国沦为半殖民地半封建国家，中国中心观的基础被动摇。中国中心观是以中国为中心的，既体现了中国人的地理世界观，也表达了中国人的文化世界观。这种思想不断被加强，形成了一套华尊夷卑的思想体系，是否遵从儒家礼仪成为判断周边国家是否文明的重要标准之一。中国中心观与欧洲文明接触，受到挑战，从而严重受损。中国的学者被迫接受了西方的知识体系，开始了向西方学习的进程。②

19世纪，当欧洲中心观对中国各界人士影响很大的时候，王先谦仍坚持中国中心，这也是他的特殊所在。

---

① 邹振环：《〈大英国志〉与晚清国人对英国历史的认识》，《复旦学报》（社会科学版）2004年第1期。

② 潘娜娜：《欧洲中心观与中国中心观内涵演变研究》，《河南社会科学》2009年第4期。

第四章

《五洲地理志略》的内容及资料来源

王先谦《五洲地理志略》，共1014叶，每叶24行，每行25字，注释内容多于正文内容，全书共243万余字。

第一节 版本及成书过程中缪荃孙的作用

一 晚清湖南刊刻的域外史地书籍

晚清的湖南，有许多书局刊刻域外史地书籍，如：

海国图志一百卷　魏源撰　同治六年（1867）郴州陈氏刊　又光绪六年（1880）邵阳急当务斋刊

法兰西志六卷　（日本）高桥一郎撰光绪二十二年（1896）长沙湖南新学书局刊

米利坚志　（日本）冈千仞等撰　光绪二十二年（1896）长沙湖南新学书局刊

大英国志八卷　（英）慕维廉译光绪二十三年（1897）长沙湖南新学书局

瀛寰志略十卷　徐继畬辑光绪二十四年（1898）新化三味堂刊

日本国志四十卷　黄遵宪撰光绪二十五年（1899）长沙萧仲祁、王国柱刊

西洋舆地三种汇刻三卷　徐崇立撰　光绪三十二年（1906）长沙徐氏刊

外国地理讲义　曹典球译　光绪三十三年（1907）长沙思贤书

局刊

  五洲地理志略三十六卷首一卷 王先谦撰 宣统二年（1910）长沙湖南学务公所刊①

1867—1910年的40多年间，湖南共刊刻了域外史地书9种，其中《海国图志》《瀛寰志略》《日本国志》《五洲地理志略》等史地著作在中国历史上影响较大。不少书籍构成王先谦著述外国史地著作的重要资料基础：《日本源流考》曾引用《日本国志》；《五洲地理志略》曾引用《大英国志》《瀛寰志略》《外国地理讲义》。

二 湖南学务公所刊《五洲地理志略》

1905年王先谦开始编辑《五洲地理志略》，到1910年刊行，前后经历了6年时间。

（一）版本及名称

1. 版本三种

《五洲地理志略》，三十六卷首一卷，于清宣统二年（1910）由湖南学务公所刊刻本②。后来有合订三册，共分三帙，为鸿英图书馆藏，每册前均有"鸿英图书馆藏"的红色印章。这些版本只是分册不同，而各卷所含页数相同。1998年北京出版社"四库未收书辑刊"本及合订本都是以湖南学务公所版为底本的。

湖南学务公所刻本，作者题名为："赐进士出身 特赏内阁学士衔前国子监祭酒翰林院编修加三级 臣 王先谦谨撰"。书名题为：五洲地理志略。

四库未收书丛刊本，据宣统二年（1910）湖南学务公所刻本影印。

湖南学务公所本是《五洲地理志略》版本中最为通行的本子，除了"四库未收书丛刊"用该版本作为底本之外，国家图书馆数字图书馆中的数字方志所收录的《五洲地理志略》也以学务公所版本作为底本。

---

  ① 湖南省地方志编纂委员会：《湖南省志》（第二十卷：新闻出版志·出版），湖南出版社1991年版，第343—344页。

  ② 王先谦：《五洲地理志略》，湖南学务公所，清宣统二年（1910）刻本。

2. 书名六种说法及定名

各种典籍对《五洲地理志略》的名称共有六种不同的称呼：

第一种：《五洲地理图志略》。1905年王先谦开始编辑时用的是此书名，见于《王先谦自定年谱》1905年"始有编辑《外国通鉴》《五洲地理图志略》二书之举"①。《续清文献通考》卷二百六十七"经籍考"十一称此书为《五洲地理图志略》。

第二种：《五洲地理志略附图》。此说法见于《王先谦自定年谱》1909年"九月，《五洲地理志略附图》一册刊成"②。

第三种：《五洲地理图志》。此说法见于1908年抚院进书的奏折③及1910年王先谦七十岁生日时，瞿鸿机、吴庆坻、李宝淦、缪荃孙的寿文。④

第四种：《五洲地理志略》，1909年王先谦为该书写自序时用的是此名。⑤

第五种：《五洲地理志》。《续清文献通考》卷三百四十一到三百四十六，六卷"四裔考"以《五洲地理志》称之。

第六种：《五洲通鉴》。李肖聃《星庐笔记》⑥、张舜徽《爱晚庐随笔》。⑦

以上前四种，都在《王先谦自定年谱》中出现过，《五洲地理志略附图》专指此书中图的部分，一册。这四种是王先谦在编撰该书过程中不同时期的称呼。最后定名是《五洲地理志略》，王所写的序言，及刊行时的书内大题、版心，都用的是这一名称。后来《五洲地理志略》的名称就在各种研究的论文中出现，成为通用名。第五种：《五洲地理志》，是简称。第六种：《五洲通鉴》，是讹传，是错误的说法，是把《五洲地理志略》与《外国通鉴》的书名两者打乱造成的，其本意可能要说《五洲地理志略》。

---

① 《年谱》，第762页。
② 《年谱》，第774页。
③ 《年谱》，第764页。
④ 《年谱》，第791—798页。
⑤ 《文集》，第120—121页。
⑥ 《星庐笔记》，第71页。
⑦ 《爱晚庐随笔》，第293—294页。

（二）湖南学务公所

所谓学务公所，即一省的最高教育行政机构。它的前身是1902年6月俞廉三在省城设立的学务处。1906年5月13日，学部颁发的学务官制规定："各省业经裁撤之学务处，即改为学务公所，提学使督率所属职员，按照定章，限定钟点，每日入所办公。""学务公所设议长一人，议绅四人，佐提学使参画学务，并备督抚咨询。"学务公所分六科治事：普通教育科、实业教育科、图书教育科、专门教育科、会计科、总务科。它相当于今天的教育厅，议长有如厅长。如此重要机构的设立，标志着湖南教育行政职业化的开始。[①] 湖南学务公所共有员绅24人，其中新式学生9人，而5人为国内毕业。[②] 王先谦1907年任湖南学务公所议长。[③] 湖南学务公所曾经出版了一些书籍，如吴庆坻《补松庐诗录》六卷[④]。这个机构也曾经吸引了归国留日学生的参与。如俞浩庆、俞蕃同（1875—1909）、[⑤] 皮锡瑞（1850—1908）也曾担任湖南学务公所图书课长。[⑥]

（三）王先谦与湖南学务公所

1907年学部派王先谦任湖南学务公所议长，1907—1910年王先谦担任湖南学务公所议长的四年之间，他连续捐出自己的议长夫马银，给学务

[①] 周秋光：《熊希龄传》，百花文艺出版社2006年版，第253页。

[②] 《湖南学务公所员绅衔名履历清册》，《学部官报》第43册，1907年12月25日。转引自桑兵《晚清学堂学生与社会变迁》，广西师范大学出版社2007年版，第403页。

[③] 孙海林：《湖南第一师范名人谱：1903—1949》，湖南省第一师范学校2003年编印，第4页。另一种说法是，这是由吴庆坻提议的，引起了湘籍留日学生的不满，他们就委托熊希龄写了一份撤换王先谦湖南学务公所议长的禀稿，最后学务部没有委派王先谦出任。周秋光：《熊希龄传》，百花文艺出版社2006年版，第197—198页。

[④] 吴庆坻《补松庐诗录》六卷，宣统三年（1911）湖南学务公所铅印。张秉成、萧哲庵主编：《清诗鉴赏辞典》，重庆出版社1992年版，第1350页。

[⑤] 参见郑佳明主编，彭平一、陈先枢、梁小进著《湘城教育纪胜》，湖南文艺出版社1997年版，第139—140页。第一批官费留日学生的12人中，11人学成回国，其中至少5人在长达从事教育事业。俞浩庆曾经担任过湖南学务工所总文案，俞蕃同曾出任湖南学务工所实业科副科长。俞蕃同（1875—1909），字经颐，善化（今长沙）人，县学监生。1902年以官费留学日本，次年春回国，立志办教育。《湖南历代人名词典》编委会：《湖南历代人名词典》，湖南出版社1993年版，第344页。

[⑥] 皮锡瑞（1850—1908），晚清今文经学家，字鹿门，又字麓云，世称师伏先生。湖南善化（今长沙）人。中国孔子基金会：《中国儒学百科全书》，中国大百科全书出版社1997年版，第890页。

公所使用：1907年，捐银1400两。① 1908年，捐学务议长银2400两、谘议局筹办处会办夫马银1350两入学务公所。② 1909年，捐议长马银2600两、地方自治筹办处（咨议局改）会办夫马银1300两入学务公所。又捐银500两入泽善堂，集款施贫民棺木；300两入求仁堂，集款殓埋修造铁路发古冢枯骨。③ 1910年，捐议长夫马银2400两，地方自治筹办处会办夫马银800两（九月辞退）入学务公所。④ 吴荣政说："1907年到1910年他共捐学务公所议长、咨议局与地方自治簿备处会办夫马银万余两，筹建长沙城乡简易小学18所，许多贫困家庭之少年得以上学。"⑤ 经核算，《王先谦自订年谱》中所载王先谦共捐银13050两。宣统二年（1910）九月，《五洲地理志略附图》一册刊成，⑥ 由湖南学务公所刊，刻本。

三 缪荃孙与《五洲地理志略》

在王先谦撰写《五洲地理志略》过程中，在搜集资料等方面，获得了好友缪荃孙的帮助。

缪荃孙（1844—1919），近代学者。字炎之，一字筱珊，号艺风。江苏江阴人。光绪进士，授翰林院编修。先在丽正书院、精心书院执教，旋任京师学监、江楚编译书局主任，后又主讲南菁、泺源、钟山等书院。1906年创办江南图书馆。入民国后从事目录学研究。著有《艺风堂集》《近代文学大纲》，纂有《续碑传集》及地方志、文集、丛书多种。⑦

缪荃孙是王先谦学术上的好友。⑧ 王先谦曾函请他帮助寻找好的译本，并求其代购《万国通史》。"先谦近撰《五洲地理志略》，欲荟萃诸书，以史志法为之。搜书不多，尊处有好译本外地志否？上海有《万国

---

① 1907年，王先谦任湖南学务公所议长，《年谱》，第764页。
② 《年谱》，第768页。
③ 《年谱》，第769页。
④ 《年谱》，第789页。
⑤ 徐泰来：《中国近代史记（下，1840—1919）》，湖南人民出版社1989年版，第24—26页。
⑥ 《年谱》，第774页。
⑦ 冯天瑜：《中华文化辞典》，"葵园学派"，武汉大学出版社2001年版，第515页。
⑧ 关于王先谦与缪荃孙的学术交流，详见《王先谦学术思想研究》，第39—40页。

通史》（续编，前编蔡尔康所译）乞代购，示价照缴。"① 王先谦多次把自己撰写《五洲地理志略》的进展情况向缪荃孙反映，"先谦近况如常，时复避居乡间，纂辑《五洲地理》，扫除支蔓文义，来岁或可发刊"②。《日本源流考》和《骈文类纂》刻写完毕后，王先谦曾在信中告诉缪荃孙，等他来时奉送之。③ 他托弟子吴庆坻将撰写完成的《五洲地理志略》送给缪荃孙，"葵园师撰《五洲地理志略》，呈上一部，以备浏览。惜图成而侍去湘，无人为料理耳"④。

第二节 编排特色

一 各卷记载国家、地区

《五洲地理志略》卷首之前有目录，把各卷所记载的主要地区列了出来。包含卷次、洲、国家地区，⑤ 列表如下。

表 4-1 　　《五洲地理志略》各卷记载国家、地区

卷次	洲	国家范围	具体	备注
卷首				
卷一	亚洲一	大清国一	直隶省、盛京省、吉林省、黑龙江省、江苏省、安徽省	将大清国安排在最前，占四卷，记载了二十六个省
卷二	亚洲二	大清国二	山西省、山东省、河南省、陕西省、甘肃省、新疆省	
卷三	亚洲三	大清国三	浙江省、江西省、湖北省、湖南省、四川省、福建省	
卷四	亚洲四	大清国四	广东省、广西省、云南省、贵州省、内蒙古、外蒙古、青海、西藏	
卷五	亚洲五		日领朝鲜国	
卷六	亚洲六	日本国		

---

① 缪荃孙等撰，顾廷龙校阅：《艺风堂友朋书札》（上册），上海古籍出版社1980年版，第36页。
② 《艺风堂友朋书札》（上册），第36页。
③ 《艺风堂友朋书札》（上册），第35页。
④ 《艺风堂友朋书札》（上册），第228页。
⑤ 《五洲地理志略》目录，捌辑4—580下到4—583下。

续表

卷次	洲	国家范围	具体	备注
卷七上	亚洲七		英领缅甸国、思丹门群岛、尼科巴群岛	从此开始记载英国领地，点明是"英领"的达39处，遍布亚、澳、非、美
卷七下	亚洲八		暹罗国；英领马来诸国、潘劣克、沙刺我、圣皆乌藏、尼格里诸小国、彭亨、朝豁尔、英领海峡属地、槟榔屿、马喇加、新加坡、英领坎林群岛、克力司墨司群岛；法领安南国	从此开始记载法国领地，点明是"法领"的14处，遍布亚、澳、非、美
卷八	亚洲九		英领爪哇、苏门答腊、西里百、婆罗洲；美领菲律宾群岛（即吕宋岛）	作者注曰：总为马来群岛
卷九上	亚洲十		英领印度国一	
卷九中	亚洲十一		英领印度国二	
卷九下	亚洲十二		英领印度国三	
卷十	亚洲十三		波斯国、阿富汗国、英领俾路芝国（三国总为伊伦高原）、阿剌伯国	
卷十一	亚洲十四		亚细亚土耳其	
卷十二	亚洲十五		亚细亚俄罗斯一	
卷十三	亚洲十六		亚细亚俄罗斯二	
卷十四	澳洲一		英领非几群岛、汤格群岛、尼那富、尼华群岛、塞佛支群岛、哈维群岛、沙罗门群岛、三太克拉士群岛、其尔般群岛、安里斯群岛、非尼克斯群岛、犹尼恩群岛、曼尼希基群岛、买诺群岛、牛希伯利群岛；德领华士马克群岛、马什尔群岛、沙摩亚群岛、喀罗林群岛、马利阿那群岛；法领牛坎雷多尼亚、犹衣或华利群岛、惑痕群岛、梭赛依替群岛、巴马多群岛、奥斯脱兰耳群岛、克里般群岛；美领夏威夷、瓜摩岛、土退拉、马奴亚	从此开始记载德国领地，点明是"德领"的5处，主要在澳、非两洲
卷十五	澳洲二		英领新南韦而司、维多利亚、坤司兰、南澳斯太利亚、西澳斯太利亚、牛几内亚（英、荷、德分领）、新西兰岛、达斯马尼岛	牛几内亚（英、荷、德分领）
卷十六	非洲一		埃及国、英埃苏丹国、阿比西尼亚国、意领欧里脱里亚、意领梭曼里兰、摩洛哥国、班领泼雷西骄	意大利仅在非洲有领地两处；班领五处，主要在非洲

续表

卷次	洲	国家范围	具体	备注
卷十七	非洲二		英领冈比、英领西欧拉良、英领金岸、英领拉高斯、梭科拖国、根多国、巴奴国、奴不国；法领几内亚与富皆太郎、法领苏丹及替白土等、法领科特迪瓦与康、法领打呵摩；葡领几内亚、葡领佛狄角群岛、葡领圣道摩与圣泼陵西；班领覆能多波、班领恩脑保、班领坎满伦斯科、班领三仲恩角；德领几内亚、力比里亚国；德领坎满伦司；比领康哥国、法领康哥、韦对国、彼日迷国、坎耐国、葡领恩哥喇、德领西南非洲	葡萄牙领地在非洲有四处。比利时在非洲也有一处领地
卷十八	非洲三		英领桑给巴、英领东非洲、普领东非洲、德领东非洲、英领梭曼利兰、英领梭科脱剌、法领马达葛士加岛、法领哥摩罗群岛、英领毛里削斯岛、英领塞舌勒群岛、英领罗德给岛、英领采哥群岛、英领喀哥多斯岛、英领亚密兰群岛、英领爱耳打巴拉岛、法领路尼恩岛、法领圣保尔岛、法领牛阿摩司段德忌、法领叚贵伦群岛、英领岌科仑尼、英领耐脱尔、英领若卢兰、英领汤格兰、英领巴什多兰、英领彼春那兰、英领湄推比里兰与曼双那兰、英领中非洲、英领脱郎斯寓耳、奥凌资河领地	普鲁士在非洲有一处领地
卷十九	美洲一		英领那佛司科西亚、依德华岛、牛不伦岛、牛芬兰岛、腊不拉多、贵北、安大利疴、马宜多巴、哥伦比亚、诸属地（总名坎拿大）；法领米贵伦与圣庇尔	
卷二十上	美洲二上		缅国、牛罕什尔国、洼望国、麻萨朱色国、罗德岛国、千纳底可国、牛约克国、牛日西国、宾西洼你国、特拉华国、南加罗里那国、乔治亚国、佛罗里达国	美洲二、三，总为美利坚和众国
卷二十下	美洲二下	地理兵要述略上		
卷二十一上	美洲三上		西勿吉尼国、根特机国、倭海阿国、音的阿那国、伊里内国、密执安国、韦司康沁部、明耐梭塔部、罗华部、弥梭里国、北带科大部、南带科大部、尼勃拉斯加部、干塞司部、汀耐西国、阿拉巴马、密士失必国、鲁西阿那国、得撒国、亚克拉呵马部、阿干萨国、土人地、望大那部、外痫明部、可罗拉多部、新墨西哥属地、阿利素那部、有大部、尼佛大部、依大和部、华盛顿部、痫里刚部、加利福尼部、阿拉斯喀	
卷二十一下	美洲三下	地理兵要述略下		

续表

卷次	洲	国家范围	具体	备注
卷二十二下	美洲四		墨西哥合众国 瓜地马拉国、萨马多国、閧都拉斯国、尼加拉瓜国、哥斯得里加国、英属閧都拉斯国（总为中美洲）、古巴岛、般拖运科岛（以上美领）、海地国、都民尼加国、巴哈马国（以上自主）、阿德克司库岛、牙买加岛、坎曼司、里华群岛、文华群岛、剔离尼旦、多巴峨（以上英属）、瓜达鹿比、马的尼（以上法属）、圣古斯与圣约翰（丹属）、维尼若伦群岛与圣马丁等（荷属） （总为西印度群岛）	
卷二十三	美洲五		巴西国、瓜阿那（英荷法分领）、巴拉圭国、委内瑞拉国、哥仑比亚国（巴拿马国附）、厄瓜多国、秘鲁国、玻利非亚国、智利国、亚尔然丁国（巴他峨拿附）、乌拉圭国、英领覆克兰群岛、英领南乔治亚岛 （总为南美洲）	
卷二十四	欧洲一	俄罗斯国一		
卷二十五	欧洲二	俄罗斯国二		
卷二十六	欧洲三	俄罗斯国三		
卷二十七	欧洲四	俄罗斯国四		
卷二十八	欧洲五	土耳其国、勃耳格里亚国、赛维阿国、蒙尼各罗国、罗美尼亚国、希腊国 （总为巴尔干半岛）		
卷二十九	欧洲六	英吉利国一		
卷三十	欧洲七	英吉利国二		
卷三十一	欧洲八	法兰西国、安道尔（附）、摩纳哥国（附）、瑞西国		
卷三十二	欧洲九	德意志国		
卷三十三	欧洲十	意大利国		
卷三十四	欧洲十一	奥大利国、匈牙利国、光石国（附）		
卷三十五	欧洲十二	荷兰国、比利时国、卢森不尔尼（附）、瑞典国、挪威国、丹麦国		
卷三十六	欧洲十三	西班牙国、葡萄牙国		

二 卷首总论洲、海

《五洲地理志略》卷首很有特点。包含序言、例略、引用书目、释洲、释海。

(一) 序言中对欧洲辩证分析

王先谦于1901年完成《五洲地理志略》，自为序：

> 五洲环列，人虱其中，饮食衣服男女，同也。其异者，亚洲喜土著而畏远游，惟无俚者，不然。欧人则行商迁居，莫不意轻数万里。是故，世无欧人，必无美非澳三洲，无三洲，则地球不通。故欧人者，今世界之枢纽也。亚洲，礼仪之邦，中华最古，数千年来，圣君贤佐，汲汲孜孜，惟以养民为务。至于本朝统一胡汉，先衣裳而后兵革，遏寇虐而亟安怀，上下一体，中外一视。欧人则所趋在利，所尚在气，夺人地、夷人国，以殖吾民，而彼民之生计有无，弗问也。明明灭人国，美其名曰"保护"。但蕲我武之扬，虽穷兵如拿破仑，伏尸百万，流血千里，而民无怨毒其上之心，其异趣也。若此人之生也，莫不愿似续我人，笑语我室，而去不返顾，视死如归者，岂天之降才固殊哉！盖西人为学，以象数为体，工商为用，军旅为辅，其于文字，历史近之矣。百家杂出，各以术鸣，而道之大原，或未之知也。见有君上也，俄焉非有君上也；见有子孙也，俄焉若无子孙也。伦纪之爱薄，故乡土之念，轻仁让之意微，故争竞之情炽。非诗书不能和柔其血气，非道德无以澡雪其性天，此盖俟之千百年后者也。臣生五洲大通之世，年力衰谢，不能周历百川，开拓胸臆，滋用为愧。泛览诸志，叙述歧分，译音互殊，难可推究。爰综厥纲领，汇为一编，欲以祛纽弄之迷惑，资方隅之考求于所不知义从，盖厥后之君子幸无执其方闻笑此穴见也。①

该序言认为五洲之人"饮食衣服男女"是共同的，不同的是亚洲与各洲人的风俗。对欧洲采取辩证的看法：对其发现三大洲持肯定态度；激烈讽刺、批评其殖民扩张"欧人则所趋在利，所尚在气，夺人地、夷人国，以殖吾民，而彼民之生计有无，弗问也。明明灭人国，美其名曰'保护'。"把欧洲人在全世界侵略扩张的实质指了出来。

(二) 释洲定名

晚清的世界地理志，多以洲为排序方式，叙述每洲，先总论，后各

---

① 《年谱》，第774—775页。

国。如1902年日本中村五六编纂，番禺周起凤译述《万国地理志》，[①] 第二编至第七编依次讲亚细亚洲、欧罗巴洲、亚非利加洲、北亚美利加洲、南亚美利加洲、澳西尼亚洲各洲地理。对各洲都是先总论，后各国。又如1906年的《瀛寰全志》第二编目录：一、总论；二、大清国；三、高丽；四、日本（附琉球、台湾）；五、亚洲俄属地；六、亚洲土耳其；七、亚拉伯；八、波斯；九、阿弗干；十、备鲁支；十一、印度 附尼泡勒、布炭、西伦。十二、印度支那。

《五洲地理志略》依照各国顺序排列各卷内容。卷首是各洲、海总论，包括"释洲""释海"两部分。依照亚细亚洲、欧罗巴洲、阿非利加洲、亚美利加洲、大洋洲的顺序，从四至、四邻、洲名的由来等方面"释洲"，对名称的由来，解释尤为清晰：

> 亚细亚或云安息，声转也。古安息国初居里海东南，临阿母河，后强大，拓地至里海西南，抵波斯海湾，邻罗马东界。故当时罗马人知安息，不知极东更有秦、汉，遂相沿此称此洲为安息。安息亦称阿萨。古时希腊人呼阿息阿亚，息、细音尤相近，收音之亚，犹英吉利斯、意大利之例耳。或云亚细亚，东方及太阳之义，犹云东大陆、日出处。或云亚细亚，东土耳其域明，相沿被之全洲。

> 欧罗巴或云希腊人称其国西地之名也。其始不过一地之称，后遂被之全洲。或云古腓尼西人称其国西曰伊列比。伊列比者，日没又西之义也。欧罗巴与伊列比，西字音读相近。后人相仍，转变遂成今名。

> 阿非利加，古迦太基国一小郡之名，西纪前百六十年，罗马灭迦太基，收为郡县，统名曰阿非利加省，遂延为全洲之称。

> 亚美利加，以人名命洲名也。当千四百九十二年哥伦布发现新地后，有意大利人亚美利加者于千五百一年受葡萄牙政府之命，往探南美利加海岸，归而著地势风土记，附以己名，其书大行，自是新大陆称亚美利加。

> 大洋洲，乃澳大利亚大陆及太平洋中无数大小岛屿相合而成，又

[①] ［日］中村五六编纂，［日］顿野广太郎修订，周起凤译述：《万国地理志》，上海广智书局光绪二十八年（1902）铅印本。

称太平洋洲，或呼海洋洲，又称澳洲，亦称阿西尼西亚，一作阿削尼亚，一作俄西尼亚嘎，或作俄西洋尼，又作亚欣尼亚，皆一音之转，译即大洋洲之音。①

王先谦叙述各洲的名称由来，举出多种说法，最后为之定名：

1. 取"洲"，弃"州"

晚清之前艾儒略著《职方外纪》、南怀仁著《坤舆图说》称各大洲为"州"。晚清所见到的域外地理志，讲到世界大洲，一般都是先总说各洲，再到各洲具体国家，对"州""洲"称呼有大量的混用现象，易造成歧义。

1852年马礼逊父子《外国史略》称各洲用的词语就徘徊在"洲""州"之间："亚非利加州""欧罗巴洲""亚默利加大地分南北两州"。对美洲称为"亚默利加大地"。1883年慕维廉《地理全志》称"州"：分为五洲进行叙述：亚西亚全志、欧罗巴全志、阿非利加全志、亚墨利加全志、大洋群岛全志。

1907年出版于思贤书局的《外国地理讲义》，三卷附录一卷，是曹典球译自日本堀田璋左右所述的书籍，五洲排序为：亚细亚洲、大洋洲、北亚美利加、南亚美利加、欧罗巴、阿非利加。《外国地理讲义》与《五洲地理志略》都把亚洲、大洋洲，作为最前面的两洲排列，称呼为"洲"字。

2. 定五大洲名总称

以上所举例子中对五大洲的定名，各有不同，王先谦读过这些书，他经过比对，在"释洲"中定五大洲全名为：亚细亚洲、欧罗巴洲、阿非利加洲、亚美利加洲、大洋洲。《五洲地理志略》卷首解释的是五大洲的全名，在目录中，使用五大洲的简称：亚洲、澳洲、非洲、美洲、欧洲。

（三）释海

解释了几个概念：海、港、湾、支海（内海）。对五大洋：太平洋海、大西洋海、印度海、北冰海、南冰海的四至都有说明。北冰洋支海（多岛海、白海）、大西洋支海（地中海、波罗的海）、地中海支海（亚得利亚海、爱琴海、黑海、亚速海）、北美洲支海（亚美利加地中海、加勒

---

① 《年谱》，第781—782页。

比海)。

指出"海之为物,与地始终。部分滋夥,主名遂殊。"列出了在亚洲、大洋洲的随太平洋、印度洋、北冰洋、大西洋、地中海地异名之海。

三 欧洲为"五洲"末位

《五洲地理志略》五洲的排序为：亚洲第一、澳洲第二、非洲第三、美洲第四、欧洲第五。各洲记载占的比例也不同。亚洲十三卷（卷一到卷十三）、澳洲二卷（卷十四、十五）、非洲三卷（卷十六到卷十八）、美洲五卷（卷十九到卷二十三）、欧洲十三卷（卷二十四到卷三十六）。这种以欧洲作为最后一个洲的排序方式，此前的晚清外国地理书籍均未曾采取过。此前对各洲排序有以下几种情况：

1. 亚、欧、非、美四大洲

1819 年在马六甲出版的供学生用的简明教科书，1 回论地分四分，即亚、欧、非、美。[①]

2. 欧、亚、非、美四大洲

1822 年，《全地万国纪略》在马六甲出版。其中将世界分为四大洲，分《论有罗巴列国》《论亚西亚列国》《论亚非利加列国》《论亚默利加列国》。这是最早出版的一本汉文地志。[②]

3. 欧、亚、非、美、澳五大洲

1847 年《外国地理备考》，卷 4 至卷 10 为地球总论及欧、亚、非、美、澳五大洲全志。[③]

4. 亚、欧、非、美、大洋五大洲

1853—1854 年墨海书馆出版的慕维廉辑译的《地理全志》，上编卷之一亚西亚全志，卷之二欧罗巴全志，之三阿非利加全志，卷之四亚墨利加全志，卷之五大洋群岛全志。[④]

5. 亚、欧、非、澳、南北美洲

1856 年版的《地球说略》，有亚洲、欧洲、非洲、澳洲、南北美洲

[①] 《晚清西方地理学在中国》，第 354 页。

[②] 同上书，第 355 页。

[③] 同上。

[④] 同上书，第 356 页。

图说。①

6. 亚、欧、非、北、南美洲五洲

1882年版的《地理志略》，第17—99章谈亚洲、欧洲、非洲、北美洲、南美洲。②

7. 亚、欧、美、非、澳（五洲）

1882年版的《地志须知》，分6章，其中后5章，主要介绍亚、欧、美、非、澳五洲。③

以亚洲为第一，欧洲第二，甚至也有以欧洲为第一的，这是晚清世界地理学的主流排序方式。1903年版的《万国地志》欧罗巴总论曰："欧罗巴之于六大洲中，为近日文明诸国之所在，或因其冠字单称欧洲，或因其位置在东洋之西，而滨于大西洋，称西洋诸国，即东洋之对称也。"④

《五洲地理志略》所引用的各种世界地理书对五洲有不同的排序，王先谦采取的这种排序，很难给出令人信服的解释。1898年的《五洲图考》解释"五洲方域"："天下水陆两分，土分新旧。以自昔著名者谓之旧土，以后时寻获者谓之新土。新旧兼合，总名五洲。旧土三洲，曰亚细亚、曰欧罗巴、曰亚斐利加，新土二洲，曰亚墨利加、曰澳削尼亚。五洲之中，亚细亚为人类为人类肇生，圣贤首出之地，南北亚墨利加次之，次为亚斐利加，又其次为澳削尼亚，欧罗巴土地最小。"⑤王先谦引用过《五洲图考》中的内容，但并未引此段话，王先谦把亚洲排在首位，也未必是因为其"为人类肇生之地，圣贤首出之乡"；把欧洲排在最后，也未必是因为其面积最小。

对王先谦《五洲地理志略》把欧洲排位最末，孙玉敏解释为"王先谦认为欧洲尚且需中华文化的教化。"⑥并引用《五洲地理志略》原话诠释。

---

① 《晚清西方地理学在中国》，第356—357页。

② 同上。

③ 同上书，第358页。

④ ［日］矢津昌永撰，樊炳清译：《万国地志》中卷"欧罗巴总论"，成都志古堂，光绪二十九年（1903）刻本。

⑤ 龚柴撰，许彬续撰：《五洲图考》"总论·五洲方域"叶十一，光绪二十八年（1902）徐家汇印书馆铅印本，四册。

⑥ 《王先谦学术思想研究》，第199页。

据《五洲地理志略》的"释洲",把亚洲、欧洲分别排在最前和最末,是取"或云亚细亚,东方及太阳之义,犹云东大陆、日出处。""欧罗巴或云,或云古腓尼西人称其国西曰伊列比。伊列比者,日没又西之义也。"即分别取"日出""日没"之意。这个说法应该最能体现出王先谦的本意。《词语缘起大观》中对"亚细亚"名称的由来,与王先谦解释的有异曲同工之趣。认为亚细亚是"太阳升起的地方"。并由公元前2000年初,地中海东岸的新民族腓尼基人的称呼,来解释其缘由,他们把地中海以东的陆地,泛称为"Asu"意思是"太阳升起的地方""日出处";反之,将爱琴海以西的全部地区,统一称为"Ereb",意思是"太阳落下的地方""日没处"。"Asu"为"太阳升起的洲"——就是腓尼基人所在的方位。"Asu"加一后缀,构成 Asia,就是亚细亚洲。① 从亚洲写起到欧洲结束,即从"日出处"到"日落处",这种解释符合情理和一般思维逻辑。

四 以"国"为序,大清国为第一

《五洲地理志略》的叙述顺序,在目录中以洲到国排列,孙玉敏认为是以"洲"为序的。② 正文三十六卷,并未总论各洲,而是按照"国"的顺序排列叙述的。所谓"亚洲一"等标记,仅为罗列其地理所属的地域,实质顺序是按照"国"。

如卷二十九、卷三十叙英吉利地理。③ 卷二十九包含以下几部分:先是总括:解释英吉利的名称、政体(英国世袭有限君主之国)、总地理特征。总地理特征包括四邻、气候、面积、人口(特别强调1853—1898年英国迁往外国的人口为8549555人)、耕地、草场、树林、物产、产业(绵羊、织布、铁路、商船)、贸易(入口、出口)、税务、军队、学校、行政区划等。其次,记载英伦诸府:彼覆府、般克府、坎辟里治府、采府、噶般兰府、段比府、特逢府、段哈府、依廉府、爱塞克司府、哈摩府、希儿覆府、黑儿覆府、肯德府、雷西司德府、林肯府、伦敦府、迷特尔塞克斯府、蒙摩司府、那覆克府、拿达般兰府、脑汀哈府、拉兰府、什

---

① 李栋:《词语缘起大观》,黄山书社2007年版,第522页。
② 《王先谦学术思想研究》,第199页。
③ 《五洲地理志略》,卷七上捌辑5—221,5—222。

劳府、沙满塞脱府、司答复府、杀覆克府、怀韦克府、韦司麻兰府、怀寒脱岛府、韦尔得府、约克府、恩格尔西府、勃里肯府、喀第根府、喀马伦府、喀拿逢府、迷良司府、蒙过满里府、兰拿府、曼岛、英峡群岛。对这些地方的介绍都有人口数目，其他根据具体情况涉及其热度、学校、面积等。卷三十主要是介绍苏格兰的地理，介绍方式同第二十九卷，从总体到分府介绍。

南怀仁《坤舆图说》认识到中国的地位，"亚细亚州，列举其大国，首推中国。"《五洲地理志略》把大清国作为所述国家之第一。"徐志云：坤舆以中国为主，疆域之界画，山川之形势，人人知之，不烦观缕。……仍以中国居首以省叙列焉。雷志无取。"① 把中国放到了世界的范围中进行叙述。

中国人自己把帝国分为三个主要部分，按不同的行政管理形式，而不是按地理条件来区分。（1）十八行省：除了微小的增添之外，即是1664年满族人所征服的地方。（2）满洲：满族的故乡，从辽东湾直至黑龙江，东至乌苏里江。（3）属地：包括蒙古，伊犁（由准噶尔和东突厥斯坦构成），库库诺尔和西藏。② 这是晚清多种地理著作对中国描述的标准。王先谦所著《五洲地理志略》按照26个省份展开，把中国的资料整合在一起。《五洲地理志略》只在中国国名前用"大"字。

《五洲地理志略》引用过《五洲图考》。《五洲图考》共记载五洲66个国家和地区，其中记载中国26个省份：满洲、盛京、吉林 黑龙江、直隶、江苏、安徽、江西、浙江、福建、湖北、湖南、河南、山东、山西、陕西、甘肃、新疆、四川、广东、广西、云南、贵州、苗民、蒙古、青海、西藏。介绍各地，先名称演变，次立国过程、行政区划、风俗、地形地势、物产等。

《五洲地理志略》记载中国26省：直隶省、盛京省、吉林省、黑龙江省、江苏省、安徽省、山西省、山东省、河南省、陕西省、甘肃省、新疆省、浙江省、江西省、湖北省、湖南省、四川省、福建省、广东省、广西省、云南省、贵州省、内蒙古、外蒙古、青海、西藏。其中多数名称与

---

① 《五洲地理志略》卷一，宣统二年（1910）湖南学务公所刊本，叶一。
② ［美］卫三畏（S. Wells Williams）著，陈俱译，陈绛校：《中国总论》（上册），第一章"全国区划与特征"，上海古籍出版社2005年版，第5页。

《五洲图考》相同，不再用"苗民"；不再仅用"蒙古"，而是用"内蒙古"与"外蒙古"加以区分。

很明显，《五洲地理志略》所定中国26省的名称受到了《五洲图考》的影响；把直隶省放在第一，是受到《万国新地志》的影响。①

《五洲地理志略》叙述各省。正文从疆域、面积、所领的府州县总数、各府的具体情况来展开。注文中介绍其物产、地势、水道、交通、海岸。如卷一直隶省，正文叙述其顺天府、承德府、朝阳府、河间府、天津府、顺德府、大名府、宣化府等。注文引用《王书》（长沙王达《中外地理教科书》）解释地势、水道、交通，引用《讲义》（日本堀田璋左右《外国地理讲义》）解释海岸。

《五洲地理志略》，把中国安排在第一，在目录中仅仅中国之下将具体省份名称列出，占了四卷篇幅，重点叙述中国地理是《五洲地理志略》的一个显著特征。

第三节　内容特色

《五洲地理志略》对各地地理描述，体现出以下特色：大小国兼顾、详中国、略外国、重视沿革、经济发展、国际贸易等。

一　重大国，兼小国

《五洲地理志略》篇幅比重分配，着重大清国（四卷）、英领印度国（三卷）、俄罗斯（亚细亚俄罗斯二卷；俄罗斯国四卷）、英吉利国（二卷）。这些国家都是晚清时期的大国。

这些国家的地位在晚清时期不同的地理书籍中都有论述。

道光二十八年（1848）《瀛寰志略》对几国的地位论述为"今西土论国势者，英吉利第一，佛郎西第二，俄罗斯第三，奥地利第四。"② 何秋涛《朔方备乘》："俄国居第二：《每月统纪传》曰：论西国之权柄，大有势力，英吉利为第一，俄罗斯为第二，法兰西为第三焉。"

---

① 后文将比较《五洲地理志略》与《万国新地志》。
② 徐继畬：《瀛寰志略》卷五，道光二十八年（1848）。

对俄罗斯地位的论述,"泰西诸国跨亚细亚欧罗巴两土者,惟俄罗斯与土耳其两国。土耳其疆域之大,不及俄罗斯。"①

对英国地位的论述,《泰西新史揽要》认为,1893 年,英国处于世界之冠的地位。"中国光绪十九年,岁在癸巳,实为西历一千八百九十三年留心时事者咸谓英国之富强,冠于万国。"② 1903 年《万国地志》中卷"欧罗巴总论"中有"国势"一栏,对欧洲各国的国势,从面积人口、交通(列出各国铁路里数,按照每人口一万、每面积百万英里所有铁路英里数)、金本位国、银本位国(按照国名、岁入额、岁出额、国债额、输入额、输出额几项列表)这几个方面列表对比。单从财政方面来看,英吉利是金本位国家,光绪二十年(1894),其岁入额、岁出额、国债额、输入额、输出额(以人口一为计,以求其比例)分别为:11.62、11.48、85.89、60.66、36.33。所有这些数字在本表中所列的各国中都居于最高。③《万国地志》重视国势,体现了晚清舆地学家已经开始重视各国综合力量了。

历来舆地学家描述世界地理,重视大国,而在世界地理变动中,某些小国,在一定时期即使出现,也极易遭到舆地学家忽视。《五洲地理志略》引用龚柴著《弹丸小记》这本很难引起别人重视的小书。《弹丸小记》一卷,正文仅 624 字,记录的是舆地学家所认为的小国之外更小的国家——欧洲小国摩尔奈。"舆地家之论小国者,率以法兰西之摩纳哥、意大利之森马林、日尔曼之光石界于西班牙,与法兰西之安道尔为口。"龚柴按照由大到小的顺序依次列出当时被公认为小国的安道尔、光石、森马林、摩纳哥的面积。进一步指出欧洲之国极小者是摩尔奈,"计其方里,约得一九之数,析其纵横各得三里。"④ 摩尔奈比一般舆地学家所公认的以上四个小国更小,介绍摩尔奈人数、从业、矿藏、官职、赋税情况。特别强调其立国起因:1815 年,各国勘定疆域,对摩尔奈争执不下,

---

① 徐继畬:《瀛寰志略》卷五,道光二十八年(1848)。
② [英]马恳西著,李提摩太译,(清)上海蔡尔康芝绂述稿:《泰西新史揽要》卷四,光绪二十二年(1896)上海广学会刻本。
③ [日]矢津昌永撰,樊炳清译:《万国地志》中卷"欧罗巴总论",叶十六。成都志古堂,光绪二十九年(1903)刻本。
④ 龚柴:《弹丸小记》,王锡祺辑《小方壶斋舆地丛钞》第十一帙,杭州古籍书店 1985 年影印版。

最终摩尔奈立国。最后议论"以弹丸之地立国称王，介数国之间又安无事，岂强邻字小，不欲灭此而朝食邪？抑国小民贫，得之不足以取盈邪？呜呼！抑又奇矣。"王先谦重视小国，引用了《弹丸小记》记载的被一般舆地学家所忽略的小国的地理情况。

二 详中国，略外国

《五洲地理志略》把中国排列在第一位，仅称中国为"大"。详中国、略外国。

《五洲地理志略》所依据的主要书籍是《万国新地志》，译者何育杰："惟著者为英人，故于其本国及其属地较详"。强调了原书作者是英国人，详于英国。

王先谦著《五洲地理志略》，同样"详于本国"，对中国记载尤其详细，目录中对中国的26个省一一罗列，对中国所涉及的内容叙述甚是详尽，仅直隶省的交通就从海运、铁路、电话线几方面详述：

《王书》云：航路自天津，东南通之罘、上海，东北通营口，东通朝鲜仁川及日本长崎。如塘沽、如秦皇岛、皆为沿岸停泊之埠。又铁路已成者，凡五。一京津路（自天津北，经杨村、黄村，至京凡二百四十里）。一津榆路（自天津，东达塘沽，又东北经蓝台、开平、□荆、昌黎、山海关，与关外铁路接，长七百里）。一京汉路（自京师西南行，过卢沟桥，经良乡、沃州、定临、安肃、保定、望都、定州、新乐、正定，又南经元氏、高邑、临城、内邱、□德、沙河、邯郸，至磁州，南与河南彰德路接，长约千一百里。）一正太路（自正定西经获鹿、井陉，出故关，与山西平定州路接，约二百三十里）一京张路（自京师西北出居庸关，经攘来、宣化，至张家口）。拟修者有二：一津保路（自天津西经信安镇、霸州霸县，至保定，凡三百二十里）。一津镇路（自天津南经静海、沧海、南皮、东光，与山东德州路接，此路拟改为津浦路）又自京师往各省之孔道，一东出山海关，达盛京绥中（中经□州、三河、玉田、丰润、抚宁、临□）一西出紫荆关，达山西灵邱（中自荷州分路，西经涞水、易州、广昌）一南涉平原，达山东德州（中自涿州分路，南经新城、雄县、渡白洋淀，经任邱、河间、献县、阜城、景州）一北出古北口达热河（中经原义、密云、攘平），皆驿路也。又电线由京师西北通库伦（怀来、宣化、张家口皆电局所在之地，下同），南通济南（通州、天津、沧州，由通州分古北口、承德、平泉、建昌、朝阳）西南通太原（卢沟桥、保定、定州、正定、获鹿，由获鹿分顺德、磁州，以达开封，又由顺德分广平、大名）由天津东北通奉天（大沽、塘沽、北塡、卢台、乐州、山海关，由山海关分秦皇岛）。海线则自大沽东通之罘，电话线，北京、天津已设之。今并增设无线电。①

直隶省的交通，已运行的交通路线、拟建设路线的起始点、经过地区等都罗列出来。对中国其他各省交通，都一一详细介绍。

其次，记载中国各地，既注意历史沿革，又与晚清发生的国际关系相联系。如法库直隶厅、凤凰直隶厅、吉林府都属于"中日新约十六埠之一"。安东，"光绪二十九年（1903），《中美新约十二款》中国自开商埠。"② 又如吉林省疆域，"西北以松花江界，蒙古西界，盛京东界，俄领东海滨省，南以长白山、图们江、鸭绿江界、朝鲜东界。自咸丰十年《北京条约》定自乌苏里江口而南，以乌苏里江、松阿察河、兴凯湖、白棱河，及穆棱河东南之黄窝、集山与大瑚、布图河、长岭界，俄属东海滨省，东北以黑龙江为界，俄属阿穆尔部，东北以松花江为界，黑龙江省东西三千五百余里，南北千九百余里。"③ 这些叙述都和条约、开埠联系起来，体现出王先谦对疆域最新变化的重视。

记载外国，一般是国家之下，按行政区划叙述，区划之下内容略记。如卷二十四俄罗斯国，叙述其面积、人口、入口货值、出口货值、铁路、入款、国债等。对俄罗斯1898年前后的交通介绍比较简略，正文为"千八百九十八年，铁路二万七千六百十四英里"，注文如下：

《王书》云：铁道今合俄领亚洲长三万六千五百英里（内亚洲四千五百余英里），其最要之线以彼得堡为中心，一西北至乌里波格，

---

① 《五洲地理志略》卷一，二，捌辑4—596下。
② 《五洲地理志略》卷一，十六，捌辑4—603下。
③ 《五洲地理志略》卷一，十八，捌辑4—604下。

一西至勒佛尔，一西南至瓦萨，一东南至墨斯科。又以墨斯科为中心，一西南通敖得萨（由此线分支至克里米亚半岛），一东南经罗斯多佛达高加索，一东北达尼什尼诺甫哥罗得，一东经萨抹麻拉至车里、雅宾斯克，连西伯利亚铁路。《讲义》云：电线前八百九十八年一月，凡九万三百八十三英里，线条长二十五万三千六百四十八英里。电话线线条千九百九十七年，长二万五千九百六英里，又明年开通圣彼得堡至墨斯科之电话，其间相距甚长。①

对跨欧亚两洲的大国俄罗斯的交通，仅在俄罗斯总论中有所介绍，其所属具体地区，没有此项介绍。这和详细介绍中国各省形成鲜明对比。

三　详述中国沿革历史

《五洲地理志略》叙述各地，除疆域、人口、四至之外，还详述沿革历史，对中国各地尤其如此。叙述大清国盛京省，先是名称后注明"唐尧时青州，尧禹分营州，《汉志》幽州部辽东郡"，② 接着讲其疆域，之后按不同历史时期的变化依次叙述，其沿革可分如下16个段落：

> 战国燕地；
> 秦置辽东、辽西二郡；
> 汉武拓朝鲜地，增置真番、临屯、元菟、乐浪、四郡；
> 昭帝时，省真番、临屯，入元菟、乐浪，此为辽东、辽西、元菟三郡。地又东为高句丽，北为夫余、挹娄诸国；
> 汉末为公孙度所据；魏克之，置东夷校尉，治襄平；
> 晋为高句丽所略，寻复之，改辽东国。慕容廆据之，寻属苻坚，又属后燕；寻没于高句丽；
> 魏及隋，辽河以东属高句丽，辽河以西为营州为界；
> 唐太宗征高丽，置盖、辽、巌三州。后平高丽，置都督府九，又置安东都护以统之。先天中封大氏为渤海郡王，后置五京十五府六十二州于黑水靺鞨之南及高丽旧境；

---

① 《五洲地理志略》卷一，二，捌辑4—596下。
② 《五洲地理志略》卷二十四，十六，捌辑5—144上。

辽初于辽阳故城建东平郡,后升为南京,寻改东京,又于东京西北置上中二京

金仍建东京,而以混同江以东为上京,以江西为咸平路,改辽中京为北京;

元置东京总管府,后改辽阳等处行中书省;

明洪武中置定辽都卫;

永乐中置安乐,自在二州外,卫百八十四所二十,以山海关内,隶之燕京;

国朝

太祖皇帝建东京,于辽阳十年自东京迁沈阳后尊为盛京;

甲午之役,辽东半岛割于日,自鸭绿江口西北至营口以南之地,以俄、法、德三国力阻断,以三千万两赎之;

戊戌,俄租旅,大约期二十五年;及与日战败,旅大接租与日。①

盛京省的历史沿革,包括政府建制、各方力量争夺、行政区划的变更等都一一指明。详于"国朝"(清时期),对于晚清期间日、俄、法、德,在辽东半岛的争夺问题上的做法,叙述更详。由于历史沿革之故,叙述其行政区划以"现领府八、直隶厅、五厅、四州、六县、三十三"②,即叙述的是以上历史沿革之后的行政区划。

四 细列各国进出口等经济数据

1909年王先谦读《东方杂志》和《海关贸易册》,作《学堂篇》的序言深为中国出入口状况担忧:

中外出入自光绪三十一年以来,中国短数弥巨。本年《东方杂志》载:光绪三十四年,中国金银外泄者合银二千四百余两。《海关贸易册》载:光绪二十八年至三十年,洋货入口值自三万一千余万两递增至三万四千万两,土货出口值三十年二万三千万两,较入口实

---

① 《五洲地理志略》卷一,十,捌辑4—600下。
② 同上。

短一万万两有奇。三十一年洋货入口突增至四万四千余万两,三十二、三十三两年皆四万一千余万两,三十四年三万九千四百五十余万两。此四年土货出口仍止二万数千万两。中国不能禁国人不用洋货,又不能求自制之方以挽回之。短绌之故,良由于此。今岁不知何以?剥肤之灾,将殆及乎!欲善其后,何适而可?私居太息,作为此诗,冀当世者闻之。①

此时,《五洲地理志略》基本完成,尚未刊行。王先谦认为一个国家长期进口远远大于出口,形势非常不利,堪称"剥肤之灾"。能有这种认识,同王先谦多年编撰《五洲地理志略》有关,他参阅了大量资料,筛选有关出口入口的资料收在《五洲地理志略》中,还把铁路、港口、商业等情况列举出来。

表4-2　　《五洲地理志略》中部分国家和殖民地的出入口、铁路等经济数据

	国名	入口货值（磅）	出口货值（磅）	铁路（英里）	资料来源（卷:版心标志）
独立	朝鲜国	958840	853700		五,四
	日本国	17655000	13905000		六,二
	暹罗国	2295000	3122750	178	七下,三、四
	波斯国	5781000	4370000		十,二
	阿富汗国	938000	727000		十,八
	般里岛	2938000	2499000		十,十九
	巴伦群岛	491000	476000		十,十九
	赛冒斯	166020	159820		十一,十一
	居比路	260000	277000		十一,十一
	西西比里亚			方修筑	十二,六
殖民地 英领	北婆罗洲	280200	179960		八,十五
	印度国	46037800	61020500		九上,八
	非几群岛	244340	399800		十四,三
	汤格群岛	82728	79624		十四,四

---

① 《诗存》,"学堂篇",第664—665页。

续表

国名			入口货值（磅）	出口货值（磅）	铁路（英里）	资料来源（卷：版心标志）
殖民地	美领	菲律宾群岛	3836000	1834000	120	八，十六
	法领	夏威夷	1489000	2731000		十四，十三
		印度	182400	752000		九上，十
		安南国	3395000	4130000	113	七下，十四
		牛坎雷多尼亚	337400	256000		十四，十
	荷领	梭赛依替群岛	128300	159930		十四，十一
	德领	印度群岛	13742000	17697700	1112	八，二
		沙摩亚群岛	63380	63380		十四，八、九

《五洲地理志略》对各国出入口数据的记载主要包含以下几个方面：

①一般的国家、地区，仅记载入口、出口货值，而对于比较大的国家记载更详细。如印度："出口货值六千百二万五百磅：棉花二十五万二千四百十五吨，值八百三十四万二千磅；米百六十万千一百三十五吨，值八百五万六千二百磅；种子值六百九十一万四千四百磅；鸦片值五百八十四万九千磅；小麦八十二万六千六百六十八吨，值五百八十万五千二百磅，及粗布、茶等为大宗，多与英国属地及中国、法国贸易。金银钱入口货值千二百七十八万一千六百磅，出口货值四百四十六万七千万磅。陆地入口货值二百九十七万四千磅，出口货值二百八十五万磅，每年入款统计五千五百五十五万三千磅。千八百九十七年，印度国债七千七百七十磅。千八百九十八年，欧洲兵七万四千六百二十人，土兵十四万五千五百六十五人，巡警兵万六千六百十八人，为本土诸国所养。"① 正是有了比较好的收入，才能供养那么多土兵。有的地区还介绍其"入款""国债"，英领锡兰岛"入款百五十万四百十磅，国债三百六十九万九千八百十七磅。"②

②对出口货物的组成部分，记载某种产品占大宗的，也有记载某个地方的收入或者与某国的贸易额占其最多的。如英领汤格群岛，入口货值八万二千七百二十八磅，出口货值七万九千六百二十四磅，科泼拉居百分之

---

① 《五洲地理志略》卷九上，八、九，捌辑4—729下至4—730上。
② 《五洲地理志略》卷九中，二十二，捌辑4—745下。

八十四，与英贸易居百分之七十。①

③还记载与这些国家、地区的贸易对象。

第四节 资料来源

王先谦撰《五洲地理志略》，以雷氏《万国新地志》为正文，以其他多种资料作为注文。孙玉敏把王先谦《五洲地理志略》的资料来源归为四类：1. 中国的舆地之书；2. 翻译的外国地志之书；3. 外国游记；4. 大量的中外舆图。② 比较精当，需对其做深入细致的分析。

本节对《五洲地理志略》资料来源的分析包括：正文依据书籍《万国新地志》的特点及其与《五洲地理志略》的对比；引用资料总数88种以及几种资料的著者或书名考辨；资料的四种来源；引用地图来源及特点。

一 正文依据《万国新地志》

《万国新地志》，英国人雷文斯顿著，何育杰译。光绪二十八年（1902）原书出版，上海：通社，光绪二十九年（1903）译竟付印。光绪癸卯正月慈溪何育杰："此书为英国苏格兰省会衣丁堡 Edinburgh 官立舆地学会会员雷文斯顿 Ravenstein 所著，于一千九百二年出版。各国均以次述其地形、气候、面积、人口、人种、宗教、教育、工业、商业、交通、政治、财政、兵备、要区，所列诸表均为最近最确调查之数，诚可实也。爰于假之暇译之，以饷我同志。惟著者为英人，故于其本国及其属地较详。"

《万国新地志》共七十二章。约13万字，分前编、后编。前编二十九章。前五章是总论全球和大西洋、北冰洋。第五章欧洲总论。后编从第三十章开始叙述亚洲、非洲、美洲、大洋洲。

《万国新地志》对地名，汉文译音后将英地名原名附于其后。章标题位于行的正中，章与章之间，不分页隔离。章下的小标题顶格书写，具体

---

① 《五洲地理志略》卷十四，四，捌辑5—13上。

② 《王先谦学术思想研究》，第193页。

内容，低一格书写。全书统计数据很多，注重最新数据，尽量和当时最近的数据接轨。《万国新地志》1902年在英国出版，统计数字离这个时间很近。如第三十一章：土耳其帝国，面积及人口，作者特地指出这是"现今所有者"。其交通：1897年有铁路2542英里。① 《万国新地志》中的统计数据，一般多指出与具体哪一年对应，如：第三十四章印度帝国，教育："在一千八百九十七年（1897）有学校十五万二千二十五所，学生四百三十五万六千八百七十人。在一千八百九十三年（1893）男子能读书者只有百分之八·五五。"② 对各方面的介绍都很详细，如对人口的介绍，不是仅仅限于对其人口的一个简单统计总数，还分类统计，如法兰西人口："人口三千八百五十一万七千九百七十五，十年增百分之一·八，每年迁居国外者五千七百人。一千八百九十一年（1891），除生长外国者一百三十万九百五十五人外，说峨特语之不里顿人Bretons一百二十三万，意大利人居科士发岛Corsica及尼西Nice者三十万，翻德Fander人十六万五千居于西北，板司克人Basques十一万六千居于西南。"③

《五洲地理志略》与《万国新地志》比较，有如下不同：

（一）五洲顺序

《万国新地志》的叙述顺序是以欧洲为第一洲。依次为第一欧洲、第二亚洲、第三非洲、第四美洲、第五大洋洲；王先谦的《五洲地理志略》重新排序为亚洲、澳洲、非洲、美洲、欧洲。

（二）中国各省排序

记载中国各部分，《五洲地理志略》与《万国新地志》的区别主要表现为两点：一是将分散的资料整合起来；二是叙述的部分有所增加。《万国新地志》第四十章，支那本部分为直隶、山东、山西、河南、江苏、江西、浙江、福建、湖北、湖南、陕西、甘肃、四川、广东、广西、贵州、云南，本部，共17个部分。中间经过第四十一章记载了日本、朝鲜和四十二章之后，第四十三章为黑龙江省。《万国新地志》中对中国各处的记载比较分散，《五洲地理志略》经过整合后，组成了中国26个省份：直隶省、盛京省、吉林省、黑龙江省、江苏省、安徽省、山西省、山东

---

① ［英］雷文斯顿著，何育杰译：《万国新地志》，光绪二十九年（1903），第三十一章"土耳其帝国"，第139页。

② 《万国新地志》，第三十四章"印度帝国"，第152页。

③ 《万国新地志》，第二十四章"法兰西"，第105—106页。

省、河南省、陕西省、甘肃省、新疆省 浙江省、江西省、湖北省、湖南省、四川省、福建省、广东省、广西省、云南省、贵州省、内蒙古、外蒙古、青海、西藏。

（三）变"属"为"领"

以非洲为例：《五洲地理志略》卷十六：埃及国、英埃苏丹国、阿比西尼亚国、意领欧里脱里亚、意领梭曼里兰、摩洛哥国、班领泼雷西骄，实际上是《万国新地志》第四十五章全部与第四十六章部分。《五洲地理志略》卷十七：英领冈比、英领西欧拉良、英领金岸、英领拉高斯、梭科拖国、根多国、巴奴国、奴不国；法领几内亚与富皆太郎、法领苏丹及替白土等、法领科特迪瓦与康、法领打呵摩；葡领几内亚、葡领佛狄角群岛、葡领圣道摩与圣泼陵西；班领覆能多波、班领恩脑保、班领坎满伦斯科、班领三仲恩角；德领几内亚、力比里亚国；德领坎满伦司；比领康哥国、法领康哥、韦对国、彼日迷国、坎耐国、葡领恩哥喇、德领西南非洲，实际上是《万国新地志》第四十七章与第四十八章。对比两书目录，发现埃及国、英埃苏丹国、阿比西尼亚国，在《万国新地志》中，这些国家名称前并没有"国"字，王先谦加上"国"字。梭科拖国、根多国、巴奴国、奴不国，在《万国新地志》中，是以"诸土国"的名字下的条目出现，王先谦把这些国家名与其他国家、地区并列；同时，《万国新地志》中用的是"属"字，而在王先谦的《五洲地理志略》中将其改为"领"字，《万国新地志》第四十八章，标题有：坎满伦司；法属康哥、康哥、恩哥喇；德属西南非洲、桑给巴；英属东非洲、普属东非洲、德属东非洲、英属梭曼利兰、梭科脱剌；法属马达葛士加、哥摩罗群岛、毛里削斯岛，而在《五洲地理志略》中改为：德领坎满伦司、比领康哥国、法领康哥、韦对国、彼日迷国、坎耐国、葡领恩哥喇、德领西南非洲、英领桑给巴、英领东非洲、普领东非洲、德领东非洲、英领梭曼利兰、英领梭科脱剌、法领马达葛士加岛、法领哥摩罗群岛、英领毛里削斯岛。不少地区，在原书的标题上没有指明是归属于哪些国家，但在《五洲地理志略》中都一一指明，如：坎满伦司，《万国新地志》没有指明是哪个国家的领地，而在王先谦的《五洲地理志略》中将其改为"德领坎满伦司"，其领土的归属问题就更加明显了。

《五洲地理志略》参考了学部图书编译局于20世纪初编写的很多外国地志。学部所编的这批地志中，有的就是明显以"领"命名的，如光绪三十四年（1908）春刊行《英领开浦殖民地》，据此本书推测，王先谦用"领"字很可能是受到这批书的影响。

（四）王先谦也把某些不是国家的地方误认为国，冠以"国"呼之

最明显的是对美国诸邦的称呼。《五洲地理志略》卷二十上：缅国、牛罕什尔国、洼望国、麻萨朱色国、罗德岛国、千纳底可国、牛约克国、牛日西国、宾西洼你国、特拉华国、南加罗里那国、乔治亚国、佛罗里达国，这些在《万国新地志》第五十六章中都是作为美利坚合众国东部的诸邦出现的，在王先谦这里却都误认为是国家了。

（五）内部标题

1. 忠实于原文叙述

《五洲地理志略》对美国的叙述，除了中间加了《美国地理兵要》以外，各地是严格按照《万国新地志》中的顺序书写，仅仅是在其地名后加上了"国"或者"部"的字样。

2. 具体化

《万国新地志》第六十章，标题中有丹属西印度、荷属西印度。正文中叙述分别指：（丹属）圣古斯与圣约翰，（荷属）维尼若伦群岛与圣马丁等，王先谦《五洲地理志略》中的标题就直接将其具体为：卷二十二下：圣古斯与圣约翰（丹属）、维尼若伦群岛与圣马丁等（荷属），这种目录看起来，地理与政治归属就更加清晰，地理特色非常明显。

（六）改变地名译音

对比两书目录，地名的书写也有很大不同，如《万国新地志》中第五十六章美洲美利坚合众国（东部）南大西洋诸邦："佛落里达"这一地名与王先谦《五洲地理志略》中称为"佛罗里达国"，这种变化，除了前文探讨的加了"国"字以外，还把"落"改为了"罗"。一一比对，这两书中地名译音的变化情况是很多的，在此不逐一列举。

二　列出引用资料88种

《五洲地理志略》卷首一卷列出引用书籍来源如下（依据王先谦原书所列名称排序）：

1. 《内府图》
2. 《理藩院则例》
3. 南怀仁《坤舆图说》

4. 利玛窦《万国图》

5. 艾儒略《职方外纪》

6. 英国兰德士《俄属游记》

7. 庄廷尃《地图》

8. 图理琛《异域录》

9. 林则徐译《俄罗斯国总记》

10. 方式济《龙沙纪略》

11. 西清《黑龙江外记》

以上何秋涛引

12. 《泰西新史》

13. 《西洋史要》

14. 《大圆球图》

15. 《汉文图》

16. 《平方图》

17. 《俄罗斯史》

18. 《佛兰西志》

19. 《英吉利志》

以上杜宗预引

20. 矢津昌永《高等地理》

21. 野口保兴《中外大地志》

以上王达引

22. 伊东祜谷《万国年鉴》

23. 坂本健一 地名人名辞典

以上曹典球引

24. 五台徐继畲《瀛寰志略》（道光二十八年刊，称《徐志》）

25. 英国衣丁堡雷文斯顿《万国新地志》（光绪二十九年刊，称《雷志》）

26. 英国慕维廉《地理全志》（称《慕志》）

27. 《五洲列国地图》（称《列国地图》）

28. 《舆地学会中外全图》（称《学会图》，光绪三十四年再版）

29. 《亚拉伯志　新志》

30. 《土耳基志　新志》

31.《波斯志》

32.《缅甸志 英领缅甸志 新志》

33.《暹罗志》

34.《布哈尔志》

35.《西比利亚志 新志》

36.《俾路芝志》

37.《小亚细亚志》

38.《阿富汗志 新志》

39.《土耳基斯丹志》

40.《印度志 新志》

41.《开浦殖民地志 新志》

42.《阿达曼群岛志 新志》

以上学部图书馆印本

43. 日本樋天保熙《世界地理志》（光绪二十八年刊，称《樋志》）

44. 番禺周起凤《万国地理志》（光绪二十八年刊，称《周志》）

以上并译日本中村五六纂本

45. 桐城吴启孙《世界地理学》（光绪二十八年刊，称《吴志》）

46. 出洋学生编《万国地志》（光绪二十八年刊，称《矢志》）

以上并译日本矢津昌永著本

47. 山阴谢洪赍《瀛寰全志》（光绪二十九年刊，称《谢志》）

48. 余姚王亨统《地理问答》（光绪二十九年刊，称《问答》）

二译相近

49. 日本辻武雄《五大洲志》（光绪二十八年刊，称《辻志》）

50. 日本吉田晋《汉译世界大地图》（光绪三十一年刊，称《世界图》）

二译相近

51. 日本岸田吟香《万国舆地分图》

52. 奉化周世棠等《世界现世图》（光绪三十一年刊，称《现世图》）

53. 日本依田雄甫《万国形势执掌图》（光绪二十年刊，称《依图》）

54.《湖北两湖书院课程》（称《课程》）

55. 仁和孙灏《海国图志征实》（光绪二十八年刊，称《孙志》）

56. 上海许彬《五洲图考》（光绪二十八年刊，彬编美非澳三洲、龚

柴编欧洲、徐励编亚洲。统称《许考》）

57. 松滋杜宗预《瀛寰译音异名记》（称《异名记》）

58. 日本堀田璋左右《外国地理讲义》（光绪三十三年刊，称《讲义》）

59. 英国马礼逊《外国史略》（称《马略》）

60. 英国麦丁力富《岁计政要》（称《政要》）

61. 谢卫楼《万国通鉴》（称《谢鉴》）

62. 蔡钧《出洋琐记》（称《蔡记》）

63. 黎特《铁甲丛谈》（称《黎丛》）

64. 宁波龚柴《弹丸小记》（称《弹丸小记》）

65. 金匮邹弢《万国风俗考》（称《邹考》）

66. 长沙王达《中外地理教科书》（光绪三十二年刊，称《王书》）

67. 善化谭绍裳《普通地理讲义》（光绪三十四年刊，称《谭义》）

68. 长沙辜天祐《韩游日记》（光绪三十四年刊，称《辜记》）

69. 江阴缪祐孙《俄游汇编》（光绪十四年刊，称《缪编》）

70. 日本（下田修介、加藤稚雄）《西比利亚大地志》（称《西志》）

71. 光泽何秋涛《朔方备乘》（称《备乘》）

72. 吴县洪钧《元史译文证补》（称《证补》）

73. 新化邹代钧《使西纪程》（称《纪程》）

74. 上高黄楙材《西輶日记》（称《黄记》）

75. 黄楙材《游历刍言》

76. 黄楙材《印度札记》

77. 无锡薛福成《四国日记》（称《薛记》）

78. 王韬《重订法国志略》（称《王志》）

79. 《十一国游记》

80. 《新大陆游记》

81. 江宁李圭《东行日记》（称《李记》）

82. 元和顾厚焜《美国地理兵要述略》（称《顾略》）

83. 茂名陈兰彬《使美记略》（称《陈记》）

84. 日本冈本监辅《墨西哥记》（称《冈记》）

85. 顾厚焜《巴西政治考》（称《顾考》）

86. 顺德谭乾初《古巴杂记》

87. 无名氏《秘鲁形势录》

88. 英国艾约瑟《冰洋事迹述略》（称《艾略》）

在这 88 种引用书籍中，采用简称的有 44 种，为王先谦引用较多的书籍，主要是为了叙述方便，而采用简称。

三　书名或著者考辨

（一）《使西纪程》，（清新化）邹代钧著，即为收录在《小方壶斋舆地丛钞》中的《西征纪程》。

《使西纪程》，通常所见比较多的是郭嵩焘（1818—1895）撰写的《使西纪程》两卷。邹代钧的《西征纪程》较少被提及。

邹代钧（1854—1908），清末地理学家。字甄伯，又字沉帆，湖南新化人。出生于舆地世家，致力于地理学。1886 年，经两江总督曾国荃推荐，出使英俄，为到欧美学习和研究西方地图学的第一个中国人。回国后在清政府地舆测绘管理部门会典馆任纂修，1891 年任湖北舆图局总纂，主修《湖北全省地图》。1902 年由清政府管学大臣张百熙推荐，调京任编书局总纂，兼学务社提调官。1907 年又任京师大学堂总教习，主讲舆地。邹为中国近代地理学的倡导者和奠基人之一，在地图学上有很高的成就，写过大量的世界名图地理志和边防地理著作。[①]

邹代钧著有《使西纪程》4 卷、《光绪湖北地记》24 卷、《直隶水道记》2 卷、《中国海岸记》4 卷、《中国地理讲义》6 卷、《会城道里记》2 卷、《中俄界说》3 卷、《蒙古地记》2 卷、《日本地记》4 卷、《朝鲜地记》2 卷、《安南缅甸暹罗地志》3 卷、《印度、阿富汗、俾路支地记》5 卷、《五洲城镇表》2 卷、《五洲疆域汇编》30 卷、《西洋译略》12 卷、《英国大地志》10 卷、《西域沿革考》2 卷。又有《文存》4 卷，《诗存》1 卷。[②]

邹代钧《使西纪程》4 卷，收录在《小方壶斋舆地丛钞》第十二帙中，[③] 篇内题名为：西征纪程，新化邹代钧著。是光绪十一年（1885），

[①] 曹子西、张登义、曹增友：《北京百科词典——科学技术卷》，北京科学技术出版社 1992 年版，第 732 页。

[②] 湖南省地方志编纂委员会：《湖南省志》（第三十卷：人物志），"邹代钧"，湖南出版社 1992 年版，第 539 页。

[③] 邹代钧：《西征纪程》，王锡祺辑《小方壶斋舆地丛钞》，杭州古籍书店 1985 年影印版。

光绪帝派遣太常卿刘贵池（字瑞芬）出使英吉利、俄罗斯两国，邹代钧随行。光绪十二年（1886）二月十二日出发，共记载到三月二十七日。这次出行的人有二十人。依日记载所到之地，对其历史沿革都一一回顾，尤详于晚清发生的历史事件。如 1886 年二月十七日，停泊于香港介绍其与英、法的关系，并依据光绪十年（1874）的商册列出其出口货值、进口货殖等。

（二）《冰洋事迹述略》，[英] 艾约瑟著，王锡祺辑《小方壶斋舆地丛钞》（十二帙），上海著易堂，光绪十七年（1891），铅印本。

《小方壶斋舆地丛钞》第十一帙第八册收录，约六万字。在该书中题名是"美国艾约瑟著"。与王先谦所给出的国籍有区别。

"冰洋"，即为北冰洋："尝谓地球对上天北极之点，亦呼曰北极，环北极念度之内，谓之北冰洋。此固有图可以观，有书可以考，尽人可得也，而能亲莅其境者，卒鲜。"《冰洋事迹述略》，重在介绍对北冰洋的考察和探险经历。

关于《冰洋事迹述略》著者的国籍有两种意见："美国说"和"英国说"。

凡持"美国说"者都是沿袭《小方壶斋舆地丛钞》的记载。目前持这种观点的比较多：《中国丛书综录》（总目）[1]、《杨守敬集 第七册》[2]、《近现代汉语新词词源词典》、[3]《贵州省古籍联合目录》[4]。

持"英国说"有比较充分的理由。

首先，英国艾约瑟具有写作世界地理的能力。艾约瑟，为英国伦敦会传教士。邹振环对艾约瑟的《地质启蒙》《西学略述》中的"地理"条等分析过以后，认为艾约瑟在西学地理学的启蒙上有重要作用。[5]

其次，在有关书目统计及《英国汉学史》都提到了其《冰洋事迹述略》。

---

[1] 上海图书馆：《中国丛书综录》（总目），上海古籍出版社 1982 年版，第 639、670 页。

[2] 谢承仁：《杨守敬集》第 7 册《增订丛书举要·续群书拾补》，湖北人民出版社、湖北教育出版 1997 年版，第 188 页。

[3] 香港中国语文学会：《近现代汉语新词词源词典》，汉语大词典出版社 2001 年版，第 360 页"例证征引文献"。

[4] 陈琳：《贵州省古籍联合目录》，贵州人民出版社 2007 年版，第 811 页。

[5]《晚清西方地理学在中国》，第 124—133 页。

据周昌寿《译刊科学书籍考备》统计，自咸丰三年（1853）到宣统三年（1911）近60年间，共有468种西方科学著作被译成中文出版，其中属于地质地理学的就有58部，包括林则徐主持翻译的《俄罗斯总记》、英国衣丁保雷文斯顿的《万国新地志》、英国慕维廉的《地理全志》、英国艾约瑟的《冰洋事迹述略》、英国莱伊尔的《地学浅释》、吴宗廉等译的《澳大利亚洲新志》、日本野口保兴的《中华大地志》、樋田保熙的《世界地理志》、辻武雄的《五大洲志》等。①

据《英国汉学史》介绍：艾约瑟（Joseph Edkins，1823—1905），字迪谨，1848年奉伦敦会派遣以代理人的身份到上海，协助墨海书馆麦都思的工作。1856年麦都思返英，艾约瑟接替他担任监理，主持该馆的编辑出版事务。1852年至1860年，他曾编译《中西通书》，内容包括中西日历对照、世界各地时间对照、日食和月食、中国农历节气、世界大事和科学发明等。1880年他被中国海关聘为翻译，在北京任职一段时间后去上海，居沪长达15年。艾约瑟在华的主要经历是传教和编译书籍。他的主要译著有《中国人的宗教状况》《中国的宗教》（1878）、《中国的佛教》（1893）、《西学略述》《西学启蒙》（1898）、《冰洋事迹述略》等，编译《欧洲史略》《希腊志略》《罗马志略》《富国养民策》《西学启蒙》《身体启蒙》（1898）等。②

所以王先谦认为《冰洋事迹述略》的著者艾约瑟是英国人，是可信的。

（三）《韩游日记》，（清长沙）辜天祐著，光绪三十四年（1908）刻本，疑为徐干所著。

《韩游日记》书内题作者为：遵养斋主人稿。浙江图书馆藏。③并且有学者研究"中国历代文人撰写之有关朝鲜著作"，把《韩游日记》归为记述朝鲜旅行的著作，其所署作者也是"遵养斋主人"。④

"遵养斋主人"为徐干的名号。徐干（1873—1915），字智民，一作次明，别署遵养斋主人，为徐定超门生。世居住乐清市乐成镇东门。光绪二十七年（1901）创设"志明小学"，三十三年（1907）慨捐白银壹万

---

① 《中国地理学史》（清代），第8页。
② 熊文华：《英国汉学史》，学苑出版社2007年版，第49—50页。
③ 黄建国、金初昇：《中国所藏高丽古籍综录》，汉语大词典出版社1998年版，第205页。
④ 杨昭全：《中国·朝鲜·韩国文化交流史》（Ⅱ），昆仑出版社2004年版，第749页。

两，充温处学务处经费，后供温郡师范学堂建筑斋舍所需。浙江巡抚冯汝骧特疏请以候补知县录用，获准签分安徽。①

（四）《汉译世界大地图》，［日］吉田晋编著，光绪三十一年（1905）刊。该书实际上为梁启超所著。

吉田晋，是梁启超取的日本名字，笔名。②梁启超一生中使用过大量笔名和署名，初步统计共有48个。卓如、任、任父、任庵、任甫、新会、宏猷、孟远、吉田晋、两浑、潜夫，这些名字，多用于来往信件中的署名。③光绪二十四年（1898）十一月梁在横滨办《清议报》，并在该报上陆续发表《戊戌政变记》，用吉田晋笔名。④

梁启超于1898年10月16日抵日本吴港，20日到达东京。他给自己起了个日本名字叫吉田晋，表示仰慕日本维新志士吉田松阴和高杉晋作之意。其女儿梁思顺入小学时则起名为吉田静子。⑤

四　四种来源

据《五洲地理志略》前言，其所引用资料，从文本组成上来自三类：中、日、西，列表如下：

表4-3　　《五洲地理志略》中、日、西三类资料组成

三种文本（总数）			书名（出版年）
中国 (54)	学部编译 图书局编 (14部)	1907 (11部)	《亚拉伯志　新志》《土耳基志 新志》《波斯志》《缅甸志　英领缅甸志　新志》《暹罗志》《布哈尔志》《俾路芝志》《小亚细亚志》《阿富汗志　新志》《土耳基斯丹志》《印度志　新志》
^	^	1908 (3部)	《开浦殖民地志　新志》《阿达曼群岛志　新志》《西比利亚志　新志》

---

① 陈继达：《监察御史徐定超》，学林出版社1997年版，第427页注①。
② ［美］约瑟夫·阿·勒文森：《梁启超与中国近代思想》，刘伟、刘丽译，四川人民出版社1986年版，第83页。
③ 钟珍维、万发云：《梁启超思想研究》，海南人民出版社1986年版，第353页；又见吴廷嘉、沈大德《梁启超评传》，百花洲文艺出版社1996年版，第187—188页。
④ 《梁启超评传》，第159页。
⑤ 北京大学亚洲—太平洋研究院：《亚太研究论丛》（第2辑），北京大学出版社2005年版，第186页。

续表

三种文本（总数）		书名（出版年）
中国（54）	私人著述（40）	《异域录》（1723）、《龙沙纪略》（1755）、《内府图》（1760—1762年）、《瀛寰志略》（1848）、《朔方备乘》（1862）、《出洋琐记》（1884）、《美国地理兵要述略》（1889）、《巴西政治考》（1889）、《重订法国志略》（1889）、《理藩院则例》（1891）、《弹丸小记》（1891）、《古巴杂记》（1891）、《秘鲁形势录》（1891）、《东行日记》（1891）、《使美记略》（1891）、《使西纪程》（1891）、《四国日记》（1894）、《元史译文证补》（1897）、《万国风俗考》（1897）、《西辎日记》（1897）、《游历刍言》（1897）、《印度札记》（1897）、《黑龙江外记》（1900）、《湖北两湖书院课程》（1900）、《海国图志征实》（1902）、《五洲图考》（1902）、《新大陆游记》（1903）、《五洲列国地图》（1903）、《舆地学会中外全图》（《中外舆地全图》）（1903）、《地理问答》（1903）、《瀛寰译音异名记》（1904）、《汉译世界大地图》（1905）、《瀛寰全志》（1906）、《中外地理教科书》（1906）、《十一国游记》（1906）、《世界现世图》（编译）（1906）、《韩游日记》（1908）、《俄游汇编》（1908）、《地图》《普通地理讲义》（1908）
	日本（16）	《万国年鉴》（1876）、《中外大地志》《墨西哥记》（1891）、《西洋史要》（1901）、《世界地理志》（1902）、《万国地理志》（1902）、《五大洲志》（1902）、《西比利亚大地志》（1903）、《万国地志》（1903）、《世界地理学》（1903）、《俄罗斯史》（1903）、《高等地理》《地名人名辞典》（1904）、《万国舆地分图》《万国形势执掌图》（1906）、《外国地理讲义》（1907）
西人（15）	英国（9）	《铁甲丛谈》《外国史略》（1852）、《英吉利志》（1856）、《列国岁计政要》（1875）、《地理全志》（1883）、《冰洋事迹述略》（1891）、《俄属游记》（1894）、《泰西新史揽要》（1895）、《万国新地志》（1903）
	其他（6）	《职方外纪》（1623）、《万国图》《俄罗斯国总记》（俄罗斯国志）（1865）、《坤舆图说》（1874）、《佛兰西志》（法兰西志）（1878）、《万国通鉴》（1882）
不明（3）		《大圆球图》《汉文图》《平方图》
总计		88

说明："不明"之类，系本书没有考证出来具体出处的，另外放置，不能算作与中、日、西并列的另外一类。

根据《五洲地理志略》卷首所列的88种的资料，王先谦本人对这些资料的归类，可分为四种，包括转引、学部编译图书局印本、译著、其他。

（一）转引：四人引用著作23种

王先谦并不是每种著作都读了原书的，有23种著作是转引自四个人的。

　　因撰写《五洲地理志略》需要大量的汉文世界史地资料，王先谦在此过程中曾经得到很多友人的帮忙，或者是他认为在外国史地研究上有重要贡献的人的书籍。

　　《五洲地理志略》序，大致介绍了该书的资料来源、参与者、叙述范围等。该书有一个重要特点是"集众善，成巨观"，来自多人的多种著作，即资料来源丰富、多种渠道、多种类型。王先谦特意指出的参与编撰或者转引自的书籍，其涉及的人物有何秋涛、杜宗预、王达、曹典球。

　　1. 何秋涛（引用 11 种）

　　何秋涛（1824—1862），福建广泽人，字愿船，道光进士。历任刑部主事、员外郎。曾主讲保定莲池书院。因外患日深，关心社会政治问题，尤注重边疆史地研究。[①] 何秋涛所撰写的《朔方备乘》，六十八卷。书中引用各种中外载籍达 99 种。王先谦序言中所列的《内府图》《理藩院则例》《坤舆图说》《万国图》《职方外纪》《俄属游记》《地图》《异域录》《俄罗斯国总记》《龙沙纪略》《黑龙江外记》，共 11 种书是转引自何秋涛的《朔方备乘》。《朔方备乘》卷四十三到卷四十五以及卷五十一还对其中的《异域录》《俄罗斯国总记》《龙沙纪略》有所考订。

　　2. 杜宗预（引用 8 种）

　　王先谦在编撰《五洲地理志略》时杜宗预在其中也起了十分重要的作用，由杜宗预引用的书籍：《泰西新史》《西洋史要》《大圆球图》《汉文图》《平方图》《俄罗斯史》《佛兰西史》《英吉利志》，计为八种，并且还引用了其（松滋杜宗预）《瀛寰译音异名记》（称异名记）一书，对杜宗预及该书的介绍详见后文（第四章第六节）。

　　3. 王达（引用 2 种）

　　王达（1872—1927），名世楠，字冕南，亦字勉难。湖南长沙人。教育专家、慈善家。1903 年 2 月至 1910 年 4 月，任湖南第一师范（时相继称湖南师范馆、湖南全省师范学堂、湖南中路师范学堂）地理教员。1910 年 5 月至 1911 年 2 月，任湖南一师校长（时称监督）。他 17 岁入邑庠，继入岳麓书院读经史。后跟从杨守敬习舆地，并穷自研考，在大江南北闻名。1903 年协助胡元倓（子靖）创建明德学堂长沙，任地理教习。

[①] 陈旭麓、方诗铭、魏建猷：《中国近代史词典》，上海辞书出版社 1982 年版，第 354 页。

同时任湖南师范馆教员。二次革命失败后，他返乡家居，除研治经史外，并聚家中幼年子侄及族戚中愿来学者，教以经史，监及地理、算术。① 而王先谦在1891年至1893年，任长沙城南书院（湖南第一师范的前身）山长兼主讲；1903年2月至1904年1月，任湖南第一师范第一任校长（时称湖南师范馆馆长）。② 他们在湖南第一师范有共同的时间段，这就为他们能够共同从事《五洲地理志略》的编撰，提供了前提。矢津昌永《高等地理》、野口保兴《中外大地志》两书是王达所引。

4. 曹典球（引用2种）

曹典球（1877—1960），字籽谷，号猛庵，教育家，湖南长沙县人；1877年7月29日生，自幼家贫，父以缝工为业，四岁丧母后，过继给远房伯父为嗣。六岁入私塾，后随养父学经史辞章。1895年在长沙应试举秀才。

康梁变法，曹思想活跃，追求维新思潮，立志救国，购《海国图志》《西学启蒙》《天演论》等书从事研究，并在湖南当时最有影响的刊物《湘报》多次发表具有新思想的文章。其文章思想先进，认识深刻，文笔锋利，吸引了不少读者。后入湖南时务学堂读书，颇受主张变法维新的湖南巡抚陈宝箴、学政徐仁铸赏识。1898年举荐他应试北京经济特科，名列第一。此时，曹得识谭嗣同、唐才常、严复等人，书信来往甚密，投身戊戌维新运动，撰文倡导新学，鼓吹"维新自强"以建立一个独立富强的中国。③

1908年，典球翻译了日本堀田璋左右的《外国地理讲义》，在思贤书局出版，此书为朝鲜史、安南史、缅甸史等集成，曾用作教本，在优级师范学堂及各中学讲授。④ 王先谦著《五洲地理志略》，曹典球引用的书籍有伊东祐谷《万国年鉴》、坂本健一《地名人名辞典》。并且曹典球始终与王先谦商量图志。

---

① 孙海林：《湖南第一师范名人谱：1903—1949》，湖南省第一师范学校2003年编印，第2页。
② 同上书，第3页。
③ 刘笑春、李俊杰、翁学东：《湘雅人物》，湖南教育出版社1994年版，第2页。
④ 曹陶仙：《曹典球生平事略》，中国人民政治协商会议长沙县委员会文史资料研究委员会《长沙县文史资料》（第6辑），中国人民政治协商会议长沙县委员会文史资料研究委员会1988年版，第21—22页。

（二）学部编译图书局印本

光绪三十三年（1907），学部编译图书局编印了许多国家的地志。包括：《布哈尔志》《俾路芝志》《马留土股志》《纽吉尼亚岛志》《西里伯岛志附新志》《印度国志》《印度新志》《缅甸国志》《英领缅甸志》《缅甸新志》《暹罗国志》《亚拉伯志》《波斯志》《小亚细亚志》《土耳基国志》《土耳基司丹志》《爪哇志附新志》《苏门答拉志》《阿富汗土耳基斯坦志》《阿富汗斯坦志附新志》《土耳基斯坦志》《东土耳基斯坦志》，共25种。这种编辑出版工作，共同延续到三年后。光绪三十四年（1908）学部编译图书局编印了《阿达曼群岛志附新志》《西比里亚志》《英领开浦殖民地志 附新志》5种。清宣统元年（1909）学部编译图书局编印了《亚斐利加洲志附新志》2种，此时学部的这种编刊活动已经接近尾声。前后三年，学部编译图书局编印了32种各国地志。其中很多地志都是新、旧志同时收录的。

王先谦著《五洲地理志略》共引用了学部编译图书局编印的书籍地志23种，占了学部图书局编印的地志的三分之二之上。其中包含新志，并与旧志同时引用的是17种，涉及八个地区，包含《亚拉伯志 新志》《土耳基志 新志》《缅甸志 英领缅甸志 新志》《西比利亚志 新志》《阿富汗志 新志》《印度志 新志》《开浦殖民地志 新志》《阿达曼群岛志 新志》。囊括了学部1907—1909年编刊的所有新、旧志书籍。

为什么有了旧志，还要编纂新志呢？阿达曼群岛位于孟加拉海湾中，刊印于1908年的《阿达曼群岛新志》，开篇讲明其写作原因是：自1889年以后，海图改良，1883—1886年，全岛地面已详加测量，又制一寸舆二英里之地图一幅，而近于拍来亚左近之地，亦经制有详图。① 旧志仅介绍其地理位置、居民、气候、地质、植物、动物、历史。而新志就将测候学、林木、动物、土著、军犯羁押所等一些新内容补充进去了，与旧志起到互为补充的作用。如果仅仅运用旧志，就难以将这些变化反映进去。新志之新，具体表现为使用最近的统计数据。如测候学，录近五年中之得雨寸数目报告如下：1895年得雨一百二十五寸百分之六十四；1896年得雨一百零七寸百分之二十八；1897年得雨一百三十六寸百分之四十一；1898年

---

① 前编书局：《阿达曼群岛志，新志，婆罗岛志》，中《阿达曼群岛志》叶一右，学部编译图书局，光绪三十四年（1908）铅印本。

得雨一百二十七寸百分之二十二；1899年得雨八十七寸百分之一。[①]

（三）译著

王先谦所使用的书籍均为汉籍，中国人写的为主，来自日本和西方的为辅。

在《五洲地理志略》所列的书目中王先谦特意指出一些种书是来自译著的，并指出其区别，还标出其刊行时间（或所用的版本）、简称。

并译自日本中村五六纂本的指出两种：日本樋天保熙《世界地理志》、番禺周起凤《万国地理志》；并译自日本矢津昌永著本的两种：桐城吴启孙《世界地理学》、出洋学生编《万国地志》。指出属于"二译相近"的是山阴谢洪赉《瀛寰全志》与余姚王亨统《地理问答》；以及日本辻武雄《五大洲志》与日本吉田晋《汉译世界大地图》，这些书籍的刊刻年代都在光绪二十八年到三十三年（1902—1907）。

《五洲地理志略》所引用的来自日本人所著的文献共有16种：除了以上7种（吉田晋即为梁启超，所以以上八种中除去一种）以外，还有9种。还有引自西人的著作共15种，其中主要是英国人写的书籍9种。

（四）其他，主要是中国人撰写的著作

王先谦撰写《五洲地理志略》，不仅引用外国人写的书籍，还引用中国人写的书籍。其中来自中国人私人撰写的著作最多，达40种。

五　地图出处及特点

从王先谦所列出的资料来源看，他引用的地图专书有十三种：《内府图》《万国图》《地图》《大圆球图》《汉文图》《平方图》《五洲列国地图》《舆地学会中外全图》《汉译世界大地图》《万国舆地分图》《世界现世图》《万国形势执掌图》《五洲图考》。

（一）收录地图的原则与王先谦的地图学思想

《五洲地理志略》附图目录序：

> 是图之刻，取之于《学会图》为多。《学会图》既归学部，此图亦属湘省学会公所，专为嘉惠学人之用。《学会图》已出五版，此图

[①] 前编书局：《阿达曼群岛志，新志，婆罗岛志》，中《阿达曼群岛志》叶一右，学部编译图书局，光绪三十四年（1908）铅印本。

止依再版者，取于志相应也。左图右志，用便对勘。惜《志略》蝼驳罅隙，虑所不免。区区之意，但求有益于人，不必掩护己失。以学天下公理，全赖公众考核，庶免疑误后人也。向来中国地学，东南较西北为详，故此图不具列各省，惟绘新疆、内外蒙古、青海、西藏，以备稽览。今英、法、俄、德诸国人，皆知裹粮蹑屩，执史书以求古地，考据之学盛矣远哉！而中土之人，鄙弃古书，清信剿说，此之世之变之不可解也。中亚西亚、瑞西之图，兼采周、孙所汇刊；英吉利、日本二图，则用曹、刘所增订；朝鲜详图，系日本水野梅晓持以相饷。冀集众善，以成巨观。经营四年，端绪甫竟。商榷图志，善化王达冕南、同邑曹典球子谷实始终之，虽刘子俊受道君鱼，殆无以为过校勘此图，则同邑黄传、石逸之力。①

由以上看出王先谦关于地图学的思想包括以下几方面：

1. 收入地图的缘由

首先，补充《万国新地志》译本之不足。王先谦《五洲地理志略》正文依据的《万国新地志》未见地图，"原书有图七十二。侧恐为拙工所坏，拟携往日本模印之。"② 当时原书是有地图的，在中国翻译的这个版本中没有地图，王先谦便引用来自其他书籍上的地图，作为该书的地图。其次，出于疆域的考虑。王先谦看到当时英、法等列强纷纷抢占殖民地的做法，内心有强烈的危机感。

2. 地图来源

《五洲地理志略》所采用地图的来源，取之于《学会图》为多。其他如（1）采纳周世棠、孙海环所汇刊的中亚西亚、瑞西二图；（2）英吉利、日本二图，则用曹、刘所增订（日本所刊朝鲜分图，曹典球用英文图对刊英吉利分图，刘巨校勘日本府县图）；（3）朝鲜详图，系日本水野梅晓所贡献。③ 在此过程之中，王达、曹典球始终与王先谦一起商量图志。同邑黄传负责校勘图。

---

① 《年谱》，第789页。
② 《万国新地志》，（上海）通社，光绪二十九年（1903）。
③ 参见《年谱》，第778页。

3. 王先谦对地图学的认识

（1）地图的使用，强调用版本相同的为佳。同时，图、志同时使用，很方便。

（2）对中国地学的认识。中国地学发展失衡，西北地图一直以来比较少，所以这次所收地图，只是绘制新疆、内外蒙古、青海、西藏地图。

（3）应多用新图。"自非博采新图，难期完美"。[①]

（4）世界地图刚刚起步。"论五洲地图，于今日犹是山林初启之时。"[②]

（5）有一宏伟计划：要翻译百科全书中的英文地图召集一部分人进行翻译，只是由于经费不足，而终止了。[③]

（二）俄罗斯国四卷涉及地图引自《朔方备乘》与《俄游汇编》

卷二十六有以下几幅图：《朔方备乘》十三图：1.中国与俄罗斯交界图（该图上面标注的文字都是汉文，王先谦在下面有征引何秋涛的介绍）；2.前汉北徼图；3.后汉北徼图；4.三国北徼图；5.晋北徼地图；6.元魏北徼图；7.隋北徼地图；8.唐北徼地图；9.五代北徼图；10.辽北徼地图；11.金北徼地图；12.元北徼地图；13.明北徼地图。以上十三幅地图，都是引自何秋涛的《朔方备乘》，并且其解释也是何秋涛的，在这些地图中主要是体现了在清之前中国北部疆域的变化趋势。

卷二十七，王先谦又引用了《朔方备乘》九图，《俄游汇编》三图如下。14.俄罗斯初起时地图；15.俄罗斯分十六道图；16.异域录俄罗斯图；17.康熙年间俄罗斯图；18.乾隆初年俄罗斯图；19.乾隆末年俄罗斯图；20.嘉庆初年俄罗斯图；21.嘉庆末年俄罗斯图；22.道光初年俄罗斯图；23.道光末年俄罗斯图（到此的俄罗斯地图，尚没有经线纬线）；24.缪编俄罗斯欧洲图；25.缪编中亚细亚图；26.缪编悉毕尔图。此处的地图已经绘制得相当精美。引自缪祐孙的《俄游汇编》的地图都在该书的第四卷末。

考察1899年版的《俄游汇编》[④] 发现原图很清晰，对比原图发现，《俄游汇编》对地图名字的书写用的是纵向排列方式：俄罗斯国欧洲疆域

---

① 《年谱》，第778页。

② 同上。

③ 同上。

④ 缪祐孙：《俄游汇编》卷四，光绪己丑（1889）海上秀文书局石印本，叶四十。

全图（大字两排，以欧洲分别作为左排与右排的分界别字），各省属城凡有屯戍者悉注之（低两格，分两排排列，"有"为左排的末字）。但在王先谦的《五洲地理志略》中，因为没有足够的空间，王氏在处理这个地图题目时，所采取的办法是将这些名称，分为三行横向排列。俄罗斯国欧洲疆域全图（大字，分两排，断开字位置同于原版）而小字一排横向排列进去，也没有低格。

（三）所引用的这些地图，多是最新地图

以《万国形势执掌图》和《五洲列国地图》为例，可以看出当时制图事业发展的轨迹。

1.《五洲列国地图》

王先谦所用地图多来自《学会图》。对《五洲列国地图》与《舆地学会中外全图》进行了对比，认为"《列国》优于《学会图》，意颇右之"①。

《五洲列国图》，邹代钧编，舆地学会编译，铜版影印本。武昌：舆地学会，光绪二十九年（1903）。1册：彩色；29cm×42cm。此图册即为《中外舆地全图》之世界及各国部分，图凡44幅，为京师大学堂审定教科本。手工敷色。中国国家图书馆藏。属于教学地图。善本书。蓝色书衣。书脊上题有：五洲列国图　清舆地学会制印一册。书内大题：京师大学堂审定教科书　五洲列国图　舆地学会译印。朱色。该书是舆地学会于光绪二十八年至光绪二十九年（1902—1903）绘制的地图。地图绘制清晰，着彩色区分各地及不同地势。绘制时尽量囊括更多地名，如澳大利亚地图中东部靠近太平洋海岸的地名，仅南纬三十度至三十五度中就列出17个地名：所里塔利岛、特里亚尔湾、鉴浦西、马加利、哈林敦湾、瓦里土湖、苏加剌甫角、斯得轩斯澳、纽喀斯、马加利湖等。

五洲列国图目次：大地平方、坤舆东半球、坤舆西半球、西细亚洲、皇朝一统、日本、朝鲜、西伯利亚　中亚细亚、安南　暹罗　缅甸、印度、波斯　阿富汗　俾路芝、阿剌伯、东土耳其（14个国家）

欧罗巴洲、英吉利、法兰西、西班牙　葡萄牙、荷兰 比利时、德意志、奥地利亚、意大里、希腊、西土耳其、俄罗斯、瑞典　挪威、丹麦（14个国家）

————————

① 《年谱》，第777页。

第四章 《五洲地理志略》的内容及资料来源

阿非利加、阿非利加东北幅、阿非利加西北幅、阿非利加南幅、

北亚美利加洲、美利坚、加拿他、墨西哥、西印度群岛（3个国家）

南亚美利加洲、南亚美利加东北幅、南亚美利加西北幅、南亚美利加南幅。

海洋洲、南洋群岛、澳大利亚、太平洋东偏、太平洋西偏（1个国家）

每幅地图上旁边写有刊刻地点、时间，如第一幅图：大地平方全图，写有光绪二十九年癸卯三月舆地学会刊板。该图标出了经纬度数、大洋大洲的名字以为加粗字体标示。海洋以浅蓝色表示，列出重要国名、地名、河流并且将一些重要的海港之间，用线条拉出，并标注其具体里程。如"悉尼至合恩五千四百七十里""横滨至旧金山四千七百五十里"该图中标"太平洋"为"大平洋"。该图中有五大洋：大平洋、大西洋、印度洋、北冰洋、南冰洋。该图没有图例。亚细亚洲图，光绪二十八年壬寅三月舆地学刊。从这幅图开始有图例（右侧）：洲界、国界、国都、部城、城镇，共5个。还有比例尺。在此图上，标注的是：太平洋。皇朝一统图，刊刻时间是光绪二十八年壬寅二月。该图左下角有图例。称为"图中记号"，计14个：省会、府、直隶州、直隶厅、通商口岸、国界、省界、轮船路、电线、铁路、长城、椰城、运河。比例尺是一千二百万分之一。该图不同的省份已经用不同的颜色代表了。到了光绪二十八年壬寅冬季刊刻的日本图中已经称为"凡例"了，共有13个：国道、道界、国界、府县界、外国界、铁路、航路、国都、通商口岸、府县厅所在地、镇府所在地、师团所在地、海底电线。通过这些凡例，可以看出当时各国经济交通等发展状况，由日本图可以看出日本海底电缆已经铺设。朝鲜图旁边标出时间是："光绪二十九年癸卯夏四月舆地学会译刊"，以"刊"与"译刊"以区别是学会的成果还是吸取了别人的成果。"译刊"的还有荷兰比利时图，德意志、阿非利加西北幅、朝鲜图中的图例增加为23个，越来越细了，还标出一等郡到五等郡的区别图例。有时标注为舆地学会刊，有时又标注为舆地学社刊，安南暹罗缅甸图，就标注为光绪二十九年癸卯六月舆地学社刊，舆地学社刊的地图还有，光绪二十九年三月的奥地利亚、四月的西班牙葡萄牙总图、俄罗斯图、五月的阿剌伯图、美利坚、加拿他、南洋群岛图、闰五月的《阿非利加南幅》、七月的丹麦图、南亚美利加西北幅、南亚美利加南幅。

瑞典挪威图未注明刊刻时间、地点。阿非利加东北幅图，注明是光绪二十九年癸卯舆地学社译刊。墨西哥图标明是光绪二十九年癸卯闰月舆地学社刊。南亚美利加东北幅，光绪二十九年癸卯又五月舆地学社刊。有的地图注明是舆地学会刊板。如澳大利亚图。

2.《万国形势执掌图》

《最新万国形势指掌全图》，[日]依田雄甫绘，3版。东京：富山房，日本明治三十八年（1905）三月。日本明治三十六年（1903）十月初版。本版图凡18幅，主要新增"日俄交战地图"等内容。末附太阳系表等32篇，12版。东京：富山房，日本明治三十九年（1906）二月。1册：彩色，38cm×22cm。地图增至20幅，对日俄战后世界新形势有所增补。部一（6463）书脊为紫红布。部二（11257）书脊为绿色布。依田雄甫绘。

封面上题：最新万国形势指掌全图，新增十二版。大日本富山房发行。封面上上下有彩色图两幅：上为祥云缭绕，青龙飞舞，中间夹杂一个世界全球图。下部为一幅椭圆球中图是：在汪洋大海中百舸争流。书内大封之前是各国彩色旗章。书内大题：文学博士重野安绎监修，陆军教授依田雄甫撰修，最新万国形势指掌全图，大日本书肆合资（会社）富山房发行。并且镌有两个红色印章"增补""十二版"。接着是北洋大臣直隶总督袁宫保（世凯）书简、丁参议书简，是清国直隶学校司参议丁惟鲁的书信，曰"敝邦自晋代裴氏后，舆地之学，罕有精本。道光中五台徐氏、邵阳魏氏始有《瀛寰志略》《海国图志》之刻，然时局变迁，已为陈迹。""贵邦地学亦同时发达，而精进之猛，超逸绝尘。计近年所出不下数十百种，悉诣精良，迥非敝邦所逮。是编图表之详瞻，疆域之分明，已集诸本之长，撷其新而提其要，而尤有进焉者。此表中所列与序中所陈，皆敝邦四万万同种同文，振声启聩而法发也。"下页另有南洋大臣两江总督魏制台（魏光焘）书简。

依田雄甫明治三十七年（1904）甲辰八月"再刊题言"："此图初刊凡五千部，未暮年悉售，乃更加日俄交战地图、欧罗巴详图、美利坚合众国图、万国风俗胜景图画四种附之再刊。盖辽东之野，我邦与俄今交兵，欧洲白人建国地美利坚，清人多往来，处是皆吾人不可不知，而图画可以详世界之地理，诸国之风俗胜景也。"两个序：明治三十六年（1903）癸卯九月重野安绎序与明治三十六年（1903）癸卯秋九月依田雄甫序。

第四章 《五洲地理志略》的内容及资料来源　　231

凡例六则。一、亚细亚之外五大洲图皆附日清两国图以示彼我广狭；二、汉土开国在六千年前，而其山川都邑称呼历朝不一，本书特记疆域沿革英杰乡贯，以示古人的历代都会；四、沿革图中载汉唐蒙古，清初等者，亦欲使学者知盛衰兴亡，是作者微意所存，览者三思焉；五、此图一从《大清一统志》《海国图志》，日英德美诸原本，皆有所考据，不敢虚称；六、此书初刊虽在光绪二十九年，新所获地名地图等每刊增补，以贡日新之一端。

共二十图、三十二表。第一图：大陆高低略图；第二图：天体及地球图；第三图：世界流风雨寒暑图；第四图：是世界人种宗教言语住人粗密图（第三增补）；第五图：世界人种及物产分布图；第六图：世界全图（附诸国属地、铁道航路、海底电线）；第七图：亚细亚全图；第八图：大日本帝国全图；第九图：日俄交战图（第二增补）；第十图：大清国全图（北京图　天津图　　上海图）；第十一图：汉土地名沿革及人物出生地图，疆域沿革地图（炎汉疆域、李唐疆域、蒙古疆域、清初疆域）；第十二图：大韩帝国全体图（京城）第十三图：前印度及马来群岛（第五增补）；第十四图：欧罗巴洲全图；第十五图：欧罗巴洲详图；第十六图：亚非利加洲全图（埃及地方　日布地及亚丁）（第三增补）；第十七图：澳大利亚及阿西尼亚诸岛；第十八图：北亚美利加全图（华盛顿及纽约地方　桑扶兰悉斯可地方　万库洼地方　尼加拉爪地方）（第五增补）；第十九图：美利坚合众国全图（第二增补）；第二十图：南亚美利加全图（巴拿马运河图）（第五增补）。这二十图中，仅仅有五个国家的地图：大日本、大清、大韩、澳大利亚、美利坚，其他均为总图。附录：万国风俗胜景图（第二及第四增补）。

三十二表分为：一类：地球及世界表。是第一至第十二表及第二十五表，共十三表：太阳系表、地球面积表、大陆面积人口表、大洋面积表、著名高山表、著名大河表、世界人种表、各人种员数表、世界独立国表、世界诸国面积人口表、世界诸国岁出入表、世界诸国输出入表。二类：世界各个具体国家的诸表。表十三至表二十一，共九表：大日本帝国诸表、大清帝国诸表、大韩帝国诸表、土耳其帝国面积人口表、不列颠帝国面积人口及海陆军表、法兰西共和国藩属及海陆军表、德意志帝国诸表、俄罗斯帝国诸表、意太利王国陆海军表。三类：属地表。表二十二至表二十四，共三表：和兰王国属地表、葡萄牙王国属地表、西班牙王国属地表。

四类：日本航路船钱表。包含表二十七至表二十九共三表：日本邮船会社航路船钱诸表、大阪商船会社航路船钱诸表、日本海沿岸航路船钱表。五类：比较表及解说。包括表二十六及表三十到表三十二，共四表：商船吨数比较表、标点解说、尺度比较表、货币比较表。

目录中署明的时间是：大日本国第一代皇帝曰神武天皇，即位辛酉年，时值周惠王十七年。明治三十九年丙午年，实为二千五百六十六年，皇统连绵至今上一百二十二代，神武天皇即位日为纪元节，值阳历二月十一日。明治三十九年，值光绪三十二年，西历一千九百六年。还有本书每刊有所增补的情况。

本册地图为彩色地图，色彩较重。已经能够用不同的颜色作为图例来代表不同的内容。如"世界全图"附的"诸国属地铁道航路海底电线"图中用了两类图例，一是用横线等表示重要铁道、各国汽船航路、海底电线，二是用不同颜色的标记分别代表英属、德属、俄属、法属、意属、葡属、西属、土属、丁属、美属、兰属等。这样读起图来，就简明扼要了。不少是图说并用。如世界海流风雨寒暑图中，有以"海流""等温线""雨量""等压线及风向"为标题的几段说明，并且附图表示。"世界人种宗教言语住人粗密图"下附有世界诸国文字：日本、韩、满洲、蒙古、瓜哇、拔他（苏门答腊）、梵字、波斯、阿剌伯、亚尔美尼亚、埃提阿伯、折罗吉（北美印第安）、英吉利、法兰西、俄罗斯、德意志等国文字，并举出例子。图例有的称为"符号"，如大日本帝国全图；有的称为"凡例"，如日俄交战地图；有的称为"记号"，如"大清国全图"。比例尺也注意将世界上不同的尺度标出，如"大清国全图"中页下有英哩、法米突、日本里、清国里共四种比例尺，各国人看的时候，可以根据自己的喜好来选择。还擅长用大图套用小图，如"大清国全图"下面有"北京街市图""上海略图""天津城附近略图"就套在大图之中。

这些图都是石印的，在每幅图右下角都标有"合资会社富山房子石印"。最后附的胜景图中不仅包含世界胜景，如"大日本东京皇城正门"，还包含世界名人，如袁世凯、俄帝尼哥米二。该地图册末附各种表格，与以往的表格不同，这些表格作者都将其数字来源直接在表格的名称旁点明。如太阳系表，据仙朱利辞书。地球面积表，据迈克让所著地理书。世界独立国表，据西历一千九百三年所刊《政治家年鉴》。该表世界独立国称亚细亚十国、欧罗巴二十二国、亚非利加四国、北亚美利加九国、南亚美利加十国。

第五节 资料运用特点

一 按内容性质分为九类

以上所列 88 种资料，依据不同的标准可以进行不同的划分。如按照内容性质，可分以下九类：

1. 地志 40 种：《职方外纪》《坤舆图说》《瀛寰志略》《朔方备乘》《俄罗斯国总记》《中外大地志》《地理全志》《弹丸小记》《古巴杂记》《秘鲁形势录》《冰洋事迹述略》《墨西哥记》《万国风俗考》《海国图志征实》《世界地理志》《万国地理志》《五大洲志》《西比利亚大地志》、《万国新地志》《万国地志》《世界地理学》《瀛寰全志》《高等地理》《中外地理教科书》《亚拉伯志　新志》《土耳基志　新志》《波斯志》《缅甸志　英领缅甸志　新志》《暹罗志》《布哈尔志》《俾路芝志》《小亚细亚志》《阿富汗志　新志》《土耳基斯丹志》《印度志　新志》《外国地理讲义》《开浦殖民地志　新志》《阿达曼群岛志　新志》《西比利亚志　新志》《普通地理讲义》。

2. 游记、日记 16 种：《五洲地理志略》引用的中外游记、日记有《异域录》《俄属游记》《韩游日记》《龙沙纪略》《黑龙江外记》《出洋琐记》《游历刍言》《俄游汇编》《使西纪程》《印度札记》《西辀日记》《四国日记》《十一国游记》《新大陆游记》《东行日记》《使美记略》。

3. 地图 13 种：《内府图》《万国图》《地图》《大圆球图》《汉文图》《平方图》《五洲列国地图》《舆地学会中外全图》《汉译世界大地图》《万国舆地分图》《世界现世图》《万国形势执掌图》《五洲图考》。

4. 史书 9 种：《英吉利志》《佛兰西志》《俄罗斯史》《泰西新史》《西洋史要》《外国史略》《万国通鉴》《元史译文证补》《重订法国志略》。

5. 年鉴、课程、问答、辞典，4 种：《万国年鉴》《湖北两湖书院课程》《地理问答》《地名人名辞典》。

6. 兵书 2 种：《铁甲丛谈》《美国地理兵要述略》。

7. 政治法律2种：《列国岁计政要》《巴西政治考》。

8. 释名1种：《瀛寰译音异名记》。

9. 规制1种：《理藩院则例》。

二 同一地域用多种资料介绍

王先谦引用的各种书籍具有不同的作用，尤其是同一地域采取多种书籍进行介绍。

如关于黑龙江的地理状况引用：西清《黑龙江外记》、方式济《龙沙纪略》。其中《黑龙江外记》八卷中引用了《山海经》《北史》《唐书》《辽史》《金史》《盛京通志》等资料。

对印度的记载主要是引用上高黄楙材《西輶日记》《游历刍言》《印度札记》。《西輶日记》对了解印度的一些风俗甚至经济，都是重要的史料。如记载在印度所住公馆的月租，坐火船渡恒河，宽十余里，行三刻。对火车的观察也很细致，叙述轨道的宽度及具体制造方法、铺位、车价、客货车的排布、速度对于其速度，"追风逐电、神速无论。苟充其量，每一点钟使行二百华里。"对比火车与其他交通工具，大加赞叹火车之便捷。《西輶日记》中也解释地名："星加坡，一名嗒吻坡，本旧柔佛国，亦巫来由族，道光末为英人所踞，日增繁盛，为海道咽喉商舶往来所必经。四方电线文报，悉萃集于此。""西贡，古日南郡，一名占城，即安南嘉定省，三面滨海，北界顺化（即广南）、真腊（即东浦寨，又名甘宇智）。"①

《五洲地理志略》对五洲的较早记载，主要采取艾儒略《职方外纪》(1623)、南怀仁《坤舆图说》的记载。《职方外纪》卷首：五大州总界度解。卷五：四海总说。卷一至卷四：亚细亚总说、欧罗巴总说、利未亚总说、亚墨利加总说。墨瓦蜡尼加总说，放在卷四之末。称之为天下之第五大州。因为其人物、风俗、山川、畜产与鸟兽虫鱼，都没有传说，"即南极度数，道里远，几何皆推，步未周，不漫述，后或有详者。"②《坤舆图说》动物画像有以下几幅：亚细亚洲5幅，爪哇岛等处有无对鸟、印

---

① 黄楙材：《西輶日记》四卷，附《游历刍言》一卷，《印度札记》二卷，《西徼水道考》一卷，光绪丁酉（1897）成都志古堂刊本，四册。第一册为《西輶日记》。

② 艾儒略：《职方外纪》卷四，钦定四库全书，594册，第279—330页上。

度国产独角兽、印度国刚霸亚地产兽名鼻角、如德亚国产兽名加默良、南印度国产山羊。欧罗巴州4幅，意大里亚产般第狗、意大里亚有蜘蛛类名大懒毒辣、里都瓦你亚国产兽名获落身、热尔玛尼亚国兽名撒辣漫大辣。利未亚州，额第约必牙国有狸猴兽等5幅。这些物种的画像的保存对于了解那时的物种很有价值。不过很多画像给我们今人展示了非常奇妙的物种，如"大东海洋产鱼，名西楞。上半身如男女形，下半身则鱼尾，其骨能止血病，女鱼更效。"① 另外，还有各地奇观八幅放在最末：首先是七奇图说，包括：一亚细亚洲巴比鸢城、二铜人巨像、三利未亚洲厄日多国孟斐府尖形高台、四亚细亚洲嘉略省茅索禄王莹墓、五亚细亚洲厄弗俗府供月祠庙、六欧罗巴洲亚嘉亚省供木星人形之像、七法罗海岛高台。七奇之外，欧罗巴洲意大里亚国罗马府营建公乐场。《坤舆图说》中的图主要体现在最末，全文重在说。该书中对各洲的名称，以用"州"为主，偶尔也会用"洲"字（尤其体现在最后的几幅图的介绍上）。《职方外纪》与《坤舆图说》都记载了很多奇闻逸事。

对俄罗斯的记载主要引用图理琛《异域录》，《异域录》记载了路途中的特殊鱼类、石头、兽类。如"有一种人类乎索伦，名鄂斯提牙斯科，在揭的河两岸林木内散处，捕貂作贡顺流，无昼夜。"这里讲到的应该是生活在北极附近的人，处于极昼的状态。对于奇事的记载，作者习惯性的笔法是"有一种……"人、鸡、鱼等都进入作者的视野中。又如"有一种鸡，身大似鹅，脚高尾短，有苍黑色而花纹者，亦有白色而黑斑者，其雄鸡之冠不时变幻各色……"这种记载确实符合其书名《异域录》中的"异"字。气候、礼节、银钱、节日等的记载也颇为详细。② 《异域录》的记载也强调奇闻。

对西洋的介绍，引用《西洋史要》，《西洋史要》绪言中强调因为白种人对人类贡献大，所以专取白人事实解却叙列。《西洋史要》按照各个时代变迁的具有代表性的大事分为四个时期进行叙述。记载了从公元前1600年到公元1894年的史事。按照"期、篇、章、节"的结构书写。重点记载了西洋一些重要国家的兴衰历程。对所涉及的地名做出标记以示区别。对于帝王的更替还是十分看重，给出了不少世系图。

---

① 南怀仁：《坤舆图说》卷下，四库全书（影印本），594册，第787页下。
② 图理琛：《异域录》，《小方壶斋舆地丛钞》第三帙。

三 多用最新成果

大多引用最近的研究成果，是《五洲地理志略》的一大特点。《五洲地理志略》1905年开始编撰，成书于1909年，出版于1910年。编纂过程中，作者一直密切关注学界动态，积极吸收在此期间新出版的资料。

首先，标注出来的道光二十八年（1848）到光绪三十四年（1908）间的研究成果，达20种。其次，征引学部出版的同一地区的资料，新、旧志都加以参考，以求更加准确。最后，对地图只用"再版"者。

如标注出来的20种含出版时间的书名是：

1. 道光二十八年（1848）刊，1种：五台徐继畬《瀛寰志略》（称徐志）。

2. 光绪十四年（1888）刊，1种：江阴缪祐孙《俄游汇编》（称缪编）。

3. 光绪二十八年（1902）刊，7种：日本樋天保熙《世界地理志》（称樋志）、番禺周起凤《万国地理志》（称周志）、桐城吴启孙《世界地理学》（称吴志）、出洋学生编《万国地志》（称矢志）、日本辻武雄《五大洲志》（称辻志）、仁和孙灏《海国图志征实》（称孙志）、上海许彬《五洲图考》（称许考）。

4. 光绪二十九年（1903）刊，3种：英国衣丁堡雷文斯顿《万国新地志》（称雷志）、山阴谢洪赉《瀛寰全志》（称谢志）、余姚王亨统《地理问答》（称问答）。

5. 光绪三十年（1904）刊，1种：日本依田雄甫《万国形势执掌图》（称依图）。

6. 光绪三十一年（1905）刊，2种：日本吉田晋《汉译世界大地图》、奉化周世棠等《世界现世图》（称现世图）。

7. 光绪三十二年（1906）刊，1种：长沙王达《中外地理教科书》（称王书）。

8. 光绪三十三年（1907）刊，1种：日本堀田璋左右《外国地理讲义》（称讲义）。

9. 光绪三十四年（1908）刊，3种：《舆地学会中外全图》（称学会图，再版）；善化谭绍衮《普通地理讲义》（称谭义）、长沙辜天祐《韩游日记》（称辜记）。

以上20种资料，除《瀛寰志略》与《俄游汇编》之外，其他18种都集中在光绪二十八年（1902）到光绪三十四年（1908）之间。

第六节　学术价值

人类对"五洲"的认识，是按照亚欧非三洲、南北美洲、大洋洲顺序。1898年李杕为《五洲图考》作的序中提出："溯自有明中叶，西人行至印度，而亚欧斐三洲之地通矣。厥后，高隆氏寻获亚墨利洲，而地球分新旧二壤矣。又后西人航海来，顺流而南，得见澳削尼诸岛，而五大洲形势，瞭如指掌矣。"[①]

中国对世界五洲是逐步认识的。明末清初传入的地理学汉文西书给中国人带来了"五大洲"的新天下观。明末清初艾儒略的《职方外纪》对五大洲做出系统介绍，该书依次论述亚细亚、欧逻巴、利未亚、南北亚墨利加、墨瓦蜡尼加。[②]

一　扩大了世界认知范围

光绪二十四年（1898）许彬在《五洲图考》序言中指出中国认识世界的整个过程：中国人认识世界是从亚洲走出去，首先是在梁时，"闻倭国东北七千余里，有文身国。又东五千里俗与文身同。"隋唐年间"有自流求东南五六月得一大地，如以道里计之，宜若可当美洲之南与北。又见其洲，古字一种，类鸟篆意者。"古代对世界的认识主要是依靠"耳目所及，风教所通。"后来出现了《职方外纪》《坤舆图说》等书籍之后，然而"世犹废然和汉之"。但是中国出现了魏源的《海国图志》及徐继畬的《瀛寰志略》之后，"海内博览之，世乃少少知有五大部洲。若其他，与通商诸国之名称，亦不之省。遑问其政教、风俗、疆域之殊。"[③] 许彬总

---

① 龚柴撰，许彬续撰：《五洲图考》，光绪二十八年（1902）徐家汇印书馆铅印本。

② 参见《晚清西方地理学在中国》，第23—30页。该书总结的明末清初传入的地理学汉文西书给中国人带来的新地理学知识有：（一）"地圆说"与"地球知识"；（二）"五大洲"的新天下观；（三）西方人文地理知识点的初步介绍。

③ 龚柴撰，许彬续撰：《五洲图考》，许彬序，光绪二十八年（1902）徐家汇印书馆铅印本。

结得很简练，把中国古代至晚清对世界认识的情况展现了出来。

很明显，晚清中国人对国人所撰《海国图志》及《瀛寰志略》两部世界地理书籍评价很高，认为正是这两部书，使中国人在认识世界上更进了一步。王先谦的《五洲地理志略》为中国人在认识世界上，提供了更加深入、有效的信息。

1. 以"国"命名的地区是最多的

明朝时期对世界的认识，保持在 20 余国的范围，如明朝巩珍曾随郑和出使海外，所著《西洋番国志》记载凡 20 国：爪哇、暹罗、旧港、哑鲁、满剌加、苏门答剌、那姑儿、黎代、喃毂里、溜山、榜葛剌、锡兰山、小葛山、柯枝、古里、祖法儿、忽鲁谟斯、阿丹、天方。明马欢所撰《瀛涯胜览》所记海外诸国有 19 国：占城、爪哇、旧港国、暹罗、满剌加、哑鲁国、苏门答剌、那姑儿、黎代、喃勃里、锡兰、小葛山、阿枝、古俚、溜山、祖法儿、鲁谟厮国，① 与《西洋番国志》所载大致相同，只是名称书写上不同而已。

晚清出现的地理书，记载的国家数目多在 31—68 个。1883 年慕维廉《地理全志》记载 46 国。1897 年《天下五洲各大国志要》，亦名《三十一国志略》，仅讨论了英国连属地、法国连属地、俄国、美国、奥地利、意大利、印度、德国、西班牙连属地、澳洲、土耳基、中国、和兰、巴西、日本、比利时、埃及、葡萄牙、坎拿大、瑞典、墨西哥、银国、南非洲、安南、希腊、瑞士、丹国、暹罗、小吕宋、波斯、高丽 31 国地理。② 康有为 1898 年完成《日本变政考》中认为全球有 60 国。③ 1902 年《五洲图考》记载了 66 个国家、地区范围的内容；《五洲述略》叙述 68 个国家范围地理。

《五洲地理志略》以"国"标注出来的依次为：大清国、日领朝鲜国、日本国、英领缅甸国、暹罗国、英领马来诸国、尼格里诸小国、法领安南国、英领印度国、波斯国、阿富汗国、英领俾路芝国、阿剌伯国、埃及国、英埃苏丹国、阿比西尼亚国、摩洛哥国、英领梭科拖国、根多国、

---

① 纪昀等编著，《四库全书》研究所整理：《钦定四库全书总目》（整理本）卷七十八，史部三十四，地理类存目七，中华书局 1997 年版，第 1052—1053 页。

② 《晚清西方地理学在中国》，第 382 页。

③ 康有为：《日本变政考》卷十三，叶一，"大地六十国之政事虽夥，而多与中国之俗不同。"1998 年紫禁城出版社据光绪二十四年（1898）康氏手写进呈本影印本。

第四章 《五洲地理志略》的内容及资料来源

巴奴国、奴不国、力比里亚国、比领康哥国、法领康哥、韦对国、彼日迷国、坎耐国、缅国、牛罕什尔国、洼望国、麻萨朱色国、罗德岛国、千纳底可国、牛约克国、牛曰西国、宾西洼你国、特拉华国、南加罗里那国、乔治亚国、佛罗里达国、西勿吉尼国、根特机国、倭海阿国、音的阿那国、伊里内国、密执安国、弥梭里国、汀耐西国、阿拉巴马国、密士失必国、鲁西阿那国、得撒国、阿干萨国、瓜地马拉国、萨马多国、閧都拉斯国、尼加拉瓜国、哥斯得里加国、英属閧都拉斯国、海地国、都民尼加国、巴哈马国、巴西国、巴拉圭国、委内瑞拉国、哥仑比亚国（巴拿马国附）、厄瓜多国、秘鲁国、玻利非亚国、智利国、亚尔然丁国（巴他峨拿附）、乌拉圭国、俄罗斯国、土耳其国、勃耳格里亚国、赛维阿国、蒙尼各罗国、罗美尼亚国、希腊国、英吉利国、法兰西国、摩纳哥国（附）、瑞西国、德意志国、意大利国、奥大利国、匈牙利国、光石国（附）、荷兰国、比利时国、瑞典国、挪威国、丹麦国、西班牙国、葡萄牙国，共计95"国"，这里所谓的"国"有的仅指一个国家的内部地区，如对美国各州的称呼（有13个被称为"国"：缅国、牛罕什尔国、洼望国、麻萨朱色国、罗德岛国、千纳底可国、牛约克国、牛日西国、宾西洼你国、特拉华国、南加罗里那国、乔治亚国、佛罗里达国）[①]，但是在王先谦的心目中这些地区是指的国家。如果除去被王先谦误认为"国"的13个州之外，那么《五洲地理志略》中记载的"国"依然有82个之多。

比较起来，《五洲地理志略》记载的国家数目在当时是最多的，其他世界地理书记载的国家数目一般都比之少。

2. 所记载的岛屿也是当时最多的，注意对属岛的重视

《五洲地理志略》以岛屿命名的地名也很多，依次为：思丹门群岛、尼科巴群岛、英领坎林群岛、克力司墨司群岛、美领菲律宾群岛（即吕宋岛）、英领非几群岛、汤格群岛、尼华群岛、塞佛支群岛、哈维群岛、沙罗门群岛、三太克拉士群岛、其尔般群岛、安里斯群岛、非尼克斯群岛、犹尼恩群岛、曼尼希基群岛、买诺群岛、牛希伯利群岛；德领华士马克群岛、马什尔群岛、沙摩亚群岛、喀罗林群岛、马利阿那群岛；法领犹衣或华利群岛、惑痕群岛、梭赛依替群岛、巴马多群岛、奥斯脱兰耳群岛、克里般群岛；英领瓜摩岛、达斯马尼岛、葡领佛狄角群岛、法领马达

[①] 据《万国新地志》的目录，《五洲地理志略》中均对美国的各州称呼为"国"。

葛士加岛、法领哥摩罗群岛、英领毛里削斯岛、英领塞舌勒群岛、英领罗德给岛、英领采哥群岛、英领喀哥多斯岛、英领亚密兰群岛、英领爱耳打巴拉岛、法领路尼恩岛、法领圣保尔岛、法领牛阿摩司叚德岛、法领叚贵伦群岛、英领依德华岛、牛不伦岛、牛芬兰岛、般拖运科岛阿德克司库岛、牙买加岛、里华群岛、文华群岛、英领覆克兰群岛、英领南乔治亚岛，共计 56 处，而 39 处都是群岛。

3. 以"领"：表示各国殖民地

《五洲地理志略》对各国殖民地中"领"字，即对各国的属地就直接以标题的形式给出。如"英领""法领""美领""德领""葡领"各岛屿。英国的领地在当时是最多的，势力遍布五大洲。光绪二十八年（1902）《万国地理志》称英国为合王国，指出："合王国之领地散在世界之四方。貌列颠帝国者，乃合并诸领地与本国之总称。其面积大约九百八十万方哩，人口不下三亿四千五百万。"对英国的领地进行了罗列，如次[①]：

第一，位于欧罗巴洲者：（一）门岛 爱兰海中之一孤岛；（二）海峡诸岛 接近于法兰西诺们台。（三）其勃来推砦。（四）麦尔太岛 地中海之一小岛。

第二，位于南北两亚美利加洲者：（一）加奈多。（二）纽访兰特。（三）白哈嘛。（四）乾末克岛。（五）排麻达群岛。（六）培利士。（七）英领扼亚奈。（八）拂克伦诸岛及南乔治。（九）色利乃特等。

第三，位于亚细亚洲者：（一）英领印度及上下缅甸。（二）海峡殖民地。（三）安顿（或作亚丁）。（四）香港萨波罗斯两岛。

第四，位于亚非利加洲者：（一）亚密伦得岛。（二）柴裁排岛衰剌利奥尼岛。（三）沙夸得拉岛黄金海岸岛。（四）纳得尔岛哇特角岛。（五）阿胜新、圣海拿、木利颠亚斯等诸岛。

第五，位于澳西尼亚洲者：（一）澳大利亚。（二）日斯眉拿岛。（三）纽裁伦岛（即新西兰）。（四）夫奇岛。

这里的描述，用到一个"领"字。晚清出现的一些对各国领地有所叙述的书籍，在叙述上多用"属"字。

[①] ［日］中村五六编纂，［日］顿野广太郎修订，周起凤译述：《万国地理志》第三编，叶九。上海广智书局光绪二十八年（1902）铅印本。

1883年出版的《地理全志》中也记载了各国的属岛,但从行文上缺乏明确性。如亚墨利加全志中丹国亚墨利加志、大英亚墨利加志。晚清国家归属问题,引起了学者的注意。1898年出版《五洲属国纪略》是专门研究各洲属国的书籍。其自叙中先对世界形势分析,后提出"国有属部,犹本根之有枝叶,堂户之有藩篱;枝叶剪而本根孤,藩篱撤而堂户寒。"① 此书中用的是"英属亚洲印度部第一"等,用"属"字。1903年版《万国地志》亚细亚洲总论国体政体,将晚清亚细亚各国的国体及各国管辖的概况列举出来,分为独立国、英属、法属、俄属、葡属、酋长所领几类。

以上这些著作,介绍各国之间的关系时,一般用某国属于某国的叙述方式,而《五洲地理志略》描述同样问题,使用某国领某国的方式,这凸显了考察问题的角度不同,更加强调大国的主体地位。

二 注文有很高的史料价值

《五洲地理志略》以其庞大的注文成为其独特之处,具有很高的史料价值,是了解晚清各国政局、物产、民俗等方面的重要史料。

(一) 对北冰洋探险的记载

其比较明显的例子是卷首介绍"北冰海",其正文"北冰海者,亚、欧、美三土之北境,环而拱之,近岸千百里,雪凝结,坚冰不解,海有大鱼,能吞舟。"② 其后,王先谦解释"雷又云:北冰洋俨如地中海,盖亦一通大洋之内海也,惟其海底较浅耳。"又以3786字的注文引用《艾略》解释:光绪元年(1875)到光绪二年(1876)对北冰洋的探险。追溯了1580—1871年的各国探险。所叙翔实。③ 来自《冰洋事迹述略》④。由此可以了解几百年前,世界各国对世界地理的探索过程。

(二) 英领缅甸省注文讨论缅甸落后原因

对英领缅甸省的叙述,正文:"缅甸,《雷志》云英省包有亚劣与推耐塞里摩,西至湄江上游为界。有伊拉瓦底江,以灌溉之。面积十七万千

---

① 沈林一:《五洲属国纪略》"自叙",练青轩,光绪二十四年(1898)铅印本。
② 《五洲地理志略》卷首,十三,捌辑4—590上。
③ 《五洲地理志略》卷首,十三到十六,捌辑4—590上至4—591下。
④ [英]艾约瑟:《冰洋事迹述略》,王锡祺辑《小方壶斋舆地丛钞》第十一帙,杭州古籍书店1985年影印版。

四百三十英方里，人七百六十万五千五百六十口。其在英属边境，为散司拉塞坎兴等种人所居之地，不在以上所言之数，约计面积十一万英方里，人百四十二万口。满大来在上缅甸，每岁雨水二十七英寸，人十八万八千八百五十口。郎昆，热度中数七十九度，极寒七十五度，极暑八十五度，雨水九十九英寸，人十八万三百二十四口。木尔们，人五万五千百八十五口"① 介绍了英领缅甸的：范围、河流、面积、人口，以及满大来与郎昆、木尔们的年降水量、人口、温度等。而其注文约 16000 字。② 介绍地名、水流，南缅四部、北掸五部、南掸十七部、与中国的关系、四至、河流、所领小部的名称等，内容丰富。最后总结：

缅甸地近热带，气候常炎热，西南沿海，尚温润而不干燥，北境深林密箐，水土恶劣略与暹罗等；然土地肥沃。矿产丰饶，有伊洛瓦底江之洪流，以资转运。识者谓：暂时榛莽，久必开通。民口七百五十五万四千四百十人。性情怠惰，乏忍耐，通国崇信佛教者约十之八，回教及天理天性教居十之一，印度教与耶稣教居十之一。旧虽为亚洲王国，然聚群，土司为治，政教未尝画一。其境内计四千六百余土司，世守尺寸之地，各自称雄，强则臣服，弱则相角，朘民脂膏，恣其暴虐，缅王复昏庸多忌，自残其勋旧、亲戚，以覆本根，以区区数千里之土地，供数千虎狼之蹂躏，虽不欲亡，得乎？自属英后，英人设官治之，而北部土司之大者，仍未除灭，但部勒之，使仅衣食租税而已，盖欲以治印度者治缅甸也。其地归印度长官统辖，所铸铁路，于十年前计千八百里，近年增修已抵八莫及孟拱，加长殆千余里。物产有稻米、材木、棉花、烟叶、野茶、橡树胶。兽类以象为最，多人家畜之，等于牛马使之。引重致远惟白象，国人均尊异之，奉之如神明。其他，虎豹熊犀均有，水族饶鱼鳖。多鳄鱼。矿产以金银、宝石、琥珀为珍贵。商埠之大者，在南为仰光，为巴森，为穆尔蟹，为厄开碚；在北为八莫，为蛮得勒，为阿马拉普剌，为阿瓦，为织耿。商民分二等，一为行货之商，一为居货之贾。华人旅其地者甚

---

① 《五洲地理志略》卷七上，捌辑 4—702 上到 4—703 上。
② 《五洲地理志略》卷七上，捌辑 4—702 上到 4—708 下。

多，人皆中信谨愿，又习其风土，故缅人最信赖之。①

这段注文，对缅甸的气候、矿产、河流、人口、民俗、物产、鸟兽水产、商埠、商人、在缅华人等有所介绍。极便于了解缅甸的整体状况。特别是精辟分析了缅甸的国内割据，指出"土司为治，政教未尝画一"及"缅王复昏庸多忌，自残其勋旧、亲戚，以覆本根"都是造成缅甸灭亡的原因，并剖析英人治缅的情况。

三 王先谦对外国地名译名的贡献

王先谦对域外地名译名上也是很有研究的，他在1915年《后汉书补注》中考证了"大秦国"的称谓。② 他还在《蒙古通鉴长编》《五洲地理志略》中都对外国地名进行了考证，尤其是《五洲地理志略》引用了《瀛寰译音异名记》等考证外国地名的专著，使《五洲地理志略》在外国地名译名上的贡献更为突出。

（一）《蒙古通鉴长编》中对外国地名的解释

王先谦没有专门研究地名的书籍，但是在他的各种史注书籍之中，却善于解释地名，尤其到其晚年，解释外国地名更多地汇总新资料，提出不同说法。

在《蒙古通鉴长编》中，王先谦对外国地名进行考释，详注《元史》所涉外国地名的沿革、地名演变、物产、风俗等。如卷五"这西边有巴黑塔，惕种的百姓合里王子。"注文引用《诸蕃志》《职方外纪》《瀛寰志略》解释分析"合里伯"，互为考证：

> 李注，巴黑塔，即巴达二字之对音。合里伯，则阿剌伯国。是其地西使记报达国，南北二千里，其王曰合法里。其城有东西城，东有大河，西城无壁垒，东城固之以甓。其国俗富庶，为西城冠。其国六百余年，传四十主。土人相传，报达，诸胡之祖，故诸胡皆臣服，《诸蕃志》作百达，赵汝适《诸蕃志》，白达国，系大食诸国之一都会，自麻罗拔国，约陆行一百三十余程，过三十余州及

---

① 《五洲地理志略》卷七上，捌辑4—708下。
② 《王先谦学术思想研究》，第172—176页。

到。国极强大,军马器甲甚盛,王乃佛麻霞,勿直下,子孙相袭,传位至今,二十九代,经六七百年。大食诸国,或用兵相侵,皆不敢犯其境。王出,张皂盖金柄,城市衢陌,民居豪侈,多宝物珍段,少米鱼菜。人食饼肉酥酪。产金银、琉璃、白越诺布。国人以雪布缠头、及为衣服。七日一次削发、剪爪甲,一日五次礼拜,天遵大食教,故诸国归敬焉。《职方外纪》:百尔西亚西北诸国,皆为度尔格所并。有国曰亚剌比亚,中有大山名西乃,上古之世,天主垂训,召一圣人美瑟于此,赐以十戒,著于石版云云。其云百尔西亚者,今白西,即古之波斯。度尔格者,今土耳其地。亚剌比亚,即阿剌伯,又即《秘史》合里百之对音也。《外纪》作于天启初年,据此,则合里百自万历前并入土耳其,故不自为一国,今西人所称乃固阯矣。《瀛寰志略》:阿剌伯,回教初兴之国也。……不知小西洋之外,尚有大西洋也。①

又如引用《秘史》谈到"再欣都思种"这一地名时做了如下解释:

李注,此即印度国。官书称温都斯坦者也。《乾隆府厅州县志》:温都斯坦亦西域回国之大者,叶尔羌西南行六十日,至克什米尔,复西南行四十余日,至温都斯坦,水亦可通。境内江河皆通海洋,时有闽广海航,到彼停泊,其东北即克什米尔国。《瀛寰志略》:缅甸之西,两藏之西南有广土,突入南海,形如箕舌者,所谓印度者也。《汉书》谓之身毒,又称天竺。六朝以后,释典皆称印度。今称温都斯坦,亦一作痕都,又作忻都,又作兴都。一音以华文译之,遂人人殊。凡外国地名,皆类此。印度有五:地形入海之处,为中南两印度;东印度东界缅甸,北连后藏;北印度雪山拱抱,东为后藏之边徼,西为西域之扎布,即布哈尔东南部落;西印度跨印度河,与西之阿富汗俾路芝接壤。东西约五千余里,南北约七千余里。……自后汉通中国,唐时屡入供,赵宋时为回部所侵割,元朝,复征服中印度,以宗王驸马分王其地。东南诸部,皆听役属。由是五印度皆为蒙古别

---

① 王先谦:《蒙古通鉴长编》卷五,中华全国图书馆文献缩微复制中心1994年版,第377—378页。

部。……《职方外纪》：印弟旦，在中国之西南，即天竺、五印度也。①

王先谦在《蒙古通鉴长编》中相当详尽解释了许多外国地名，是依据中国传统文献，加上晚清中国人所写的外国史地书来进行辩证的。

（二）《五洲地理志略》引用《瀛寰译音异名记》等书对地名考证

《五洲地理志略》对中国地名侧重于叙述历史沿革，对外国地名侧重把不同典籍中的名称的考证罗列出来。其中最重要的是引用《瀛环译音异名记》，这部晚清出版的以汉文解释外国地名的专著。

1．《瀛寰译音异名记》

华林甫"清儒地名研究著作目录"统计表中，只有杜宗预《瀛寰译音异名记》12卷和陈士芭《海国舆地释名》10卷是关于外国地理的地名学书籍。② 《瀛寰译音异名记》，杜宗预编，光绪三十年（1904）武昌刻本。

杜宗预与清末民初的历史地理学家杨守敬是同乡，为湖北宜都城人，生平不详。喜治历史地理及外国地理，杨守敬为《瀛寰译音异名记》所写序中，对于地名的译音问题，提出"余维前明陈士元有《诸史译语》，茅元仪有《华夷译语》。国朝陆圻有《八纮译史》，大抵皆日用饮食之需，未尝即其国之方隅异同，而意义详注之。"对于翻译各种地名书籍翻译的毛病，"翻译各国书者，汗牛充栋。然粤人所译为粤音，闽人所译为闽音，推之，齐楚晋豫，莫不皆然。其中差互有未尽可以用声字母求之者。"③ 说常"谈班（指班固）郦（指郦道元）一下地理，娓娓可听。"使人深"服其用力之勤。"并指出杜宗预所以撰写此书，是有感于外国人翻译各国的国名和地名，"粤人所译为粤音，闽人所译为闽音。"极不一致，所以编就此书，"使读者省翻检之劳，无佶屈之苦"。

该序言罗列了中国的有关外国地理译音的书籍之后，指出其优劣之

---

① 《蒙古通鉴长编》卷五，第378—379页。
② 华林甫：《中国地名学史考论》，第四章"清代考据学派的地名学成就"，社会科学文献出版社2002年版，第175—176页。
③ 杜宗预：《瀛寰译音异名记》，武昌，光绪三十年（1904）刻本。"瀛寰译音异名记序"。

处，点明了《瀛寰译音异名记》的价值所在。取各种书籍上对于地名的不同记载，进行总结。

《瀛寰译音异名记》共十二卷，原书没有目录。翻查全书，整理十二卷内容如下表：

表 4-4　　　　　　　　《瀛寰译音异名记》各卷内容

属于类型	卷次/所含部分	区域名	卷次/所含部分	区域名
国部城地附海岛	卷一	国部城地 附海岛 亚洲 南洋		
	一	利比亚城地所在（西南领地占中亚细亚境）	六	藏南印北四小国及锡兰城地所在
	二	西域回部城地所在（亦称中央亚细亚）	七	缅甸城部所在
	三	印度以西回部四国城地所在	八	暹罗城部所在
	四	东土耳其城地所在	九	安南城部所在
	五	五印度部城地所在	十	南洋岛地所在
	卷二	国部城地　附海岛 欧洲		
	十一	俄罗斯城地所在	十五	瑞士国城地所在
	十二	希腊国城地所在	十六	意大利国城地所在
	十三	西土耳其国城地所在	十七	德意志合众国城地所在
	卷三	国部城地　附海岛 欧洲		
	十八	法兰西国城地所在	二十三	葡萄牙国城地所在
	十九	英吉利国城地所在	二十四	瑞典国城地所在
	二十	荷兰国城地所在	二十五	挪威国城地所在
	二十一	比利时国城地所在	二十六	嗹国城地所在
	二十二	西班牙国城地所在		
	卷四	国部城地，附海岛 非洲		
	二十七	非洲北土诸国城地所在	三十	非洲西土诸国城地所在
	二十八	非洲中土诸国城地所在	三十一	非洲南土诸国城地所在
	二十九	非洲东土诸国城地所在		
	卷五	国部城地，附海岛 美洲		
	三十二	美洲水疆岛地所在	三十四	美利坚合众国城地所在

属于类型	卷次/所含部分	区域名	卷次/所含部分	区域名
国部城地附海岛	三十三	英属加拿他城地所在		
	卷六	国部城地，附海岛 美洲		
	三十五	墨西哥国城地所在	三十八	歪阿那城地所在
	三十六	中亚美利加城地所在	三十九	西印度群岛地所在
	三十七	南亚美利加城地所在		
	卷七	国部城地，附海岛 澳洲 太平洋		
	四十	澳州城地所在	四十一	太平洋岛地所在
山水海地，附土角	卷八	山水海地，附土角 亚洲 欧洲		
	四十二	西比利亚山水海地所在	四十八	锡兰岛山水所在
	四十三	西域回部山水海地所在	四十九	缅甸山水海地所在
	四十四	高加索山水所在	五十	暹罗山水海地所在
	四十五	印西回部四国山水海地所在	五十一	南洋诸山所在
	四十六	东土耳其山水海地所在	五十二	俄罗斯山水所在
	四十七	印度及藏南印北山水海地所在	四十八	锡兰岛山水所在
	卷九	山水海地，附土角 欧洲		
	五十三	希腊西土耳其山水海地所在	五十八	法兰西山水海地所在
	五十四	奥大利亚山水泽地所在	五十九	英吉利山水海地所在
	五十五	瑞士山水泽地所在	六十	荷兰比利时河海所在
	五十六	意大利山水海地所在	六十一	西班牙葡萄牙山水海地所在
	五十七	德意志山水海地所在	六十二	瑞挪嗹三国山水海地所在
	卷十	山水海地，附土角 非州		
	六十三	非州北土山水海地所在	六十六	非州西土山水海地所在
	六十四	非州中土河湖所在	六十七	非州南土山水海地所在
	六十五	非州东土山水海地所在		
	卷十一	山水海地，附土角 美州		
	六十八	北美水疆及英属河海所在	七十二	中亚美利加山水海地所在
	六十九	坎拿大山水海地所在	七十三	南美科隆比阿三国山水海地所在

续表

属于类型	卷次/所含部分	区域名	卷次/所含部分	区域名
山水海地，附土角	七十	美国山水海地所在	七十四	歪阿那三江
	七十一	墨西哥山水海地所在	七十五	西印度岛内三山
	卷十二	山水海地，附土角 澳州 太平洋		
	七十六	澳州山水海地所在	七十七	太平洋岛山水所在

《瀛寰译音异名记》整部书十二卷，按照两类排列：卷一到卷七为"国部城地 附海岛"；卷八至卷十二为"山水海地，附土角"，每一类都是依照：亚、欧、美、澳的顺序介绍，分为七十七个部分，每一部分下又分具体地名。各句话，用一小圆点，标注出其断句处，便于阅读。对各国记载主要是对各洲各国地名进行解释，并且依照的顺序一般是由洲到国，而对很多国家都是由其具体地区到附岛的方式。如卷一，十部分，记载解释了232个地名。

主要是解释外国地名在不同书上的称呼及其地的分部。甚至是该地的特产等。尽量囊括该国的更多地名。如共记载了英国122个地名。如不甚清楚，就存疑。如奥克仆德"疑即《万国图》勃力朴特。《学会图》达彻斯特；《兴亡史》野克斯特；云北人曾来攻。《地球韵言》袜特缚耳脱有防法海军船埠，值苏当波敦西南。《西洋史要》似称为乌拖丽脱订约处。《学会图》挨格斯特，又在西，即《万国图》扼息特。"[①] 记载英国七个附岛：日尔西岛、额尔内西岛、威地岛、俄尔哥内储岛、希勃力第士诸岛、塞忒郎岛、维伦涕岛。

《瀛寰译音异名记》引用书目很多，包括：《俄游汇编》《俄史》《朔方备乘》《泰西新史》《日本汉文图》《瀛寰志略》《胡文忠图》《和屯括地略》《万国图》《世界地学》《外国校》《世界地理学》《平方图》《图理琛记》《沿革图》《大圆球图》《外国地理》《恰克图》《地理问答》《地球韵言》《学会图》《泰西新史》《东游记》等。王先谦《五洲地理志略》所交代的杜宗预所引用之书，都被《瀛寰译音异名记》引用过。

---

① 《瀛寰译音异名记》卷三，叶十六"奥克仆得"。

2.《五洲地理志略》对地名的解释

《五洲地理志略》据不同的书籍记载解释外国地名,这种例子很多。如远印度半岛:①

> 远印度半岛(先谦案:即《徐志》南洋滨海各国也。《志》云:亚细亚大地,由中国西南斜伸入海,迤逦渐削,至彭亨息力而尽,东为中国之南洋,西为小西洋。中间大国三,曰越南、曰暹罗、曰缅甸;小国一,曰南掌。四国内附多年,南掌弹丸,地不滨海,今记南洋诸国连类记之。)
>
> 远印度:《雷志》云为支那与印度之间一大半岛,南以马来半岛为界。河之大者,曰伊拉瓦第江(先谦案:《矢志》作伊腊滑德,《樋志》作伊拉瓦的,《世界图》作伊拉瓦的;《列国》《中外》二图作伊洛瓦底;《万国图》作额拉瓦第;《周志》作欧拉渭特;《世界地学》作意兰瓦其;《地志》作伊拉瓦谛;《外国地理》作依拉华敌)、湄江(先谦案:《万国地图》又作湄公江;《地志》又名西贡河,一名默南君河,一名柬埔寨河)、湄南河(先谦案:《世界地志》作麦那母;《外国地理》作咩难)均自北南流,中有群山,以间隔之,其在北部者甚高。远印度半岛,大半在热带之内,且时有大风(先谦案:远印度,一名印度支那。《讲义》云:亚细亚大陆之东南部有大半岛,曰印度支那,全面积约八十二万一千英方里,此半岛拥孟加拉湾,与中国南海向南突出其端,马来半岛、苏门答腊岛对峙,中间有马拉加海峡,为世界交通要路。海岸线极长,东有东京湾,南有暹罗湾,西有马尔达班湾,皆深深湾。入陆则有喜马拉耶山芝脉数条,蜿蜒南北。其最有名,曰绒麻山脉。暹罗山脉限缅甸北界者,曰巴得科伊连山。有三大平原,曰白古平原【白古,案:即摆古。《慕志》作北古;《圆球图》作丕果;《平方图》作丕古;《樋志》作必辜;《矢志》作柏克,《万国地志》作披及,或作不果。】曰暹罗平原,曰东京平原。又有四大河,悉出南渡,曰伊洛瓦底河,行二千二百英里;曰萨尔温河,行七百五十英里;曰湄南河,行九百英里;曰湄公河,

---

① 按:为行文方便,引文中,凡是原书属于正文的,不加括号;原书属于注文的,均加圆括号"()",注文之下的疏,均用中括号"【】",以示区别(下同)。

行千六百英里。此半岛，除中央暹罗国外，余皆英、法二国分领。英治其西部，法治其东部。《谢志》云印度支那为亚洲东南土股，或名后印度，又曰恒河外之印度地，西缅甸，东暹罗，东安南，其南端伸入海者曰麻喇甲土股）。①

上文659字比较完整地介绍了远印度半岛，正文仅83字"远印度半岛：远印度，《雷志》云为支那与印度之间一大半岛，南以马来半岛为界。河之大者，曰伊拉瓦第江、湄江、湄南河，均自北南流，中有群山，以间隔之，其在北部者甚高。远印度半岛，大半在热带之内，且时有大风。"576字为注文。以5处"先谦案"引出对远印度半岛、伊拉瓦第江、湄江、湄南河、远印度的解释，以"案"引出疏中对白古的解释，共引用各种书名23次，以解释地名为主。对面积、政治上是否独立也给予说明，"此半岛，除中央暹罗国外，余皆英、法二国分领。英治其西部，法治其东部"。

（三）《五洲地理志略》的地名解释，被后人所引用

成书于1921年的由刘锦藻撰的四百卷《清朝续文献通考》，原称《皇朝续文献通考》，注意到《五洲地理志略》的"地名学"的贡献，其六卷四裔考中共引用《五洲地理志略》33处，以小字放在注文中，均是对地名的解释。对朝鲜、琉球、日本、南掌、缅甸、吕宋、廓尔喀、波斯、亚拉伯、土耳其、鲁玛尼亚、蒙的尼、意大利、日斯巴尼亚、葡萄牙、英吉利、荷兰、法兰西、丹麦、瑞典那威、比利时、德意志、瑞士、奥斯马加、美国、墨西哥、巴西、秘鲁、刚果、赛尔维亚，共32个国名都有解释，主要是面积、人口等。对缅甸有两处解释，一为面积、人口；一为商埠。②

南掌："南掌，又名老挝。东界安南，西界缅甸，南界暹罗，北界中国。居民约百余万。（《五洲地理志》：面积二百三十五万千九百三十二方里。）"③ 朝鲜："面积八十四万九千方里（《五洲地理志》作面积八万四千四百英方里）。"④ 这是利用《五洲地理志略》对朝鲜面积的另外说法

---

① 《五洲地理志略》卷七上，一，捌辑4—702上。
② 刘锦藻：《清朝续文献通考》卷三百三十三，四裔考三，浙江古籍出版社2000年版，第10732页。
③ 《清朝续文献通考》卷三百三十三，四裔考三，第10731页。
④ 《清朝续文献通考》卷三百三十一，四裔考一，第10701页。

的罗列。

日本:"日本在亚细亚洲东北,太平洋之西北,以五大岛为国,所属小岛凡一千八百余(《五洲地理志》:本岛面积八万五千三百四十五英方里,及诸岛共面积十五万九千九百九十英方里,人四千二百二十七万六百五十口)。"① 此处正文对日本介绍没有涉及面积、人口,因而用《五洲地理志略》将这些内容补充出来。

此外,介绍墨西哥"墨西哥,在美国之南,东界墨西哥海,南界中亚美利加之瓜第拉玛,西界太平洋,北界美国。面积七百五十万方里。(《五洲地理志》:二十七邦、两属地、一邑,联盟共和,面积七十五万千五百七十英方里,人千二百六十二万口)。"② 这是对墨西哥的行政区划、面积、人口的补充。

第七节 同类文献比较

一 晚清以"五洲"命名的书籍对世界的描述

自1892年以来中国产生了较多以"五洲"或"五大洲"命名的汉文书籍:《五洲地名中西合表》(光绪年间佚名撰)③、《五洲属国纪略》(1898)④、《五洲括地歌》(1898)⑤、《五洲地名略》(1901)⑥、《五洲歌略》(1901)、《五洲各国政治考》(1901)⑦《五洲图考》(1902)⑧、《五

---

① 《清朝续文献通考》卷三百三十二,四裔考二,第10712页。
② 《清朝续文献通考》卷三百三十五,四裔考五,第10764页。
③ 佚名:《五洲地名中西合表》,光绪年间铅印本。
④ 沈林一:《五洲属国纪略》四卷,锡山沈林一练青轩清光绪二十四年(戊戌,1898)铅印本,1册。
⑤ 蒋升:《五洲括地歌》四卷,沪城西十二里土山湾慈母堂印书局光绪二十四年(1898)铅印本。
⑥ 高笃玿:《五洲地名略》,光绪二十七年(1901)刻本。
⑦ 钱恂:《五洲各国政治考》光绪二十七年(1901)石印本。
⑧ 龚柴、许彬:《五洲图考》,上海徐家汇印书馆光绪二十八年(壬寅,1902)铅印本,4册。还有光绪二十四年(1898)铅印本。

大洲志》（1902）、萧应椿《五洲述略》（1902）[①]、《五洲政艺丛编》（1902）[②]《五洲地理志略》（1910）等。其中《五大洲志》是日本人写的汉文书籍。另外，邹代钧著有《五洲城镇表》2卷、《五洲疆域汇编》30卷。龚柴还撰有《五洲方域考》[③]。

1892年后出现的这些以"五洲"命名的书籍，它们对世界的描述为晚清进一步了解世界打开了一扇扇窗口。这些著作分为以下几种：

（一）地名对照表

《五洲地名中西合表》是一部关于外国地名的专书。共13叶，按二十六个英文字母顺序对各洲地名排列，依次为欧洲（五叶）、墨洲（六至九右，共三叶半）、斐洲（九左，十右，共一叶）、澳洲（十左到十一叶，共一叶半）、亚洲（十二、十三，共二叶）为序排列。是外国地名的英汉对译，共收1452个地名。此书主要是解释英汉地名对照，没有具体叙述。

（二）浅显易懂的"歌"的形式

《五洲括地歌》，清蒋升撰，光绪二十四年戊戌（1898）土山湾慈母堂印书局仿聚珍版印。作此书目的是"使稚齿易读、易记、易悟、易解。幼熟于胸，壮识其处。"其形式"句用七言，取其一句可该一地，不致割裂。分作上下句，人易混为两地。"同时"惟僻壤遐陬，细流小岛，异名别号，难以概志，留待后人自悟耳。"先总说。然后依次按照亚、欧、非、美、澳洲五洲顺序依次排列。最后是"五洲地名中法合表"。此表是按照部首、汉文地名、所在洲、法文地名四列排列的。末页有更正。涉及五洲国家55个（亚洲：中华、俄罗斯、朝鲜、日本、琉球、越南、暹罗、新嘉坡、缅甸、不丹、廓尔喀、印度、俾路芝、阿富汗、波斯、土耳其、欧洲：俄国、瑞典、那威、嗹国、日耳曼、奥地利、瑞士、土耳其、希腊、意国、法国、西班牙、英吉利。非洲：埃及、努比亚、阿比西尼亚、的黎波里、阿尔日、苏丹、几内亚、公额、加不、桑结、美洲：米利坚、墨西哥、危地马拉、古巴、牙买加、委内瑞拉、厄瓜多尔、秘鲁、巴拉圭、拉巴拉他、智利、乌路圭、澳洲：吕宋、马利亚、新几内、澳大利亚、撒落满）。此书所涉国家范围比《五洲地理志略》少，主要侧重讲地

[①] 萧应椿：《五洲述略》，紫藤花馆，光绪二十八年（1902）刻本。

[②] 上海鸿宝书局：《五洲政艺丛编》，上海鸿宝书局，光绪二十八年（1902）石印本。

[③] 龚柴：《五洲方域考》，见小方壶斋舆地丛钞，第一帙。

理位置。

《五洲歌略》，一卷，清朝盐山贾恩绂辑，光绪二十八年（1902），求实学社，重刊。是一本语言浅近，便于读者在短期内掌握世界地理大势的书籍，属于童蒙读物与小学教材。该书共19页，2700余字。分七论：总论地球界限、论地球水陆大纲、论亚细亚、论欧罗巴、论阿非利加、论南北阿美利加、论五洋群岛。该小册子以四言形式，对称列举，以朗朗上口的语言，讲世界地理的基本情况。是书虽曰"五洲歌略"，其讲述的内容是地球的总体知识。最后以"合观五洲，地面可通"作结。这七论之后，作者说，"自首至此，是为地面之学"。

《五洲括地歌》与《五洲歌略》都是以浅显易懂的形式，向国人传达世界地理的基本知识，其优点是便于记忆，但所叙内容很少。

（三）以政治、殖民地为主要内容

《五洲各国政治考》，清末钱恂著。有光绪二十七年（1901）刊本。[①] 八卷，续编十四卷，附图八幅。钱氏任中国驻英、法、意、比使馆参赞，以《辛丑条约》有通商、立外务部诸条，遂循其义纂成此编。前编分吏政、户政、礼政、兵政、刑政、工政，叙世界各大洲主要国家。续编分内政、外交、财政、商务、学制、军政诸门，皆首叙清朝，次及世界数国。并附清朝与各国换订约章表、江海口岸贸易表、陆路口岸贸易表、使臣出洋分驻表。此书岁各国的叙述侧重人文、政治，不及自然地理。

《五洲属国纪略》是介绍当时世界大国所占殖民地情况的专著。卷一包含自叙、目录、例言、总叙、分叙、年表。自卷二始以各国属地为中心进行分卷叙述，分为大目与小目。如卷二，讲英属地，按照地理方位共分为十四个部分：英属亚洲印度部第一、英属亚洲印度土邦第二、英属亚洲印度土邦第三、英属亚洲缅甸第四、英属亚洲海门部第五、英属亚洲南洋各岛部第六、英属欧洲地中海各岛第七、英属阿洲南土第八、英属阿洲西土第九、英属阿洲各岛第十、英属美洲西印度群岛第十一、英属美洲西印度群岛第十二、英属澳洲各地第十三、英属澳洲各地第十四。其中包含着内在的洲的排序是：亚洲、欧洲、阿洲（阿非利加

---

① 郑天挺等主编：《中国历史大辞典》音序本（下册），上海辞书出版社2007年版，第2879页。

洲)、美洲、澳洲。

（四）叙述内容丰富的五洲地理典籍

《五洲图考》对五洲各个国家、地区的文字（并附图）介绍，作为叙述段落，对其地域图进行考证的书籍。以亚洲、欧洲、亚墨利加洲、亚非利加洲、澳削尼亚洲为序列，介绍了66个国家和地区的地理状况。该书共4册，而对中国26个省份的介绍占1册内容。仅简单介绍其他国家的行政区划，不专门列出来叙述。叙述世界各国发生的历史事件时，总是以中国的时间段落作为参照系，进行对应。该书对《五洲地理志略》中国省份的排列有影响。

《五大洲志》，日本学者辻武雄撰，东京泰东同文局，日本明治三十五年（1902）铅印本。汉文书写。主要是针对初学者而编写的，较为浅近。分六编。第一编：五大洲概论。第二编到第六编依次为各大洲志，依次为亚细亚洲志、欧罗巴洲志、阿西亚西尼亚洲志、亚非利加洲志、亚美利加洲志。

《五洲图考》与《五大洲志》叙述地理内容都较丰富，都被《五洲地理志略》引用。

总之，1892—1902年出现了较多以"五洲"命名的书籍。1902年至1910年间却少见以"五洲"命名的书籍，《五洲地理志略》是其最后一部。以上所列各种典籍出版时间都比《五洲地理志略》早，其共同点是所叙述的国家范围、内容详细程度都不及《五洲地理志略》。

二 与《五洲述略》比较

《五洲述略》萧应椿辑，紫藤花馆，光绪二十八年（1902）刻本。早于《五洲地理志略》8年出版，是晚清中国人所写的研究五洲的重要地理书籍，也引用了很多书籍。

（一）采录书目78种

《高丽论略》《朝鲜考略》《咸丰以来功臣别传》《朝鲜乱略》《日本考略》《海外文编》《日本国志》《瀛寰志略》《暹罗考略》《四国日记》《劝学篇》《征廓尔喀记》《地理全志》《阿富汗考略》《俾路芝考略》《波斯考略》《俄罗斯国志略》《五大洲图志》《德意志国志略》《泰西新史揽要》《通商约章类纂》《法兰西国志略》《英吉利国志略》《列国岁计政要》《外国史略》《地理备考》《万国地理全图集》《万国史记》《地理

学个附表》《海国图志》《美国考略》《大阪朝日报》《东亚三国地志》《知新报》《越南世系沿革略》《印度札记》《万国近政考略》《中外日报》《朝鲜风土述略》《列国岁计表》《东洋琐记》《日本杂记》《东槎闻见录》《越南志》《阿剌伯考略》《万国公报》《五大洲各国志》《各国国体表》《重订地理志略》《各国丁口清册》《四述奇》《出使美日秘国日记》《地球图说》《东藩纪要》《日本维新史》《列国变通兴盛记》《日本师船表》《各国师船表》《越南疆域考》《万国新地舆统计表》《列国陆军制》《英国水师考》《列国师船图表》《盛世危言》《英国日报》《雷艇纪要》《水师操练》《陆操新意》《营城揭要》《法政概》《重订法国志略》《初使泰西记》《英政概》《东京日日报》《格致汇编》《美国水师考》《美国地理兵要》《防海新论》。

对比发现《五洲述略》所引用文献中的 14 种书籍:《日本国志》《瀛寰志略》《四国日记》《地理全志》《俄罗斯国志略》《五大洲图志》《泰西新史揽要》《英吉利国志略》《列国岁计政要》《外国史略》《印度札记》《日本维新史》《重订法国志略》《美国地理兵要》都与王先谦所著的外国史地著作中所引用的书籍相同。其中除《日本国志》与《日本维新史》之外,其余 12 种书籍都被《五洲地理志略》所引用。

(二) 凡例

一、是书之辑,托始于庚子之夏,意取当务之亟,故首各国国名,次疆域,次户口,又次兵制,其他政治、民风,请俟续录。

二、昔契丹言于我宋国之事,纤悉皆知,而宋人视我如隔十重云雾。今日中国正坐到此病。又古语云"知己知彼。百战百胜",可见,"知"字是从古御敌要义,然古之敌国为数少,知之也易;今之敌国为数多,知之也难。欲使僻壤穷乡咸然于"洋有国,国有地,地有人与兵",自非诏以书焉不可。惟时务诸书,虽汗牛充栋,然或限于地,或限于离,寒士购观,殊非易事。不揣固陋,爰辑是编,愿读者因知生惧,因惧生奋,因奋生强。勿视如海上蜃楼,虚无缥缈,是则区区之意。

三、是书节录,取其简约;分类,取其明晰。

四、是书于欧洲强国及亚洲之日本、美洲之美利坚,采录较详,著其所以兴也,其余弱小之国,不过类及。

五、亚洲之朝鲜、欧洲之土耳其,虽为弱小之国,而采录不视类及之例,著其所以衰也。

六、五洲各地，凡前人载籍目以岛，不目以国者，概未录。

七、各国属国尚有自主之权者，如非洲之的黎波里、突泥斯、达夫耳等，虽小亦录；各国数所，已无自主之权者，如亚洲之缅甸，非洲之努必阿加、弗勒里那达尔、岌朴、马达加斯加，美洲之坎拿大、巴他、峩尼等，虽大不录。

八、五洲之外，尚有大洋洲，澳大利亚在焉，今泰西人合称为六洲。大洋洲内属地居多，间有立国者，如萨末亚，如顿瓦，如佛兰斯维耳等，源流不详，故未录。

九、五洲国名见诸纪载者，言人人殊，此何氏所谓"十人译之而十异，一人译之而前后或异"也，傅氏所谓"急读缓读而字数异，依义依声而译书异"也。今抄录悉从原书，不强为画一，别撷古今译音异名合列为表，冠诸卷首，以便检查。

十、泰西人著作，如《地理备考》《地理全志》《外国史略》《万国地里全图集》等类，皆由口述笔译而成，故撰之。中国文法，不免有辞意倒置、费人思索之处，今悉就愿意，原文略为更正，以期读者易解。

十一、书中西历纪年，读者每苦不知为何世，今悉按《四裔编年表》，于西历下注明及中国某朝某年间，有未注者，读者亦可以类推。

十二、各国人名舆地往往多至七八字，或十余字不等，《四国志略》诸书都无标识，读者于是长句每苦断读不开，今悉心参校，凡人名皆加单线，凡地名皆加双线，俾一目了然。

十三、户口、兵制两门，有昔多今少、昔少今多者，备录于编，俾读者知其国盛衰大势。

十四、户口、兵制，所采以二十四年（1898）各国岁计表为最新，然此两门岁异而月不同，读者欲知此后之确数，仍须购阅逐年新表。

十五、凡行间小字，无"按"字者，系原书旧有；加"按"字者，系采录新增。

十六、书中间附鄙见，低一格写。

（三）国名表

分为五列：洲名、国名、古今异名、国政、国都。下面列出其中所列的国名68个。

表4-5 《五洲述略》所叙国家

洲名（所记载国家数目）	国名
亚细亚洲，省文曰亚洲（9）	朝鲜、日本、越南、暹罗、廓尔喀、阿富汗、俾路芝、波斯、欧曼
欧罗巴，省文曰欧洲，一作友罗巴，一作欧啰巴，一云泰西（19）	俄罗斯、瑞典、诺威、丹麦、荷兰、德意智、奥斯马斯、土耳其、罗马尼、塞尔维雅、门的内哥、布加利亚、希腊、瑞士、意大利、西班牙、葡萄牙、法兰西、英吉利
阿非利加，省文曰非洲，一作亚非里加，一作利未亚（21）	埃及、阿比西尼亚、的波里、突泥斯、阿尔及耳、摩洛哥、哥多番、达夫耳、苏丹、亚德尔、亚然、桑给巴尔、莫三鼻、么诺么达巴、塞内冈比亚、几内亚、公额、里卑里亚、苏路兰、疴兰日、德兰士瓦
北亚美利加洲，省文曰北美洲，一作阿美，一作亚米，一作亚墨（9）	美利坚、墨西哥、危地马拉、桑萨尔瓦多尔、関都拉斯、尼加拉瓜、哥斯德尔黎加、海带、山度明哥
南亚美利加洲，省文曰南美洲，一作亚美利驾（10）	新加拉那大、厄瓜多、委内瑞辣、巴西、秘鲁、玻里非亚、巴拉圭、乌拉圭、拉巴拉他、智利

（四）四卷内容

卷一国名、卷二疆域、卷三户口，卷四兵制。最略者户口，最详者兵制，卷四分上下。

国名部分，从其立国、地位、在中国各代的称呼、与中国的交往及其国内政治，各方面进行叙述。如波斯，引用《瀛寰志略》"回部大国，雄富多宝货，与中国贸易较早，……称回回大部"，引用《波斯考略》"西方大国也，汉世为安息，唐季称大食、波斯，宋世仍之，元世改名哈烈，《四裔考》称伊兰，或作义兰，后人直谓之波斯，粤东呼为大白头。嘉庆十八年，与俄罗斯构兵，割北境日尔日部以和。道光初年，欲窥印度，为英人所拒，近日势日衰，地日削，时有俄罗斯之忧。"引用《地理全志》"其俗，君最尊严，刑赏悉由上意。比岁以来，国内纷争，兵革滋扰，民多赴役，耕种无暇。咸丰六年，兴兵希腊，其地在阿富汗境，十二月英师压其境，明年二月战，波斯败绩，三月成盟于巴黎斯。"

疆域部分包括其位置（经纬度、四至）、面积、行政区划。人口部分将不同书籍上的记载罗列一起，涉及人口总数、组成、从业等。兵制叙述最详，如日本兵制，先讲其总数、创制等，接着依次讲其海军（战船）、战器。俄罗斯最详，总述之外，分述其海军兵制、海军战船、战器。

各卷开始作者都有一个引子，讲明自己设立国名、疆域、户口、兵制的原因。

（五）与《五洲地理志略》的比较

《五洲述略》与《五洲地理志略》比较起来，除了引用书目有许多重复的之外，其他如：

第一，所记载的国家都是比较多的，但是《五洲述略》所记 68 个国家少于《五洲地理志略》95 国。

第二，从记载范围看，《五洲述略》小于《五洲地理志略》。《五洲述略》重视强国，详细记载之；对弱小之国（除朝鲜、土耳其），简单提及。对岛屿也不记载。对大洋洲也不记载。

第三，都重视国名。

第四，两书作者都读过《四裔编年表》，在纪年上都受到其影响。王先谦《西国通鉴二次稿》即受到《四裔编年表》的影响。

三 与《瀛寰志略》的关系

王先谦研究中涉及外国地名，都注意与《瀛寰志略》比较。《后汉书集解·西域传》中对"大秦国"的考证，就纠正了《瀛寰志略》将拂菻误认为耶路撒冷的错误。[①]《蒙古通鉴长编》对外国地名等的考释，也与《瀛寰志略》做了对比。王先谦的所有著作中以《五洲地理志略》对《瀛寰志略》利用最多。

王先谦对徐继畬的《瀛寰志略》持肯定态度"西土初通，图记茫昧。徐氏本美国人雅裨理所论述，辑为《志略》一书。同时作者，莫能抗手，斯舌人之力也。迄今相距七十年，大势递有变迁，而寻检源流，堪称覆按。虽有微纇，无伤全体。昔中国地志，肇端《班史》；五洲志地，始托徐书。先河之功，实堪并美。"[②] 王先谦认为《瀛寰志略》在史地学上的地位，可同《史记》《汉书》媲美，同为"先河之功"。王先谦还把他人撰写的史地书与《瀛寰志略》对比，提出其优缺点。他认为慕维廉《地理全志》，"《慕志》文辞，颇袭徐氏，今人不甚重之，而沿革时有可采。"[③]

《五洲地理志略》与《瀛寰志略》关系：

---

① 《王先谦学术思想研究》，第 174 页。

② 《年谱》，第 777 页。

③ 同上。

（一）王先谦在《五洲地理志略》中以雷文斯顿的《万国新地志》作为正文的依据，用《瀛寰志略》作为注文的主要依据，构成了全文重要的资料来源。

王先谦多数情况下是直接引用原文，也会根据情况对《瀛寰志略》中说法予以发展，如"日本国（先谦案：《徐志》云：日本、琉球，东洋二国也。今琉球灭于日本，已并为一国矣）"①。

（二）"地球"部分。《瀛寰志略》卷一始于"地球"。《五洲地理志略》省去这一部分，认为"地球之说，诸书备矣，无取复陈"②。

（三）中国问题。《瀛寰志略》认为"坤舆大地，以中国为主，疆域之界话画、山川之形势，人人知之，不烦觊缕"③。虽卷一"皇清一统舆地全图"对中国进行了极其简短的概述，但并不详述，其实际上不把中国纳入所述范围中去。《五洲地理志略》把"大清国"放在世界所有国家的第一，以大量篇幅叙述26个省份的情况。

（四）排序及篇章比例。《瀛寰志略》以亚、欧、非、亚墨利加为叙述顺序，而且欧洲在其中所占比重最大（四卷：卷四到卷七），其次为亚洲（三卷：卷一到卷三）并且是地区与国家混合排序，只有欧洲直接按照国家排序。《五洲地理志略》所述内容，所排各洲的顺序：亚洲第一、澳洲第二、非洲第三、美洲第四、欧洲第五。亚洲、欧洲所占卷数一样，都是十三卷。并且《五洲地理志略》在正文三十六卷中都是以"国"为序的。

（五）资料来源。《瀛寰志略》中"泰西诸国疆域、形势、沿革、物产、时事，皆取之泰西人杂书，有刻本有钞本，并月报、新闻纸之类，约略数十种。"④ 并没有对所引的泰西著作一一指出。在叙述过程中，以中国的典籍，对正文时有补充。如引用七椿园《西域闻见录》、顾炎武《天下郡国利病书》等。《五洲地理志略》中引用西方文献很多，主要是刊刻成书的，不涉及报纸；并且每处引用都注明出处。

（六）都重视译名。《瀛寰志略》"凡例"中给出了外国地名的翻译原则，凡六条，成为最早国地名提出翻译原则的典籍。《五洲地理志略》

---

① 《五洲地理志略》卷六，一，捌辑4—685下。
② 《年谱》，第777页。
③ 徐继畬：《瀛寰志略》，上海书店出版社2001年版，第6页。
④ 同上书，"凡例"第8页。

对译名的翻译、解释，主要根据《瀛寰译音译名记》和《地名人名辞典》两部专著。

（七）影响。《瀛寰志略》出版后影响很大，成为很多人想了解外国的必备工具书。其刊刻本共有 18 种。[①] 张荫桓出使之时，就常常拿出《瀛寰志略》与所到国家的地区对比。如谈到翻译问题，"各国方言各异，即能翻译而字亦不可诂。美利坚一国或作米或作谜，《瀛寰志略》言之备矣。"[②]《五洲地理志略》的影响虽比不上《瀛寰志略》，但它扩大了晚清认知世界的范围，在域外地名译名上做出了一定的贡献。另外，它庞大的注文为后人了解晚清各国政局、物产、民俗等方面提供了重要史料。

[①]《晚清西方地理学在中国》，第 346 页。

[②] 张荫桓著，任青、马忠文整理：《张荫桓日记》，上海书店出版社 2004 年版，第 105 页，"十八日丙子（1月11日）"条，时在光绪十二年十二月。

余论

王先谦的外国史地著作的特点及价值

在中国史学发展史上，对外国史地的记述一直不绝如缕，它是中国史学撰述的一种优良传统。[①] 王先谦于晚年完成三部外国史地著作，洋洋300余万言。疾病缠身，却能完成三部巨著，其中之艰辛自不待言。其在史学史上的贡献不容忽视。

王先谦的外国史地著作的特点及价值主要体现为外国史地研究的治史思想、外国史地著作的资料引用方式及其学术贡献上。

一 外国史学系列研究

王先谦的外国历史研究，具有系列性与阶段性。

从编撰学角度及记载内容看，《日本源流考》《外国通鉴稿》《西国通鉴二次稿》应是王先谦所编撰的域外史学的系列研究：从日本研究开始，推及亚洲，又进一步亚欧非三洲。

从书写时间看，王先谦1902年出版了《日本源流考》，而到了1916年才完成了《西国通鉴二次稿》，经历了15年的漫长时间的《外国通鉴》最终还停留在书稿的状态，仍没有付梓。这表明王先谦严谨的史学态度。

这三种书，虽有一定联系，但严格地讲，它们应该是独立成书的。特别是《西国通鉴二次稿》，与基于《日本源流考》之上修改而成的《外国通鉴稿》之间内容相去甚远，其内容无论从量上，还是从写作方式上，还是所涉及的国家数目上，都远远超出了《外国通鉴稿》。

从命名上看，《外国通鉴稿》二十二卷中并没有将题目改为"外国通鉴"，而是保留着《日本源流考》的版心"考"的样式。只有《西国通

[①] 侯德仁：《晚清域外地理学研究述论》，《苏州科技学院学报》（社会科学版）2010年第6期。

鉴二次稿》从第四卷明显地把题目改为"外国通鉴",并无"稿"字样,把湖南图书馆藏《外国通鉴稿》二十二卷,误认为《外国通鉴》,属常识性错误。

《日本源流考》《外国通鉴稿》《西国通鉴二次稿》,均为首以天干、中国皇帝纪年作为纪年方式,次以其他纪年方式与之对照。《西国通鉴二次稿》三十三卷是《外国通鉴》的"完善稿",却保留着很多修改痕迹,仍以稿本形式留下,说明作者有进一步完善的打算,《西国通鉴二次稿》并非作者心目中最终稿。《西国通鉴二次稿》中增加不少中国历史事件,由这种与逻辑相悖的书写方式,可以推测,在王先谦的研究计划中应该还有另外一部世界通史著作,在预想的那部著作中,他会把中国的历史放在世界的许多国家的历史的共同时空中去书写,如果王先谦能够活得足够长,他也许会把这种目标实现。

王先谦已经完成的史学系列研究与他的研究预想,构成了王先谦的外国史学研究的计划,而这些阶段性的研究成果也促成了他对世界地理的研究,最终完成了《五洲地理志略》。

二 治史思想

王先谦的外国史地著作的撰写,是一个变动思考、视域逐步开阔的过程。他的外国史地研究具有历时长、形成系列研究、多以某一种或几种书为"底本"擅长作注、史地结合、以"通"为主、领域逐步扩展等特点,具体体现为:

（一）历时长：厚积薄发,长期积累

王先谦的外国史地著作都是厚积薄发的成果,《五洲地理志略》花了6年时间。《外国通鉴》耗费时间是最长的,历时十二载方成1916年的"完善稿"。《日本源流考》开始编撰时间不详,其时间不晚于1899年,王先谦至少在其晚年1899—1916年约18年的时段中,都在著述外国史地。

（二）呈系列状：由点到面,逐步扩展

王先谦的外国史地研究系列性,表现为三个方面。

一为,研究领域逐步扩展。王先谦的外国史地研究,形成两个系列。史学方面,他从完成《日本源流考》,又增补成《外国通鉴稿》,后来又完成《西国通鉴二次稿》,就是一种"一国→多国（'外国'、60余国）、一洲（亚洲）→多洲（亚欧非三洲）"的认识顺序完成的系列。另一系列即为其外国史地研究中的代表作：《日本源流考》《外国通鉴稿》《五洲地理志略》，三者之间，更是呈现出明显的递进系列："一国→外国→世界"。

二为，王先谦在进行前面研究的同时，就为后来的研究准备了一定的基础。如他在调研中国人对日本的研究现状之时，后来就密切关注这些学者的研究领域，他在其后的外国史地著作中就注意吸收这些学者的研究成果。

三为，王先谦的外国史地研究，也为他衍生了新的研究领域。如1910年刊《五洲地理志略》，其中引用过洪钧的《元史译文证补》，此研究促成王先谦于五年后（1915）完成《元史拾补》十卷。《元史拾补》是以《元朝秘史》《圣武亲征录》《元史译文证补》三书，相互比勘而来的。

（三）以一书或几部书为"底本"，多书与之参证、补充

王先谦的外国史地著作有一个共同特点，即为：总是采取以一种或者几种他认为较好的史地著作作为"底本"作为叙述主体，以其他资料为之作"注"形式。他并非严格地遵循原书，而是根据内容来取舍并有所发挥。

《日本源流考》以《日本史》《四裔编年表》《和汉年契》等为主体，以其他史籍为辅；《外国通鉴稿》又以《日本源流考》为主体，增补其他国家内容；《西国通鉴二次稿》以《万国通史》为资料主体；《五洲地理志略》以《万国新地志》作为正文依据的主要资料。

在《日本源流考》中所用的主体资料之间还形成了一个"接力"链条，往往某一部分以一种书为主体，当叙述内容超出这部书叙述的范围之时，又会把其他书拿来作为叙述主干。

（四）"史中有地、地中有史"，多书齐头并进

王先谦的外国史地著作研究从来都是"史中有地、地中有史"，史地不分，紧密结合。

他的外国史地著作研究，几乎是齐头并进的，1905年《外国通鉴》与《五洲地理志略》同时开始编辑，他的学生吴庆坻在去看望他时，见到他同时在对两书进行校订编撰工作。两书的进行，便于王先谦从内容上及方法上对于一些问题的融会贯通。

（五）始终贯穿"通"的原则

以个人力量编写通史，不是件容易的事情。日本江户时代前期山崎闇斋，就试图编撰神代以来的日本通史，苦苦经营20余年，未见到完成就去世了。① 而王先谦对编撰"通"的史地书籍却很热衷。

王先谦的外国史地研究是承接着他对国内史地研究的特点，依然保持着两大原则："通"的原则与"全"的原则。一国史则做"通史"，区域史则尽量照顾到更加"全"的国家范围；做"世界地理"则做"五洲"，包括中国在内的"百国"。他的外国史地研究在晚清外国史地研究的"通""全"方面，均独树一帜，为国人撰写的外国史地著作领域，做出了自己独特的贡献，包含保存原始史料、考证由来等方面，在中国的外国史地研究的通史库中，应占有重要地位。

他的研究，尽量把时间段向古今两头延伸："远则更远、近则更近"。《日本源流考》所记始于日本神代，截至明治二十六年（1893）；《西国通鉴二次稿》记载范围比《日本源流考》后延10年左右，所叙时段止于1902年。

（六）研究领域逐步扩展、视野逐步开阔

王先谦的外国史地研究范围由小到大。

《日本源流考》以日本研究对象；《外国通鉴稿》以日本为中心，扩展到亚洲各国；《西国通鉴二次稿》以欧亚两洲为研究范围；《五洲地理志略》叙述的是亚洲、澳洲、非洲、美洲、欧洲五洲的地理风貌。

对外国的研究体现了对世界的认识处于变动思考之中，尤其表现在《外国通鉴》的成书过程中。从1902年《日本源流考》刊行到二十二卷《外国通鉴稿》，又到1916年三十三卷《西国通鉴二次稿》完稿，十五年间王先谦完成了三部重要的历史著作。《外国通鉴稿》是在《日本源流考》基础上增加亚洲一些其他国家的条目而成，《西国通鉴二次稿》又是在《外国通鉴稿》的基础上增加欧洲国家而成。在《西国通鉴二次稿》中所指的"外国"是指亚欧非三洲。

---

① 山崎闇斋（1618—1682），日本江户时代的儒学、神道学家，创垂加神道，参见《日本的修史与史学》，第143页。

三　资料引用与撰述原则

（一）著述审慎，反复修订

王先谦的研究，以考订严谨著称，为后人理解某些问题，提供了一定的思路。

王先谦是一个完美主义者，当他的修改还不能进入他所认为的理想状态之时，他就反复修改而不急于刊行。考证极其详细，反复修改，大到具体史实条目的增删，小到一个年号，都仔细核对，不达到满意程度，就宁可保留草稿状态，也不草率刊行。

王先谦《外国通鉴》穷十二载之心力反复修改，最后也未付梓，这和他对史书写作的审慎态度有关，光绪九年（1883），王先谦完成校刊《新、旧唐书合注》、光绪二十六年（1900）作《汉书补注》都是反复校订的。《日本源流考》于1902年刊行，此前王先谦在1899年与日本宗方北平的通信中，曾表示过此书是由于资料不足，而延迟刊行。

（二）多种资料，为我所用

注意官方资料与私人撰述共用，讲究传统史书与外国史地著作互相印证；对一个区域的研究，不拘泥于一种资料，用更多相关资料，以相互补充。

王先谦的外国史地研究资料来源由单一来源到多种渠道并重，由以传统文献为主到以域外文献为主；由以常见文献为主到注意引用稀有文献；《日本源流考》中王先谦所引用的111个篇目中，其中正史占33篇。侧重于传统文献。《五洲地理志略》引用近90种文献，多是外国文献，且注重最新研究成果，十分注意稀有资料如《瀛寰译音异名记》《弹丸小记》等的引用。

总之，凡于写作有用之资料，王先谦都会吸收，为其著作添色。

（三）注明所有资料出处

王先谦的外国史地研究，所有资料，甚至每字、每句都标明出处。在他的研究过程中，对于资料出处的处理，也随着自己的研究而发生变化，《日本源流考》对资料出处，详细罗列，细致到了具体篇名。甚至细致到具体卷的程度，如《日本外史》所引44篇。到了《外国通鉴稿》之时，已经用一定的简称了。再到《五洲地理志略》，他在卷首就直接点明各种史料的全名与简称。

（四）得益于学术交游广、多渠道获得资料

晚年的王先谦能够完成300余万言的外国史地著作，与他学术交游广、善于挖掘资料有关。王曾经向好友缪荃孙及日本友人等搜求资料。

（五）谨慎发表见解

王先谦不轻易发表创见，他的创见多体现在考证上，将自己的看法用"案""先谦案"，特别标明，以示区别。这是一种尊重历史、尊重前人研究成果的治史态度。《日本源流考》整部书引用资料3205处，他仅给出61处"案语"解决历史模糊问题。

（六）扬长避短，仅用汉文资料

因为王先谦本人不懂外文，又没有到过外国，他在选取资料之时，就尽量扬长避短，不用外文原版资料。其外国史地著作所引资料，无论传统文献、常见文献，还是外国文献、稀有文献，都不出汉文文献范围。

（七）撰述方式随着研究范围而变化

在外国史书的写作方式上，王氏都是以为编年为基调。纪年方式上，他的外国史地著作都以干支、中国皇帝纪年作为起首记载。随着研究领域的变化、扩大，王先谦的编撰方式也逐步变化，《日本源流考》不用西历纪年，主要是干支纪年、中国纪年与日本天皇纪年的对比，到了《西国通鉴二次稿》时，已将西历纪年加入到写作中，其写作由呆板走向灵活。

四 学术贡献

（一）保留许多原始史料

王先谦的外国史地研究，很少发表自己的见解，其观点上的创见并不多；但由于他将多种书的说法相类比，排序井然有秩，保留了很多原始资料。

（二）结构严谨，前后高度一致

晚清的很多外国史地书籍，都是将总述放在各卷之前，然后分述。王先谦却把总述另放置。如《日本源流考》卷二十二"识余"；《五洲地理志略》卷首对洲、海的介绍。是由于王先谦的外国史地著作都是按照既定的系统书写，前后保持高度一贯性。把那些与整体系统内容叙述不相一致的内容另行列出。

（三）纪年方式上，创造了干支、皇帝纪年、西历纪年结合，却不用表格之方式

王先谦的外国史地写作，对纪年方式的处理，由传统的干支、皇帝纪年方式向中西历结合的方式逐步变化。

1902年刊行的《日本源流考》仍以传统的干支纪年与皇帝纪年为纪年方式。王先谦读过《四裔编年表》，并在《日本源流考》中大量引用这部书。《四裔编年表》是中西合历的年表体的史书，便于把同一时间发生在不同地区的历史事件进行对比。但是年表体的书写方式，却又有一定的缺陷：因为表格空间所限，很难把不同国家发生的不均衡的历史事件做以充足展示，若某一国某一年的历史事件复杂，想将其始末揭示清晰，使用表格就有诸多不便。王先谦《西国通鉴二次稿》在这一方面就有突破，它与《四裔编年表》很相似，却又有根本区别。这部书，一方面将干支、中西纪年同时使用，把各国在同样时间内发生的事件罗列上去；另一方面避免使用表格，省却了资料内容排布不够均衡的麻烦，为自由排比罗列资料提供了条件，又不浪费空间。这应该是一种"多国编年体"形式。

如今所见各国大事年表，如1997年上海辞书出版社出版的《外国历史大事年表》，虽曰"年表"，实则多不用"表"，而是将各国发生的历史事件按照年代依次排列进去。

（四）外国地理书写，以"国"为基本单位

《五洲地理志略》，严格地说，既非"洲"的排列，又非"国"的排列。但究其实质，是以"国"为叙述的基本单位。在这种叙述中，可以看出他对整个世界的划分是以一个个"国"作为独立单位的。不仅重视大国，也把小国列出。

（五）外国史地著作，发挥了新的做"注"模式

传统的为史书做注的形式，是完全按照原书的篇章结构、内容编排，排列顺序，注文放在正文之下。王先谦所注《汉书补注》即属此类。王先谦的外国史地著作，虽以某一种或几种书籍作为正文之"底本"，其他各书为"注"，却不以"注"来命名，是由于其"注"与传统之"注"存在以下几点不同：

第一，正文以外国人撰写史地著作为主，注文选取中国最有代表性的著作为辅。《日本源流考》构成正文资料主干的五种书，以来自日本的《大日本史》等资料为主，国人黄遵宪著《日本国志》所占份额不是太

多，构成除《日本外史》外的注文最重要的组成部分。《西国通鉴二次稿》正文以英国李思伦辑译的《万国通史》为底本，同时参考国人所著的《西史纲目》对比研究；《五洲地理志略》正文以英国人雷文斯顿所著《万国新地志》为底本，注文中以国人所著的《瀛寰志略》作为主要参考资料。

第二，很多注还直接放在正文中做补充。《日本源流考》多处以《大日本史》为正文，以《唐书·日本传》《宋史·日本传》紧随其后，对正文起补充、印证作用。

第三，内容重新编排。王先谦的几部外国史地著作确实都以某些书为正文，采取另外的内容编排形式，以体现自己的编排原则。如《五洲地理志略》以《万国新地志》做底本，却把原书中对中国记载的散乱排布，改为放在一起排布。

第四，观点与原书有所不同。《日本源流考》在处理神功皇后的问题上就与原来所依据的《大日本史》不同。

附录一

王先谦学术系年

凡例：

（1）2007年李和山《王先谦学术年谱》[①]对王先谦的学术及其交游有详细的罗列；2008年出版的孙玉敏《王先谦学术思想研究》，其附录"王先谦生平简历"[②]对王先谦生平做了较全面整理，故本附录仅以学术著作及学术交游为主。

（2）"系年"中列出王先谦除了诗文之外，凡是年代可以确定的著作及单篇文章，均收入。

（3）资料多来自王先谦著《王先谦自定年谱》与《虚受堂文集》《虚受堂诗存》，《葵园四种》，岳麓书社1986年版（简称《自定年谱》《文集》《诗存》，直接用《葵园四种》页码）。另有一部分来自2007年李和山《王先谦学术年谱》"正谱"，苏州大学2007年博士学位论文。（简称《学术年谱》）。

（4）《虚受堂诗存》按年编排收录了王先谦自咸丰庚子（1861）到宣统辛亥（1911）的诗文，《葵园四种》，岳麓书社1986年版。故此处对诗文略之。

（5）将王先谦所刊刻书籍的出版情况也一并录入。为叙述方便，书后用括号注明是"撰"或"辑"者。

（6）"学术系年"中以当时的农历纪年为主，括号中的日期为农历日期对应的公历日期（与前文年一致者仅标明月日，转年者则年月日标完

[①] 李和山：《王先谦学术年谱》"正谱"，博士学位论文，苏州大学，2007年（后文简称《学术年谱》）。

[②] 《王先谦学术思想研究》，第295—304页。

整）

1. 道光二十二年壬寅（1842），一岁

七月初一日（8月6日）① 子时，王先谦出生。② 出生地点是湖南省省会长沙营盘街。③

2. 道光二十三年癸卯（1843），二岁

患水痘，勉强得救。④

3. 道光二十四年甲辰（1844），三岁

4. 道光二十五年乙巳（1845），四岁

始入家塾，从伯兄先和会庭公学。⑤ 会庭教授先谦甚勤，将《通鉴》等，"先谦未学为文，而习史事已多"⑥。

自乙巳（1845）至辛亥（1851）共七年，王先谦的学习主要由王会庭来指导。

5. 道光二十六年丙午（1846），五岁

从伯兄先和学。⑦

6. 道光二十七年丁未（1847），六岁

始学习写诗作文，被命名为先谦，字益吾。⑧ "载之以杜、苏诗为宗。"⑨

---

① 孙玉敏：《王先谦生卒年考辨》，《船山学刊》2005年第4期。
② 《自定年谱》，第683页。
③ 《学术年谱》，第13页。
④ 《自定年谱》，第683页。孙玉敏误写为"刚满八岁"，《王先谦学术思想研究》，"附录：王先谦生平简历"，第295页。
⑤ 《自定年谱》，第683页。
⑥ 《文集》卷八《先伯兄会庭府形状》，转引自《学术年谱》，第14页。
⑦ 《鲍太夫人年谱》，转引自《学术年谱》，第14页。
⑧ 《自定年谱》，第683—684页。
⑨ 《学术年谱》，第15页。

7. 道光二十八年戊申（1848），七岁

8. 道光二十九年己酉（1849），八岁

弟先恭礼吾出生。①

9. 道光二十五年庚午（1850），九岁

仍从伯兄先和学。②

10. 文宗咸丰元年辛亥（1851），十岁

开始能够做成完整的文章了。③

11. 咸丰二年壬子（1852），十一岁

从县学生闵振瀚（字浩斋）先生学习，闵浩斋教了他一年左右。闵振瀚乃先谦伯兄先和好友。④

12. 咸丰三年癸丑（1853），十二岁

五月，为避战乱，一家搬迁至北乡涝溏河。

六月二十九日（8月3日）伯兄先和去世，王先谦《文集》卷八中收录有《先伯兄会庭府君形状》，后来，即同治元年壬戌（1862）先谦有诗《忆昔诗》（《诗存》卷二）回忆兄弟三人共学之情状。⑤

十月，复移省城，从伯兄先惠（敬吾）公学。⑥ 一日，读不即熟，父亲对先谦"乱挞之"，伯兄跪抱之泣。⑦

---

① 《自定年谱》，第684页。
② 《学术年谱》，第15页。
③ 《自定年谱》，第684页。
④ 《学术年谱》，第17页。
⑤ 同上。
⑥ 《自定年谱》，第684页。
⑦ 《文集》，第172页。

13. 咸丰四年甲寅（1854），十三岁

始应童子试。①

本年先谦始认识先惠同学杨恩寿、吕恕。②

14. 咸丰五年乙卯（1855），十四岁

跟从县学生林子静先生进行学习。③

15. 咸丰六年丙辰（1856），十五岁

跟从黄翰仙先生进行学习。④ 黄翰仙即黄锡涛。⑤

16. 咸丰七年丁巳（1857），十六岁

应县、府试，皆前列。⑥

本年，先谦始与杨恩寿为文字饮。⑦

17. 咸丰八年戊午（1858），十七岁

应乡试未中，受父命在家授礼吾读。⑧

18. 咸丰九年己未（1859），十八岁

乡试一等第五名，补廪膳生。⑨ 应乡试时的学使是杨瑞澜。⑩

---

① 《文集》，第 172 页。
② 《学术年谱》，第 18 页。
③ 《文集》，第 172 页。
④ 同上。
⑤ 《学术年谱》，第 18 页。
⑥ 《文集》，第 172 页。
⑦ 《学术年谱》，第 19 页。
⑧ 《自定年谱》，第 685 页。
⑨ 同上。
⑩ 《学术年谱》，第 20 页。

19. 咸丰十年庚申（1860），十九岁

科试一等第八名。①

20. 咸丰十一年辛酉（1861），二十岁

二月十八日（3月28日），父载之公过世。②

省中重修《湖南通志》，刊父《诗义标准》六十卷之自序于第二百五十八卷③。

先谦萌投笔从戎念。六月，先谦辞别母鲍太夫人，赴武昌。临行，有诗《将之武昌，留别吴萱阶》。至武昌，由父执胡心泉及其兄友李谟引荐，入长江水师向导营，掌书记。此间，与李谟、黄士畸以诗相唱和，并游览黄鹤楼、青山等地。④

八月二十六日（9月30日），湖北巡抚胡林翼殁于武昌任上。林翼久病，闻文宗皇帝崩于热河，大恸呕血，遂卒。先谦有诗《文宗皇帝挽词四首》《胡文忠公挽词四首》。⑤

21. 同治元年壬戌（1862），二十一岁

22. 同治二年癸亥（1863），二十二岁

23. 同治三年甲子（1864），二十三岁

九月，乡试中式第四十名。⑥
十一月，起程北上，赴京会试。⑦

---

① 《自定年谱》，第685页。
② 《学术年谱》，第21页。
③ 同上书，第685—686页。
④ 《学术年谱》，第21—22页。
⑤ 同上书，第23页。
⑥ 《自定年谱》，第686页。
⑦ 《学术年谱》，第28页。

24. 同治四年乙丑（1865），二十四岁

三月初六日（4月1日），会试。榜发，先谦中进士。① 会试中式第二百名。复试二等第二十五名，殿试二甲第九十二名。朝考一等第四名引见，钦点翰林院庶吉士。② 时湖南同入词馆者共六人：衡山茹之翰香、永顺黄晋洺瑟庵、益阳周开铭桂午、长沙萧晋番致庭与刘君采九及王先谦。③

25. 同治五年丙寅（1866），二十五岁

正月初四日（2月18日），梁洪胜在湖北黄陂夜探军情，遇袭而亡，年三十二。先谦后来为其作传。《文集》卷八有《梁刚节公传》。④

26. 同治六年丁卯（1867），二十六岁

27. 同治七年戊辰（1868），二十七岁

春，在京师。与周寿昌游，治学取向开始发生变化。先谦补注《汉书》殆始于此时。⑤

四月，散馆，钦定一等第六名引见，授职编修。⑥

九月，侄女媚祖殇，《文集》卷十一《侄女媚祖圹铭》。⑦

28. 同治八年己巳（1869），二十八岁

五月，充国史馆编修。⑧

29. 同治九年庚午（1870），二十九岁

简放云南乡试副考官，首题"君子义以为上"；次题"远之则有望，

---

① 《学术年谱》，第28页。
② 《自定年谱》，第686—687页。
③ 《文集》，第86页。
④ 《学术年谱》，第29页。
⑤ 同上书，第31页。
⑥ 《自定年谱》，第687页。
⑦ 《学术年谱》，第32页。
⑧ 同上。

近之则不厌";三题"凡有四端于我者,知皆扩而充之。若火之始然,泉之始达,苟能充之,足以保四海";诗题"赋得海色澄清映南极得清字五言八韵"① 得士杨高德等一百六十二人,副榜杨永芳等三十人,作《云南乡试录》序②。

此次同为考官者有湖南刘采九,先谦与之讨论文字无虚日。榜放后,值酒大观楼,赋诗赠行。③

此次乡试,得石屏许广文印芳麟篆文大喜,拔为第二。榜发,麟篆挟所为诗来谒,先谦题五律赠之。④

30. 同治十年辛未(1871),三十岁

长沙思贤讲舍刊行(汉)桓宽撰、王先谦校的《盐铁论》刻本。

三月二十九日(5月18日),弟先恭(礼吾)卒。礼吾临终前,将书稿托付先谦整理。⑤

31. 同治十一年辛未(1872),三十一岁

六月,补国史馆纂修。

七月,刊《汉铙歌释文笺正》成。⑥ 由虚受堂王氏刻,刻本。郭嵩焘次年致函先谦,对是书大加褒扬。⑦

十月,充本衙门撰文。

又搜辑先父、伯父及兄弟遗作制艺文。⑧

十月,作《季弟礼吾行状》;十月初十日(11月10日)作《先仲兄敬吾府君行状》(王先惠卒以咸丰七年八月二十四日)。⑨

---

① 《自定年谱》,第687—688页。
② 《文集》,第18页。
③ 同上书,第86页。
④ 同上书,第89页。
⑤ 《学术年谱》,第36—37页。
⑥ 《自定年谱》,第688页。
⑦ 《学术年谱》,第39页。
⑧ 同上书,第40页。
⑨ 《文集》,第171—175页。

32. 同治十二年癸酉（1873），三十二岁

寓京师。与周寿昌游，有诗谈治学。①

十一月，补功臣馆纂修。②

33. 同治十三年甲戌（1874），三十三岁

正月十三日（3月1日），女慰慈丧，作《女慰慈圹铭》（《文集》卷十一）。③

二月二十一日（4月7日），三侄女肇祖殇。先谦作有圹铭。《文集》卷十一《侄女鹤胎圹铭》。④

二月二十八日（4月14日），闵浩斋师卒。先谦作墓志铭。⑤

三月，充会试同考官，得士陈光煦等十九人。⑥

八月吉日，阎先生祠堂落成，先谦作《祭阎潜邱先生文》（《文集》卷十四）。⑦

八月初八日（11月16日），吴光尧致函先谦，谆戒不要中辍《汉书》和《水经注》之校注。⑧

十二月，蒋益澧卒。先谦作有传文（《文集》卷八《蒋果敏公家传》）。⑨

34. 德宗光绪元年乙亥（1875），三十四岁

二月十九日（3月26日），大伯母郭宜人卒，先谦作《伯母郭宜人墓志铭》（《文集》卷十一）⑩。

三月，曾国荃为先谦书"长沙三植之堂"匾额，并作《三植堂序》。

---

① 《学术年谱》，第40页。
② 《自定年谱》，第688页。
③ 《文集》，第261页。
④ 《学术年谱》，第42页。
⑤ 同上。
⑥ 《自定年谱》，第688页。
⑦ 《文集》，第290页。
⑧ 《学术年谱》，第43页。
⑨ 同上。
⑩ 《文集》，第257—258页。

时先谦以文章颇负时名。①

四月二十七日（5月31日），大考翰詹，先谦被钦定为二等第五名，擢补右中允。五月，充实录馆协修。②

五月，作《嫂吴宜人墓志铭》③。

六月，简放江西恩科乡试正考官。八月，入闱，首题"不知命无以为君子也"；次题"思修身不可以不事亲，思事亲不可以不知人"；三题"舜，人也；我亦人也。舜为法于天下，可传于后世；我由未免为乡人也"；诗题"赋得芦荻花中一点灯得中字五言八韵"得士涂官俊等一百三十九人，副榜喻浚明等十八人。④

六月，陈大源函至南昌，乞为其父作铭。⑤

八月，入闱。九月九日（10月6日），榜发，彭毓海中式，乞先谦为其父作墓志铭。⑥

十一月，回京，适逢李鸿章奏请改科举，废制艺。先谦认为"制艺取士，前古莫尚之良法"，"朝廷收制艺之效而未受其弊"，为文加以反对。⑦

十一月，作周沦蕃墓志铭（《文集》卷十《周仲茗墓志铭》）。⑧

冬，岳父周筱楼自编其诗，来函嘱先谦作序。⑨

本年，作《〈国史·河渠志〉序》。⑩

35. 光绪二年丙子（1876），三十五岁

二月，作《金匮华氏新义庄记（代）》。⑪ 补国史馆总纂。

---

① 《学术年谱》，第44页。
② 同上。
③ 《文集》，第258—259页。
④ 《自定年谱》，第689页。
⑤ 《学术年谱》，第45页。
⑥ 同上。
⑦ 同上。
⑧ 同上书，第46页。
⑨ 同上。
⑩ 同上。
⑪ 《文集》，第273—274页。

三月，派文渊阁校理。

五月十二日（6月3日），长男荣祖卒，作《长男荣祖圹铭》（《文集》卷十一）①。

六月，简放浙江乡试副考官。八月，入闱，首题"君子不可小知而大可受也"；次题"序爵所以辨贵贱也，序事所以辨贤也"；三题"非圣人而能若是乎？而况于亲炙乎"；诗题"赋得荷花夜开风露香得香字五言八韵"得士戈桂馨等一百四人，副榜朱霖瑞等十八人。②作《浙江乡试录》后序③。

主浙试得陈杏孙，榜放来谒，年未弱冠，风神出群。④ 王先谦的知交中，浙人为多，两为会试同考官，所推荐尤多浙知名士。义乌朱蓉生一新、会稽李悫伯慈铭、秀水赵桐孙铭最著。⑤

十二月，补实录馆纂修，兼充总校。⑥

上海南书精一阁刊《近科分韵馆诗》（辑），铅印本。

本年，应李蕃请，为其父李光莹作墓志铭（《文集》卷十《江西候补知府李君墓志铭》）。⑦

本年，又为杨恩寿诗集作序（《文集》卷三《〈坦园诗存〉序》）。⑧

36. 光绪三年丙子（1877），三十六岁

正月，转补左中允。八月，奏派纂修《德宗毅皇帝圣训》。九月，实录馆全书过半，总裁奏请议叙尤为出力人员，得旨：詹事府左中允王先谦着遇有侍读缺出开列在前，并加四品衔。⑨

---

① 《文集》，第262页。
② 《自定年谱》，第689页。
③ 《文集》，第21页。
④ 同上书，第269页。
⑤ 同上。
⑥ 《自定年谱》，第689页。
⑦ 《学术年谱》，第48页。
⑧ 同上书，第49页。
⑨ 《自定年谱》，第689—690页。

37. 光绪四年戊寅（1878），三十七岁

38. 光绪五年己卯（1879），三十八岁

五月初一日（6月20日），升补翰林院侍讲。初十日（6月29日），奉旨充补日讲起居注官。十七日（7月6日），奏言路宜防流弊、请旨饬谕、以肃政体事。十九日（7月8日），奏徐之铭情罪重大请严旨查办折。七月二十八日（9月14日），转补翰林院侍读。十二月初九日（1880年1月20日），升补右春坊右庶子。是日，因出使俄国大臣崇厚不候谕旨，擅自回京，条约章程交大学士等会议，奏请陈管所见。① 十五日（1880年1月26日），实录馆全书告成。②

七月中，梦作《炼五色石补天赋》。八月，刻书乾隆朝《东华续录》一百二十卷成。③ 作《〈东华续录〉跋》。④

39. 光绪六年庚辰（1880），三十九岁

三月，充会试同考官，得士于式枚等二十三人。十四日（4月22日），转补左春坊左庶子。四月，升补国子监祭酒。⑤

五月十六日（6月23日），因英、法等国使臣请宽减崇厚罪名，偕内阁侍读学士胡聘之奏会议事宜筹虑宜周折。⑥

八月二十二日（9月24日），因曾纪泽往俄议约未定，俄遣布莱来华，奏东三省防务宜特派大员督办兼辖地方以一事权折。⑦

十月二十六日（11月27日），奏招商局关系紧要宜加整顿折，并各口及外国请立公司招商运货出洋夹片。⑧

越南阮君述来京师，以其国《苇野诗文合集》让先谦看。⑨

---

① 《自定年谱》，第693页。
② 同上书，第696页。
③ 同上书，第698页。
④ 《文集》，第27页。
⑤ 《自定年谱》，第698页。
⑥ 同上。
⑦ 同上书，第699页。
⑧ 同上书，第705页。
⑨ 《文集》，第36—37页。

40. 光绪七年辛巳（1881），四十岁

六月，作《陈母刘太夫人墓志铭》。①

九月，孝贞显皇后奉安定东陵，奉派诣陵行礼，赏加一级。旋因升祔太庙礼成，在事人员复赏加一级。②

作《苇野诗文合钞》序。③

41. 光绪八年壬午（1882），四十一岁

二月，撰集《续古文辞类纂》成，刊之湘中。④

三月十六日（5月13日）寅时，王先谦母亲太夫人长逝。先谦成《太夫人年谱》一卷，求当代贤人君子为文传之无数。⑤ 太夫人姓鲍氏，湖南长沙府善化县人，生嘉庆十三年戊辰（1808）六月十九日（8月10日）酉时，光绪八年（1882）三月十六日（5月13日）寅初去世，年七十四。⑥ 太夫人去世后，为其作文留念的有：郭嵩焘《王母鲍太夫人墓碑》、李慈铭《王母鲍太夫人墓志铭》、周寿昌《王母鲍太夫人墓表》、郭嵩焘《永幕庐铭》、李桢《王母鲍太夫人家传》、杨恩寿《王母鲍太夫人像赞（并序）》、王闿运《王母鲍太夫人诔》、缪荃孙《王母鲍太夫人七十寿言》。⑦

五月，作《永慕庐记》。⑧

九月，作《刘母太夫人墓志铭》。⑨

42. 光绪九年癸未（1883），四十二岁

四月，作《魏郑公谏录》后序。⑩ 校刊《魏郑公谏录校注》暨《郑

---

① 《文集》，第256—257页。
② 《自定年谱》，第720页。
③ 《文集》，第36—37页。
④ 《自定年谱》，第720页。
⑤ 同上。
⑥ 《文集》，第335—345页。
⑦ 同上书，第274—276页。
⑧ 同上。
⑨ 同上书，第249—250页。
⑩ 同上书，第32—34页。

公谏续录》《文贞故事拾遗》《文贞故年谱》《新旧唐书合注·魏征列传》成,为后序。①

十一月,作《姚访梅妻张夫人墓志铭》②、《张夫人墓表(代)》③。

十二月二十四日(1884年1月21日),作《向家冲先墓记》《仙人市先墓记》。④

是年由长沙王氏出版"王益吾所刻书"丛书数种,均为刻本:《鲜虞中山国事表疆域图说》(撰)1册、《新旧唐书合注·魏征列传》(撰)、《魏书校勘记》(辑)。刊《太夫人年谱》(撰)1册,刻本。长沙王氏刊《王益吾所刻书》(辑),刻本,9册。

43. 光绪十年甲申(1884),四十三岁

四月,作《寿眉山房诗存》序。⑤

五月,作《东华录》序。⑥ 自回里后,刻书尤注意《东华录》。闰五月,成天命朝一十卷,天聪朝十九卷,顺治朝三十五卷,康熙朝一百一十卷,雍正朝二十六卷,合前刻录嘉庆朝五十卷,道光朝六十卷,咸丰朝一百卷,同治朝一百卷,共四百一十九卷。⑦ 作《李母陆费夫人墓志铭》。⑧

闰五月,刊《钦定天禄琳琅前后编》三十卷。⑨ 作《天禄琳琅》跋。⑩ 为亡友同邑李禹臣谟刊其遗著《寿眉山房诗存》成,为序。⑪ 为亡友同邑丁竺云孝廉蓉绥刊其遗著《磨绮室诗存》成,⑫ 为序。⑬

又校刻晁氏《郡斋读书志》二十卷、赵氏附志二卷成,为序。⑭ 又刻

---

① 《自定年谱》,第723页。
② 同上书,第248页。
③ 同上书,第264—265页。
④ 同上书,第278—279页。
⑤ 同上书,第40页。
⑥ 同上书,第26页。
⑦ 《自定年谱》,第723—724页。
⑧ 《文集》,第251—252页。
⑨ 《自定年谱》,第724页。
⑩ 《文集》,第28页。
⑪ 《自定年谱》,第724页。
⑫ 同上。
⑬ 《文集》,第41页。
⑭ 《自定年谱》,第724页。

巴陵《毛贵铭诗钞》三卷，李佐周桢为序。①

是年，行素草堂刊《续古文辞类纂》刻本（辑），有7册和6册两种。

44. 光绪十一年乙酉（1885），四十四岁

六月十五日（7月26日），奉旨补授国子监祭酒。二十三日（8月3日），奏三海工程请暂行停罢折。② 又代友人拟请饬会拿直东豫三省交界盗贼折。③

七月二十日（8月29日），奏请国学添设举监名目准人入监肄业折，及请恩准职官入监夹片。④ 二十四日（9月2日），奏请颁列圣御诗文圣集训折及钦定方略夹片。⑤

八月初一日（9月9日），奉旨：江苏学政着王先谦去。十月十六日（11月22日）抵江阴。

十一月，发观风题附撰《劝学琐言》一册，开设南菁书局，汇刻先哲笺注经史遗书，捐千金为倡，期三年成之。⑥ 此处，王先谦给自己正式订了一个宏伟的刻书计划。这是王先谦刊刻书籍的一个转折点。

是年，刊行《劝学琐言》（撰）刻本。

45. 光绪十二年丙戌（1886），四十五岁

正月，作《国史·河渠志》序。⑦

二月，出棚，试苏、松、镇、太四府州属。⑧

六月，回署，试常州府属。奏报岁试五属情形及设局刊书事宜夹片。⑨ 王先谦奏报了自己开设书局刊刻书籍的事宜。在奏折中王先谦恳切地讲明了自己刊刻书籍的缘由。因为阮元总督两广时，曾经采集诸家言刊

---

① 《自定年谱》，第724页。
② 同上书，第726页。
③ 同上书，第727页。
④ 同上书，第728页。
⑤ 同上书，第730页。
⑥ 同上书，第731—732页。
⑦ 《文集》，第18页。
⑧ 《自定年谱》，第732页。
⑨ 同上。

刻为《皇清经解》一书。至此已经过去了几十年，在这期间，又有很多撰著，由于战争，很多都散失了。而今王先谦自己搜集了书籍二百种，一千几百卷，都是学者研究所必备的书籍。况且现今的两个书局（宁、苏）的经费不足，难以完成大型卷帙的刊刻，因而他才就近在江阴南菁书院设立书局刊刻。这种书籍的刊刻，王先谦提出要靠捐助的方式进行，并且提出，书成之后专门刊刻一卷书，将捐助者的官衔、姓名、银数列为一卷，以备流传。①

八月，出棚，试扬、通、淮、宁四府州属。试淮安时得盐城廪生陈玉树献所为《毛诗异文》十五卷，嘉其能文穷经知古谊。② 十二月，回署。③

故湖南善化县学生刘秉斋于同治三年（1864）正月十三日（2月20日）卒，越二十三年，其子钜、铎请求王先谦表其墓。十二月二十九日（1887年1月22日），作《刘秉斋墓表》④。

46. 光绪十三年丁亥（1887），四十六岁

二月，出棚，试徐、海两属。五月，回署，科试常州府属。六月，奏报岁试完竣，并科试徐、海、常三属情形。⑤ 作《皇清经解续编》序。⑥ 八月，出棚，科试镇、苏、太、松四属。十月，回署。⑦ 十一月，出棚，科试扬、通、淮安。⑧

是年，《增补近科馆课分韵诗抄汇编》（王先谦原编），由点石斋刊石印本。《国朝后妃备考》（编）刊，1册，刻本。上海图书集成印书局刊王先谦《东华录》（编）8册版与9册版，铅印本；《东华续录》（编）5册版、6册版、23册版，铅印本，为编年体史书。

47. 光绪十四年戊子（1888），四十七岁

正月，科试扬州。二月，试通州毕，回署。三月，奏太监李莲英招摇

---

① 《自定年谱》，第732页。
② 《文集》，第229—230页。
③ 《自定年谱》，第733页。
④ 《文集》，第263—264页。
⑤ 《自定年谱》，第733页。
⑥ 《文集》，第29页。
⑦ 《自定年谱》，第733页。
⑧ 同上。

请旨惩戒折。①

六月,出棚,科试江宁,并录送遗才。是月《皇清经解续编》刊成。(奏刊《经解》后,到苏州晤崧镇青中丞骏,与商此事,慨然允苏局助刊四百卷;仁和叶槐生主政维干,在上海主书院讲,亦愿在沪助刊。先谦复设局长沙、江阴两处,延亲友分董其事。)成书一千四百卷,广丐同志,鸠集五万余金,以二年余获成巨编。为书二百九部。②作《皇清经解续编》序。③作《南菁沙田记》详细解释这片沙田来由及与南菁书院的关系。④选嘉庆以来名人时义刊为《江左制义辑存》(辑),作《江左制义辑存》序。⑤《江左制义辑存》为刻本。

七月,奏报科试完竣折,及《〈皇清经解续编〉》刊成折,谈刻书的艰辛经历,详细记录了他在募捐刻书款的情况,且记载了所募集到的款项的数额等。而且提出南菁书院书局会马上撤销。⑥王先谦指出,《皇清经解续编》历经三年,成书二百九部,共一千四百三十卷,体例仿照前大学士阮元所刊《皇朝经解》。《皇清经解续编》刻本,由南菁书院刊刻。

八月初十日(9月19日),回署,奏交卸后请假两月回籍修墓一折。十月,奏交回籍一折。⑦刊《南菁书院丛书》成。秋,作《南菁书院丛书》序。⑧《南菁书院丛书》由王先谦与缪荃孙合辑,由江阴南菁书院刊,刻本,有1册、24册、40册几种。

八月,作《江阴学使院续刻题名记》,开篇对居官者之难易进行了议论,"谓居官难乎?甲往而以来,朝至而夕迁,怀纶印绶,意气赫然,纷论盈乎天下。谓居官易乎?则名于其职者,十不一二数也",又对江阴成为学使院的来历展开了叙述,"江苏自前明万历四十二年,移学使院江阴,官此而题名者,为碑凡四"。⑨

---

① 《自定年谱》,第733页。
② 同上书,第734页。
③ 《文集》,第29页。
④ 同上书,第280—281页。
⑤ 同上书,第70页。
⑥ 《自定年谱》,第734—735页。
⑦ 同上书,第735页。
⑧ 《文集》,第70页。
⑨ 同上书,第279—280页。

十一月，作《左母张夫人墓志铭》①。

是岁刻周自庵先生诗、文、词、日札共十九卷，总为《思益堂集》，为序。按试岁、科考试所得到的"佳文"，刊刻为《清嘉集》初、二、三编成。② 上海点石斋刊《增补近科馆课分韵诗抄汇编》（王先谦原编），石印本。

48. 光绪十五年己丑（1889），四十八岁

二月，呈请湖南巡抚代奏开缺。五月，辑刻刘开孟塗、董祐诚子立、方履籛彦闻、梅曾亮伯言、傅桐味琴、周寿昌自庵、王闿运壬秋、赵铭桐荪、李慈铭怸伯《国朝十家四六文钞》成。③ 长沙王氏刊《国朝十家四六文钞》（辑），刻本。

七月，辑刻新化欧阳辂《磵东诗钞》二卷。④

是年，上海蜚英馆刊《皇清经解续编》，石印本。

49. 光绪十六年庚寅（1890），四十九岁

主讲思贤讲舍。二月，作《诗馀偶钞》序。⑤

是岁，辑刻孙鼎臣芝房、周寿昌自庵、李洽舜卿、王闿运壬秋、张祖同雨珊、杜贵墀仲丹《六家词钞》六卷成，王先谦题《摸鱼儿》。又选同邑毛国翰《青垣诗钞》成。⑥ 长沙王氏刊《诗馀偶钞》（辑），刻本。

50. 光绪十七年辛卯（1891），五十岁

主讲思贤讲舍。二月，移主城南，辞思贤，荐杨书霖商农孝廉自代。⑦

三月，校刻《世说新语》成，为序，并为《校勘小识补》。⑧

---

① 《文集》，第250—251页。
② 《自定年谱》，第735页。
③ 同上。
④ 同上。
⑤ 《文集》，第74页。
⑥ 《自定年谱》，第736页。
⑦ 同上。
⑧ 同上书，第738页。

三月，作《诰封中议大夫五品衔国子监助教曾君墓表》，纪念曾观文（字遹成）。①

四月，作《鲍母袁太恭人墓志铭》。②

五月，思贤讲舍刊《荀子集解》（战国荀况撰，王先谦集解）刻本，成。作《荀子集解》序。③

六月十三日（7月18日），郭嵩焘卒于家，先谦作《兵部左侍郎郭公神道碑》。④

十一月，校刊《盐铁论》成，为序，并为《校勘小识》。⑤

广雅书局刊《魏书校勘记》，刻本。

51. 光绪十八年壬辰（1892），五十一岁

主讲城南书院。

七月，刊《合校水经注》四十卷成，⑥于长沙葵园作《合校水经注》序。⑦

八月，校刻郭筠仙前辈《养知书屋遗集》成。⑧

冬月，作《诰授通奉大夫江苏补用道李君墓表》，纪念李宗湄（字辉亭）。⑨

又刻李桢《畹兰斋文集》成，并作序。⑩

是年，席氏扫叶山房刻王先谦辑的《续古文辞类纂》重刻本。

52. 光绪十九年癸巳（1893），五十二岁

主讲城南书院。

---

① 《文集》，第 265—267 页。
② 同上书，第 252—253 页。
③ 同上书，第 79 页。
④ 同上书，第 185—187 页。
⑤ 《自定年谱》，第 739 页。
⑥ 同上书，第 740 页。
⑦ 《文集》，第 87 页。
⑧ 《自定年谱》，第 740 页。
⑨ 《文集》，第 267—268 页。
⑩ 同上。

五月，辑刻巴陵吴敏树南屏《柈湖文集》成，① 作《柈湖文集》序。②

作周慕陔七十双寿序。③

今秋，石屏许广文印芳麟篆，自滇寄示刊行十六卷，距庚午（1870）且二十三年。④

53. 光绪二十年甲午（1894），五十三岁

主讲岳麓书院，为岳麓书院的第 53 届山长，也是最后一任山长。⑤ 上海集成图书印书局刊王先谦辑的《续古文辞类纂》，铅印本。

恭届尚书中丞吴公周甲庆辰，王先谦作《仁寿堂记》。⑥

54. 光绪二十一年乙未（1895），五十四岁

主讲岳麓书院。

仲夏月，作《蓬莱堂记》。⑦

十一月，作《释名疏证补》序。⑧

是年，上海书局刊《国朝十家四六文钞》（辑），石印本。

55. 光绪二十二年丙申（1896），五十五岁

主讲岳麓书院。

正月，作《龚母沈太恭人墓志铭》。⑨

五月，刻《葵园校士录存》成。⑩

十二月，作《韩非子集解》序。⑪

---

① 《自定年谱》，第 745 页。
② 《文集》，第 95 页。
③ 同上书，第 141 页。
④ 同上书，第 89 页。
⑤ 参见刘林《古代书院》（下册），蓝天出版社 1998 年版，第 39—40 页。
⑥ 《文集》，第 317—320 页。
⑦ 同上书，第 284—285 页。
⑧ 同上书，第 103 页。
⑨ 同上书，第 253—255 页。
⑩ 《自定年谱》，第 744 页。
⑪ 《文集》，第 106 页。

是年，刊刻《释名疏证补，续释名》（撰）成。

56. 光绪二十三年丁酉（1897），五十六岁

主讲岳麓书院。

57. 光绪二十四年戊戌（1898），五十七岁

主讲岳麓书院。

门人苏舆为《翼教丛编》若干卷，王先谦认为其"于康、梁造谋，备详始末，亦佳书也。"①

58. 光绪二十五年己亥（1899），五十八岁

主讲岳麓书院。

明治三十二年（1899）十二月二十八日（1900年1月28日），日本宗方北平给王先谦来信，探讨国际形势，赠给王三本《同文会章程》、一篇自己所作《东方时局论序》。②

59. 光绪二十六年庚子（1900），五十九岁

主讲岳麓书院。

二月，刻《汉书补注》百卷成。③ 作《汉书补注》序。④

夏六月，作《珠晖塔记》。⑤

闰八月，门人湘乡陈诒重郎中毅、平江苏厚康孝廉舆，刻《虚受堂文集》十五卷成，并且各制作一个序，⑥ 刻本由平江苏氏出版。

九月，作《丹溪全书》序。⑦ 刊刻《丹溪全书》是有感于"余遭家艰屯，亲属夭亡，多为药误，痛医术之不明于世"，共三十二卷，为合刊之作。收录之书有：旧刻丹溪自著者，《心法》五卷；门人录存者，《脉

---

① 《自定年谱》，第744页。
② 《书札》，第884—886页。
③ 《自定年谱》，第746页。
④ 《文集》，第106—107页。
⑤ 同上书，第285—286页。
⑥ 《自定年谱》，第750页。
⑦ 《文集》，第108页。

诀指掌》《医学发明》《活法机要》各一卷,《金匮钩元》三卷,又附戴元礼《证治要诀》十二卷。而丹溪自著之《格致馀论》《局方发挥》各一卷,及其门人王安道《溯洄集》三卷,反附刻东垣集中。①

十月,作《约章分类辑要》序。②

十二月,与苏孝廉商辑《律赋类纂》十四卷刻成。③

是年,新化三味书室刊姚鼐辑,王先谦辑《古文辞类纂》,刻本。

60. 光绪二十七年辛丑（1901）,六十岁

主讲岳麓书院。

刻《骈文类纂》四十四卷成,秋七月为序言。④

秋七月,作《骈文类纂》序例。⑤

季秋月,重刊《景教纪事碑文考正》一卷成,⑥ 作重刊《景教纪事碑文考正》序、⑦ 重刊《景教纪事碑文考正》后序。⑧

秋,吴自修编修庆坻走书告先谦曰:"陈杏孙死矣,⋯⋯夫子素嘉与杏孙,其忍不章以文?"先谦闻杏孙遗著多散落,作《翰林院编修陈君墓表》,纪念陈杏孙。⑨

九月,作《日本源流考》序。⑩

十月,作《舆诵录存》序。⑪

---

① 《文集》,第108页。
② 同上书,第107页。
③ 《自定年谱》,第751页。
④ 同上书,第752页。
⑤ 《文集》,第307—317页。
⑥ 《自定年谱》,第752页。
⑦ 《文集》,第111页。
⑧ 同上书,第111—112页。
⑨ 同上书,第269—270页。
⑩ 《文集》,第114页。《自定年谱》光绪二十八年（1902）记作"刻《日本源流考》二十二卷成,并作序。"第752页,与《文集》中所署年代不合,本研究认为应取《文集》中说法,因为写序之时所署时间一般更准确,而《自定年谱》则是此后多年所著,容易对某些时间产生模糊记忆。
⑪ 《文集》,第116页。

61. 光绪二十八年壬寅（1902），六十一岁

主讲岳麓书院。刻《日本源流考》二十二卷成。① 湖南思贤书局刊《骈文类纂》（辑）刻本。苏厚康孝廉为王先谦刊《虚受堂诗集》，起辛酉（1861），讫壬寅（1902），为十五卷。

正月，作《李征君墓碣》，纪念李概（字仲云）。②

仲秋月，苏舆作了序言。十一月初二日（12月1日），部议升祭酒，为正三品。③《虚受堂诗存》，起辛酉（1861），讫辛亥（1911），收录在《葵园四种》中。④

62. 光绪二十九年癸卯（1903），六十二岁

主讲岳麓书院。

三月，作《师范馆讲义》序。⑤

夏六月，作《枫山致悫飨堂记》。⑥

十二月二十日（1904年2月5日），部议复祭酒为从四品。⑦

63. 光绪三十年甲辰（1904），六十三岁

仲春，作《边疆行役图》记，《边疆行役图》是王先谦的友人庄心庵观察分巡偏沅，道出靖州途次即景所作。⑧

是岁王氏虚受堂刻《尚书孔传参正》（撰）三十六卷成。⑨

64. 光绪三十一年乙巳（1905），六十四岁

始有编辑《外国通鉴》《五洲地理图志略》二书之举。⑩

---

① 《自定年谱》，第752页。《文集》卷六收录该序。
② 《文集》，第270—272页。
③ 《自定年谱》，第752页。
④ 《诗存》，第347—682页。
⑤ 《文集》，第115页。
⑥ 同上书，第286页。
⑦ 《自定年谱》，第753页。
⑧ 《文集》，第320—321页。
⑨ 《自定年谱》，第754页。
⑩ 同上书，第762页。

65. 光绪三十二年丙午（1906），六十五岁

五月移居东乡凉塘庄屋。①

66. 光绪三十三年丁未（1907），六十六岁

由督抚推荐，学部派王先谦任湖南学务公所议长。学务公所送月支议长夫马银二百两，当即交还吴学使，允为另款存储；留备学务实用。是岁捐银一千四百两。②

夏五月，作宋梓诗作《赋梅书屋诗》序。③

是年，上海商务印书馆刊姚鼐辑，王先谦辑《古文辞类纂》铅印本；刊《续古文辞类纂》（辑）石印本。

67. 光绪三十四年戊申（1908），六十七岁

六月初三日（7月1日），王先谦进所著《尚书孔传参正》《汉书补注》《荀子集解》《日本源流考》，赏内阁学士衔。④

捐学务议长银二千四百两、谘议局筹办处会办夫马银一千三百五十两入学务公所。⑤《葵园自定年谱》刻本刊行，有1册和3册两种。

68. 宣统元年己酉（1909），六十八岁

作《五洲地理志略》序。⑥

六月，作瞿止庵相国六十寿序。⑦

七月，作《庄子集解》序。⑧

八月，刻《庄子集解》成，自为序。⑨ 《庄子集解》由思贤书局

---

① 《自定年谱》，第762页。

② 1907年，王先谦任湖南学务公所议长。《自定年谱》，第764页。孙玉敏认为是1906年的事情。

③ 《文集》，第117—118页。

④ 《自定年谱》，第767页。

⑤ 同上书，第768页。

⑥ 《文集》，第120—121页。

⑦ 同上书，第141—143页。

⑧ 同上书，第122—123页。

⑨ 《自定年谱》，第769页。

刊刻。

是岁，捐议长马银二千六百两、地方自治筹办处（谘议局改）会办夫马银一千三百两入学务公所。又捐银五百两入泽善堂，集款施贫民棺木；三百两入求仁堂，集款殓埋修造铁路发古冢枯骨。[①]

读《东方杂志》和《海关贸易册》，作《学堂篇》。[②]

69. 宣统二年庚戌（1910），六十九岁

二月，作王氏《宣统三修谱》序。[③]

作《学堂篇》一首，冀传播日广，或彻当道之听。[④]

九月，由湖南学务公所刊《五洲地理志略附图》刻本一册刊成。[⑤]

冬十二月，作《平养堂文编》序。[⑥]

是年，上海国学书社刊《虚受堂文集》，石印本，11册。捐议长夫马银二千四百两，地方自治筹办处会办夫马银八百两（九月辞退）入学务公所。[⑦]

70. 宣统三年辛亥（1911），七十岁

夏六月，作《白厅记》。[⑧]

七月，七十生辰，以诗文为寿者有善化瞿相国弘机、湖南巡抚杨文鼎、湖南提学使吴庆坻、署湖南学使李宝洤、学部参议江阴缪荃孙、湘乡王编修龙文、湘潭司马元达、长沙黄刺史兆枚、平江苏部郎舆、李明经桢、叶主事德辉。

十一月十九日（1912年1月7日），返烟舟。为先严《诗义标准》未竣，遽有平江之行，转徙流离。此事未废，成书一百十四卷。旧卷六十，广为百一十四。旧门十三，广为十五。[⑨] 于平江北乡三墩甑家山之敬思楼

---

① 《自定年谱》，第769页。
② 《诗存》，第664—665页。
③ 《文集》，第97页。
④ 《自定年谱》，第769页。
⑤ 同上书，第774页。
⑥ 《文集》，第118—119页。
⑦ 《自定年谱》，第789页。
⑧ 《文集》，第288页。
⑨ 《自定年谱》，第813—826页。

做《诗义标准》序。①

日本竹提添井井君介其门人松崎门人松崎柔甫录示所为文数首，而盐谷士健亦以其尊人青山君文抄至，王先谦作《青山文钞》序。② 读《樊英传》《梁鸿传》《陆续传》。③

71. 壬子，七十一岁（民国元年）（1912）

寓烟舟苏家。

72. 癸丑，七十二岁（民国二年）（1913）

移寓平江县城。六月，移寓西乡距城五里之黄甲山。早岁为《诗三家义集疏》，至《卫风·硕人》而辍业。自至平江，赓续为之，渐有告成之望，冬月于平江旅舍作《三家诗义集疏》序。④

73. 甲寅，七十三岁（民国三年）（1914）

移东乡凉塘旧庄，衰年少事，无所营求，惟把书度日而已。⑤

74. 乙卯，七十四岁（民国四年）（1915）

寓凉塘，刊《后汉书集解》成，自为序。又为《元史拾补》十卷成，自为序。⑥《元史拾补》是以《元朝秘史》《圣武亲征录》《元史译文证补》三书"鳞次相比"而成。⑦

虚受堂刊刻《诗三家义集疏》（撰）。

75. 丙辰，七十五岁（民国五年）（1916）

寓凉塘，为《外国通鉴》三十三卷成，自为序。⑧

---

① 《文集》，第128页。
② 同上书，第119页。
③ 《诗存》，第675页。
④ 《自定年谱》，第826页。
⑤ 同上书，第841页。
⑥ 同上。
⑦ 《文集》，第127页。
⑧ 《自定年谱》，第841页。

76. 丁巳，七十六岁（民国六年）(1917)

寓凉塘。①《长沙王祭酒自定年谱》（撰）3 册，刻本。

77. 1918 年：（民国六年）

临终前两天，仍手书校阅不倦，撰《新修晋书序》。②

丁巳年十一月二十六日，即公元 1918 年 1 月 8 日，病逝于凉塘寓所，遗命不讣、不入城设奠。31 日（十二月十九日），安葬于长沙东喜龙乡。③ 王先谦墓具体位置在：长沙县城东旧龙喜乡上凉塘左垅。④

---

① 《自定年谱》，第 841 页。
② 杨布生：《岳麓书院山长考》，华东师范大学出版社 1986 年版，第 246 页。
③ 《王先谦学术思想研究》，第 304 页。
④ 湖南省地方志编纂委员会：《湖南省志》（第二十八卷：文物志），湖南出版社 1995 年版，第 498 页。

附录二

王先谦的外国史地著作引用书目提要

凡例：

1. 本附录依据《日本源流考》与《五洲地理志略》两书分别进行统计。因《外国通鉴稿》是在《日本源流考》的基础上补充之作，其所引用书目与《日本源流考》多有重复。《西国通鉴二次稿》是在《外国通鉴稿》基础上的完善之作，其所引用书目与之亦多有重复，《西国通鉴》所引用的主要书籍《万国通史》正文中有详细介绍，此处不再列出。

2. 《日本源流考》引用书目：

（1）《日本源流考》引用之书39种，按文本来源，分为三类：国人著作28种、日人著作10种、西人著作1种，依次排列；

（2）《日本源流考》引用书籍中的篇目内容提要，传统史书中对日本的记载，主要介绍有关日本传记之内容，于本纪及各种列传中涉及日本的篇目不再介绍；

（3）为避免歧义，凡介绍正史中有关内容，在标题上直接用日本传记名称，标题之下，先指明《日本源流考》所引用该书的具体篇目，再介绍日本传；其他书籍若仅引用了一篇，标题中直接把书名篇名列出。

（4）一般也同时介绍《日本源流考》所引用篇目在原书中所对应的位置。

3. 《五洲地理志略》引用之书88种，依内容性质分为九类，按照《五洲地理志略》中所用各种类型资料的数目多少排列：一、地志40种；二、游记、日记16种；三、地图13种；四、史书9种；五、年鉴、课程、问答、辞典，各一种，共4种；六、兵书2种；七、政治法律2种；八、释名1种；九、规制1种。

4. 其他学者研究提供的提要与王先谦的外国史地著作引用书目的

关系：

（1）邹振环专著中有 37 种提要涉及王先谦的外国史地著作之引用书目，有 36 种与《日本源流考》《五洲地理志略》两书引用书目有关。现依次列出（具体书名及邹振环著作中的页码），以便研究者使用。

①《晚清西方地理学在中国》有以下 25 种：

（1）《地理全志》，页 358；（2）《（中学）万国地志》，页 361；（3）《万国地理志》，页 361—362；（4）《万国新地志》，页 362；（5）《万国地志》，页 362；（6）《改正世界地理学》，页 362；（7）《世界地理问答》，页 363；（8）《外国地理讲义》，页 365；（9）《五大洲志》，页 385；（10）《西伯利亚大地志》，页 386—387；（11）《土耳基志（附新志）》，页 389；（12）《印度志》《印度新志》，页 389；（13）《小亚细亚志（附新志）》，页 389；（14）《俾路芝志 马留股志 纽吉尼亚岛志 西里西亚志》，页 389；（15）《缅甸国志 英领缅甸志 缅甸新志 暹罗国志 布哈尔志》，页 389—390；（16）《阿富汗土耳基斯坦志》，页 390；（17）《亚拉伯志》，页 390—391；（18）《阿达曼群岛志（附新志） 婆罗岛志》页 391；（19）《开浦殖民地志 新志》，页 391；（20）《西比利亚志》，页 391—392。（21）《俄属游记》，页 396；（22）《美国地理兵要》，页 400—401；（23）《五洲图考》，页 403；（24）《中外舆地全图》，页 404；（25）《二十世纪中外大地图》，页 405—406。

②《西方传教士与晚清西史东渐》有以下 11 种：

（26）《外国史略》，页 330—332；（27）《万国通鉴》，页 332—334；（28）《大英国志》，页 340；（29）《法兰西志》，页 342—343；（30）《俄罗斯国志》，页 343—344；（31）《重订法国志略》，页 350—352；（32）《大日本维新史》，页 365；（33）《四裔编年表》，页 367—368；（34）《泰西新史揽要》，页 368—370；（35）《列国岁计政要》，页 376—377；（36）《元史译文证补》，页 387—388。

（2）《西方传教士与晚清西史东渐》所附提要，有《万国通史前编》

（见该书页 335—336）。与本书研究《外国通鉴》成书过程中《西国通鉴二次稿》的主要资料来源《万国通史》有关。

（3）本书因研究主题侧重之需，对所有书目都做了提要，附于此。既有引用邹振环著作之说法者，也有对其补充者（如邹振环著作提要中《外国地理讲义》不甚详细，本提要就为之补充）。

5. 本提要主要为目见之书，凡摘引其他学者之研究，皆以页下注给予说明。

第一部分 《日本源流考》引用书目提要

一 国人著作

1-01-01.《山海经十二·海内北经》，作者不详，明英宗正统九年（1644）本。

字数很少："盖国在钜燕，南倭北倭属燕。倭国在带方东大海内，以女为主，其俗露紒衣服无针功，以丹朱涂身，不妒忌，一男数十妇也。"对日本的地理位置、风俗有简单的介绍。

据张春生的研究，古"盖国"地大体上包括今新宾、桓仁、吉林通化、集安和朝鲜平安大道。[①]

1-02-02.《汉书·地理志》，（东汉）班固著，清武英殿本。

《日本源流考》引用该篇仅一处。卷一开化天皇六十年"《汉书·地理志》：乐浪海中有倭人，分为百余国，以岁时来献见云。"

《汉书》没"倭"传，"地理志"记载"玄菟、乐浪，武帝时置，皆朝鲜、濊貊、句骊蛮夷。"记载了"乐浪朝鲜民犯禁八条"、民俗等。记载"倭人"，仅为《日本源流考》中所引用一句话。

1-03-03.《论衡·恢国篇》，（东汉）王充著，明通津草堂刊本。

《论衡》全书三十卷，八十五篇。第十九卷共收录三篇文章：宣汉篇、恢国篇、验符篇，其中《恢国篇》起于颜渊的感慨"仰之弥高，钻之弥坚"，全文主旨是讲统治者的统治方略的。如"纣为至恶，天下叛

[①] 张春生：《山海经研究》，上海社会科学院出版社2007年版，第122页。

之。武王举兵，皆愿就战，八百诸侯，不期俱至。"

1-04-04.《三国志》，（晋）陈寿撰，（宋）裴松之注，清武英殿本。

引用卷四《魏志·齐王芳本纪》和卷三十《魏志·东夷传》。《魏志·东夷传》之倭人传，先列出沿海岸"水行"到倭地依次所经33国，其22国以"次有斯马国，……"的方式列出。传统上以男子为王，但是倭国大乱时，立卑弥呼为女王。中国和倭国交往的记载，基本都是倭国献物，魏国赐物之类。所记的最后事件是卑弥呼死后，壹台即位后，继续向魏国献物之事。

1-05-05.《后汉书·倭传》，（南朝宋）范晔著，（唐）李贤注，宋太宗淳化四年（994）初刻本。

《日本源流考》引用《后汉书》的篇目有《后汉书·东夷传》《后汉书·世祖纪》等对日本记载有关的篇目。

其中《后汉书·东夷传》分为序、夫余传、挹娄传、高句骊传、东沃沮传、濊传、三韩传、倭传。倭传介绍其地理位置，与汉朝的关系。风俗、物产、气候、动物、兵器、服饰、饮食、婚丧。建武中元二年、安帝永初元，倭国与汉朝的交往。以及桓、灵间关于倭女王的传说。对于倭国周围的其他国家也予以介绍。着重提了徐福东渡的传说。

1-06-06.《宋书·倭国传》，（南朝梁）沈约著，清武英殿本。

引用《宋书》4篇：卷九十七《宋书·倭国传》《宋书·文帝纪》《宋书孝·武帝纪》《宋书·顺帝纪》。《宋书·倭国传》主要记载有关南朝宋对倭国的修贡和修好关系。

《宋书》记事始于宋武帝永初元年（420），迄于宋顺帝升明三年（479），记载了南朝刘宋政权60年的史事。

1-07-07.《南齐书·倭国传》，（南朝梁）萧子显著，清武英殿本。

《南齐书》记述南朝萧齐王朝自齐高帝建元元年（479）至齐和帝中兴二年（502），共二十三年史事，是现存关于南齐最早的纪传体断代史。《倭国传》指出其地理位置"在带方东南大海中"，其统治者"汉末以来，立女王"。略去风俗习惯"土俗已见前史"。记录了建元元年（479）倭国的交往。

1-08-08.《梁书·倭传》，（唐）姚察、姚思廉著，清武英殿本。

引用卷五十四《梁书·倭传》和卷一到卷三《梁书·武帝纪》。

《梁书》记事起于梁武帝萧衍称帝（502），止于陈霸先灭梁（557）。倭传记载了地理位置、带方到倭国的具体行程、官员级别、农业、手工业、物产、风俗、服饰、饮食、犯法处置。在对倭王的记载上，重点记载了女王卑弥呼的情况，并对其后倭国的世系更替做了详细记载，还记载了其与梁的政治关系。

1-09-09.《晋书·倭人传》，（唐）房玄龄撰，清武英殿本。

引用《晋书》的篇目是卷三《晋书·武帝纪》和卷九十七《晋书·东夷传》。《晋书》一百三十卷。记述西晋武帝太始元年（265）到东晋恭帝元熙九年（420）156年历史。《晋书·东夷传》的倭人传介绍了倭人的地理位置、地形特征、与中国通好情况、户口。男女衣着、风俗、气候、婚丧、习俗、男女比例、犯罪惩罚、时节、王的风俗，以及汉末女王时代的通好。

1-10-10.《隋书·倭国传》，（唐）魏徵撰，清武英殿本。

引用《隋书·倭国传》《隋书·炀帝纪》。《隋书》卷八十一《隋书·东夷传》记载有高丽、百济、新罗、靺鞨、流求国、倭国共五个国家、地区的地理历史。其中《倭国传》，首先介绍了倭国的地理位置，以及"自魏至于齐、梁，代与中国相通"的情况，其次介绍了在隋文帝开皇二十年（600），隋朝人对倭国分速的了解。隋炀帝大业三年（607），倭王多利思比孤遣使朝贡"国书"争端。

1-11-11.《杜阳杂编》，（唐）苏鹗作于唐乾符三年（876）八月。

笔记小说集，三卷一册。该书存世有三卷本和一卷本两个系统，明清两代，都有这两种系统的版本出现，并且都有善本（如1368年抄本）、刻本。清乾隆十六年（1751）、康熙年间收入"稗海"[《稗海》十函七十种三百四十六卷，（明）商维浚辑]丛书第九册中，不断增修，重刻。本书上卷十五条，中卷二十条，下卷十三条，共四十八条，一万六千余字。书中所记起代宗广德元年（763），下至懿宗咸通十四年（873），共十朝一百一十年社会故事。以涉及"奇技宝物"为多，大都承袭志怪，扩大想象之作。虽实有其人物，而事多无稽。但所记鱼朝恩之跋扈、裴度之讨吴元济，均能符合史实。尤其是对上层统治者的生活场景描述十分具体生动，有助于对晚唐社会的形象了解。①

---

① 吴枫：《隋唐历史文献集释》，中州古籍出版社1989年版，第216页。

1-12-12.《旧唐书》，（后晋）刘昫等撰，清道光年间扬州岑氏懼盈斋刻本。

引用篇目《旧唐书·倭国传》和《旧唐书·日本传》。

《旧唐书》卷一百九十九《旧唐书·倭国传》记载截至贞观二十二年（648）之事件，对唐朝事件的记载主要是贞观五年（631），倭国献方物，新州刺史高表仁去进行抚慰发生冲突事及贞观二十二年（648），倭国与唐通事。

《旧唐书·日本传》，对日本国名的出现原因提出了几种解释。承接《倭国传》，从长安三年（703）日本大臣真人来贡以及他在唐朝受到的待遇记起，又记载了唐朝开元（713—741）初年、天宝十二年（753）、开成四年（839）日本遣使来朝之事。以开元（713—741）初年这次来贡记载最为详细，这次来贡之时，使者购得大量书回国，并且仲满留下来，该汉名朝衡，留在中国做官达五十年。

1-13-13.《新五代史》，（宋）欧阳修编撰，南宋庆元本。

《日本源流考》没有直接引用《五代史》，仅在叙述过程中用其做了一次补充说明。卷七，村上天皇"癸丑三，天历七年，《宋史·日本传》：大中、元启、龙德，及周广顺中，皆尝遣僧至中国（年代记所载）。《唐书》《五代史》失其传，唐咸亨中及开元二十三年、大历十二年、建中元年皆来朝，其记不载。"

1-14-14.《册府元龟》，（北宋）王钦若、杨亿等奉敕编，崇祯壬午（1642）本。

卷九百五十六到卷一千，计55卷为"外臣部"。对日本的记载在"外臣部"，如卷九百八十六，"倭国遣使献方物"。《日本源流考》引用其10处，主要是这方面的记载。

初名《历代君臣事迹》，类书，一千卷。分31部：帝王部、闰位部、僭伪部、列国部、储宫部、宗室部、外戚部、宰辅部、将帅部、台省部、邦计部、宪官部、谏诤部、词臣部、国史部、掌礼部、学校部、刑法部、卿监部、环卫部、铨选部、贡举部、奉使部、内臣部、牧守部、令长部、宫臣部、幕府部、陪臣部、总录部、外臣部。部首有总序，部内又分若干门，凡一千一百零四门，一说一千一百一十六门，门有小序，采录上古至五代历朝故事，以年代为序。

1-15-15.《唐书·日本传》，（北宋）欧阳修、宋祁撰，北宋嘉祐本。

主要引用《唐书·日本传》，即《新唐书·日本传》，记载了日本的地理位置，在古远传说时期从天御中主到彦瀲，共三十二世。到了彦瀲子神武时更为"天皇"之号。以"次曰绥靖，次安宁……"等的方式罗列了在隋朝开皇末期之前的27代天皇。太宗贞观五年（631）日本派遣使者来朝。永徽（650—655）、咸亨（670—673）、长安（701—704）、开元（713—741）、贞元（785—804）年间对唐朝和日本的交往、王的改元、习俗记载详细。

1-16-16.《清波杂志》，（宋）周煇撰，宋刊本。

十二卷。宋人笔记，主要记述宋代朝政与民间杂事。有高宗事、五代事（如卷一"普安院"）。每段都很短，分别命小标题，记载一个历史故事或典故或趣事、逸事等。共记载了333个小标题。

1-17-17.《宋史·日本传》，（元）脱脱等撰，至正六年（1346）刻本。

引用篇目是《宋史·日本传》。《宋史》专立卷四百八十五到卷四百九十二"外国传"八卷。卷四百九十一《外国七》《日本国传》中，是正史第一次在传记的起初对日本称为"国"的正史。《宋史·日本传》开篇介绍了在宋代之前日本和中国的交往。并将在某些天皇时期与中国有交往的事件简单列出。对于日本国内的州郡情况一一依据奝然带来的资料罗列。简单介绍了隋唐时期和日本的往来。宋代介绍宋真宗咸平五年（1002）到嘉泰二年（1202）。①

1-18-18.《元史·日本传》，（明）宋濂等撰，洪武三年（1370）初版。

引用《元史》十篇。《元史》是记载自元太祖成吉思汗统一漠北，建立大蒙古国至元朝灭亡160余年历史的史书。《元史》卷二〇八《元史·外夷一》中《日本传》两部分，一是关于在元之前中国各个朝代与日本的交往，其主旨体现出在元代以前中国与日本交往的过程还是相当友好的。本篇大量篇幅记载元朝两代皇帝——元世祖至元年间和成宗大德二年

---

① 具体为：宋真宗咸平五年（1002）和景德元年（1004）、宋仁宗天圣四年（1026）和宋神宗熙宁五年（1072）、元丰元年（1078）都有日本国不同人等来中国献物之记载。还记载了南宋从乾道九年（1173）日本国开始依附明州纲进贡方物。后来出现几次日本国的船只漂流到中国，宋朝资助他们钱米之事。所记载的最后一个年代是嘉泰二年（1202）。

(1297)、三年(1298)和日本的交往情况。二是元世祖至元年间的历史事件。其具体时间段从元世祖至元二年(1264)到至元二十三年(1286) 23 年之间，包括一些战争、使者出使等事件，成宗大德二年(1297)、三年(1298)之事略写。在《元史·日本传》所载中、日交往，主要是战争的状态，少有友好之时。

1-19-19.《明会典》，(明)申时行等撰，正德六年(1511)本。

《日本源流考》引用《明会典》计四处，主要是关于日本使者来到明朝朝贡时食宿安排以及明朝回赐的物品，其内容分别来自《明会典》卷一一四"礼部七十二"(食宿安排);卷一一〇"礼部十九"(回赐)。

也称《大明会典》，明代官修的一部以行政法为内容的法典，共 180 卷。

1-20-20.《广东通志初稿》，(明)戴璟纂修，明嘉靖十四年(1535)刊本。

《日本源流考》卷十四引用《广东通志》一处："洪武二十八年，命安陆侯吴杰、永定侯张金，率致仕武官往广东，训练沿海卫所官兵，以备倭寇。"出自《(嘉靖)广东通志初稿》廉州府志卷之四，原文是"二十七年七月甲戌，始命广东备倭(命安陆侯吴杰、永定侯张金，率致仕武官往广东，训练沿海卫所官兵，以备倭寇)"。与《日本源流考》所载时间有出入。

《广东通志初稿》共分四十卷，是现存最早之《广东通志》。内容包括分野、山川、政纪、行次、疆域等五十多门。分四十卷。卷一、二，分野、山川；卷三，政纪、行次；卷四，疆域、形胜(城池附);卷五，封国、古迹；卷六，沿革、坊都；卷七、八、九，秩官；卷十、十一，公使、循吏、名宦；卷十二、十三，人物宦迹；卷十四，人物将略、人物儒林、人物文苑、人物卓行(孝友附);卷十五，人物忠义、流寓、烈女；卷十六到卷十八分别为：学校、道学、风俗；卷十九、二十，科贡；卷二十一，礼乐；卷二十二，恤典、神祠、户口；卷二十三到卷二十七：田赋、课料；差役、均平、粮饷；卷二十八，仓厫、驿传；卷二十九，盐法、屯田；卷三十，珠池、铁冶、番船；卷三十一，土产、水利；卷三十二，军制；卷三十三，军器、弓兵、民壮；卷三十四，营堡、教场、上班、优给、达舍；卷三十五，外夷、海寇、猺獞；卷三十六，生黎、仙释；卷三十七，祥异、铺舍；卷三十八，桥梁、宫室、陵墓；卷三十九、四十,杂著。

1-21-21.《江南经略》,郑若曾撰,明隆庆二年(1568)初刻。

八卷,是明代江防的兵书,收录在文津阁《四库全书》中。

为江南倭患而作,兼及防御土寇之事。八卷中,每卷分二子卷。卷一上为兵务总要,下为江南内外形势总考。卷三之上至卷六之下分苏州、常州、松江、镇江四府所属山川险要,易城池兵马各附以土寇要害。卷七上下论战守事宜。卷八上下则杂论具战备而终以水利积储与苏松之浮粮。明季武备废弛,法令如戏,倭寇恒以数十人横行数千里,莫敢撄锋,土寇亦乘之不靖。原序是隆庆戊辰冬十一月朔昆山郑若曾伯鲁氏书于留耕山房。凡例十二则。郑若曾把一些防守理论解释得很具体。如卷一上:兵务举要,包括海防、江防、太湖之防。四郡、御江、养兵、练兵、设险、赏罚、兵戎、兵器、重守令、守城、土寇。卷八下:杂著。营镇论、慎调募论等。

明万历四十二年(1614)据隆庆本重刻,清康熙年间郑若曾子孙郑起泓、郑定远又行重刻,乾隆时收入《四库全书》。这四种版本现均存世。

1-22-22.《遵闻录》,(明)梁亿撰,明万历(1573—1620)刻本。①

《日本源流考》引用《遵闻录》中的内容出自《今献汇言》本中《遵闻录》之叶五右,是记载太祖朝时期事件所记载的内容。版心题:遵闻录,五,刘福成。共二十二叶。记载了太祖到武宗皇帝时的事件,重点是太祖时,共占二十叶。所记主要是一些琐碎的事件。也记载一些名儒事件,如"古冈黎先生名真号林坡,国初名儒也""罗复仁吉水人,国初时为编修,乞休致,太祖赐以布衣""太祖诛蓝玉,搜其家,几有片纸只字"每叶20行,每行22字,共9680字以内。

张元济在1936年出版此书前指明八册《今献汇言》本的由来:"《明史·艺文志》杂史类,高鸣凤《今献汇言》二十八卷,四库杂家类存目仅八卷,提要云据其目录所刊凡为书二十五种,乃首尾完具,不似有阙。北平图书馆所藏与通行汇刻书目均为二十五种,而书名异者十之四五。是编为余亲家葛同蔚兄所藏,乃有三十九种,较《明史》《四库》所纪,及

---

① 提要据《今献汇言》本。

北平藏本，均有增益，原书分装八册，有书签者三：首册题内集注黑地白文忠，七八两册题外集注征伐二字"，判断为外集四册为："礼乐征伐"；内集四册为"文行忠信"四字。

1-23-23.《图书编》，（明）章潢撰，万历四十一年（1613）刻。

《日本源流考》引其卷五十《日本国序》。

《图书编》一百二十七卷。"是编取左图右书之意，凡诸书有图可考者，皆汇辑而为之说"卷一至卷十五为经义，卷十六至卷二十八为象纬历算，卷二十九至卷六十七为地理，卷六十八至卷一百二十五为人道，卷一百二十六为易象类编，卷一百二十七为学语多识。《图书编》卷五十，外夷馆总叙。卷五十对日本的叙述包括以下几部分：日本国序、日本国考、海寇图说、海中泊舟、海中礮港、海战用舟、边海守备、海中风汛、海寇情弊、倭寇问答、制倭八策。其中日本国考专列出来叙述。

《日本国序》"日本在溟渤之东，其地形类琵琶，东西数千里，南北数百里。肥前、肥后、丰前、丰后、筑前、筑后、日向、大隅、萨摩等九州。居西为陆奥，居东为尾，山城居中，乃彼国之都也。山城以东地方广邈，虽倭奴远服，贾者不能阅历，而况华人乎？其岛之数可考，而其间广狭至于有不可考者，今姑据昔之所闻者而述之。"除了地理位置之外，叙述内容还包含其"入寇"中国的路线。

1-24-24.《筹海图编》，（明）胡宗宪撰，明天启四年（1624）胡维极刻本。

《日本源流考》引用卷九"大捷考"11篇。卷九共13篇①。《筹海图编》十三卷，记明代抵御倭寇事，以嘉靖时事为主，上溯明初及明以前中日交通情况。② 卷一是舆地全图等7幅图。卷二，叙述与日本关系的文

---

① 望海埚之捷（永乐己亥）、王江泾之捷（嘉靖三十四年四月，都御史胡松撰）、平望之捷（嘉靖三十四年五月，太学生俞献可撰）、陆泾坝之捷（嘉靖三十四年五月，昆山举人李续撰）、后梅之捷（嘉靖三十四年十一月，乌程县学教谕张节撰）、清风岭之捷（嘉靖三十四年十一月，武进举人吴嶅撰）、仙居之捷（嘉靖三十五年，嘉善训导谢顾撰）、乍浦之捷（嘉靖三十五年七月，余姚举人诸大圭撰）、纪剿徐海本末（嘉靖三十五年八月，副使茅坤撰）、龛山之捷（嘉靖三十五年十一月，山阴县学生员徐渭撰）、金塘之捷（嘉靖三十五年，昆山进士王宇撰）、擒获王直（嘉靖三十六年十一月）、舟山之捷（嘉靖三十七年二月，俞献可撰）、淮扬之捷（嘉靖三十八年，兵部侍郎蒋应奎撰文节略）、宁台温之捷（鄞诸生沈明臣撰），最后有一篇平倭录。

② 沈津：《美国哈佛大学哈佛燕京图书馆中文善本书志》，上海辞书出版社1999年版，第230—231页。

章。卷三到卷七，是广东、福建、浙江海防、直隶、山东海防事宜及抗倭原委。卷八：嘉靖以来倭奴入寇总编年表等。卷九：大捷考，卷十：遇难殉节考。卷十一到卷十二是经略，包括练兵法。卷十三，经略三，包括50篇"图说"，涉及船只图说17篇，其余包括粤兵盔甲图说、铳图说、剑、弩等图说。

1-25-25.《王氏谈录》，（宋）王洙撰，"说郛一百二十卷"丛书。引其中的"赠日本僧诗"，在该书之叶十九、二十。

与宋朝宋祁《宋景公笔记》合印。共91篇小篇目：训子、尔雅、隶书、笔法、为文、鸡鸣歌、葬、子房对留、为文、知字音切、论阴阳拘忌、笔法、读《甘露记》、唐时金带、京氏律历、修书进稿、古事不见所出、秘阁易法、方药精通、绘事后素、七言诗、性贵平淡、兰蕙、录书须粘叶、少女风、灵符石、李廷珪墨、小篆奇古、篆墓嘉量、碑额、古器、辨药、自治之要、校书、相知之厚、古今乐律通谱、芸、李卫公文、为箴自警、期待之深、上官忌兀日、水渍书册、雌黄墨、诗话、北方风物、书仪、亢父城、修书、诗话、医、医茶、古碑、史官、唐三宗像、王建宫祠、杨姓异同、唐世诗僧、起居注、黄白术、又、丁谓家资、二苏草隶、周官、赠日本僧诗、梦、汗衫、历官、诗话、评书、自强、通经、修慎、访问、不置侍婢、作为主以诚、政事、思虑、好学、又、廉慎、相人、作官、持身、河图、作诗、推诚待物（相业附）、贤者能受毁（大臣欲知典故附）、作文、经史、附编录观览书目。末尾为论"究观此篇，必嘉祐已前巨公所为，其志亦可知也。大抵前辈仕进、便作宫业、自斯远大，非若后世碌碌荀科第，以盗荣窃宠者，惜哉，不及见圣人矣，太原王洙敬录于家塾"。

1-26-26.《日本寄语》，（明）薛俊撰，收录在（明）陶宗仪辑，（清）陶珽续辑并校《说郛》，清顺治间重刻本。

一卷，收录天文类、时令类、地理类、方向类、人物类、人事类、身体类、器用类、衣服类、饮食类、花木类、鸟兽类、数目类、通用类等14种的汉日对照的词语。上为汉语，下为日语。日语采用的是以汉字对应日文的读音的译音方式。如"锁"，日文读音为"难皮"。

1-27-27.《明史·日本传》，（清）张廷玉等撰，乾隆四年（1739）刻本。

《明史·日本传》是中国正史中对日本记载最详细的日本传。《日本源流考》共引用了 68 处。

较少回顾明之前历史，指出日本国名由来，"唐初，改日本，以近东海日出而名也。"地理位置、风俗、政治等。与《宋史》相比，纠正了错记的地名。①

《明史·日本传》中记载：明代与日本的交往起于"明兴"之时，有确切纪年的是明太祖洪武二年（1369）、三年、四年、五年、六年。记载的"持明"天皇应该是日本北朝的天皇后光延天皇（1352—1371）②。期间洪武十二年到十四年（1379—1381）有"来贡"的记载。洪武十六年（1383）"倭寇金乡、平阳"。明成祖永乐十五年（1407）"倭寇松门、金乡、平阳"、十七年（1409）"倭船入王家山岛"。此后记载明朝与日本有交往的年份很多。③ 自洪武年间的抗倭记载到嘉靖年间，近 200 年，以记载明世宗时期抗倭为详。

1 - 28 - 28.《日本国志》，黄遵宪撰，汇文书局光绪二十四年（1898）刻本。

分卷首一卷、正文四十卷。属典志体。晚清有多种版本，2001 年上海古籍出版社依据光绪十六年（1891）羊城富城斋版出版了影印本。卷首是中东年表，四十卷分为十二个部分：国统志三卷、邻交志五卷、天文志一卷、地理志三卷、职官志二卷、食货志六卷、兵志六卷、刑法志五卷、学术志二卷、礼俗志四卷、物产志二卷、工艺志一卷。前有薛福成光绪二十年（1894）序，后有梁启超的序。《日本国志》在晚清有很大的影响。其刑法志很为后来的学者称道。

二 日人著作

2 - 01 - 29.《古事记》，[日本] 太安万吕编撰，和铜五年（712）刊本。

---

① 《中日关系史资料汇编》，第 269 页。
② 《中日关系史资料汇编》，第 273 页，注释①。
③ 宣宗宣德七年（1432）、英宗正统元年（1437）、代宗景泰四年（1453）、宪宗成化四年（1468）、十三年（1477）、二十一年（1484）、孝宗弘治九年（1495）、十八年（1504）、武宗正德四年（1509）、世宗嘉靖二年（1523）、九年（1530）、十八年（1539）、二十三年（1544）、二十六年（1547）、二十七年（1548）、三十一年（1552）、三十二年（1553）、三十三年（1554）、三十四年（1555）、三十五年（1556）等。

《古事记》,现存的日本最早的历史和文学著作。分上、中、下三卷,记载开天辟地至推古天皇时期的历史。上卷列为神代,五尊特别天神及神世七代。中卷自神武天皇到应神天皇,下卷自仁德天皇到推古天皇。共汇集 222 个历史故事。

是"韵文的历史书",事件的高潮往往通过其主人公的独唱来叙说。更甚的是把几首歌稍加说明,以此来叙述一个重大的历史事件。在世界的历史书中具有极大的特异性。①

2-02-30.《日本书纪》,〔日本〕舍人亲王等编撰,养老四年(720)刊本。

《日本书纪》,亦称《日本纪》。元正天皇(715—724 年在位)养老四年(720)命舍人亲王太安麻吕等撰,是日本现存最早的官修国史,并为神道教的重要典籍之一。三十卷。第一至第二卷是"神代"(神世列代),第三至第三十卷是从神武天皇到持统天皇的神话、史事,还有一卷"系图"已佚。以历代官修史书为基础编纂,也参照中国的典籍和朝鲜史籍。编修方法效仿中国史书体例,以汉文用编年体记述。从大化革新(645)到持统天皇(686—697 年在位)为止的记录大体符合历史事实,而在此以前的记述则多神话因素。②

2-03-31.《续日本后纪》,〔日〕藤原良房等著,贞观十一年(869)完成。

引用其篇目《恒贞传》。

《续日本后纪》20 卷讲述仁明天皇一代历史。同《日本后纪》相比,"文理甚为细腻。到处洋溢着女性的温文尔雅的关切。"③

2-04-32.《神皇正统记》,〔日〕北畠亲房著,成于建武中兴(1334)之后。

《神皇正统记》受到日本古代史书和伊势神道的影响,利用皇统持续的"正统"神道原理,力图复活武家统治以前的时代精神。主张:为了保证为政之根本皇统的延续,必须有皇祖神天照大神的加护,即天照大神授予天皇的三种神器。三种神器与日月星相应,镜是日之体,玉是月之

---

① 〔日〕梅原猛著:《诸神流窜:论日本〈古事记〉》,卞立强、赵琼译,经济日报出版社 1999 年版,第 141 页。

② 任继愈:《宗教词典》,上海辞书出版社 1981 年版,第 187 页。

③ 《日本的修史与史学》,第 25 页。

精,剑是星之气。三种神器不仅是皇统延续的庇护,又是为政应当实现的德的象征。旨在明君臣大义,期振兴名教,论神器传授、皇统继承。这套理论在二百多年后为水户藩主德川光圀所弘扬,成为修订《大日本史》的指导精神,后又成为德川幕府末期尊王倒幕运动的思想来源之一。①

2-05-33.《日本史》,[日]源光圀修,源纲条校,日本嘉永四年(1851)刻本。

《日本源流考》中所称《日本史》,实际上是指《大日本史》。

原汉文,全书编辑完成前后花了250年的时间。《大日本史残存本纪》一至卅五卷,共四册,三十五卷。《大日本史》足本,二百四十三卷,分为九帙。卷一至卷七十三记载神武天皇到后小松天皇历代日本天皇在位事件。从卷七十四,进入列传。包含后妃传、皇子列传、皇女列传、大臣列传、将军列传、将军家族列传、文学、歌人、孝子、义烈、列女、隐逸、方技、叛臣、逆臣、诸蕃。

2-06-34.《和汉年契》,[日]芦屋山人撰,[日]荒井半藏补,日本安政二年(1855)大成增补重刻本。

另有日本天保二年(1831)刻本、庆应二年(1866)铜版印本。原汉文,前有宽政八年(1796)三村其原叙,讲明作者编写该书的目的,过程。有凡例六则、大日本帝王系图、和汉帝王索引、和汉历代年号索引后有大日本年号改元索引。主要由四个表组成。始于东周平王元年,辛未年(公元前770)。到癸亥年(1862)。有事件记载的是到同治四年乙丑年(1865)。日本记载到明治元年戊辰年(1868)。该书最主要的特色是表格设置,是随内容变化而变化。而非拘泥于一种固定的格式。

2-07-35.《日本外史》,松平氏,[日]赖襄子成撰,日本明治三十年(1879)刻本。

引用其中很多篇目。《日本外史》二十二卷,汉文,其所纪"起源氏创业以讫极盛至治之今代矣。"以"外史氏曰"引领自己的叙述。在叶眉上标注校刻处。主要是对文字的解释。

2-08-36.《日本政记》,[日]赖襄著。

---

① 宋希仁:《中国伦理学百科全书》(东方伦理思想史卷),吉林人民出版社1993年版,第109—110页。

2-09-37.《日本通鉴》，[日]杉浦重刚著，1887年版。①

《日本源流考》引用一处。秦始皇二十八年（公元前219）孝灵天皇七十二年，"《日本通鉴》：秦人徐福来。"王先谦采信《日本通鉴》的说法。

《日本通鉴》记载的日本"谓周太伯后"被各种史书引用。黄遵宪《日本杂事诗》论述：避秦男女渡三千，海外蓬瀛别有天。镜玺永传斗笠缝殿，俏疑世系出神仙。[崇神立国，始有规模，史称之曰御肇国天皇，即位当汉孝武天汉四年（公元前97）。计徐福东渡，既及百年矣。日本传国重器三：曰剑，曰镜，曰望，皆案制也。臣曰命，曰大夫，曰将军，皆周、秦制也。自称曰神国，立教首重敬神。国之大事，莫先于祭。有罪则诵楔词以自洗濯，又方士之术也。当时主政者，非其子孙，殆其徒党欤？《三国志》《后汉书》载求仙东来事，必建武通使时使臣自言。今纪伊国有徐福祠，熊野山亦有徐福墓，其明证也。至史称开国为神武天皇，考神武至崇神，中更九代，无一事足纪，神武其亦追王之祠乎？总之，今日本人实与我同种，彼土相传本如此。宽文中作《日本通鉴》，以谓周吴泰伯后。源光圀驳之曰：谓泰伯后，是以我为附庸国也。遂削之。至赖襄作《日本政记》，并秦人徐福来亦屏而不书。是亦儒者拘墟之见，非史家纪实之词，阙疑之例也。]②

2-10-38.《日本维新史》，[日]重野安绎著，光绪二十五年（1899）商务印书馆代日本善邻译书馆铅印本。

《日本源流考》中所称《日本维新史》，实指《大日本维新史》。《大日本维新史》，起于庆应三年（1867）幕府还政，迄于明治三十二年（1899），新条约实施。所记内容起于庆应三年丁卯十月，征夷大将军德川庆喜还政朝廷，辞官职，朝廷许之。

上层以标题总结下层内容。如庆应三年所列标题有幕府还政权、禁基督教、禁造大船、拒绝外国唯许明荷、令□击外船、美国使来、俄国使来、开五港许贸易、幕府之初、尊王攘夷议起、三条公以下七人赴长门、禁长人入京、讨长州、庆喜嗣为将军、诸藩劝还政、废摄关等官职置总裁

---

① 盛邦和、[日]井上聪：《新亚洲文明与现代化》，学林出版社2003年版，第74页。

② 潘超、丘良任、孙忠铨：《中华竹枝词全编》（七），北京出版社2007年版，第524—525页。

以下官、庆西赴大阪。庆应四年所列标题有伏见鸟羽之战等。

三 西人著作

3-01-39.《四裔编年表》，[美]林乐知著，严良勋同译，李凤苞编。江南制造局翻译馆1874年版。

是一部采用图表形式的外国历史年表，属西方年代学论著。[①]

共四个年表。年表之纪年以中西相对照的方式，上为中国纪年，中为日本、印度、波斯、小亚细亚、亚西里亚巴比伦亚里亚、巴勒士登、希利尼（希腊古名）、埃及。最下一栏为西历。自少昊四十年（公元前2349）至同治元年（1862）。1898年张之洞辑《西学自强丛书》将其列为史学类之一种。

《四裔编年表》采用将传统中国王位纪年、年号纪年以及甲子记数与公元纪年相结合的方式，表达共时性的事件和历时性的变化，这是一项重要的历史进步，不仅对于中国，对于亚洲也有积极的意义。[②]

第二部分 《五洲地理志略》引用书目提要

一 地志

1-01-01.《职方外纪》，[意]艾儒略撰，崇祯二年（1629）刻本。

五卷首一卷，艾儒略自序中包含该书成书过程，利玛窦进《万国图志》、庞迪我奉命翻译，艾儒略又增补之。卷首：五大州总界度解。卷一到卷四为：亚细亚、欧罗巴、利未亚、亚墨利加（附墨瓦蜡尼加）总说。卷五：四海总说。分别介绍海名、海岛、海族、海产、海状、海舶、海道等。

"《职方外纪》是继利玛窦世界地图之后第一部系统介绍世界人文地理的著述，'以奇人'、'奇地'、'奇事'的雅俗共赏的描述，给明清中国人介绍了大量闻所未闻的海外奇事奇人。这些图像帮助了国人在猎奇意

[①] 《西方传教士与晚清西史东渐》，第149页。
[②] 邹振环：《〈四裔编年表〉与晚清中西时间观念的交融》，《近代史研究》2008年第5期。

识的支援下能够初步认识和理解一种异域的文化，一定程度上打破了天朝中心主义的陈旧观念，建立起最初的世界意识。"①

1-02-02.《瀛寰志略》，徐继畬著，道光二十八年（1848）福建抚慰署刻本。

凡十卷，以图为刚，专详域外，极少叙述中国。卷一到卷三为亚洲，卷四到卷七为欧洲，卷八阿非利加洲，卷九、十为亚墨利加洲。对欧洲叙述最详细，对外国地名有很大贡献，每一地名之下都罗列其他写法。

1-03-03.《朔方备乘》，何秋涛纂，咸丰十年（1860）刊。

有多种版本。② 其中六十八卷，首十二卷版本：卷首一至卷首三，圣训。卷首四，圣藻。包含西师、土尔扈特全部归顺记。卷首五至卷首八，钦定书平定罗刹方略。卷首九，钦定书五钦定大清一统志（建置沿革、风俗、山川、土产，共三方面。）卷首十，钦定书六钦定皇朝通典。边防（北序略、俄罗斯）。卷首十一，钦定书七钦定皇朝文献通考，四裔考（俄罗斯）。卷首十二，钦定书八钦定大清会典、钦定大清会典事例。

分九部分；圣武述略六卷（卷一到卷六）、考二十四卷（卷七到卷三十）、传六卷（卷三十一到卷三十六）、纪事始末二卷（卷三十七、三十八）、记二卷（卷三十九、四十）、考订诸书十五卷（卷四十一到卷五十五）、辨正诸书五卷（卷五十六到卷六十）、表七卷（卷六十一到六十七）、卷六十八图说。

1-04-04.《俄罗斯国志》，欧罗巴人原撰，林则徐译，魏源重辑，收录在何秋涛辑《北徼汇编》，京都龙威阁，同治四年（1865）刻本。

"该书系林则徐主译《四洲志》的一部分，日本学者从魏源《海国图志》中辑出，成独立著述。"③《五洲地理志略》中所用书名为《俄罗斯国总记》。两卷。卷一，引用《万国地里全图》。东俄罗斯五部、西俄罗斯八部、大俄罗斯十七部、小俄罗斯三部、南俄罗斯五部、加厦俄罗斯四

---

① 邹振环：《〈职方外纪〉：世界图像与海外猎奇》，《复旦学报》（社会科学版）2009年第4期。

② 《朔方备乘》八十卷附目一卷，咸丰十年（1860）刊本，二十册；《朔方备乘》八十卷附目一卷 光绪三年（1877）畿辅通志局刊本，二十四册；《朔方备乘》图说残存七卷，光绪三年（1877）畿辅通志局刊本，三册；《朔方备乘》六十八卷，首十二卷，清末石印本，8册（1函）有图；《朔方备乘》六十八卷首十二卷图一卷，1984年据清咸丰本复印本，二十五册。

③ 《晚清西方地理学在中国》，第343—344页。

部、南藩俄罗斯五部。东新藩俄罗斯四部、西悉毕厘阿二部、东悉毕厘阿二部。卷二，俄罗斯国沿革、国朝俄罗斯聘盟记、元代北方疆域考上（即今俄罗斯西北境）、元代北方疆域考下（即今俄罗斯东北境）。

1-05-05.《坤舆图说》，[比利时]南怀仁撰，1674年刻本。

分上下两卷。其出版时间，多种书上记为1674年，据邹振环的研究，其最早出版时间有待澄清。①

卷上：含地体之图，地圆、地震、山岳、海水之动、海之潮汐、江河、天下名河、气行、风、云雨、四元行之序并其形、人物。依次介绍亚细亚州、欧罗巴州、利未亚州、亚墨利加州、墨瓦蜡泥加。都是先总说，后各国。最后补充有关海洋的几部分：四海总说、海状、海族、海产、海舶。对于墨瓦蜡泥加州，因其为南极周围大地，从古航海者没有到达，所以只能绘制天下四州异兽奇物。《坤舆图说》中的图主要体现在最末，全文重在说。

1-06-06.《中外大地志》，[日]野口保兴著。

野口保兴，日本人，擅长地理著述，著有《中华大地志》《台湾地志》《世界大地志》② 等。中国国家图书馆收藏有《台湾地志》，是据日本明治三十三年（1900）排印本影印的。

1-07-07.《地理全志》，[英]慕维廉纂，（上海）美华书馆，光绪九年（1883）刻本。

又题"续瀛寰志略"，全书仿《海国图志》《瀛寰志略》。③ 该书上编出版于1853年，下编出版于1854年。实际上是一部介绍近代西方自然地理和人文地理的百科全书。1854年墨海书馆版的《地理全志》实际上是一部中文版的西方地理学百科全书，无疑也是当时东传的西方地理学译著中最杰出的代表。④

分上下卷。共143章。第一章：地形、地动、地广、地线、地气生物等、天象、地理总论、地理名解、水土略分论。分为五洲叙述：亚西亚全

---

① 《晚清西方地理学在中国》对于《坤舆图说》的出版年该书有精辟的讨论，考证《坤舆图说》的出版时间是个有待澄清的问题，第21—23页；第55页，注⑬。

② 《世界大地志》，参见《晚清西方地理学在中国》，第173页。

③ 《晚清西方地理学在中国》，第358页。

④ 邹振环：《慕维廉与中文版西方地理百科全书〈地理全志〉》，《复旦学报》（社会科学版）2000年第3期。

志（第 2—41 章）、欧罗巴全志（第 42—80 章）、阿非利加全志（第 81—102 章）、亚墨利加全志（第 102—109 章）、大洋群岛全志（第 130—143 章）。亚西亚、欧罗巴各占约 40 章篇幅。共 8 部分，记载五洲中 81 个部分，包含 46 个国家。介绍各洲都是先总说，论其总体位置，包括经纬度、周边海洋等。

1-08-08.《弹丸小记》，龚柴著，王锡祺辑《小方壶斋舆地丛钞》，上海著易堂，光绪十七年（1891），铅印本。

记载了被一般舆地学家所忽略的欧洲小国摩尔奈的人数、从业、矿藏、官职、赋税、立国起因，地理情况。

1-09-09.《古巴杂记》，谭乾初著，王锡祺辑《小方壶斋舆地丛钞》（十二帙），上海著易堂，光绪十七年（1891），铅印本。

记载古巴岛风情。古巴岛是日斯巴尼亚国（即西班牙，又名大吕宋）属土。岛中都会区为夏湾拿，曾经被法、英国占领过。该书称为"杂记"，确因所载内容杂而得名。举凡气候、行政区划、种植、贸易、华人（尤其详于来古巴的华人来源及其在途中身故人数）、税收、风俗。

1-10-10.《秘鲁形势录》，不著撰人姓名，王锡祺辑《小方壶斋舆地丛钞》（十二帙），上海著易堂，光绪十七年（1891），铅印本。

叙述祕鲁水陆都会大形势。包括地理位置、地势高下分为五处、水道、区划（部落二十一，中分九十七府，再分七百八十一县）。

1-11-11.《冰洋事迹述略》，[英]艾约瑟著，王锡祺辑《小方壶斋舆地丛钞》（十二帙），上海著易堂，光绪十七年（1891），铅印本。

小方壶本中题名是"美国艾约瑟著"。与王先谦所列出的"英国艾约瑟"不同，王先谦所记是正确的。《冰洋事迹述略》介绍对北冰洋的考察和探险经历。记载时间从光绪元年（1875），两艘英国官舰去那里"涉险"，追溯到 1580 年两只英国船到俄罗斯国北冰海内，想开通一条通过中国到达印度的道路，未成功。1594 年，荷兰国有船到俄罗斯北寻查北冰洋也是徒劳而归。1596 年荷兰船又去了一次。278 年后即 1874 年，挪威国一船到达，发现一古板屋，得到了荷兰 278 年前的器皿，带走后高价卖与荷兰人。1607 年，英国伦敦人呼得孙氏，名字叫亨利的，曾经达到过哥连兰，得到一海岛，即绿地岛。1871 年波拉里斯船也到了一次等，从中看出探险的经历是非常艰苦的。

1-12-12.《墨西哥记》，[日]冈本监辅著，王锡祺辑《小方壶斋舆地丛钞》（十二帙），上海著易堂，光绪十七年（1891），铅印本。

略谈其地理位置，讲述墨西哥被西班牙人各尔的斯征服、独立的过程及政治、经济等。并列出1873年的岁入与岁出，指出其国计之贫。

1-13-13.《万国风俗考》，邹弢著，王锡祺辑《小方壶斋舆地丛钞再补编》，上海著易堂，光绪二十三年（1897）铅印本。

讲解各国风俗，依次叙述土耳其人、法兰西人、英吉利人、印度比烈山下居民、缅甸卡伦地方土人、俄罗斯属西比里亚可比河之滨、埃及、阿非利加洲埃卑亚果地方土人、阿洲西境代霍买国、阿洲合丁突地方土人、澳削尼亚洲、澳洲昆斯兰土人、澳洲牛齐兰土人、澳洲漫迦雅土人、澳洲内地土人、澳洲三德桅枝地方、婆罗洲人、飞旗岛、亚美利加洲祕鲁墨西哥内地土人。主要是对这些地方人的不同风俗进行叙述，多奇闻。对其风俗先是以一言概括，继而详述。

1-14-14.《海国图志征实》，孙灏著，光绪二十八年（1902）刊。

一百卷，是晚清以《海国图志》为中心的交流网络中学术共同体中的一本重要著作。[①] 光绪年间，孙灏仿《海国图志》体例撰成。原名《海国图志纠谬》，出版时改名《海国图志征实》，对《海国图志》中的错误做了比较详细考订。[②]

1-15-15.《世界地理志》，[日] 中村五六编，上海金粟斋，光绪二十八年（1902）铅印本。

不分卷，分为七部。部首，四论：地理学总论、数理地理学、自然地理学、政治地理学。部甲：亚细亚州。十二部分：中国、日本、朝鲜、亚洲俄罗斯、印度支那、印度、阿富汗、俾路芝、波斯、阿拉伯、亚细亚土耳其。部乙，欧罗巴洲，十九部分，大比利敦爱尔兰合王国、法兰西、西班牙、葡萄牙、意大利、希腊、欧罗巴土耳其、罗马尼亚、塞尔维亚、奥地利匈牙利、瑞士、日尔曼帝国、比利时、荷兰、丹麦、那威及瑞典、欧罗巴俄罗斯。部丙，亚非利加洲。十一部分。部丁，北美利加洲，七部分。部戊，南美利加洲，十五部分。部巳，阿塞亚尼亚洲，五部分。对各洲记载都是先总论，后各国。各洲介绍都是总论第一，如对亚非利加洲，介绍其位置（亚非利加为东半球西部之大洲。)、端起、境界、面积人口、

---

① 《晚清西方地理学在中国》，第318页。
② 郭双林：《论鸦片战争时期的世界舆地研究》，《中州学刊》1992年第1期。

海岸线、岬湾、地势、沙漠、平原、河流、湖水、植物、动物、矿物等。对一些重要的地名、名词，附以英文名。

1-16-16.《万国地理志》，[日]中村五六编纂，[日]顿野广太郎修订，番禺周起凤译述，上海广智书局光绪二十八年（1902）铅印本。

题名："万国通志第六编　万国地理志"。分编、章、节三级标题。共七编。第一：地理学，分三章，分别讲述数理地理学、自然地理学、政治地理学。第二编至第七编讲各洲地理，依次为：亚细亚洲、欧罗巴洲、亚非利加洲、北亚美利加洲、南亚美利加洲、澳西尼亚洲。对各洲都是先总论，后各国。亚细亚洲共十二章。第一章总论。第二章到第十二章依次为：中国、日本、朝鲜、西亚细俄罗斯、印度支那、印度、阿富汗、俾路芝、波斯、阿剌伯、亚细亚土耳其。欧罗巴洲分为十九章。第一章，总论。第二章到第十九章依次为：大貌列颠爱尔兰合王国、法兰西、西班牙、葡萄牙、意大利、希腊、土耳其（附布加里牙俟国）、罗马尼亚、塞尔维、门的内哥、澳地利匈牙利、瑞西、日尔曼、比利时、荷兰、丹马、瑞西与那威、俄罗斯。亚非利加洲分为十一章。第一章，总论。第二章到第十一章依次为：埃及、亚培息尼、北海岸诸国、萨哈拉、圣纳掰培亚上其尼亚及苏丹地方、下其尼亚地方、南部地方、东海岸地方、中部地方、所属岛屿。北亚美利加洲，含七章。第一章，总论。第二章到第七章依次为：绿岛、英领加奈多（附新分伦岛）、合众国、墨西哥、中央共和国（附英领况地拉）、西印度诸岛。南亚美利加洲，包含十五章。第一章，总论。第二章到第十五章依次为：哥伦比亚、维尼助拉（附脱利尼特）、英领扼亚奈、荷兰领扼亚奈、法领扼亚奈、勃来如尔共和国、伊扣独亚共和国、秘鲁、蒲里维亚共和国、拍来求亚共和国、乌维求哀共和国、亚健吞共和国、智利共和国、拂克伦诸岛。澳西尼亚洲分为五章。第一章，总论。第二章到第五章依次为：澳大利亚、马来西亚、纽裁伦岛（即新西兰）、濮来尼亚。

各洲总论包括（以亚细亚洲为例）：位置、境界、面积人口、海岸线、岛屿、高地、低地、沙漠、河流、湖水、气候、雨量、植物、矿物、动物、人种、宗教、邦国等。各国的论述包括（以中国为例）：位置、区划、地势、河流、运河、湖水、气候、物产、人种、政体、宗教等。

1-17-17.《五大洲志》，[日]辻武雄撰，东京泰东同文局，日本明治三十五年（1902）铅印本。

原汉文。凡三册六编,针对初学者编写,较为浅近。书前有周渤与夏偕复序。第一编:五大洲概论。第二编到第六编依次为各大洲志:亚细亚洲志、欧罗巴洲志、阿西亚西尼亚洲志、亚非利加洲志、亚美利加洲志。各洲之志末尾,都有沿革略论,是作者辻武雄自己观点的体现。辻武雄另外还有《东亚三国地志》,本书不收录日本、支那、朝鲜。对各洲、各国记载都是先总说,后分说。各洲最后的地名对照是先华文,后英文。

1-18-18.《西比利亚大地志》,[日]下村修介、加藤稚雄编纂,辛汉、王履康、经家龄译,金陵启新书局1903年版。

即为《西伯利亚大地志》。为日本参谋本部所辑,分上下两册共5卷10编,分天然、国体、历史三大部,第1编总论分8章简述源流、位置、疆界、幅员、地势、气候、天产、人种及人口;第2编山岳及河湖;第3编海洋;第4编气候及天产;第5编人种;第6编教育及历史;第7编行政及军备;第8编疆域;第9编生业及通运;第10编历史。[①]

1-19-19.《万国新地志》,[英]雷文斯顿著,何育杰译,上海:通社,光绪二十九年(1903)。

1900年原书出版,光绪二十九年(1903)八月,译完付印,十月发行。译本题名"雷文斯顿万国新地志"。共七十二章,分为前后编。前编二十九章,前四章是对总论全球、总论全球、大西洋、北冰洋的介绍,其他二十五章是介绍欧洲各国,以英国为介绍的第一个国家。后编是从第三十章到第七十二章,介绍亚洲、非洲、美洲、大洋洲。对各国从地形、气候、面积、人口、宗教、教育、职业、农事、矿务、制造、交通、商务、区划等方面进行介绍。介绍各洲、各地是先总论,后分论。

1-20-20.《万国地志》,[日]矢津昌永撰,樊炳清译,成都志古堂,光绪二十九年(1903)刻本。

这是日本学者矢津昌永根据日本地志的体例,为中等教育准备的书籍。分上、中、下三卷。上卷分为总叙、亚细亚洲总论、各国志。中卷为欧罗巴洲总论、各国志。下卷包含四个洲:亚弗利加洲总论、各国志;北亚美利加洲总论、各国志;南亚美利加洲总论、各国志;大洋洲或澳太剌利亚洲总论、各国志。对于各洲都是先总论,后各国。各洲总论也是视各洲的具体情况而定。

[①] 《晚清西方地理学在中国》,第386—387页。

1-21-21.《世界地理学》，[日]高等师范学校教授矢津昌永著，清国留学生吴启孙译，上海：文明书局，光绪二十九年（1903）铅印本。

书内题名：改正世界地理学，分为卷首及卷一、卷二共两卷。记载亚细亚洲、大洋洲、欧罗巴洲、阿非利加洲、北亚米利加洲、南亚米利加洲。附录中注重铁路的国家的铁路里数，列出一些国家的轮船数目、载重数目。对各国贸易额增进情况、各国国势进行列举议论。

1-22-22.《瀛寰全志》，谢洪赉编辑，上海：商务印书馆，光绪三十二年（1906）铅印本。

封面上题名：最新中学教科书瀛寰全志。内封："总理学务大臣审定，搜辑精审，详略得当，便于教习讲授"，内封大题：瀛寰全志。含其英文书名：*Complete Geography with COLOURED MAPS 1906*。

前有序言、例言八则。共分七编。第一编：总论。第二编到第七编，分别叙述各大洲。第二编：亚西亚洲；第三编：欧罗巴洲；第四编：亚非利加洲；第五编：北亚美利加洲；第六编：南亚美利加洲；第七编：大洋洲。

附中西地名表。按英文地名的首字母的英文顺序排列。书的封底有八版的印刷时间①，此为第八版。书中有图多幅。包括地图和图片，均插入正文，为解释正文之用。有多个表格。对各地从位置疆域、地势、天气物产、人民、地方志、国政、交通商务等方面进行叙述。该书认为有六大洲。

1-23-23.《高等地理》，[日]矢津昌永著。

1-24-24.《中外地理教科书》，王达著，光绪三十二年（1906）刊。

介绍地势、水道、交通的内容最为《五洲地理志略》看重，多在注文中引用。

1-25-25.《亚拉伯志 新志》，学部编译图书局编，光绪三十三年（1907）学部图书编译局石印本。

分幅员、西海滨、东南海滨、波斯湾海滨、形势、部分、西奈山土

---

① 光绪二十九年十月首版；光绪三十年五月再版；光绪三十年十月三版；光绪三十一年三月四版；光绪三十一年六月五版；光绪三十二年二月六版；光绪三十二年四月七版；光绪三十二年十月八版。

股、地质、黑夹斯部形势、麦加圣域、植物、猫鸟、农业、牧场、矿业、渔业等部分,是据19世纪后50年一些西文旅行家的亚拉伯考察日记编译的。①

1-26-26.《土耳基志 新志》,学部编译图书局编,光绪三十三年(1907)学部图书编译局印本。

《五洲地理志略》用的名字是《土耳基志 新志》与原书题名不一致,原书用的题名是:"土耳其"。由《土耳其国志》《土耳其地志》《土耳其新志》三部分组成。国志从倭斯曼王朝的系统叙述土耳其的历史;地志讲述土耳其的地理、人口、动植物、商务进出口、农务、财政、陆军、水师、教育、交通;新志补充了人种、宗教、教育、水陆军、物产与工艺方面的新资料。②

1-27-27.《波斯志》,学部编译图书局辑,京都学部图书局,光绪三十三年(1907)铅印本。

由波斯名字由来发起叙述。涉及的外国地名都以双线条画出,外国人名、地名,多将其英文名附录在汉译名字之后。重点叙述波斯公元前311年前的历史。分为两个段落:一是希腊与巴息帝国,二是撒逊帝国,叙述波斯发源至公元652年的历史,为波斯古代史。

1-28-28.《缅甸志 英领缅甸志 新志》,学部编译图书局辑,京都学部图书局,光绪三十三年(1907)铅印本。

与《暹罗国志》《布哈尔志》合印。

《缅甸国志》指缅甸自主国,别于英领缅甸,起初疆域很广,后屡遭英人侵略,版图逐渐削弱。1826年与1853年西界与南界的部分领土分割给英国。讲其山、水、物产、林木、矿产、兽类、鸟类、畜类、居民、政治、职官、赋税、制造、商业、权量、历法、言语文字、宗教文学、历史。记载的最后一个时间是1875年2月23日。

《英领缅甸志》。英领缅甸是指英人与缅甸两次战争之后,割去缅甸西南境。叙述地理位置范围、形势(河流)、湖、土地户口、物产、交通、矿产、制造、商业、财赋、气候、政体。略去其历史叙述(因《缅甸国志》有述)。

---

① 《晚清西方地理学在中国》,第200—201页。
② 同上书,第202—203页。

《缅甸新志》载形势、气候、户口、官制、掸部、北缅山族、教育、赋税、兵备、矿产、农业、林木、渔刻、制造、航运、内部交通、历史。新志比旧志增加了很多内容，特别是利用一些统计表格。新志所叙时段是1868—1893年。

1-29-29.《暹罗志》，学部编译图书局辑，京都学部图书局，光绪三十三年（1907）铅印本。

即为光绪三十三年（1907）学部图书局印行的《暹罗国志》。与《缅甸国志　英领缅甸志　缅甸新志》《布哈尔志》合印。地理位置、河流、矿质、气候、动物、植物、商业、赋税、裁判、法律、奴役、城镇、教育、美术、宗教、节日、历书、历史等。

1-30-30.《布哈尔志》，学部编译图书局辑，京都学部图书局，光绪三十三年（1907）铅印本。

与《暹罗国志》《缅甸国志　英领缅甸志　缅甸新志》合印。布哈尔，为中央土耳其司丹之鞑靼利自主部落。位置范围、居民、植物出产品、动物、教育、政府、历史。

1-31-31.《俾路芝志》，学部编译图书局辑，京都学部图书局，光绪三十三年（1907）铅印本。

与《马留股志》《纽吉尼亚岛志》《西里西亚志》合印。该书介绍了俾路芝的位置、人种、植物、地动物、宗教、交易和历史。[①]

1-32-32.《小亚细亚志》，部编译图书局辑，京都学部图书局，光绪三十三年（1907）铅印本。

卷首题"小亚西亚志"，与《小亚西亚新志》合印。由名称简介、位置、山脉、河流、湖、气候及出产、地质、古代之部分及民种、历史组成。新志介绍了山脉、河流、湖沼、行政与交通。[②]

1-33-33.《阿富汗志　新志》，学部编译图书局辑，学部编译图书局，光绪三十三年（1907）铅印本。

该书是5种志书合印的。封面题名：阿富汗土耳基斯坦志，阿富汗斯坦志附新志，土耳基斯坦志，东土耳基斯坦志。

《阿富汗土耳基斯坦志》讲其位置、名称，次及河流、行省及知名之

[①] 参见《晚清西方地理学在中国》，第201页。

[②] 同上。

地、居民、古迹，几个部分。《阿富汗斯坦志》讲名称、界域、海拔、天然地理之分段、喀布尔河流域、河流（次于喀布尔河之诸河）、城邑、气候、植物、动物、商业、居民、政治、政府、税饷、兵力、历史、古迹。该书对动物种类分得很详细，列有商业之部分，列其商道六条，出口货物、出口数目、出口物品。

《阿富汗新志》开篇指出写作缘由，阿富汗斯坦印度间之疆域，亦大有所增，虽其地悉为自立之部，然居民则皆阿富汗人。与喀布尔政府所辖者，固同一语言同一宗教也。包含：诸河流域、山、地质、气候、行省、名城、自主各族、民种、统计、历史。新志侧重记载近些年之事。

1-34-34.《土耳基斯丹志》，学部编译图书局辑，学部编译图书局，光绪三十三年（1907）铅印本。

《土耳基斯丹志》，该书题名土耳基斯坦志。卷首有正误表一份。位置：里海之东，西比利亚之南，波斯阿富汗西藏之北，治舆地者，或称之为中亚西亚，或称之为土耳基斯坦，一似此二名任人所用。西土耳基斯坦、东土耳其斯坦。西土耳基斯坦之天然形势、高原部、山部、天山湖底、低原、西土耳基斯坦地势地形之改变、气候、动物、植物、植物出产、农艺、矿物、工艺、民种、城镇、通常情形、俄罗斯势力。

《东土耳基斯坦志》，首正误表，多次将文中的斯丹改为斯坦。正文依次：界域、形势、塔里木河、气候。植物、生业及矿物、水泉、居民、历史。

1-35-35.《印度志　新志》，学部编译图书局辑，学部编译图书局，光绪三十三年（1907）铅印本。

新志叙述自1891年以来印度的形势、户口、男女、宗教、城镇、农业、织业、别种制造、煤、金、石油、盐、财帛、沿海岸商务、边境商务、进款与出款、国债、银行储蓄、陆军、巡警与监狱等，提供了一些新的统计数据，并叙述1880年以来的历史。[①]

1-36-36.《外国地理讲义》，［日］堀田璋左右述，曹典球译，思贤书局，光绪三十三年（1907）刻本。

三卷附录一卷，书内大题与正文中题名：外国地理讲义。目录上题名：新订外国地理讲义目录。

---

① 参见《晚清西方地理学在中国》，第201页。

上卷：亚细亚洲。总论。第一章：朝鲜帝国。第二章：原讲中国以其不甚完备，删之，拟译日本地志一卷附后。第三章：俄领亚细亚，分三节。第四章：亚细亚土耳其，分四节。第五章：亚拉比亚。第六章：伊兰地方，分三节（波斯、阿富汗斯坦、俾路芝斯坦）。第七章：印度，分三节。第八章：印度支那，分三节。

中卷。第一编。大洋洲。第一节：濠大剌利亚及新西兰，分为七部分。第二节：墨兰尼西亚，分为五部分。第二编：北亚美利加，总论，分二节。第一节：英领北亚美利加（加拿他、纽芬兰、百尔慕他）。第二节：亚美利加合众国（北大西洋部九州、南大西洋八州一区、北中央部十二州、南中央部七州、西方部九州、五地方）。第三编：南亚美利加。总论。第一节：西部诸国（哥伦比亚、厄瓜多尔、祕鲁、玻里非亚、智利）。第二节：拉不拉他诸国（阿根廷、乌拉乖、巴拉圭、福尔克兰诸岛）。第三节：巴西合众国。第四节：北方南亚美利加（英领圭亚那、兰领圭亚那、法领圭亚那、委内瑞辣）。

下卷。第一编。欧罗巴，分十三节：俄罗斯；德意志；瑞典那威；丹麦；英吉利；荷兰（以下下卷二）；比利时、卢森不尔厄；法兰西、安道耳、麻纳哥；伊比利半岛（甲、西班牙、直布罗陀。乙、葡萄牙）；意大利、山马利诺、马耳他；瑞士；澳大利匈牙利、列支敦士敦侯国；巴尔堪半岛（甲、欧罗巴土耳其。乙、希腊。丙、罗马尼亚。丁、保加利亚及东罗马尼亚。戊、塞尔维亚。己、蒙的内哥罗）。第二编：阿非利加（以下下卷三）。第一章：阿非利加总论，两节（天文地理、人文地理）。第二章：阿非利加地志。第一节：北部阿非利加。一、埃及、巴尔加、的黎波里。二、博尔巴利诸国。三、利俄迭俄罗。第二节：西部阿非利加。一、英国属地。二、德国属地。三、法国属地。四、葡国属地。五、公额自主国。第三节：南部阿非利加。一、德领西南阿非利加。二、喜望烽殖民地。三、纳塔尔。四、鄂兰吉河殖民地。五、德兰士瓦殖民地。六、罗对西亚。七、南阿之沿革。第四节：东部阿非利加。一、葡领东部阿非利加。二、德领东部阿非利加。三、英领东部阿非利加。四、意领东部阿非利加。五、阿比尼西亚。

附录：法绍达事件。马达加斯加。

介绍各大洲都是先总论：位置境界、形状面积、沿岸、地势、山脉、湖沼、气候、降雨、矿物、植物、人口、人种、宗教、言语、产业、交通、邦制。很多国家按区域分为几节，节下又按照区域细分。叙述最近事件。如朝鲜帝国："朝鲜一八九九（1899）改国号大韩。……日本在朝鲜势力之消长，即日本东洋贸易成败之所系也，故日本研究此国之地理为急务。"这是本书把朝鲜作为第一个国家介绍的原因。本书叙述简练，如卷下三，叶三"阿非利加有四大河：一、尼罗，二、公额，三、尼日尔，四、比西。"正文顶格书写，译者曹典球以"典球案"方式表达自己观点，低于正文两格，多以矢津昌永的《高等地理》来佐证自己观点。附录法绍达事件是1898年发生的英法两国争雄的事件。马达加斯加岛是世界第四大岛，最后附录之，介绍其位置、面积、地势、气候、历史。

1-37-37.《开浦殖民地志 新志》，学部编译局编纂，光绪三十四年（1908）该局铅印本。

即为：英领开浦殖民地志一卷，英领开浦殖民地新志一卷，一册。据文中所列举的统计表等所出现的年代，旧志所记录的最后年代是1875年，新志所记载的年代是1875—1890年近25年的情况。"开浦殖民地，位于斐洲大陆之极南端，其地自一千八百零六年以后，即为英国所属，其所以称为开浦殖民地者（开浦译即石角之意），因有好望角在其西南端也。"

《英领开浦殖民地志》一卷，从疆域及界限到天然状态、土性、地质、海滨及港湾、气候、植物、动物、历史、分省及要埠、户口、政府、宗教、教育、新闻纸、商务都有所记载。有多处统计数据，多采用1875年的统计，其他表格如，1836—1874年进出口的数字统计、1874年中全殖民地出口货物之数量及价值等。

1-38-38.《阿达曼群岛志 新志》，前编书局辑，学部编译图书局，光绪三十四年（1908）铅印本。

与《婆罗岛志》合印。《阿达曼群岛志》先介绍其地理位置，次居民、气候、地质、植物、动物、历史。

《阿达曼群岛新志》的写作原因是：自1889年以后，海图改良，1883—1886年，全岛地面已详加测量，又制一寸舆二英里之地图一幅，而近于拍来亚左近之地，亦经制有详图。先介绍其地理位置，次有测候学、林木、动物、土著、军犯羁押所。

1-39-39.《西比利亚志 新志》，学部编译图书局辑，京都学部图书局，光绪三十四年（1908）铅印本。

述西伯利亚的地理状况。旧志对西伯利亚全地大略情形、山脉、大高原、纵行谷地、多山部、高平原、冰河、火山、矿产、河流、海滨线及海岛、植物、动物、居民、土著、西伯利亚之俄人、畜牧、猎业、渔业、制造、商务、交通、殖民、军犯、教育、行政分区、城镇、历史等都有所叙述。新志补充了1897年以后的统计数据。[①]

1-40-40.《普通地理讲义》,谭绍衮著,光绪三十四年(1908)刊。

二 游记、日记

2-01-41.《异域录》,图理琛著,雍正元年(1723)用满、汉文字刊行。

《小方壶斋舆地丛钞》收录该书。图理琛于壬申年(即康熙三十一年,1692)五月二十日自京师起程,记载行程及所见。介绍俄罗斯地方八道、法律上对犯罪的制裁。路途中特殊的鱼类、石头、兽类。用"有一种……"介绍奇事、气候、礼节、银钱、节日等。

2-02-42.《龙沙纪略》,方式济撰,桐城方氏,乾隆二十年(1755)。

又见方壶斋舆地丛钞,南清河王氏铸版。上海著易堂印行。

一卷,搜罗不少资料,述黑龙江地理状况。指出有七镇:稽林乌喇、宁古塔、新城、伊兰哈喇、卜魁克、墨尔根、艾浑。依次记载:黑水、卜魁、黑尔根河、艾浑。考察了其与中央政府及俄罗斯的关系,元时隶版图、清朝初期都归附了。后来发生了雅克萨之战。记载官制、军器、气候、物产。

2-03-43.《出洋琐记》,蔡钧撰,长洲王韬光绪十年(1884)铅印本。[②]

一卷,《小方壶斋舆地丛钞》第十一帙第六册收录该书。记录蔡钧于辛巳(1881)秋出洋随使美日秘三国的经历、所见所闻,为那些从未到过海外的人提供一种参阅的资料。此三国实际是指美国、日本、日斯巴尼亚(今西班牙),介绍其行程道里及风俗、贸易等。也对这些国家与中国

[①] 参见《晚清西方地理学在中国》,第203—204页。
[②] 北京图书馆普通古籍组:《北京图书馆藏普通古籍总目》(第四卷,地志门),北京图书馆出版社2003年版,第662页。

的异同进行对比。

2-04-44.《东行日记》，李圭著，王锡祺辑《小方壶斋舆地丛钞》（十二帙），上海著易堂，光绪十七年（1891），铅印本。

记述江宁李圭从光绪二年（1876）四月二十日至十二月初四日自上海经过日本到美国、英国、意大利，旅游的经历。记载道路行程、沿途所见。对美国记载详细，对其都城华盛顿、制钞票处、议政院、邮政局、哈佛、纽约、费城等。还记录了费城的习正院、疯人院。对英国伦敦记载较详，伦敦城、伦敦税关、太吾士新报馆、根性登博物院等有代表性的地方。后到达意大利的奈波里城。记载了苏尔士河的情况。

2-05-45.《使美记略》，陈兰彬著，王锡祺辑《小方壶斋舆地丛钞》（十二帙），上海著易堂，光绪十七年（1891），铅印本。

光绪四年（1878）陈兰彬奉命出使美利坚、日斯巴尼亚、祕鲁。光绪四年二月二十四日（3月27日）从通州出发。从三月初二日（4月4日）逐日记载道路行程。三月记载到初十日，四月略去，共记载到当年八月初四日（8月31日）在美国的活动。记载道路行程、各国交往、各地风俗、地理。

2-06-46.《使西纪程》，邹代钧著，王锡祺辑《小方壶斋舆地丛钞》（十二帙），上海著易堂，光绪十七年（1891），铅印本。

即为邹代钧著四卷《西征纪程》。是光绪十一年（1885），光绪帝派遣太常卿刘贵池（字瑞芬）出使英吉利、俄罗斯两国，邹代钧随行。光绪十二年（1886）二月十二日（3月17日）出发，共记载到三月二十七日（4月30日）。依日记载所到之地，回顾其历史沿革，详于晚清发生的历史事件。

2-07-47.《俄属游记》，[英] 兰士德撰，莫镇藩译，上海时务报馆，光绪二十年（1894）石印本。

分上下两卷。前有张荫桓序。目录所提供的书名与大题提供的书名有出入。启程时间是1882年6月29日，回到家的时间是1882年12月21日，行程时间共279日，共12000英里。此次游历主要目的是传教，其他有关风土人情也记载。上卷四十四章。先讲行程，后论述，叙论结合。第一章为兰士德自序。总体行程是从英京到马儿罕古迹、俄京彼得罗堡监狱。该卷最末从第四十一章到第四十四章是总论或辨析的部分：俄罗斯评定土耳其斯丹始末等。卷下共三十一章。行程自撒马儿罕至木当，最后由科喇斯挪佛斯克回国。下卷最后附有自机滙至科学喇斯克途中里数。卷末附沈曾植所记的他发现该书的过程及对该书的评价。于光绪十一年（1885）成书，光绪十八年（1892）"英国驻使者华尔身为之函送译署"。

2-08-48.《四国日记》，薛福成著，光绪甲午（1894）孙谿校经堂刊本。

前有光绪十五年（1889）薛福成自序。记录薛福成出使英法义比四国所历：从庚寅（光绪十六年，1890）正月起到辛卯（光绪十七年，1891）二月，共十四个月（闰月也算上）。凡六卷。卷一，光绪十六年正月十一日至闰二月二十九日（1890年1月31日—4月18日）；卷二，光绪十六年三月朔至五月二十日（1890年4月19日—7月6日）；卷三，光绪十六年五月二十一日至八月初十日（1890年7月7日—9月23日）；卷四，光绪十六年八月十一日至十月二十日（1890年9月24日—12月1日）；卷五，光绪十六年十月二十一日至十二月三十日（1890年12月2日—1891年2月8日）；卷六，光绪十七年正月朔至二月三十日（1891年2月9日—4月8日）。

2-09-49.《西辖日记》，黄楙材撰，光绪丁酉（1897）成都志古堂刊本。

四卷，属于"见得一斋杂著"。《西辖日记》四卷，附《游历刍言》一卷，《印度札记》二卷，《西徼水道考》一卷。这些都是对印度认识的成果。

《西辖日记》首册记从成都到巴塘之事。从光绪四年七月七日起至九月十三日（1878年8月5日—10月8日）逐日记载道里行程，有时也有时间间断的情形。二卷记从巴塘到腾越之事。从光绪四年（1878）十一月初一日（11月24日）起至"近岁以来，西洋各国数次派员进藏游历，俱被番民阻止，改道滇南。"黄氏一行也在抵达巴塘之时遭到阻挠。从巴塘到腾越十三站，计八百七十里。三卷记从腾越到缅甸之事。四卷记从腾越到缅甸之事印度及归途。

2-10-50.《游历刍言》，黄楙材撰，光绪丁酉（1897）成都志古堂刊本。

含：游历印度序、腾越边徼、南洋形势、和林考、西域图说、印度杂兴几个篇目。

2-11-51.《印度札记》，黄楙材撰，光绪丁酉（1897）成都志古堂刊本。

分上下两卷。卷上，卡呢格达，西南洋一大码头。政治、风俗、经济、良马、亚力坡、博物院、银钱、鸦片，五印度自古著名之区列代政治沿革。对于俄罗斯对克什米尔，作者发出议论。引用《梁书》对天竺的描述，侧重贸易，还把唐朝时印度对中国的各种称呼列了出来。

卷下叙述五印度部落。五印度部落有东方之省，西北之省、乌德国、本若省、腹内之省。"其间大小数十国，从古不相统一，今时归英吉利所辖者十之八九。……沿革分合，多所变更，不但汉唐诸史，古时国名不能符合，即今之《海国图志》《瀛寰志略》诸家记载，亦参差互异。楸材绘印度全图，从英吉利语译出，悉用今名耳。目所及略述梗概，至于列代掌故、佛氏遗迹，未暇详考，以俟博雅君子教之。"这说明黄楸材重在地名考释上。

2-12-52.《黑龙江外记》，西清撰，续修四库全书，影印上海辞书出版社藏光绪二十六年（1900）广雅书局刻本，南清河王氏铸版。上海著易堂印行。

凡八卷，述黑龙江的地理状况。介绍黑龙江与清朝的隶属关系"清初入版图，屡为俄罗斯属境罗刹所侵夺"。表明俄罗斯与黑龙江的关系。介绍齐齐哈尔等地及山脉、兵丁、制度、战船、户口、刑罚、物产、风俗、奇闻逸事、名人、动植物等。

2-13-53.《新大陆游记》，梁启超著，横滨：新民丛报社，1903年版。

卷首为光绪二十九年（1903）十二月，同学徐勤序、自序、凡例五则。凡例指明作者此次记载与历史上有关系之地详记，所记美国政治上、历史上、社会上种种事实，时或加以论断。依行程分十四章。附录：今昔译名对照表。

2-14-54.《十一国游记》，康有为著，上海：广智书局，光绪三十二年（1906）初版，铅印本。

康有为在戊戌变法失败后流亡外国，游历了意大利、瑞士、奥地利、匈牙利、丹麦、瑞典、荷兰、比利时、德国、法国、英国等十一国，写成此部游记。该书含海程道经记、意大利游记。主体部分意大利游记共46条。侧重于意大利的城市建筑、文化方面内容。还注意与中国对比，并讨论历史现象。

2-15-55.《韩游日记》,辜天祐著,光绪三十四年(1908)刻本,疑为徐干所著。

是记述在朝鲜旅行的著作。浙江图书馆藏。① 书内题作者为:遵养斋主人稿。"遵养斋主人"是徐干(1873—1915)的名号。

2-16-56.《俄游汇编》,缪祐孙撰,光绪十五年(1889)海上秀文书局石印。

十二卷。卷第一,俄罗斯源流考、译俄人自记取悉毕尔始末、译俄人自记取中亚始末。卷第二,疆域表上;卷第三,疆域表中;卷第四,疆域表下、附图;卷第五,铁路表、附图;卷第六,通俄道里表;卷第七,山形志、水道记;卷第八,舟师实、陆军制、户口略;卷第九至卷十二,日记。

三 地图

3-01-57.《万国图》,利玛窦著。

利玛窦著《万国图》与庄廷勇著《地图》,何秋涛引用过,《五洲地理志略》中是转引何秋涛的说法。

3-02-58.《内府图》,乾隆二十五年(1760)至二十七年(1762)绘制。

又名"乾隆内府舆图"(又名"乾隆十三排图")是清初地图测绘的重要成果之一。"乾隆内府舆图"是在康熙"皇舆全览图"的基础上,吸收了《西域图志》《钦定皇舆西域图志》等图籍的新成果,采用了经纬线直线斜交的梯形投影法绘制而成。图中以纬度每隔5°为一排,共有十三排,"乾隆十三排图"的名称便是由此而来。北京故宫博物院1932年重印的"乾隆内府舆图"即此。清代人对《内府图》评价很高,认为"地图有经纬,古未闻也,自康熙内府地图始也","自有地图以来,无如国朝内府图立法之善也"。②

3-03-59.《地图》,庄廷勇著。

3-04-60.《大圆球图》,不详。

---

① 杨昭全:《中国·朝鲜·韩国文化交流史》(Ⅱ),昆仑出版社2004年版,第749页;黄建国、金初昇:《中国所藏高丽古籍综录》,汉语大词典出版社1998年版,第205页。

② 邹特夫:《地图》序,载陈澧等著,刘善良译注《陈澧、俞樾、王闿运、孙诒让诗文选译》,巴蜀书社1997年版,第30—31页。

《大圆球图》《汉文图》《平方图》，都是杜宗预在《瀛寰译音异名记》中用来排列不同地图与著述中的地名，而引用的。《五洲地理志略》中是转引杜宗预的说法。

3-05-61.《汉文图》，不详。

3-06-62.《平方图》，不详。

3-07-63.《五洲图考》，龚柴撰，许彬续撰，光绪二十八年（1902）徐家汇印书馆铅印本（许彬编美非澳三洲，龚柴编欧洲，徐励编亚洲，统称"许考"）。

六卷。书前有光绪二十四年（1898）冬李杕序及许彬序。共记载五洲66个国家和地区，其中详细记载中国26个省份。对各地都是先介绍其名称演变，次介绍其立国过程、行政区划、风俗、地形地势、物产等。

介绍亚洲［日本、琉球、台湾、朝鲜、越南法属、暹罗、缅甸英属、廓尔喀 不丹、印度、俾路芝、阿富汗、东俄罗斯、波斯、阿剌伯、东土耳其、如得亚（或称犹太）16个国家和地区］、欧洲（罗马、意大里亚、法兰西、西班牙、葡萄牙、英吉利、荷兰、比利时、瑞典那威、丹国、日尔曼、瑞士、奥地利亚、塞尔维、罗马尼、蒲加利、西土耳其、希腊、俄罗斯19个国家或地区）、亚墨利加洲［加拿他、米利坚、墨西哥、中亚墨利加（中墨五国）、安地群岛、哥伦比亚、厄瓜多尔、委内瑞拉及英、巴西、秘鲁、波里未亚、智利、银国、巴拉圭、乌路圭16个国家和地区］、亚非利加洲（埃及、的黎波里、努比亚、阿比西尼亚、都尼斯、亚尔日里、摩洛哥、撒哈拉、苏丹、斐洲西境、斐洲南境、斐洲东境12个国家和地区）、澳削尼亚洲（南洋群岛、东南洋群岛、太平洋群岛3个群岛）。

3-08-64.《五洲列国地图》，邹代钧编；舆地学会编译，武昌：舆地学会，光绪二十九年（1903）铜版影印本。

1册：彩色；29cm×42cm。此图册即为《中外舆地全图》之世界及各国部分，图凡44幅，为京师大学堂审定教科本。手工敷色。中国国家图书馆藏。属于教学地图。善本书。蓝色书衣。书脊上题有：五洲列国图

清舆地学会制印一册。书内大题：京师大学堂审定教科书 五洲列国图

舆地学会译印。朱色。该书是舆地学会于光绪二十八年（1902）至光绪二十九年（1903）绘制的地图。地图绘制清晰，着彩色区分各地及不同地势。绘制时尽量囊括更多地名。

五洲列国图依次：大地平方、坤舆东半球、坤舆西半球、亚细亚洲、欧罗巴洲、阿非利加、南亚美利加洲、海洋洲，各洲都绘制各地区、各地的地图。每幅地图上旁边写有刊刻地点时间。朝鲜图旁边标出时间是："光绪二十九年癸卯夏四月舆地学会译刊"，以"刊"与"译刊"以区别是学会的成果还是吸取了别人的成果。"译刊"瑞典挪威图未注明刊刻时间地点。阿非利加东北幅图，注明是光绪二十九年癸卯舆地学社译刊。墨西哥图标明是光绪二十九年癸卯闰月舆地学社刊。南亚美利加东北幅，光绪二十九年癸卯又五月舆地学社刊。有的地图注明是舆地学会刊板。如澳大利亚图。

3-09-65.《舆地学会中外全图》（《中外舆地全图》），邹代钧编，彩色套印：舆地学会，光绪二十九年（1903）刻本。

1册：图。大学堂审定中等课本。共68幅图。由大地平方全图、东半球地图、西半球地图，到各洲各国总图。依次有亚细亚洲、欧罗巴洲、阿非利加洲、北亚美利加洲、南亚美利加洲、海洋洲。对于各国总图，下面多标有：分图续出。光绪二十九年癸卯冬十月新化邹代钧在都门编书局所写的序中指出该图的图例等。"外国图以德意志人所作手本图为底本，其图计方尺。"在序言中指出："中国之外有自主之国，有属人之国，有属人之地，图内不能表明，今分列于此。""甲午议和后，已绝仕进之念。闲居武昌与义宁陈伯严吏部（三立）、钱塘汪穰卿进士（康年）、达县吴筱邮大令（德潇）朝夕聚晤。三君子以余藏中外地图。"

中国有各省地图，对世界其他各国都是只出总图。

光绪三十四年（1908）再版。《五洲地理志略》用的是再版地图。

3-10-66.《汉译世界大地图》，[日本]吉田晋编著，光绪三十一年（1905）刊。

该书应为梁启超所著。

3-11-67.《万国舆地分图》，[日本]岸田吟香编著。

日本岸田吟香编有多种世界地图。(1)《中外方舆全图》，1幅（分印9张），单色；135cm×198cm汉文，此图绘制精细，以通过北京的经线为中经线。铜版印本，东京：乐善堂，日本明治二十年（1887）；(2)《朝鲜国舆地全图》，1幅，彩色，88cm×55cm，汉文，[日]明治二十七年七月（1894.7）版；(3)《大清一统舆地分图》1幅，彩色，26cm×20cm，汉文，东京：乐善堂，（日）明治三十九年五月（1906.5）；(4)

《中外方舆全图》，1幅，彩色：140cm×200cm，汉文，16版，铜版印本，上海：乐善堂，日本明治三十九年（1906）。这几种地图，中国国家图书馆都有收藏。

《万国舆地分图》，未见。

3-12-68.《世界现世图》，周世棠等编译，上海：新学会社，光绪三十二年（1906）版。

即为《二十世纪中外大地图》，1905年版为《世界现世图》之名。王先谦用的是光绪三十一年（1905）版本。全图册据十多种中外文资料辑译而成。收入地文图、洲全图及各国分图、中国全图及分省区图等百余幅。在地图符号运用上注意采用西方近代科学地图符号。①

3-13-69.《万国形势执掌图》，[日本]依田雄甫绘，东京：富山房，日本明治三十九年（1906）三版。

书内题名：最新万国形势指掌全图。日本明治三十六年十月（1903.10）初版。东京：富山房，日本明治三十八年（1906）三月二版。本版图凡18幅，主要新增"日俄交战地图"等内容。末附太阳系表等32篇。12版。1册：彩色；38cm×22cm。三版地图增至20幅，对日俄战后世界新形势有所增补。依田雄甫明治三十七年甲辰八月"再刊题言"："此图初刊凡五千部，未暮年悉售，乃更加日俄交战地图、欧罗巴详图、美利坚合众国图、万国风俗胜景图画四种附之再刊。盖辽东之野，我邦与俄今交兵，欧洲白人建国地美利坚，清人多往来，处是皆吾人不可不知，而图画可以详世界之地理，诸国之风俗胜景也。"两个序：明治三十六年癸卯九月重野安绎序与明治三十六年癸卯秋九月依田雄甫序。凡例六则。共二十图，三十二表。第一图到第六图为：大陆高低略图；天体及地球图；世界流风雨寒暑图；世界人种宗教言语住人粗密图（第三增补）；第世界人种及物产分布图；世界全图（附诸国属地、铁道航路、海底电线）。第七图到第二十图为：亚细亚全图；大日本帝国全图；日俄交战图（第二增补）；大清国全图（北京图　天津图　上海图）；汉土地名沿革及人物出生地图；疆域沿革地图（炎汉疆域、李唐疆域、蒙古疆域、清初疆域）；大韩帝国全体图（京城）第十三图：前印度及马来群岛（第五增补）；欧罗巴洲全图；欧罗巴洲详图；亚非利加洲全图（埃及地方　日

---

①《晚清西方地理学在中国》，第405—406页。

布地及亚丁）（第三增补）；墺大利亚及亚西尼亚诸岛；北亚美利加全图（华盛顿及纽约地方　桑扶兰悉斯可地方　万库洼地方　尼加拉爪地方）（第五增补）；美利坚合众国全图（第二增补）；南亚美利加全图（把巴拿马运河图）（第五增补）。这二十图中，仅有五个国家的地图：大日本、大清、大韩、墺大利亚、美利坚。其他均为总图。附录：万国风俗胜景图（第二及第四增补）。

三十二表分为：一类：地球及世界表。是第一表至第十二表及第二十五表，共十三表：太阳系表、地球面积表、大陆面积人口表、大洋面积表、著名高山表、著名大河表、世界人种表、各人种员数表、世界独立国表、世界诸国面积人口表、世界诸国岁出入表、世界诸国输出入表。二类：世界各个具体国家的诸表。表十三至表二十一，共九表：大日本帝国诸表、大清帝国诸表、大韩帝国诸表、土耳其帝国面积人口表、不列颠帝国面积人口及海陆军表、法兰西共和国藩属及海陆军表、德意志帝国诸表、俄罗斯帝国诸表、意太利王国陆海军表。三类：属地表。第二十二至二十四表，共三表：和兰王国属地表、葡萄牙王国属地表、西班牙王国属地表。四类：日本航路船钱表。包含第二十七至二十九表共三表：日本邮船会社航路船钱诸表、大阪商船会社航路船钱诸表、日本海沿岸航路船钱表。五类：比较表及解说。包括表二十六及表三十到表三十二，共四表：商船吨数比较表、标点解说、尺度比较表、货币比较表。

本册地图为彩色地图，色彩较重。已经能够用不同的颜色作为图例来代表不同的内容。

四　史书

4-01-70.《英吉利志》，[英国] 慕维廉译，上海墨海书馆 1856 年初版。

《五洲地理志略》所称《英吉利志》，实际上多译为《大英国志》。是一部按照时间顺序排列的王朝更迭史。原本 7 卷，译本改成 8 卷。卷一为开国纪原、英降罗马记。卷二到卷七依次为萨索王朝、英诺曼朝、北蓝大曰奈朝、都铎王朝、斯丢亚尔朝、北伦瑞克朝。卷八是由职官、宗教和地理等八种"志略"组成。有多种版本。[①]

[①]《晚清西方地理学在中国》，第 340 页。

据慕维廉的英文序文，前七卷是译自与慕维廉同时代的英国历史与地理学家托玛斯·米尔纳的原著《英格兰史》（*History of England*），该书是一部描述从部落时代到克里米亚战争典型的英国编年史，可能是 1856 年前由 Religious Tract Society 出版的。卷八是由职官、宗教和地理等八种"志略"组成，资料来自 *Chamber's Information for the People* 等书。①

4-02-71.《法兰西志》，[法国] 犹里氏原撰，日本高桥二郎译述，冈千仞删定，露月楼明治十一年（1878）刊本。

《五洲地理志略》中所用名称为《佛兰西志》。正文分上下两层，上层为主题的提示，下层为正文。每卷之后有议论。该书是光绪七年辛巳（1882）刘子谌自香港代购来，藏之百垒行窝，八月初八日追忆之。六卷：卷一，美鲁万的氏纪，公元前 481—752 年；卷二，甲庐万的氏纪，752—987 年；卷三，前加颁的氏纪，987—1328 年；卷四，后加额的氏，1328—1590 年；卷五，布罗本氏纪（附共和），1590—1795 年；卷六，布罗本氏纪（附共和），1795—1852 年。

4-03-72.《万国通鉴》，[美国] 谢卫楼撰，光绪八年（1882）刻本。

四卷附地图。引：第一论亚当至洪水后事。第二论洪水后生民度日。第三论国度律法与分定人之等次。第四论古时敬神之道。第一卷：东方国度，四章：论各国事略。包含中国、蒙古、日本、印度。第二卷西方古世代。八章。犹太国、伊及国、巴比伦及亚述国、玛代国和波斯国、腓尼基人、喀额基人、希利尼国、罗马国。第三卷，西方中世代。十五章。一章：论北方苗人迁移之事。第四卷分上下，西方近世代。三十一章。最后一卷是地图。以欧洲国家为主，详述其古世代、中世代到近世代的历史，其中又是以近代为叙述的重点。

4-04-73.《重订法国志略》王韬撰，光绪十五年（1889）铅印本。

序言讲法兰西地位及发展情况"法兰西居欧罗巴洲之中，通中国最先。凡例十则。24 卷。分四部分，卷一至卷七，历代皇帝事；卷八至卷十四，有特色的政治事件。卷十五至卷十七，为拾遗及对总体叙述。卷十九至卷二十四，地理志。文中主要以法国不同姓氏的皇帝在位作为分卷标

---

① 邹振环：《〈大英国志〉与晚清国人对英国历史的认识》，《复旦学报》（社会科学版）2004 年第 1 期。

准，将其间具有代表性的历史事件贯穿起来构成法国的历史。

4-05-74.《泰西新史揽要》，[英国]马恳西著；[英国]李提摩太、蔡尔康译，广学会，光绪二十一年（1895）梦坡堂铅印本。

二十四卷。卷一，欧洲百年前情形。卷二，英国，法国拿坡仑行状。卷三，英国，各国会于奥都。卷四英国，英吉利国。从产业、政治、赋税、牢狱、军队、居家、机器、邮政、礼节、学校、法制、寿命等方面"将一百年前，英民之情事，胪列于后"卷五英国，改制度。叙述英国1832年改制度的缘由。卷六上，英国，英除积弊一。如"其所去之第一弊，则俯准百工立公所也。"从各个方面除去积弊。卷六下，英国，英除积弊二。列举了改制度中间遇到的阻力。如英国阿尔兰一省的情况。卷七，英国，英民公禀。卷八，英国，战。记载英国在这百年间与各国的战争。卷九上，英国，郅治之隆一。讲述近百年来英国的商业兴盛过程。如"英布之初盛也，且不及百年。"对英国的轮船轮车电报等发展都追根溯源。卷九下，英国，郅治之隆二，讲述一百年间的机器等方面的进步，如医学、缝衣机。卷十英国，教化。卷十一，"善举"；卷十二，"印度"；卷十三，"新疆"；卷十四，"法国分立君主"；卷十五，"法国再立皇帝"；卷十六，德意志国；卷十七，奥地利阿国；卷十八，意大利国；卷十九，俄罗斯国；卷二十，土耳其国；卷二十一，美国；卷二十二，教皇；卷二十三，欧洲安民；卷二十四，附记。

24卷全本系统有三种；8卷节本系统有三种；改编本有题为光绪二十七年（1901）托名曾纪泽《万国史略备览》、无锡中国官音白话报馆4卷1册1898年木活字本。24卷本是一部欧美史，且以英法历史为最多。[①]

4-06-75.《外国史略》，[英国]马礼逊（Morrison，J. R.）父子编著，1852年收入《海国图志》百卷本。

王锡祺《小方壶舆地丛钞再补编》第十二帙中所收此书，是转录自《海国图志》的。按照亚洲、非洲、欧洲、南北美洲的顺序叙述中国之外的世界历史的演变，少量内容涉及大洋洲。全书采用中国皇帝纪年。[②]《外国史略》以地理为主要特色，以其地理位置、物产、人口、经济为主。对南美洲叙述极其简略。重视大国，如英吉利。以中国的方位为核

---

① 《西方传教士与晚清西史东渐》，第368—370页。

② 同上书，第330页。

心，如"大清国东为日本国"，"葡萄牙国于周朝时已通贸易"。

邹振环提出《外国史略》的作者及价值"《外国史略》是马礼逊父子先后接续完成的一部世界史。该书的整体规划和主体结构部分已为罗伯特·马礼逊草拟，马儒翰、马理生在其父亲去世后相继接续父亲撰写、增补了该书后面发生的历史事实。《外国史略》不仅提供了大量关于西方历史和文明的内容以及若干新词汇，而且也给第一代中国西方历史的撰写者提供了新的文明认知的体系"①。

4-07-76.《元史译文证补》，洪钧辑译，陆润庠 1897 年刻本。

是洪钧使欧期间悉心搜访各种有关蒙元史的外文资料通过翻译口述编译而成，三十卷之中十卷有目无书。引用的外文资料至少有 10 种，开拓了一代研究中国史印证西方史料的风气。② 先评价历来中西人的研究。"今以《元史》《亲征录》《元秘史》，较之，则尤与亲征录符合。用知亲征录，实由脱必赤颜译出，当日金匮副本必然颁及宗藩，否则夷见异文。东西异地，何以不谋而合？……"按《元史》叙述顺序，分为三十卷，补充一些考异等内容。

4-08-77.《西洋史要》，[日本] 小川银次郎撰，樊炳清等译，光绪二十七年（1901）陕西大成书局铅印本。

不分卷，首西洋史要发端，绪言。本书按各个时代变迁的具有代表性大事分为四个时期进行叙述。第一期：上古史。自上古至日尔曼人侵入罗马（公元前 1600—376）。第二期：中世史。自日尔曼人侵罗马至寻获新世界之前（376—1492）。第三期：近世史。自寻获新世界至法国大革命（1492—1789）。第四期：现世史。法国大革命以后（1789 年之后）。该书是按照"期、篇、章、节"的结构进行书写的。重点记载了西洋一些重要国家的兴衰历程。记载的最后一个具体年代是一千八百九十四年（1894，光绪二十年）。

4-09-78.《俄罗斯史》，[日本] 山本利喜雄撰，麦鼎华译，光绪二十九年（1903）上海广智书局铅印本。

分上下两卷，共 35 章。卷上十九章，叙述俄罗斯之地理、人种等直

---

① 邹振环：《〈外国史略〉及其作者问题新探》，《中山大学学报》（社会科学版），2008 年第 5 期。

② 《西方传教士与晚清西史东渐》，第 387—388 页。

到彼得大帝，彼得大帝占了四章篇幅。卷下，从第二十章，始于二人之安拿时代到第三十五章兵备教育文学宗教社会贸易工艺等。附录：俄罗斯皇帝历代年谱。出版前《新民丛报》广告："此书于俄罗斯之创造与成立，改造与勃兴，皆详细记述，简阔无疑，观俄罗斯向为君主之国，与我国体正相似，其成败得失皆可借鉴。"①

五 年鉴、课程、问答、辞典

5-01-79.《万国年鉴》，[日本]伊东祜谷撰，明治九年（1876）版。

日本是年鉴出版大国，出版年鉴的历史有100余年，明治九年（1876）出版的《万国年鉴》是最早的日本年鉴，由统计寮译，内容单薄，事例简略，常只收录一些名录性质的资料。自明治十五年（1882）始，每年定期出版一版《日本帝国统计年鉴》。②

5-02-80.《湖北两湖书院课程》，汤金铸撰，光绪二十六年（1900）两湖书院刻本，朱印。

题名：《三解公式辑要》一卷，版心题：两湖书院课程。

5-03-81.《地理问答》，王亨统著，抄本。

即《世界地理问答》，《五洲地理志略》所引用为光绪二十九年（1903）刊本。所提问题，既有问的内容，还有要求记忆的内容。范围是欧、亚两洲国家基本地理问题。首先是旧世界：第一章，亚细亚洲，20个问题，涉及：形势、境界、邦国划分、形状及广袤、海岸线、举岛屿之主要者等。日本11问，朝鲜12问，支那帝国21问，印度支那15问、印度15问、亚细亚俄罗斯14问、亚细亚土耳其8问、阿拉伯6问、波斯5问、阿富汗与俾路芝8问。第二章，欧罗巴洲7问：形势、位置及其境界、内海与南北海之比、半岛著名者、海峡之主要者、地势之大略，低野之大陆、山脉及高峰。此两章是本书所谓的"旧世界"，却无下文，推测此书仅为作者整个著述计划的一部分。

另一种《世界地理问答》：日本富山房编纂，范迪吉等译，会文学社1903年《普通百科全书》本，为《世界地理问答》的全本。分旧世界、

---

① 刘兰肖：《晚清报刊与近代史学》，中国人民大学出版社2007年版，第308页。

② 参见肖东发等《年鉴学概论》，中国书籍出版社1991年版，第171页；徐家康：《中日两国年鉴出版概况》，《世界图书》1985年第1期。

新世界两篇。共六章。上篇三章，亚洲 199 问，欧洲 193 问，非洲 38 问；下篇三章，北美洲 28 问，南美洲 17 问，阿西尼亚洲 27 问。内容涉及山川、物产、贸易、宗教等。列入《普通百科全书》初级学类。①

5-04-82.《地名人名辞典》，[日本]坂本健一编，1904 年新学会社编译出版，东京木活版。

即《外国地名人名辞典》，1904 年，中国的编译者删去原书中的中国地名，增加日本地名。② 新学会社于民国十五年（1926）根据原书编译出版，凡地名之位置。历史之状况、经纬度分、人物事迹，按条详释，名词排列，以英文字母为次，书末附有汉文日文检查表。③

六　兵书

6-01-83.《铁甲丛谈》，[英国]黎特撰，舒高第译，郑昌棪译，江南制造局，铅印本。

五卷。卷一，英吉利水师。卷二，法兰西水师。卷三，意大利、俄罗斯、德意志、奥斯马加、土耳其等国水师。卷四，美利坚水师。卷五，日本国水师。附论一：水下行船；后面附第一取俄国、法国、英国三国比较表十一表；战船比较第一表（1878—1888 年下水）；战船比较第二表（1878 年前下水）。共有四十七图。卷四包括：美国水师军械等。

6-02-84.《美国地理兵要述略》，顾厚焜编译，上海仁记书局 1889 年版。

《小方壶斋舆地丛钞》第十二帙收录该书。首论美国的位置、名称、自然环境、山脉河流、气候、生产。次谈与军队有关的钞票、陆军、海军。其三，叙述美国的重要城市：哥伦米阿（哥伦比亚）华盛顿、缅邦、洼满的邦、麻沙朱色邦、干捏底吉邦等。最后总写：铁路里数、陆军军官、咸丰十一年（1861）美国南北战争、十三邦立国纪事。末段写的是华盛顿事。对各邦都介绍源头、战争、地理环境、产物、铁路。

七　政治法律

7-01-85.《列国岁计政要》，[英国]麦丁力富、[美国]林乐知

---

① 《晚清西方地理学在中国》，第 363 页。
② 陈平原、米列娜：《近代中国的百科辞书》，北京大学出版社 2007 年版，第 73 页。
③ 楼云林：《中文图书编目法》，中华书局 1951 年版，第 225 页。

译，郑昌棪述，光绪元年（1875）制造局本。

十二卷首一卷，该书以详细的统计数据叙述各国情况。卷首：中外各国比较表①。卷一，欧罗巴大洲：奥斯马加国；卷二，欧罗巴大洲：比利时国、丹麦国；卷三，欧罗巴大洲：法兰西国；卷四，欧罗巴大洲：德意志国；卷五，欧罗巴大洲：英吉利国；卷六，希腊国、意大利国、荷兰国、葡萄牙国；卷七，欧罗巴亚细亚大洲：俄罗斯国；卷八，欧罗巴大洲：西班牙国，瑞典挪威国、瑞士国；卷九，欧罗巴亚细亚大洲：土耳其国，亚美利加大洲：阿根廷合众国、玻利非亚国、巴西国；卷十，亚美利加大洲：喀纳塔、智利国、科仑比亚国、考斯塔里噶国、唵餔道国、告提抹辣国、海带国、杭度辣国、墨西哥国、尼加拉乖国、巴来餔国、祕鲁国、山度明哥国、山萨佛道国；卷十一，亚美利加大洲：美利坚国、乌拉乖国、委内瑞辣国；卷十二，亚埃尔斯国、好望角、埃及国、里比利亚国、摩洛哥国、奈塔勒，亚细亚大洲：锡兰岛、印度国、日本国、噶留巴、波斯国、暹罗国，澳大利亚大洲：纽萨威而王、纽齐兰、君士兰、萨澳斯地利兰、台司美尼亚、佛多利亚、回斯登澳斯地利兰。

7-02-86.《巴西政治考》，顾厚焜编，光绪十五年（1889）铅印本。

顾厚焜到美洲游历旅游期间所写，偏重考证和列表。共27部分：全国形势总论、寒暑考、晴雨考、风信考、疆界考、全国各界经纬度表、全国各部四至表、各部郡数民数学堂学生数表、泉性考、动物考、植物考、官铁路表、民铁路表、陆军兵制考、陆军兵数考、陆军学堂考、巡捕人数考、救火兵数考、军械制造局考、海军兵制考、海军制造局考、火药局考、灯台考、戍兵新地考、师船考。

八 释名

8-01-87.《瀛寰译音异名记》，杜宗预编，武昌，光绪三十年（1904）刻本。

---

① 中外各国比较民数地数表、各国比较每方里人民多寡表、各国比较火轮车铁路匀算方里表、各国比较电线路匀算方里表、各国比较出洋轮船夹板船装载吨数表、英国三十年中本国及别国通商船进出口吨数表、英国比较七十二三年正月至九月进口货值若干磅表、英国比较七十二三年正月至九月本国出口货值若干磅表、欧罗巴亚美利加各国比较国债钱粮并以钱粮抵还国债年数表、欧罗巴比较教民表。

十二卷，记外国地名在汉文地理书中的不同称呼。书前为杨守敬序。卷一到卷七为"国部城地，附海岛"；卷八至卷十二为"山水海地，附土角"，每一类都是依照：亚、欧、美、澳的顺序介绍，分为七十七个部分，每一部分下又分具体地名。引用各图书，首章列全名，以下多举一二字概括之。

九　规制

9-01-88.《理藩院则例》，光绪十七年（1891）松森等奉敕撰。

六十四卷。《理藩院则例》不仅是理藩院这一机构的行政法规，也是清朝统治蒙、藏等地区的根本大法，还是清朝处理中俄关系的依据。在清朝统治的两百多年中，《理藩院则例》在乾隆、嘉庆、道光、光绪年间多次纂修，有满、蒙、汉等多种文本。仅目前见到的汉文本，就有乾隆二十一年（1756）内府抄本，道光六年（1826）刊本和光绪十七年（1891）刊本等。刊本《理藩院则例》因纂修时间不同，其中内容也有损益，反映了清朝统治蒙、藏等少数民族地区政策的变化。①

---

① 赵云田：《清朝〈理藩院则例〉的整理和利用》，《内蒙古社会科学》（汉文版）2001年第2期。

附录三

二十二卷《外国通鉴稿》所加条目

凡例：

1. 因二十二卷《外国通鉴稿》在《日本源流考》底本上所加条目，系手写体，不易辨认，故逐条整理出来；

2. 本表格含卷数与序号、所加条目、具体内容、在位天皇（年）、对应公元纪年五项；

3. 原稿中无命名处，本研究据内容命名之条目，前加"○"表示；

4. "阿刺伯一"之类带边框者是王先谦起初加上最后又删去之内容；

5. 本表中的最后一栏"对应公元纪年"，原书无此项，为学者研究方便，特在此表中一一加以列出。

卷数与序号	所加条目	具体内容	在位天皇（年）	对应公元纪年
卷一	1—21	共21处		
1	朝鲜一条		孝元9	BC206
2	朝鲜二条		孝元18	BC197
3	印度一		孝元34	BC181
4	朝鲜三条		开化30	BC128
5	印度一		开化32	BC126
6	○天竺一	天竺即今印度，以下□钞。上印度□朝钞，接上写。《新唐书》：天竺居葱岭南，幅员三万里，分东西南北中五天竺，西天竺濒海，北天竺距雪山环抱如壁，东天竺际海，与扶南、林邑接，西天竺与罽宾、波斯接，指画地界，确凿分明。证人之西人地图，亦丝毫不爽	开化36	BC122

续表

卷数与序号	所加条目	具体内容	在位天皇（年）	对应公元纪年
7	波斯一条	波斯，古称安息，《汉·安息传》：北与康居，东与乌戈山离，西与条支接，国临妫水，商贾车船行旁国。《后汉·大秦传》欲通使于汉，而安息欲以汉僧彩与之，交市改，遮阂不得自达。波斯东北界有砂碛，临河阿母河，即古妫水。西接土耳其，东土通大秦。□□由大秦通汉，□□则无道路，是□波斯与安息亦无疑也。条支后为阿剌伯。考西人地图，波斯西南之阿剌伯，东界阿□富海（俗称东江湖），南界□□渡海，西界□□西海，惟西北一隅通陆路，与《汉·条支传》合	开化39	BC119
8	○罽宾一	海水曲环，其南及东北三面路绝，惟西北隅通陆道者□。是合条支为阿剌伯无疑。罽宾今为阿富汗，以罽宾为今印度，□□唐释玄奘证之《新唐书》，不合。罽宾为天竺接界之国，其不在天竺内，明矣。既在天竺之西，则其为今之费马罕，又明矣	开化40	BC118
9	天竺一		开化48	BC110
10	朝鲜四条		开化50	BC108
11	大宛一		开化54	BC104
12	大宛一		开化57	BC101
13	大宛一		开化59	BC99
14	朝鲜五条		崇神17	BC81
15	爪哇一条		崇神31	BC67
16	罽宾一		崇神36	BC62
17	朝鲜六条		崇神41	BC57
	罽宾一		崇神52	BC46
18	罽宾一		崇神58	BC40
19	朝鲜七条		崇神61	BC37
20	康居一		崇神62	BC36
21	罽宾一		崇神67	BC31
卷二	22—171	共150处		

附录三 二十二卷《外国通鉴稿》所加条目　　　341

续表

卷数与序号	所加条目	具体内容	在位天皇（年）	对应公元纪年
22	朝鲜一条		垂仁12	BC18
23	越南一条□□条黑□二共十四条		垂仁30	1
24	朝鲜一条		垂仁33	4
25	朝鲜一条		垂仁41	12
26	朝鲜一条		垂仁47	18
27	朝鲜一条		垂仁53	24
28	朝鲜一条		垂仁57	28
29	越南一条		垂仁58	29
30	朝鲜一条		垂仁61	32
31	越南一条		垂仁65	36
32	越南一条		垂仁66	37
33	越南一条印度一		垂仁69	40
34	越南一条		垂仁71	42
35	朝鲜一条		垂仁72	43
36	朝鲜一条		垂仁73	44
37	朝鲜一条		垂仁77	48
38	朝鲜一条		垂仁78	49
39	印度一		景行8	78
40	朝鲜一条		景行10	80
41	越南一条		景行14	84
42	安息一		景行17	87
43	安息一		景行19	89
44	条支一		景行24	94
45	○缅甸一	缅甸国，于亚细亚洲之印度半岛，《郡国利病书》云：缅，古朱波也。汉通西南夷后，谓之掸，唐谓之骠，宋元谓之缅。自永昌西南，山川延邈，道里修阻，因名之曰缅也。《后汉·南夷传》：掸国王雍繇调重译奉国珍宝，赐以金印，皆□□□，君长皆加印	景行26	96
46	条支一□□一		景行27	97
47	越南一条		景行30	100

续表

卷数与序号	所加条目	具体内容	在位天皇（年）	对应公元纪年
48	安息一		景行31	101
49	越南一条		景行32	102
50	朝鲜一条		景行35	105
51	越南一条		景行37	107
52	朝鲜一条		景行41	111
53	朝鲜一条		景行42	112
54	朝鲜一条	西域排持通于汉时，今之俾路芝也。《汉书》乌弋山离，北上扑挑接乌弋山离，东汉时改名排持，即今之俾路芝也，安息正与其北地望，字音皆合	景行49	119
55	朝鲜一条		景行51	121
56	越南一条		景行52	122
57	越南一条		景行54	124
58	大宛一		景行60	130
59	越南一条		成务1	131
60	朝鲜一条		成务4	134
61	越南一条		成务6	136
62	越南一条		成务7	137
63	越南一条		成务8	138
64	越南一条		成务14	144
65	朝鲜一条		成务16	146
66	越南一条		成务24	154
67	越南一条		成务27	157
68	天竺一		成务29	159
69	越南一条		成务30	160
70	天竺一		成务31	161
71	朝鲜一条又大秦一		成务36	166
72	朝鲜一条		成务38	168
73	越南一条		成务43	173
74	越南一条		成务47	177
75	朝鲜一条		成务49	179
76	越南一条		成务51	181

附录三　二十二卷《外国通鉴稿》所加条目

续表

卷数与序号	所加条目	具体内容	在位天皇（年）	对应公元纪年
77	越南一条		成务53	183
78	朝鲜一条又越南一条		成务54	184
79	越南一条		成务57	187
80	满剌加一	满剌加国于亚洲土海峡，以下照钞	仲哀5	196
81	越南一条		仲哀9	200
82	越南一条		神功3	203
83	越南一条		神功7	207
84	越南一条		神功10	210
85	越南一条		神功11	211
86	朝鲜一条		神功14	214
87	越南一条		神功26	226
88	朝鲜一条又越南一条		神功27	227
89	朝鲜一条		神功30	230
90	越南一条		神功31	231
91	朝鲜一条		神功33	233
92	朝鲜一条		神功36	236
93	朝鲜一条		神功38	238
94	朝鲜一条		神功42	242
95	朝鲜一条		神功44	244
96	朝鲜一条		神功45	245
97	朝鲜一条又越南一条		神功48	248
98	朝鲜一条又康居一又大宛一又大秦又□蔡一		神功61	261
99	越南一条		神功63	263
100	越南一条		神功64	264
101	越南一条	扶南国亚洲□□……	神功65	265
102	康居一		神功67	267
103	越南一条	林□国于亚洲……	神功68	268
104	越南一条		神功69	269
105	朝鲜一条		应神1	270
106	越南一条		应神2	271

续表

卷数与序号	所加条目	具体内容	在位天皇（年）	对应公元纪年
107	朝鲜一条又□□一条又大秦一	《晋书·洪范》……	应神15	284
108	朝鲜一条		应神17	286
109	康居一		应神18	287
110	朝鲜一条		应神23	292
111	朝鲜一条		应神29	298
112	朝鲜一条		应神31	230
113	朝鲜一条		应神35	234
114	朝鲜一条		应神41	240
115	越南一条		仁德6	318
116	印度一		仁德7	319
117	越南一条		仁德10	320
118	越南一条		仁德11	321
119	越南一条		仁德17	327
120	朝鲜一条		仁德19	329
121	林邑……	林邑国于亚洲之南……以下照钞	仁德23	333
122	林邑……	……以下照钞	仁德24	334
123	朝鲜一条		仁德32	342
124	朝鲜一条		仁德34	344
125	林邑一条		仁德35	345
126	林邑一条		仁德36	346
127	林邑一条		仁德37	347
128	越南一条		仁德41	351
129	朝鲜一条		仁德44	354
130	越南一又天竺一		仁德45	355
131	越南一条又林邑一条		仁德47	357
132	朝鲜一条		仁德59	369
133	朝鲜一条		仁德60	370
134	林邑一条		仁德61	371
135	朝鲜一条		仁德63	373
136	朝鲜一条又林邑一条		仁德65	375
137	越南一条		仁德68	378

续表

卷数与序号	所加条目	具体内容	在位天皇（年）	对应公元纪年
138	越南一条		仁德69	379
139	林邑一条		仁德70	380
140	朝鲜一条		仁德72	382
141	朝鲜一条		仁德73	383
142	朝鲜一条		仁德74	384
143	朝鲜一条		仁德80	390
144	朝鲜一条		仁德81	391
145	越南一条又林邑一条		仁德87	397
146	朝鲜一条		履中3	402
147	朝鲜一条		履中6	405
148	越南一条		反正2	407
149	越南一条		反正6	411
150	朝鲜一条又越南一条		允恭2	413
151	越南一条		允恭4	415
152	朝鲜一条		允恭5	416
153	朝鲜一条		允恭6	417
154	朝鲜一条又越南一条		允恭9	420
155	朝鲜一条		允恭11	422
156	朝鲜一条		允恭14	425
157	朝鲜一条又越南一条		允恭16	427
158	朝鲜一条		允恭19	430
159	越南一条又林邑一条		允恭20	431
160	爪哇一越南一条又林邑一条	又爪哇国于□□亚洲……以下照钞	允恭22	433
161	越南一条又林邑一条又扶南一条		允恭23	434
162	朝鲜一条又越南一条又爪哇一又桑籽一		允恭24	435
163	朝鲜一条又越南一条		允恭25	436
164	朝鲜一条又越南一条又桑籽一		允恭26	437
165	朝鲜一条又林邑一条又扶南一		允恭27	438

续表

卷数与序号	所加条目	具体内容	在位天皇（年）	对应公元纪年
166	朝鲜一条		允恭 28	439
167	朝鲜一条		允恭 30	441
168	朝鲜一条		允恭 32	443
169	越南一条又康国一		允恭 35	446
170	朝鲜一条		允恭 39	450
171	朝鲜一条		允恭 40	451
卷三	172—349	共 178 处		
172	朝鲜一条又林邑一条又三佛齐	北亚洲南未知……以下照钞	安康 2	454
173	越南一条		安康 3	455
174	越南一条		雄略 1	456
175	朝鲜一条又林邑一条		雄略 2	457
176	朝鲜一条		雄略 3	458
177	朝鲜一条		雄略 5	460
178	朝鲜一条		雄略 6	461
179	朝鲜一条		雄略 7	462
180	朝鲜一条又越南一条		雄略 9	464
181	朝鲜一条		雄略 10	465
182	朝鲜一条		雄略 11	466
183	朝鲜一条又越南一条		雄略 12	467
184	朝鲜一条		雄略 13	468
185	朝鲜一条		雄略 14	469
186	朝鲜一条		雄略 15	470
187	朝鲜一条又林邑一条		雄略 16	472
188	老万厅（斤）一		雄略 17	473
189	朝鲜一条		雄略 19	475
190	老万厅（斤）一		雄略 20	476
191	朝鲜一条又扶南一		清宁 5	484
192	老万厅（斤）一		显宗 3	487
193	朝鲜一条又越南一条		仁贤 1	489
194	朝鲜一条		仁贤 2	490
195	朝鲜一条又越南一条		仁贤 3	491

续表

卷数与序号	所加条目	具体内容	在位天皇（年）	对应公元纪年
196	朝鲜一条又林邑一条又老万厅（斤）一		仁贤4	492
197	朝鲜一条又林邑一条		仁贤5	493
198	朝鲜一条		仁贤6	494
199	朝鲜一条		仁贤7	495
200	朝鲜一条又林邑一条		仁贤8	496
201	林邑一条		仁贤11	498
202	朝鲜一条又阿刺		武烈1	498
203	朝鲜一条		武烈2	499
204	朝鲜一条		武烈3	500
205	朝鲜一条又越南一条三佛齐一又老万厅（斤）一		武烈4	501
206	朝鲜一条又扶南一条又天竺一		武烈5	502
207	朝鲜一条又天竺		武烈6	503
208	朝鲜一条又越南一条		武烈7	504
209	朝鲜一条		武烈8	505
210	朝鲜一条又□□□一		继体1	507
211	朝鲜一条罽宾一		继体2	508
212	朝鲜一条又扶南一		继体3	509
213	朝鲜一条又林邑一条		继体4	510
214	林邑一条又扶南一		继体5	511
215	朝鲜一条		继体6	512
216	朝鲜一条		继体7	513
217	朝鲜一条又林邑一条又扶南一		继体8	514
218	朝鲜一条又狼牙修一	亚洲……以下照钞	继体9	515
219	朝鲜一条又越南一条		继体10	516
220	朝鲜一条又扶南一又罽宾一		继体11	517
221	朝鲜一条又三佛齐一		继体12	518
222	朝鲜一条又扶南一		继体13	519
223	朝鲜一条又扶南一		继体14	520

续表

卷数与序号	所加条目	具体内容	在位天皇（年）	对应公元纪年
224	朝鲜一条		继体 15	521
225	朝鲜一条又越南一条又□□□一		继体 17	523
226	朝鲜一条		继体 18	524
227	林邑一条		继体 20	526
228	朝鲜一条		继体 21	527
229	林邑一条又越南一又波斯一		继体 24	530
230	朝鲜一条又波斯一又狼牙修一		继体 25	531
231	朝鲜一条又林邑一条		安閑 1	531
232	朝鲜一条又扶南一		安閑 2	532
233	朝鲜一条		宣化 1	535
234	朝鲜一条		宣化 2	536
235	朝鲜一条		宣化 3	537
236	朝鲜一条又扶南一		宣化 4	538
237	朝鲜一条		钦明 1	539
238	朝鲜一条又越南一条		钦明 2	540
239	朝鲜一条又越南一条		钦明 3	541
240	朝鲜一条又越南一条		钦明 4	542
241	朝鲜一条又越南一条		钦明 5	543
242	朝鲜一条又越南一条		钦明 6	544
243	朝鲜一条又越南一条		钦明 7	545
244	朝鲜一条又越南一条		钦明 8	546
245	朝鲜一条又越南一条		钦明 9	547
246	朝鲜一条又越南一条		钦明 10	548
247	朝鲜一条又越南一条		钦明 11	549
248	朝鲜一条		钦明 12	550
249	朝鲜一条		钦明 15	553
250	朝鲜一条又越南一条		钦明 16	554
251	越南一条		钦明 18	556
252	朝鲜一条		钦明 20	558
253	朝鲜一条		钦明 22	560

附录三 二十二卷《外国通鉴稿》所加条目　　349

续表

卷数与序号	所加条目	具体内容	在位天皇（年）	对应公元纪年
254	朝鲜一条□□□三朝鲜一条		钦明23	561
255	朝鲜一条		钦明25	563
256	朝鲜一条		钦明26	564
257	朝鲜一条		钦明27	565
258	朝鲜一条		钦明28	566
259	朝鲜一条		钦明29	567
260	朝鲜一条又阿剌伯一		钦明30	568
261	越南一条		钦明31	569
262	朝鲜一条又越南一条又大竺一		钦明32	570
263	朝鲜一条		敏达1	572
264	朝鲜一条		敏达2	573
265	朝鲜一条		敏达3	574
266	朝鲜一条		敏达5	576
267	朝鲜一条		敏达6	577
268	朝鲜一条		敏达7	578
269	朝鲜一条		敏达8	579
270	朝鲜一条		敏达10	581
271	朝鲜一条		敏达11	582
272	朝鲜一条又阿剌伯		敏达12	583
273	朝鲜一条又阿剌伯一		敏达13	584
274	朝鲜一条		敏达14	585
275	朝鲜一条		用明1	585
276	朝鲜一条又林邑一条		崇峻2	588
277	朝鲜一条又越南一条		崇峻3	589
278	朝鲜一条		崇峻4	590
279	朝鲜一条又阿剌伯一		推古2	593
280	朝鲜一条		推古5	596
281	朝鲜一条		推古6	597
282	朝鲜一条		推古7	598
283	越南一条		推古10	601

续表

卷数与序号	所加条目	具体内容	在位天皇（年）	对应公元纪年
284	越南一条		推古 11	602
285	林邑一条		推古 13	604
286	越南一条		推古 14	605
287	琉求一 朝鲜一条又暹罗一条	又琉求国于亚细亚洲之东海岛，《隋·琉求传》以下照钞。暹罗国于亚细亚洲之南隅，隋赤土国上国。以下照钞	推古 15	606
288	朝鲜一条		推古 16	607
289	安国一又石国一又阿刺伯一		推古 17	608
290	琉求一又康国一又朱国一又史国一又阿刺伯一		推古 18	609
291	朝鲜一条又阿刺伯一		推古 19	610
292	朝鲜一条		推古 20	611
293	朝鲜一条		推古 21	612
294	朝鲜一条又曹国一		推古 22	613
295	朝鲜一条又安国一又曹国一又石国一又吐火罗一		推古 23	614
296	真腊一又□□一条又□国□一	真腊国 □□ 亚洲之南，□□《隋·真腊》……	推古 24	615
297	朝鲜一条又越南一条		推古 26	616
298	□新一朝鲜一条又罽宾一	唐初……以下照钞	推古 27	617
299	阿刺伯一		推古 28	618
300	朝鲜一条又阿刺伯一		推古 29	619
301	朝鲜一条又越南一条又林邑一条又真腊一又扶南一又安国一又曹国一又大宛一又吐火罗一又阿刺伯一		推古 30	620
302	阿刺伯一		推古 31	621
303	朝鲜一条又□□一又阿刺伯一		推古 32	622
304	朝鲜一条又阿刺伯一		推古 33	623
305	朝鲜一条		推古 34	624

续表

卷数与序号	所加条目	具体内容	在位天皇（年）	对应公元纪年
306	朝鲜一条又林邑一条又扶南一又安国一又康国一又何国一又阿剌伯一		推古35	625
307	朝鲜一条又越南一条又罽宾一		推古36	626
308	阿剌伯一		舒明1	629
309	阿剌伯一		舒明2	630
310	朝鲜一条又康国一		舒明3	631
311	阿剌伯一		舒明4	632
312	石国一又阿剌伯一		舒明6	634
313	越南一条又康国一又吐火罗一又阿剌伯一		舒明7	635
314	朝鲜一条又康国一又罽宾一又大宛一又阿剌伯一		舒明9	637
315	爪哇一又波斯一又安国一又史国一又阿剌伯一		舒明10	638
316	朝鲜一条又波斯一又康国一又阿剌伯二条		舒明11	639
317	朝鲜一条又罽宾一又阿剌伯一条		舒明12	640
318	朝鲜一条又天竺一又何国一又阿剌伯一		舒明13	641
319	朝鲜一条又康国一又罽宾一又史国一又阿剌伯一		皇极1	642
320	朝鲜一条又越南一条又康国一又拂菻一		皇极2	643
321	朝鲜一条又康国一又阿剌伯一		皇极3	644
322	林邑一条又吐火罗一		皇极4	645
323	朝鲜一条又天竺一又阿剌伯一		孝德大化2	646
324	朝鲜一条又波斯一又桑国一又阿剌伯一		孝德大化3	647
325	朝鲜一条又天竺一又罽宾一又阿剌伯一		孝德大化4	648
326	阿剌伯一		孝德大化5	649

续表

卷数与序号	所加条目	具体内容	在位天皇（年）	对应公元纪年
327	朝鲜一条又越南一条又吐火罗一		孝德白雉1	650
328	大食一又罽宾一又阿剌伯一		孝德白雉2	651
329	康国一又罽宾一又阿剌伯一		孝德白雉3	652
330	朝鲜一条又曹国一又何国一		孝德白雉4	653
331	朝鲜一条又罽宾一又阿剌伯一		孝德白雉5	654
332	阿剌伯一		齐明1	655
333	波斯一又阿剌伯一		齐明2	656
334	阿剌伯一		齐明3	657
335	朝鲜一条又安国一又罽宾一又石国一又史国一又吐火罗一又阿剌伯一		齐明4	658
336	阿剌伯一		齐明5	659
337	朝鲜一条又吐火罗一又阿剌伯一		齐明6	660
338	朝鲜一条又波斯一又吐火罗一又阿剌伯一		齐明7	661
339	朝鲜一条又阿剌伯一		天智1	661
340	朝鲜一条又阿剌伯一		天智2	662
341	阿剌伯一又印度一		天智3	663
342	朝鲜一条		天智4	664
343	朝鲜一条		天智5	665
344	朝鲜一条又波斯一又天竺一又阿剌伯一		天智6	666
345	朝鲜一条		天智1	661
346	朝鲜一条又吐火罗	吐火罗于亚洲马来……以下照钞	天智2	661
347	朝鲜一条又罽宾一阿剌伯一		天智3	663
348	波斯一又康国一又罽宾一又吐火罗		天智4	664
349	阿剌伯一		宏文1	671
卷四	350—413	共64处		

附录三 二十二卷《外国通鉴稿》所加条目　　353

续表

卷数与序号	所加条目	具体内容	在位天皇（年）	对应公元纪年
350	朝鲜一条又阿剌伯一		天武白凤1	673
351	朝鲜一条又阿剌伯一		天武白凤2	674
352	朝鲜一条		天武白凤3	675
353	阿剌伯一		天武白凤4	676
354	朝鲜一条又阿剌伯一		天武白凤5	677
355	波斯一又康国一		天武白凤7	679
356	大食一又吐火罗一又阿剌伯一		天武白凤8	680
357	朝鲜一条		天武白凤9	682
358	朝鲜一条又波斯一又大食一又石国一		天武白凤10	682
359	阿剌伯一		天武白凤11	683
360	阿剌伯一		天武白凤12	684
361	阿剌伯一		天武白凤13	685
362	朝鲜一条		天武朱鸟1	686
363	阿剌伯一		持统2	687
364	朝鲜一条又天竺一又罽宾一又阿剌伯一		持统6	691
365	阿剌伯一		持统7	692
366	康国一		持统10	695
367	康国一		持统11	696
368	朝鲜一条又阿剌伯一		文武2	698
369	朝鲜一条		文武3	699
370	朝鲜一条		文武大宝1	701
371	朝鲜一条		文武大宝2	702
372	大食一		文武大宝3	703
373	罽宾一又吐火罗一又阿剌伯一		文武庆云2	705
374	波斯一		文武庆云3	706
375	波斯一		元明和铜1	707
376	天竺一又阿剌伯一		元明和铜2	708
377	天竺一又罽宾一又阿剌伯一		元明和铜3	709

续表

卷数与序号	所加条目	具体内容	在位天皇（年）	对应公元纪年
378	大食一拂菻一又阿剌伯一又印度一		元明和铜4	710
379	天竺一又阿剌伯一		元明和铜5	711
380	阿剌伯一大食一又康国一又□国一又天竺一又石国一		元明和铜6	712
381	天竺一又阿剌伯一		元明和铜7	713
382	天竺一		元明和铜8	714
383	阿剌伯一		元正灵龟2	716
384	天竺一又康国一又米国一		元正养老1	717
385	波斯一又□国一又罽宾一又拂菻一又吐火罗一		元正养老3	719
386	天竺一又□天蜜一又吐火罗一又阿剌伯一		元正养老4	720
387	石国一又阿剌伯一		元正养老5	721
388	越南一条又波斯一		元正养老6	722
389	朝鲜一条又阿剌伯一		元正养老7	723
390	朝鲜一条又大食一又康国一		元正养老8	724
391	阿剌伯一		圣武神龟1	724
392	天竺一又大食一又阿剌伯一		圣武神龟2	725
393	安国一又大食一又康国一又吐火罗一又阿剌伯一		圣武神龟3	726
394	康国一条又米国一又史国一又阿剌伯一		圣武神龟2	725
395	天竺一		圣武天平1	729
396	朝鲜一条又波斯一又天竺一又大食一又石国一又米国一又吐火罗一又阿剌一		圣武天平2	730
397	朝鲜一条又天竺一		圣武天平3	731
398	波斯一又阿剌伯一		圣武天平4	732
399	朝鲜一条又大食一		圣武天平5	733
400	朝鲜一条又安国一		圣武天平6	734

续表

卷数与序号	所加条目	具体内容	在位天皇（年）	对应公元纪年
401	吐火罗一		圣武天平7	735
402	朝鲜一条		圣武天平8	736
403	朝鲜一条又波斯一		圣武天平9	737
404	吐火罗一		圣武天平10	738
405	阿剌伯一		圣武天平11	739
406	康国一		圣武天平12	740
407	真腊一又石国一又史国一又吐火罗一		圣武天平13	741
408	曹国一又石国一又米国一又拂菻一又阿剌伯一		圣武天平14	742
409	朝鲜一条又石国一又阿剌伯一		圣武天平15	743
410	安国一又大食一又康国一又曹国一又米国一又史国一又吐火罗一		圣武天平16	744
411	波斯一又安国一又大食一又罽宾一又石国一又史国一又吐火罗一又阿剌伯一		圣武天平17	745
412	朝鲜一条又波斯一又罽宾一又石国一又阿剌伯一		圣武天平18	746
413	波斯一又大食一又石国一		圣武天平19	747
卷五	414—465	共52处		
414	石国一又吐火罗一又阿剌伯一		孝谦天平胜宝1	749
415	波斯一又安国一又米国一又阿剌伯一又印度一		孝谦天平胜宝2	750
416	波斯一又安国一又大食一又剌国一又石国一又阿剌伯一		孝谦天平胜宝3	751
417	大食一又曹国一又阿剌伯一		孝谦天平胜宝4	752
418	大食一又罽宾一又石国一又吐火罗一		孝谦天平胜宝5	753

续表

卷数与序号	所加条目	具体内容	在位天皇（年）	对应公元纪年
419	大食一又康国一又米国一又吐火罗一又阿刺伯一		孝谦天平胜宝6	754
420	大食一又康国一又曹国一又阿刺伯一		孝谦天平胜宝7（岁）	755
421	大食一又阿刺伯一		孝谦天平胜宝8（岁）	756
422	林邑一条		孝谦天平宝字1	757
423	越南一条又波斯一又大食一又罽宾一又吐火罗一		淳仁天平宝字2	758
424	波斯一又安国一又吐火罗一		淳仁天平宝字3	759
425	波斯一又石国一又阿刺伯一		淳仁天平宝字6	762
426	朝鲜一条		称德天平神护1	765
427	越南一条		称德天平神护2	766
428	越南一条		称德神护景云1	767
429	越南一条		称德神护景云2	768
430	大食一		称德神护景云3	769
431	波斯一		光仁宝龟2	771
432	爪哇一又大食一又安国一		光仁宝龟3	772
433	阿刺伯一		光仁宝龟6	775
434	阿刺伯一		光仁宝龟7	776
435	阿刺伯一		光仁宝龟8	777
436	真腊一		光仁宝龟10	779
437	越南一条		光仁宝龟11	780
438	阿刺伯一		光仁天应1	781
439	阿刺伯一		桓武延历1	782
440	阿刺伯一		桓武延历2	783

附录三 二十二卷《外国通鉴稿》所加条目　　357

续表

卷数与序号	所加条目	具体内容	在位天皇（年）	对应公元纪年
441	阿剌伯一		桓武延历2	783
442	越南一条又阿剌伯一		桓武延历3	784
443	朝鲜一条又阿剌伯一		桓武延历4	785
444	阿剌伯一		桓武延历5	786
445	阿剌伯一		桓武延历6	787
446	阿剌伯一		桓武延历7	788
447	越南一条又大食一		桓武延历10	790
448	骠国一	缅鑑□甲戌十，《南夷传》：骠，古朱波也。自号密罗□□婆国，以下照钞	桓武延历13	793
449	阿剌伯一		桓武延历16	796
450	朝鲜一条又大食一又阿剌伯一		桓武延历17	797
451	朝鲜一条		桓武延历18	798
452	阿剌伯一		桓武延历19	799
453	○骠国一	德宗十八年，骠国王雍羌遣其弟悉利移来潮，献国乐，其曲皆梵音经论	桓武延历20	800
454	阿剌伯一		桓武延历22	802
455	阿剌伯一		桓武延历23	803
456	朝鲜一条又阿剌伯一		桓武延历24	804
457	林邑一条又阿剌伯一□□□□		桓武延历25	805
458	越南一条		平城大同3	809
459	朝鲜一条		平城大同4	810
460	朝鲜一条又阿剌伯一		嵯峨宏仁2	811
461	真腊一又爪哇一又阿剌伯一		嵯峨宏仁4	813
462	朝鲜一条		嵯峨宏仁9	818
463	越南一条		嵯峨宏仁10	819
464	阿剌伯一		嵯峨宏仁11	820
465	越南一条又阿剌伯一		嵯峨宏仁14	823
卷六	466—498	共33处		
466	越南一条		淳和天长1	823

续表

卷数与序号	所加条目	具体内容	在位天皇（年）	对应公元纪年
467	越南一条		淳和天长 3	826
468	朝鲜一条又越南一条		淳和天长 4	827
469	朝鲜一条		淳和天长 8	831
470	骠国一条		淳和天长 9	832
471	阿剌伯一		淳和天长 10	833
472	阿剌伯一		仁明承和 1	833
473	阿剌伯一		仁明承和 3	835
474	朝鲜一条又阿剌伯一		仁明承和 5	837
475	朝鲜一条		仁明承和 6	838
476	朝鲜一条		仁明承和 7	839
477	朝鲜一条又越南一条又阿剌伯一		仁明承和 8	840
478	阿剌伯一		仁明承和 9	841
479	越南一条		仁明承和 10	842
480	越南一条又阿剌伯一		仁明承和 13	845
481	阿剌伯一		仁明承和 14	846
482	阿剌伯一		仁明嘉祥 1	847
483	阿剌伯一		仁明嘉祥 2	848
484	朝鲜一条又越南一条		文德天安 1	857
485	越南一条		文德天安 2	858
486	越南一条		清和贞观 2	860
487	越南一条又阿剌伯一		清和贞观 3	861
488	朝鲜一条又越南一条又阿剌伯一		清和贞观 4	862
489	越南一条		清和贞观 5	863
490	越南一条		清和贞观 6	864
491	越南一条		清和贞观 7	865
492	越南一条又阿剌伯一		清和贞观 8	866
493	越南一条		清和贞观 9	867
494	越南一条		清和贞观 10	868
495	阿剌伯一		清和贞观 11	869
496	阿剌伯一		清和贞观 12	870

附录三 二十二卷《外国通鉴稿》所加条目 359

续表

卷数与序号	所加条目	具体内容	在位天皇（年）	对应公元纪年
497	阿剌伯一		清和贞观13	871
498	朝鲜一条		清和贞观18	872
卷七	499—549	共51处		
499	越南一条		阳成元庆4	880
500	朝鲜一条		光孝仁和1	884
501	朝鲜一条		宇多仁和4	887
502	阿剌伯一		宇多宽平4	892
503	阿剌伯一		宇多宽平5	893
504	朝鲜一条		醍醐昌泰1	897
505	阿剌伯一		醍醐延喜2	902
506	越南一条		醍醐延喜5	905
507	越南一条		醍醐延喜6	906
508	越南一条		醍醐延喜7	907
509	阿剌伯一		醍醐延喜9	909
510	越南一条		醍醐延喜11	911
511	朝鲜一条		醍醐延喜13	913
512	朝鲜一条又越南一条		醍醐延喜17	917
513	越南一条		醍醐延喜19	919
514	越南一条		醍醐延长1	920
515	朝鲜一条		醍醐延长2	921
516	朝鲜一条		醍醐延长5	924
517	朝鲜一条		醍醐延长7	926
518	越南一条		朱雀承平1	931
519	朝鲜一条又阿剌伯一		朱雀承平2	932
520	阿剌伯一		朱雀承平3	933
521	阿剌伯一		朱雀承平4	934
522	朝鲜一条		朱雀承平6	936
523	越南一条		朱雀承平7	937
524	越南一条		朱雀天庆1	938
525	朝鲜一条又越南一条		朱雀天庆2	939
526	朝鲜一条		朱雀天庆3	940

续表

卷数与序号	所加条目	具体内容	在位天皇（年）	对应公元纪年
527	朝鲜一条		朱雀天庆4	941
528	阿剌伯一		朱雀天庆5	942
529	朝鲜一条		朱雀天庆6	943
530	朝鲜一条又越南一条又阿剌伯一		朱雀天庆7	944
531	朝鲜一条又越南一条又阿剌伯一		朱雀天庆8	945
532	朝鲜一条又阿剌伯一		朱雀天庆9	946
533	朝鲜一条		村上天历3	948
534	朝鲜一条又越南一条		村上天历4	949
535	朝鲜一条又越南一条		村上天历5	950
536	朝鲜一条		村上天历6	951
537	越南一条		村上天历8	953
538	朝鲜一条		村上天历9	954
539	朝鲜一条又林邑一条		村上天德2	959
540	朝鲜一条		村上天德3	960
541	朝鲜一条又三佛齐一又阿剌伯一		村上天德4	961
542	占城一条又三佛齐一又阿剌伯一		村上应和1	962
543	朝鲜一条又占城一条又三佛齐一		村上应和2	963
544	朝鲜一条		村上应和3	964
545	朝鲜一条又越南一条		村上康保2	965
546	越南一条又占城一条		村上康保3	966
547	越南一条又占城一条		村上康保4	967
548	越南一条又大食一		冷泉安和1	968
549	越南一条		冷泉安和2	969
卷八	550—616	共67处		
550	越南一条又占城一条		圆融天禄1	969
551	越南一条又占城一条又三佛齐一又大食一		圆融天禄2	970
552	朝鲜一条又越南一条又占城一条又三佛齐一		圆融天禄3	971

附录三 二十二卷《外国通鉴稿》所加条目

续表

卷数与序号	所加条目	具体内容	在位天皇（年）	对应公元纪年
553	越南一条又占城一条又大食一		圆融天延1	972
554	越南一条又占城一条又三佛齐一又大食一又阿剌伯一		圆融天延2	973
555	朝鲜一条又越南一条又占城一条又天竺一又大食一又阿剌伯一		圆融天延3	974
556	朝鲜一条又越南一条又大食一		圆融贞元1	975
557	朝鲜一条又越南一条又占城一条又大食一又印度一	□□国于亚洲之□□□，以下照钞	圆融贞元2	976
558	朝鲜一条又越南一条又占城一条		圆融天元1	977
559	朝鲜一条又越南一条又占城一条又大食一		圆融天元2	978
560	朝鲜一条又越南一条又三佛齐一		圆融天元3	979
561	朝鲜一条又越南一条又占城一条		圆融天元4	980
562	朝鲜一条又越南一条又占城一条又天竺一		圆融天元5	981
563	朝鲜一条又越南一条又占城一条又三佛齐一又天竺一		圆融永观1	983
564	朝鲜一条又越南一条又波斯一又大食一		圆融永观2	984
565	朝鲜一条又越南一条又占城一条又三佛齐一又天竺一		华山宽和1	984
566	朝鲜一条又越南一条又占城一条		华山宽和2	985
567	朝鲜一条又越南一条又占城一条又天竺一		一条永延1	987
568	朝鲜一条又越南一条又占城一条又三佛齐一		一条永延2	988
569	朝鲜一条又越南一条又天竺一		一条永祚1	989

续表

卷数与序号	所加条目	具体内容	在位天皇（年）	对应公元纪年
570	朝鲜一条又越南一条又占城一条又阿剌伯一		一条正历1	990
571	朝鲜一条又越南一条又阿剌伯一		一条正历2	991
572	朝鲜一条又越南一条又占城一条又三佛齐一		一条正历3	992
573	朝鲜一条又越南一条又大食一		一条正历4	993
574	朝鲜一条又越南一条又大食一		一条正历5	994
575	朝鲜一条又越南一条又占城一条又大食一		一条长德1	995
576	朝鲜一条又越南一条又天竺一		一条长德2	996
577	朝鲜一条又越南一条又占城一条又史国一又天竺一		一条长德3	997
578	朝鲜一条又越南一条		一条长德4	998
579	朝鲜一条又占城一条又大食一		一条长保1	999
580	朝鲜一条又越南一条又大食一		一条长保2	1000
581	越南一条又印度一		一条长保3	1001
582	朝鲜一条又越南一条		一条长保4	1002
583	朝鲜一条又越南一条又三佛齐一又大食一		一条长保5	1003
584	朝鲜一条又越南一条又占城一条又大食一		一条宽弘1	1004
585	朝鲜一条又越南一条		一条宽弘2	1005
586	朝鲜一条又越南一条		一条宽弘3	1006
587	朝鲜一条又越南一条又占城一条又大食一		一条宽弘4	1007
588	朝鲜一条又越南一条		一条宽弘5	1008
589	朝鲜一条又越南一条又占城一条又大食一		一条宽弘6	1009
590	朝鲜一条又越南一条又占城一		一条宽弘7	1010

附录三 二十二卷《外国通鉴稿》所加条目　　363

续表

卷数与序号	所加条目	具体内容	在位天皇（年）	对应公元纪年
591	朝鲜一条又越南一条又占城一条又大食一		一条宽弘8	1011
592	越南一条又大食一		三条长和1	1011
593	越南一条又越南一条		三条长和2	1012
594	朝鲜一条又越南一条		三条长和3	1013
595	朝鲜一条又越南一条又占城一		三条长和4	1014
596	朝鲜一条又越南一条		三条长和5	1015
597	朝鲜一条又越南一条又三佛齐一		后一条宽仁1	1017
598	朝鲜一条又越南一条又占城一		后一条宽仁2	1018
599	朝鲜一条又越南一条又大食一		后一条宽仁3	1019
600	朝鲜一条又越南一条		后一条宽仁4	1020
601	朝鲜一条又越南一条		后一条治安1	1021
602	朝鲜一条又越南一条		后一条治安2	1022
603	朝鲜一条又越南一条又三佛齐一又大食一		后一条治安3	1023
604	朝鲜一条又越南一条又大秦一又印度一		后一条万寿1	1024
605	越南一条		后一条万寿2	1025
606	越南一条		后一条万寿3	1026
607	越南一条又天竺一		后一条万寿4	1027
608	越南一条		后一条长元1	1028
609	朝鲜一条又越南一条		后一条长元2	1029
610	朝鲜一条又越南一条又占城一		后一条长元3	1030
611	朝鲜一条又越南一条又阿剌伯一		后一条长元4	1031
612	朝鲜一条又越南一条		后一条长元5	1032
613	越南一条		后一条长元6	1033
614	朝鲜一条又越南一条		后一条长元7	1034
615	朝鲜一条又越南一条		后一条长元8	1035
616	朝鲜一条又越南一条又天竺一		后一条长元9	1036

续表

卷数与序号	所加条目	具体内容	在位天皇（年）	对应公元纪年
卷九	617—732	共116处		
617	朝鲜一条又越南一条		后朱雀长历1	1036
618	朝鲜一条又越南一条		后朱雀长历2	1037
619	朝鲜一条又越南一条		后朱雀长历3	1038
620	朝鲜一条又越南一条		后朱雀长久1	1039
621	越南一条		后朱雀长久2	1040
622	越南一条又占城一		后朱雀长久3	1041
623	越南一条		后朱雀长久4	1042
624	朝鲜一条又越南一条		后朱雀宽德1	1044
625	朝鲜一条又越南一条		后朱雀宽德2	1045
626	朝鲜一条又越南一条		后冷泉永承1	1046
627	朝鲜一条又越南一条		后冷泉永承2	1047
628	朝鲜一条又越南一条		后冷泉永承3	1048
629	朝鲜一条又越南一条		后冷泉永承4	1049
630	越南一条又占城一		后冷泉永承5	1050
631	朝鲜一条又越南一条		后冷泉永承6	1051
632	越南一条		后冷泉永承7	1052
633	越南一条又占城一		后冷泉天喜1	1053
634	朝鲜一条又越南一条		后冷泉天喜2	1054
635	朝鲜一条又越南一条		后冷泉天喜3	1055
636	朝鲜一条又越南一条又占城一又阿剌伯一		后冷泉天喜4	1056
637	朝鲜一条又越南一条		后冷泉天喜5	1057
638	朝鲜一条又越南一条又大食一		后冷泉康平1	1058
639	越南一条		后冷泉康平2	1059
640	越南一条		后冷泉康平3	1060
641	朝鲜一条又越南一条又占城一条又阿剌伯一		后冷泉康平4	1061
642	朝鲜一条又占城一		后冷泉康平5	1062
643	朝鲜一条又越南一条又阿剌伯一		后冷泉康平6	1063
644	朝鲜一条又越南一条		后冷泉康平7	1064

续表

卷数与序号	所加条目	具体内容	在位天皇（年）	对应公元纪年
645	朝鲜一条又越南一条		后冷泉治历2	1066
646	越南一条		后冷泉治历3	1067
647	朝鲜一条又越南一条又占城一		后冷泉治历4	1068
648	朝鲜一条又越南一条		后三条延久1	1069
649	朝鲜一条又越南一条又大食一		后三条延久2	1070
650	朝鲜一条又越南一条		后三条延久3	1071
651	朝鲜一条又越南一条又占城一		后三条延久4	1072
652	朝鲜一条又越南一条又大食一		白河延久5	1073
653	朝鲜一条又越南一条又占城一		白河承保1	1074
654	朝鲜一条又越南一条又阿剌伯一		白河承保2	1075
655	朝鲜一条又越南一条又占城一		白河承保3	1076
656	越南一条又三佛齐一		白河承历1	1077
657	朝鲜一条又越南一条		白河承历2	1078
658	朝鲜一条又越南一条		白河承历3	1079
659	朝鲜一条又越南一条又三佛齐一		白河承历4	1080
660	朝鲜一条又越南一条又拂菻一		白河永保1	1081
661	越南一条又三佛齐一		白河永保2	1082
662	朝鲜一条又越南一条又三佛齐一		白河永保3	1083
663	越南一条又三佛齐一		白河应德1	1084
664	朝鲜一条又越南一条又木剌夷一		白河应德2	1085
665	朝鲜一条又越南一条又占城一		白河应德3	1086
666	朝鲜一条又越南一条		堀河宽治1	1087
667	朝鲜一条又越南一条又三佛齐一		堀河宽治2	1088
668	朝鲜一条又越南一条	木剌夷国于□海南，以下照钞	堀河宽治3	1089

续表

卷数与序号	所加条目	具体内容	在位天皇（年）	对应公元纪年
669	朝鲜一条又越南一条又三佛齐一又木刺夷一		堀河宽治4	1090
670	朝鲜一条又越南一条又三佛齐一又□□一		堀河宽治5	1091
671	朝鲜一条又越南一条又占城一		堀河宽治6	1092
672	朝鲜一条		堀河宽治7	1093
673	朝鲜一条又越南一条又三佛齐一又阿剌伯一		堀河嘉保1	1094
674	朝鲜一条又越南一条又三佛齐一又阿剌伯一		堀河嘉保2	1095
675	朝鲜一条又越南一条		堀河永长1	1096
676	朝鲜一条又越南一条		堀河承德1	1097
677	朝鲜一条又越南一条		堀河承德2	1098
678	朝鲜一条		堀河康和1	1099
679	朝鲜一条又越南一条		堀河康和2	1100
680	朝鲜一条又越南一条		堀河康和3	1101
681	朝鲜一条又越南一条		堀河康和4	1102
682	朝鲜一条又越南一条		堀河康和5	1103
683	朝鲜一条又越南一条又占城一		堀河长治1	1104
684	朝鲜一条又越南一条又占城一		堀河长治2	1105
685	朝鲜一条又越南一条又□□□一占城一		堀河嘉承1	1106
686	越南一条		堀河嘉承2	1107
687	朝鲜一条又越南一条		鸟羽天仁1	1107
688	朝鲜一条又越南一条又占城一		鸟羽天仁2	1108
689	朝鲜一条又越南一条		鸟羽天永2	1110
690	朝鲜一条又越南一条		鸟羽天永3	1111
691	朝鲜一条又越南一条		鸟羽永久1	1109
692	朝鲜一条又大食一		鸟羽永久2	1110
693	朝鲜一条又越南一条		鸟羽永久3	1111

附录三 二十二卷《外国通鉴稿》所加条目

续表

卷数与序号	所加条目	具体内容	在位天皇（年）	对应公元纪年
694	朝鲜一条又越南一条又占城一又真腊一		鸟羽永久4	1112
695	朝鲜一条又越南一条		鸟羽永久5	1113
696	朝鲜一条又越南一条又阿剌伯一		鸟羽元永1	1114
697	朝鲜一条又越南一条又占城一		鸟羽元永2	1115
698	朝鲜一条又越南一条又真腊一		鸟羽保安1	1116
699	越南一条		鸟羽保安2	1117
700	朝鲜一条又越南一条		鸟羽保安3	1118
701	朝鲜一条又越南一条		鸟羽保安4	1119
702	朝鲜一条又越南一条		崇德天治1	1123
703	朝鲜一条又越南一条		崇德天治2	1124
704	朝鲜一条又越南一条		崇德大治1	1126
705	朝鲜一条又越南一条		崇德大治2	1127
706	朝鲜一条又越南一条又真腊一		崇德大治3	1128
707	朝鲜一条又越南一条又占城一又大食一		崇德大治4	1129
708	朝鲜一条又越南一条		崇德大治5	1130
709	朝鲜一条又越南一条又大食一又阿剌伯一		崇德天承1	1131
710	朝鲜一条又越南一条		崇德长承1	1132
711	朝鲜一条		崇德长承2	1133
712	朝鲜一条又越南一条		崇德长承3	1134
713	朝鲜一条又越南一条又阿剌伯一		崇德延保1	1135
714	朝鲜一条又越南一条又阿剌伯一		崇德延保2	1136
715	朝鲜一条又越南一条又三佛齐一		崇德延保3	1137
716	朝鲜一条又越南一条		崇德延保4	1138
717	朝鲜一条又越南一条		崇德延保5	1139
718	朝鲜一条又越南一条		崇德延保6	1140
719	朝鲜一条又越南一条		崇德永治1	1141

续表

卷数与序号	所加条目	具体内容	在位天皇（年）	对应公元纪年
720	朝鲜一条又越南一条		近卫康治1	1142
721	朝鲜一条又越南一条		近卫康治2	1143
722	朝鲜一条又越南一条		近卫天养1	1144
723	朝鲜一条又越南一条		近卫久安1	1145
724	朝鲜一条又越南一条		近卫久安2	1146
725	朝鲜一条又越南一条又阿剌伯一		近卫久安3	1147
726	朝鲜一条又越南一条		近卫久安4	1148
727	朝鲜一条又越南一条		近卫久安5	1149
728	朝鲜一条又越南一条		近卫久安6	1150
729	朝鲜一条又越南一条又印度一		近卫仁平1	1151
730	朝鲜一条又越南一条		近卫仁平2	1152
731	朝鲜一条又越南一条		近卫久寿1	1153
732	朝鲜一条又越南一条又占城一		近卫久寿2	1154
卷十	733—756	共24处		
733	朝鲜一条又越南一条又三佛齐一		后白河保元1	1156
734	朝鲜一条又越南一条		后白河保元2	1157
735	朝鲜一条又越南一条		二条平治1	1158
736	朝鲜一条又越南一条又阿剌伯一		二条永历1	1159
737	朝鲜一条又越南一条		二条应保1	1160
738	朝鲜一条又越南一条		二条应保2	1161
739	朝鲜一条又越南一条		二条长宽1	1162
740	朝鲜一条又越南一条		二条长宽2	1163
741	朝鲜一条又越南一条		二条永万1	1164
742	朝鲜一条又越南一条		六条仁安1	1166
743	朝鲜一条又越南一条又占城一		六条仁安2	1167
744	朝鲜一条又越南一条		六条仁安3	1168
745	朝鲜一条又越南一条		高仓嘉应1	1168
746	朝鲜一条又越南一条又阿剌伯一		高仓嘉应2	1169

附录三 二十二卷《外国通鉴稿》所加条目　369

续表

卷数与序号	所加条目	具体内容	在位天皇（年）	对应公元纪年
747	朝鲜一条又越南一条又占城一		高仓承安1	1170
748	朝鲜一条又越南一条		高仓承安2	1171
749	朝鲜一条又越南一条		高仓承安3	1172
750	朝鲜一条又越南一条又占城一		高仓承安4	1173
751	朝鲜一条又越南一条		高仓安元1	1174
752	朝鲜一条又越南一条又占城一又印度一		高仓安元2	1175
753	朝鲜一条又越南一条又占城一		高仓治承1	1176
754	朝鲜一条又越南一条又三佛齐一		高仓治承2	1177
755	朝鲜一条又越南一条		高仓治承3	1178
756	朝鲜一条又越南一条又琉求一又阿剌伯一		高仓治承4	1179
卷十一	757—798	共42处		
757	朝鲜一条又越南一条		安德养和1	1182
758	朝鲜一条又越南一条		安德寿永1	1182
759	朝鲜一条又越南一条		安德寿永2	1183
760	朝鲜一条又越南一条		安德寿永3	1184
761	朝鲜一条又越南一条		安德寿永4	1185
762	朝鲜一条又越南一条		后鸟羽文治1	1185
763	朝鲜一条又越南一条又印度一		后鸟羽文治2	1186
764	朝鲜一条又越南一条又阿剌伯一		后鸟羽文治3	1187
765	朝鲜一条又越南一条又印度一		后鸟羽文治4	1188
766	朝鲜一条又越南一条		后鸟羽文治5	1189
767	朝鲜一条又越南一条		后鸟羽建久1	1190
768	朝鲜一条又越南一条又印度一		后鸟羽建久2	1191
769	朝鲜一条又越南一条又阿剌伯一		后鸟羽建久3	1192
770	朝鲜一条又越南一条又印度一		后鸟羽建久4	1193

续表

卷数与序号	所加条目	具体内容	在位天皇（年）	对应公元纪年
771	朝鲜一条又越南一条又蒙古一又……	……以下照钞	后鸟羽建久5	1194
772	朝鲜一条又越南一条		后鸟羽建久6	1195
773	朝鲜一条又越南一条		后鸟羽建久7	1196
774	朝鲜一条又越南一条又木剌夷一		后鸟羽建久8	1197
775	朝鲜一条又越南一条又木剌夷一		后鸟羽建久9	1198
776	朝鲜一条又越南一条又印度一		土御门正治1	1199
777	朝鲜一条又越南一条又真腊一又货勒自弥一		土御门正治2	1200
778	越南一条又货勒自弥一		土御门建仁1	1201
779	朝鲜一条又越南一条		土御门建仁2	1202
780	朝鲜一条又越南一条又货勒自弥一		土御门建仁3	1203
781	朝鲜一条又越南一条		土御门元久1	1204
782	朝鲜一条又越南一条		土御门元久2	1205
783	朝鲜一条又越南一条又印度一又蒙古一		土御门建永1	1206
784	朝鲜一条又越南一条又占城一条又蒙古一		土御门承元1	1207
785	朝鲜一条又越南一条又蒙古一		土御门承元2	1208
786	朝鲜一条又越南一条又蒙古一		土御门承元3	1209
787	朝鲜一条又越南一条又蒙古一		土御门承元4	1210
788	朝鲜一条又越南一条又蒙古一		顺德建历1	1210
789	朝鲜一条又越南一条又蒙古一		顺德建历2	1211
790	朝鲜一条又越南一条又蒙古一		顺德建保1	1213
791	朝鲜一条又越南一条又蒙古一		顺德建保2	1214
792	朝鲜一条又蒙古一		顺德建保3	1215

续表

卷数与序号	所加条目	具体内容	在位天皇（年）	对应公元纪年
793	朝鲜一条又越南一条又货勒自弥一又蒙古一		顺德建保4	1216
794	朝鲜一条又越南一条又蒙古一		顺德建保5	1217
795	货勒自弥一		顺德建保6	1218
796	朝鲜一条又越南一条又阿剌伯一又木剌夷一又货勒自弥一		顺德承久1	1219
797	朝鲜一条又越南一条又阿剌伯一又货勒自弥一又蒙古一		顺德承久2	1220
798	货勒自弥一又蒙古一		顺德承久3	1221
卷十二	799—875	共77处		
799	朝鲜一条又越南一条		仲恭	1221
800	朝鲜一条又越南一条又货勒自弥一又蒙古一		后堀河贞应1	1222
801	朝鲜一条又越南一条又货勒自弥一条又西域下传又蒙古一	……以下照钞	后堀河贞应2	1223
802	木剌康里正大二元太祖二十　朝鲜一条又越南一条又康里一又蒙古一	康里国于咸海里海之间，以下照钞	后堀河元仁1	1224
803	正大三元太祖二十　朝鲜一条又越南一条又阿剌伯一又西域下传又蒙古一		后堀河嘉禄1	1225
804	正大四元太祖二十一　朝鲜一条又越南一条又货勒自弥一又蒙古一		后堀河嘉禄2	1226
805	正大五元拖雷监国一　越南一条又阿剌伯一又木剌夷一又蒙古一		后堀河安贞1	1227
806	正大六元太宗元　朝鲜一条又越南一条		后堀河安贞2	1228

续表

卷数与序号	所加条目	具体内容	在位天皇（年）	对应公元纪年
807	正大七元太宗二朝鲜一条又越南一条又西域下传一又蒙古一		后堀河宽喜1	1229
808	正大八元太宗三朝鲜一条又越南一条又蒙古一		后堀河宽喜2	1230
809	金开兴元四月改天兴元 元太宗四朝鲜一条又越南一条又阿剌伯一又西域下传一又蒙古一		后堀河宽喜3	1231
810	朝鲜一条又越南一条又蒙古一		后堀河贞永1	1232
811	朝鲜一条又越南一条又蒙古一		四条天福1	1233
812	朝鲜一条又越南一条又蒙古一		四条文历1	1234
813	元太宗八 朝鲜一条又越南一条又蒙古一		四条嘉祯1	1235
814	元太宗九 朝鲜一条又越南一条又西域下传一又蒙古一		四条嘉祯2	1236
815	元太宗十 朝鲜一条又越南一条又西域下传一又蒙古一		四条嘉祯3	1237
816	元太宗十一 朝鲜一条又越南一条又西域下传一又蒙古一		四条历仁1	1238
817	元太宗十二 朝鲜一条又越南一条又西域下传一又蒙古一		四条延应1	1239
818	元太宗十三 朝鲜一条又越南一条又西域下传一又蒙古一		四条仁治1	1240
819	朝鲜一条又越南一条又蒙古一		四条仁治2	1241
820	朝鲜一条又越南一条又阿剌伯一又蒙古一		四条仁治3	1242
821	朝鲜一条又越南一条又阿剌伯一又西域下传一又蒙古一		后嵯峨宽元1	1243

附录三　二十二卷《外国通鉴稿》所加条目

续表

卷数与序号	所加条目	具体内容	在位天皇（年）	对应公元纪年
822	朝鲜一条又越南一条又西域下传一又蒙古一		后嵯峨宽元2	1244
823	越南一条又西域下传一又蒙古一		后嵯峨宽元3	1245
824	朝鲜一条又越南一条又西域下传一又蒙古一		后嵯峨宽元4	1246
825	朝鲜一条又越南一条又蒙古一		后深草宽治1	1247
826	朝鲜一条又越南一条又蒙古一		后深草宽治2	1248
827	越南一条又西域下传一		后深草建长1	1249
828	蒙古一		后深草建长2	1250
829	越南一条又木剌夷一又蒙古一		后深草建长3	1251
830	朝鲜一条又越南一条又木剌夷一又蒙古一		后深草建长4	1252
831	朝鲜一条又越南一条又西域下传一又木剌夷一又蒙古一		后深草建长5	1253
832	朝鲜一条又越南一条又蒙古一		后深草建长6	1254
833	朝鲜一条又越南一条又木剌夷一又蒙古一		后深草建长7	1255
834	朝鲜一条又越南一条又蒙古一		后深草康元1	1256
835	朝鲜一条又越南一条又阿剌伯一又木剌夷一又蒙古一		后深草正嘉1	1257
836	朝鲜一条又越南一条又阿剌伯一又木剌夷一又蒙古一		后深草正嘉2	1258
837	朝鲜一条又越南一条又蒙古一		后深草正元1	1259
838	朝鲜一条又越南一条		龟山文应1	1260
839	朝鲜一条又越南一条		龟山弘长1	1261
840	朝鲜一条又越南一条		龟山弘长2	1263
841	朝鲜一条又越南一条		龟山弘长3	1264

续表

卷数与序号	所加条目	具体内容	在位天皇（年）	对应公元纪年
842	朝鲜一条又越南一条		龟山文永 1	1265
843	朝鲜一条又越南一条		龟山文永 2	1266
844	朝鲜一条又越南一条		龟山文永 4	1267
845	朝鲜一条又越南一条		龟山文永 5	1268
846	朝鲜一条又越南一条		龟山文永 6	1269
847	缅国一朝鲜一条又越南一条		龟山文永 7	1270
848	朝鲜一条又越南一条		龟山文永 8	1271
849	朝鲜一条又越南一条		龟山文永 9	1272
850	朝鲜一条又越南一条		龟山文永 10	1273
851	朝鲜一条又越南一条又缅国一		龟山文永 11	1274
852	朝鲜一条又越南一条		后宇多建治 1	1275
853	朝鲜一条又越南一条又缅国一		后宇多建治 2	1276
854	朝鲜一条又越南一条又占城一		后宇多建治 3	1277
855	朝鲜一条又越南一条又占城一		后宇多弘安 1	1278
856	朝鲜一条又越南一条又缅国一		后宇多弘安 2	1279
857	朝鲜一条又越南一条		后宇多弘安 3	1280
858	朝鲜一条又越南一条又占城一又缅一		后宇多弘安 4	1281
859	朝鲜一条又越南一条又占城一又缅一		后宇多弘安 5	1282
860	朝鲜一条又越南一条又占城一		后宇多弘安 6	1283
861	朝鲜一条又越南一条又缅一		后宇多弘安 7	1284
862	朝鲜一条又越南一条又缅一		后宇多弘安 8	1285
863	朝鲜一条又越南一条又缅一		后宇多弘安 9	1286
864	朝鲜一条又越南一条		后宇多弘安 10	1287
865	朝鲜一条又越南一条		伏见正应 1	1288
866	朝鲜一条又越南一条		伏见正应 2	1289

附录三　二十二卷《外国通鉴稿》所加条目

续表

卷数与序号	所加条目	具体内容	在位天皇（年）	对应公元纪年
867	朝鲜一条又越南一条又琉球一		伏见正应3	1290
868	朝鲜一条又越南一条又琉球一又爪哇一		伏见正应4	1291
869	朝鲜一条又越南一条		伏见正应5	1292
870	朝鲜一条又越南一条		伏见永仁1	1293
871	朝鲜一条又越南一条又印度一		伏见永仁2	1294
872	越南一条又暹罗一条	暹罗国于亚细亚洲之□印度半岛，暹罗与罗斛二国。元贞初，暹罗入贡，见《郡国利病书》	伏见永仁3	1295
873	朝鲜一条又越南一条		伏见永仁4	1296
874	朝鲜一条又越南一条又缅一		伏见永仁5	1297
875	朝鲜一条又越南一条		伏见永仁6	1298
卷十三	876—917	共42处		
876	朝鲜一条又越南一条又缅一又暹罗一又土耳其一		后伏见正安1	1299
877	朝鲜一条又越南一条又缅一又缅一又土耳其一		后伏见正安2	1300
878	朝鲜一条又越南一条又缅一又土耳其一		后伏见正安3	1301
879	朝鲜一条又越南一条		后二条乾元1	1302
880	朝鲜一条又越南一条又土耳其一		后二条嘉元1	1303
881	朝鲜一条又越南一条		后二条嘉元2	1304
882	朝鲜一条又越南一条		后二条嘉元3	1305
883	朝鲜一条又越南一条		后二条德治1	1306
884	朝鲜一条又越南一条又土耳其一		后二条德治2	1307
885	□□一又印度一朝鲜一条 越南一条		后二条德治3	1308
886	朝鲜一条又越南一条		花园延庆1	1308
887	朝鲜一条又越南一条		花园延庆2	1309
888	朝鲜一条又越南一条		花园延庆3	1310
889	朝鲜一条又越南一条		花园应长1	1311

续表

卷数与序号	所加条目	具体内容	在位天皇（年）	对应公元纪年
890	朝鲜一条又越南一条		花园正和 1	1312
891	朝鲜一条又越南一条		花园正和 2	1313
892	朝鲜一条又越南一条		花园正和 3	1314
893	朝鲜一条又越南一条		花园正和 4	1315
894	朝鲜一条又越南一条又印度一		花园正和 5	1316
895	朝鲜一条又越南一条又蒙古一		花园文保 1	1317
896	朝鲜一条又越南一条又土耳其一		花园文保 2	1318
897	朝鲜一条又越南一条		后醍醐元应 1	1319
898	朝鲜一条又越南一条		后醍醐元应 2	1320
899	朝鲜一条又越南一条又土耳其一又印度一		后醍醐元亨 1	1321
900	朝鲜一条又越南一条		后醍醐元亨 2	1322
901	朝鲜一条又越南一条		后醍醐元亨 3	1323
902	朝鲜一条又越南一条又印度一		后醍醐正中 1	1324
903	朝鲜一条又越南一条又印度一条		后醍醐正中 2	1325
904	朝鲜一条又越南一条又土耳其一		后醍醐嘉历 1	1326
905	朝鲜一条又越南一条又蒙古一		后醍醐嘉历 2	1327
906	朝鲜一条又越南一条		后醍醐嘉历 3	1328
907	朝鲜一条又越南一条		后醍醐元德 1	1329
908	朝鲜一条又越南一条		后醍醐元德 2	1330
909	朝鲜一条又越南一条又土耳其一		后醍醐元弘 1	1331
910	朝鲜一条又越南一条		后醍醐元弘 2	1332
911	朝鲜一条又越南一条又土耳其一	……照钞	后醍醐元弘 3	1333
912	越南一条		后醍醐建武 1	1334
913	朝鲜一条又越南一条又土耳其一		后醍醐建武 2	1335
914	越南一条又土耳其一		后醍醐延元 1	1336
915	朝鲜一条又越南一条		后醍醐延元 2	1337

附录三 二十二卷《外国通鉴稿》所加条目　　377

续表

卷数与序号	所加条目	具体内容	在位天皇（年）	对应公元纪年
916	朝鲜一条又越南一条又土耳其一		后醍醐延元3	1338
917	朝鲜一条又越南一条		后醍醐延元4	1339
卷十四	918—989	共72处		
918	朝鲜一条		后村上兴国1	1340
919	朝鲜一条又越南一条又土耳其一		后村上兴国2	1341
920	越南一条		后村上兴国3	1342
921	朝鲜一条又越南一条		后村上兴国4	1343
922	朝鲜一条又越南一条		后村上兴国5	1344
923	朝鲜一条又越南一条		后村上兴国6	1345
924	朝鲜一条又越南一条		后村上正平1	1346
925	朝鲜一条又越南一条又印度一		后村上正平2	1347
926	朝鲜一条又越南一条		后村上正平3	1348
927	朝鲜一条又越南一条		后村上正平4	1349
928	朝鲜一条又越南一条		后村上正平5	1350
929	朝鲜一条又越南一条又土耳其一又印度一		后村上正平6	1351
930	朝鲜一条又越南一条		后村上正平7	1352
931	朝鲜一条又越南一条		后村上正平8	1353
932	朝鲜一条又越南一条		后村上正平9	1354
933	越南一条		后村上正平10	1355
934	朝鲜一条又越南一条		后村上正平11	1356
935	朝鲜一条又越南一条		后村上正平12	1357
936	朝鲜一条又越南一条又土耳其一暹罗二	《郡国利病书》：暹罗、罗斛合为一。暹，土瘠不宜耕艺；罗斛平衍多稼，暹人岁仰给之。至是降于罗斛，称暹罗	后村上正平13	1358
937	朝鲜一条又越南一条又土耳其一		后村上正平14	1359
938	越南一条又土耳其一		后村上正平15	1360

续表

卷数与序号	所加条目	具体内容	在位天皇（年）	对应公元纪年
939	朝鲜一条又越南一条又土耳其一		后村上正平17	1361
940	朝鲜一条又越南一条又土耳其一		后村上正平18	1362
941	朝鲜一条又越南一条		后村上正平19	1363
942	朝鲜一条又越南一条		后村上正平20	1364
943	朝鲜一条又越南一条		后村上正平21	1365
944	朝鲜一条又越南一条		后村上正平22	1367
945	朝鲜一条又……	苏禄国于亚洲之马来半岛，以下照钞	后村上正平23	1368
946	朝鲜一条又越南一条又占城一		后龟山正平24	1369
947	朝鲜一条又越南一条又占城一又浡泥一又爪哇一		后龟山建德1	1370
948	越南一条又暹罗一又真腊一又三佛齐一		后龟山建德2	1371
949	朝鲜一条又越南一条又琉球一又爪哇一	吕宋国于亚洲之马来群岛	后龟山1文中	1372
950	朝鲜一条又越南一条又占城一又暹罗一又真腊一又三佛齐一又土耳其一		后龟山文中2	1373
951	朝鲜一条又越南一条又暹罗一又琉球一又三佛齐一		后龟山文中3	1374
952	朝鲜一条又越南一条又暹罗一又浡泥一又爪哇一三佛齐一		后龟山天授1	1375
953	朝鲜一条又越南一条又暹罗一又琉球一又土耳其一		后龟山天授2	1376
954	朝鲜一条又越南一条又占城一又暹罗一又琉球一又爪哇一又三佛齐一		后龟山天授3	1377
955	朝鲜一条又越南一条又琉求一	又彭耳国于亚洲之南海中	后龟山天授4	1378

附录三 二十二卷《外国通鉴稿》所加条目　379

续表

卷数与序号	所加条目	具体内容	在位天皇（年）	对应公元纪年
956	朝鲜一条又越南一条又占城一又真腊一		后龟山天授5	1379
957	朝鲜一条又越南一条又占城一又真腊一又爪哇一		后龟山天授6	1380
958	朝鲜一条又越南一条又爪哇一		后龟山弘和1	1381
959	朝鲜一条又越南一条又□□□一		后龟山弘和2	1382
960	朝鲜一条又越南一条又暹罗一又真腊一又琉求一又苏门答剌	苏门答剌国于亚洲之南……以下照钞	后龟山弘和3	1383
961	朝鲜一条又越南一条		后龟山元中1	1384
962	朝鲜一条又越南一条又琉求一		后龟山元中2	1385
963	朝鲜一条又越南一条又占城一又真腊一		后龟山元中3	1386
964	朝鲜一条又越南一条又占城一又暹罗一又真腊一又撒马儿罕一	方年……	后龟山元中4	1387
965	朝鲜一条又越南一条又占城一又暹罗一又真腊一		后龟山元中5	1388
966	朝鲜一条又越南一条又暹罗一又撒马儿罕一		后龟山元中6	1389
967	朝鲜一条又越南一条又暹罗一又真腊一又琉求一又土耳其一		后龟山元中7	1390
968	朝鲜一条又越南一条又占城一又撒马儿罕一又土耳其一		后龟山元中8	1391
969	朝鲜一条又越南一条又琉求一又撒马儿罕一又哈烈一		后小松明德3	1392
970	朝鲜一条又越南一条又土耳其一		后小松明德4	1393
971	朝鲜一条又越南一条又撒马儿罕一	洪武二十七年，置缅甸军民宣慰使司，以授其酋普剌浪与车里、老挝、八百、大甸、木邦、孟养等五宣慰司，称六慰	后小松应永1	1394

续表

卷数与序号	所加条目	具体内容	在位天皇（年）	对应公元纪年
972	朝鲜一条又越南一条又暹罗一又撒马儿罕一又哈烈一	二十八年遣内臣赵达、宋福等使暹罗，祭故王，赐其嗣王文绮	后小松应永2	1395
973	朝鲜一条又越南一条又琉求传		后小松应永3	1396
974	朝鲜一条又越南一条又三佛齐一		后小松应永4	1397
975	朝鲜一条又越南一条又印度一		后小松应永5	1398
976	朝鲜一条又越南一条又印度一		后小松应永6	1399
977	越南一条		后小松应永7	1400
978	越南一条		后小松应永8	1401
979	越南一条又土耳其一		后小松应永9	1402
980	朝鲜一条又越南一条又占城一真腊一又琉求一又苏门答剌一又满剌加一又哈烈一又西洋古里一又土耳其一	元年，遣使贺即位，自是入贡不绝	后小松应永10	1403
981	朝鲜一条又越南一条又占城一又暹罗一又真腊一又琉求一又爪哇一又土耳其一		后小松应永11	1404
982	越南一条又真腊一又吕宋一又浡泥一又苏门答剌一又爪哇一又婆罗一又三佛齐一又满剌加一又撒马儿罕一又□□千一又古里一		后小松应永12	1405
983	越南一条又占城一又暹罗一又琉求一又爪哇一又婆罗一又三佛齐一又□□一		后小松应永13	1406
984	朝鲜一条又越南一条又占城一又琉求一又苏门答剌一又爪哇一又三佛齐一又满剌加一又撒马儿罕一又哈烈一又古里一		后小松应永14	1407

续表

卷数与序号	所加条目	具体内容	在位天皇（年）	对应公元纪年
985	朝鲜一条又越南一条又占城一又暹罗一又真腊一又浡泥一又爪哇一又天竺一又四□□一又葱岭一		后小松应永 15	1408
986	越南一条又暹罗一又天竺一又满剌加一又撒马儿罕一又哈烈一又古里一		后小松应永 16	1409
987	暹罗一又琉求一又浡泥一又爪哇一又土耳其一		后小松应永 17	1410
988	越南一条又琉求一又彭耳一又浡泥一又满剌加一又阿剌伯一又土耳其一		后小松应永 18	1411
989	越南一条又占城一又暹罗一又彭耳一又浡泥一又天竺一又满剌加一又土耳其一		后小松应永 19	1412
卷十五	990—1113	共 124 处		
990	越南一条又琉求一又浡泥一又柔佛一又爪哇一又马哈麻一又哈烈一又土耳其一	柔佛国于亚洲之南海中，以下照钞。今机宜国于亚洲之南海中	称光应永 20	1413
991	越南一条又真腊一又彭耳一又天竺一又满剌加一又土耳其一		称光应永 21	1414
992	越南一条又占城一又暹罗一又琉求一又苏门答剌又天竺一又撒马儿罕一又哈烈一又古里一又土耳其一		称光应永 22	1415
993	永乐间遣翰林张洪使缅甸 越南一条又暹罗一又彭耳一又哈烈一又古里一		称光应永 23	1416
994	越南一条又暹罗一又拂菻一又彭耳一		称光应永 24	1417
995	越南一条又占城一又爪哇一又哈烈一		称光应永 25	1418

续表

卷数与序号	所加条目	具体内容	在位天皇（年）	对应公元纪年
996	朝鲜一条又越南一条又暹罗一又真腊一又满剌加一又古里一	十二……天竺	称光应永26	1419
997	越南一条又暹罗一又苏禄一又撒马儿罕一又哈烈一		称光应永27	1420
998	越南一条又暹罗一又苏禄一又古里一又土耳其一		称光应永28	1421
999	朝鲜一条又越南一条又哈烈一又土耳其一		称光应永29	1422
1000	朝鲜一条又越南一条又暹罗一又苏禄一又古里一		称光应永30	1423
1001	越南一条又琉求一又苏禄一又三佛齐一又满剌加一		称光应永31	1424
1002	越南一条又琉求一又三佛齐一		称光应永32	1425
1003	越南一条又占城一又琉求一又苏门答剌一		称光应永33	1426
1004	朝鲜一条又琉求一		称光正长1	1428
1005	朝鲜一条又越南一条		后花园永享1	1429
1006	越南一条又苏门答剌一又狼牙修一又□□那一又天方一又撒马儿罕一又土耳其一		后花园永享2	1430
1007	越南一条又满剌加一		后花园永享3	1431
1008	越南一条又苏门答剌一又撒马儿罕一又哈烈一		后花园永享4	1432
1009	朝鲜一条又越南一条又暹罗一又苏门答剌一又满剌加一又狼牙修一又哈烈一又古里一		后花园永享5	1433
1010	越南一条又苏门答剌一		后花园永享6	1434
1011	苏门答剌一又土耳其一		后花园永享7	1435

附录三　二十二卷《外国通鉴稿》所加条目　　383

续表

卷数与序号	所加条目	具体内容	在位天皇（年）	对应公元纪年
1012	朝鲜一条又越南一条又占城一又暹罗一又琉求一又爪哇一又狼牙修一	暹罗十一，自正统至嘉靖间入贡如前朝	后花园永享8	1436
1013	越南一条又撒马儿罕一又哈烈一又土耳其一		后花园永享9	1437
1014	朝鲜一条又暹罗一又爪哇一又天竺一又哈烈一		后花园永享10	1438
1015	○缅甸一	正统间，缅甸宣慰莽次札紮麓川叛，夷思任思机来，献益以地	后花园永享11	1439
1016	朝鲜一条又越南一条		后花园永享12	1440
1017	占城一条又天方一		后花园嘉吉1	1441
1018	朝鲜一条又越南一条又占城一又琉求一		后花园嘉吉2	1442
1019	占城一又爪哇一又土耳其一		后花园嘉吉3	1443
1020	朝鲜一条又土耳其一		后花园文安1	1444
1021	朝鲜一条又满剌加一又狼牙修一又撒马儿罕一又土耳其一		后花园文安2	1445
1022	占城一又暹罗一又爪哇一		后花园文安3	1446
1023	占城一又琉求一又撒马儿罕一又土耳其一		后花园文安4	1447
1024	朝鲜一条		后花园文安5	1448
1025	朝鲜一条又越南一条又琉求一		后花园宝德2	1449
1026	朝鲜一条又越南一条又琉求一又土耳其一		后花园宝德3	1450
1027	朝鲜一条又占城一又真腊一又爪哇一		后花园享德1	1452
1028	越南一条又暹罗一又土耳其一		后花园享德2	1453
1029	朝鲜一条又琉求一		后花园享德3	1454
1030	满剌加一		后花园康正1	1455
1031	朝鲜一条		后花园康正2	1456

续表

卷数与序号	所加条目	具体内容	在位天皇（年）	对应公元纪年
1032	越南一条又占城一又暹罗一又撒马儿罕一		后花园长禄1	1457
1033	占城一		后花园长禄2	1458
1034	朝鲜一条又越南一条又满剌加一又狼牙修一		后花园长禄3	1459
1035	朝鲜一条又越南一条又占城一又爪哇一又马哈麻一		后花园宽正1	1460
1036	朝鲜一条		后花园宽正2	1461
1037	越南一条又暹罗一又琉求一		后花园宽正3	1462
1038	撒马儿罕一又哈烈一		后花园宽正4	1463
1039	占城一		后花园宽正5	1464
1040	朝鲜一条又越南一条又爪哇一		后土御门宽正1	1459
1041	朝鲜一条		后土御门应仁1	1467
1042	朝鲜一条又越南一条		后土御门应仁2	1468
1043	朝鲜一条又越南一条		后土御门文明2	1470
1044	越南一条又占城一又琉求一		后土御门文明3	1471
1045	暹罗一		后土御门文明5	1473
1046	朝鲜一条又占城一又满剌加一		后土御门文明6	1474
1047	朝鲜一条又琉求一		后土御门文明7	1475
1048	朝鲜一条又撒马儿罕一		后土御门文明8	1476
1049	占城一又琉求一		后土御门文明10	1478
1050	朝鲜一条又越南一条		后土御门文明11	1479
1051	朝鲜一条		后土御门文明12	1480

附录三 二十二卷《外国通鉴稿》所加条目

续表

卷数与序号	所加条目	具体内容	在位天皇（年）	对应公元纪年
1052	朝鲜一条又越南一条又占城一又暹罗一又满刺加一又土耳其一		后土御门文明13	1481
1053	暹罗一又琉求一又土耳其一		后土御门文明14	1482
1054	朝鲜一条又撒马儿罕一		后土御门文明15	1483
1055	占城一		后土御门文明16	1484
1056	琉求一又真腊一又□□一		后土御门文明18	1486
1057	占城一		后土御门长亨1	1487
1058	越南一条又琉求一		后土御门长亨2	1488
1059	占城一又撒马儿罕一		后土御门延德1	1489
1060	越南一条又占城一又天方一又撒马儿罕一		后土御门延德2	1490
1061	越南一条又土耳其一		后土御门明应1	1492
1062	土耳其一		后土御门明应2	1493
1063	朝鲜一条		后土御门明应4	1495
1064	越南一条又暹罗一		后土御门明应6	1497
1065	印度一		后土御门明应7	1498
1066	朝鲜一条又占城一又爪哇一又土耳其一		后土御门明应8	1499
1067	印度一		后土御门明应9	1500
1068	朝鲜一条又印度一		后柏原文龟2	1502
1069	撒马儿罕一又印度一		后柏原文龟3	1503
1070	越南一条又琉求一又撒马儿罕一		后柏原永正1	1504
1071	越南一条又占城一又印度一		后柏原永正2	1505

续表

卷数与序号	所加条目	具体内容	在位天皇（年）	对应公元纪年
1072	越南一条又琉求一		后柏原永正3	1506
1073	朝鲜一条又撒马儿罕一		后柏原永正4	1507
1074	满剌加一又天方一又撒马儿罕一		后柏原永正5	1508
1075	越南一条又印度一		后柏原永正6	1509
1076	土耳其一		后柏原永正8	1511
1077	越南一条		后柏原永正9	1512
1078	哈烈一又土耳其一		后柏原永正10	1513
1079	土耳其一		后柏原永正11	1514
1080	暹罗一		后柏原永正12	1515
1081	越南一条又土耳其一		后柏原永正13	1516
1082	土耳其一		后柏原永正14	1517
1083	天方一		后柏原永正15	1518
1084	朝鲜一条又土耳其一		后柏原永正17	1519
1085	朝鲜一条又土耳其一		后柏原大永1	1521
1086	越南一条又土耳其一	……	后柏原大永2	1522
1087	越南一条又琉求一又撒马儿罕一		后柏原大永3	1523
1088	越南一条又天方一又印度一		后柏原大永5	1525
1089	越南一条又天方一又土耳其一		后柏原大永6	1526
1090	越南一条又琉求一又土耳其一		后奈良大永7	1527
1091	朝鲜一条又土耳其一		后奈良享禄2	1529
1092	越南一条又琉求一		后奈良享禄3	1530
1093	琉求一又天方一		后奈良天文1	1532

续表

卷数与序号	所加条目	具体内容	在位天皇（年）	对应公元纪年
1094	撒马儿罕一		后奈良天文 2	1533
1095	琉求一		后奈良天文 4	1535
1096	越南一条又撒马儿罕一		后奈良天文 5	1536
1097	越南一条又土耳其一		后奈良天文 6	1537
1098	天方一		后奈良天文 7	1538
1099	朝鲜一条又土耳其一		后奈良天文 8	1539
1100	越南一条又土耳其一		后奈良天文 9	1540
1101	越南一条		后奈良天文 10	1541
1102	越南一条又土耳其一		后奈良天文 11	1542
1103	越南一条又天方一		后奈良天文 12	1543
1104	朝鲜一条		后奈良天文 13	1544
1105	朝鲜一条		后奈良天文 14	1545
1106	朝鲜一条又越南一条又土耳其一		后奈良天文 15	1546
1107	朝鲜一条又撒马儿罕一又哈烈一		后奈良天文 16	1547
1108	狼牙修一		后奈良天文 19	1550
1109	越南一条		后奈良天文 20	1551
1110	朝鲜一条		后奈良天文 21	1552
1111	暹罗一○缅甸一条	三十三年，莽纪岁支子端体计夺古剌复缅甸旧疆，又北并木邦所分之孟密，进掠孟养，东侵木邦、八百、车里、老挝之境	后奈良天文 23	1554
1112	朝鲜一条		后奈良弘治 2	1556
1113	琉求一		后奈良弘治 3	1557
卷十六	1114—1138	共 25 处		
1114	暹罗一		正亲町永禄 1	1560
1115	朝鲜一条		正亲町永禄 2	1561
1116	琉求一		正亲町永禄 3	1562

续表

卷数与序号	所加条目	具体内容	在位天皇（年）	对应公元纪年
1117	朝鲜一条		正亲町永禄6	1563
1118	越南一条		正亲町永禄7	1564
1119	琉求一		正亲町永禄8	1565
1120	土耳其一		正亲町永禄9	1566
1121	朝鲜一条		正亲町永禄10	1567
1122	印度一		正亲町永禄11	1568
1123	土耳其一		正亲町永禄12	1569
1124	暹罗一又土耳其一又印度一		正亲町元龟1	1570
1125	土耳其一	隆庆中，木邦附于缅孟、密所分之蛮，莫宣抚司亦附焉	正亲町元龟2	1571
1126	琉求一又印度一		正亲町元龟3	1572
1127	朝鲜一条又越南一条又□□□一又□□□一		正亲町天正1	1573
1128	土耳其一		正亲町天正2	1574
1129	越南一条又土耳其一		正亲町天正3	1575
1130	越南一条又琉求一又吕宋一又天方一		正亲町天正4	1576
1131	三佛齐一		正亲町天正5	1577
1132	暹罗一又印度一		正亲町天正6	1578
1133	撒马儿罕一条又缅甸一又真腊一又土耳其一		正亲町天正7	1579
1134	琉求一		正亲町天正8	1580
1135	印度一		正亲町天正9	1581

续表

卷数与序号	所加条目	具体内容	在位天皇（年）	对应公元纪年
1136	印度一	十一年，据木邦地，渐侵云南。边内土司为刘綎、陈用宾所败。古剌者，永乐初内附之夷部也，又名摆古，置大古剌宣慰司与缅甸底马撒（即地悉）、靖定（不知所在）、平缅（今腾越西南龙川宣司境内）木邦、孟养、八百、车里、老挝，称西南十慰。后为缅蚕食，惟古剌世为劲敌，嘉靖中歼于莽瑞林，不久复自立南（一作览掌即老），北界云南，东界暹罗，西南界缅甸地，甚□□缅甸□□。国朝内□□剌象瑞体起，洞吾复缅地，破览南掌承上哈（暹罗地），攻景迈，服车里，囚思个，陷罕拔，为西南雄瑞体思应里继之	正亲町天正11	1583
1137	印度一		正亲町天正13	1585
1138	印度一		正亲町天正14	1586
卷十七	1139—1158	共20处		
1139	朝鲜一条又土耳其一		后阳成天正17	1589
1140	朝鲜一条又越南一条又琉求一又土耳其一		后阳成天正19	1591
1141	朝鲜一条又越南一条又印度一		后阳成文禄1	1592
1142	朝鲜一条又越南一条又吕宋一又土耳其一		后阳成文禄2	1593
1143	朝鲜一条又越南一条又印度一		后阳成文禄3	1594
1144	朝鲜一条又越南一条又琉球一又土耳其一又印度一		后阳成文禄4	1505
1145	朝鲜一条又苏门答剌一又柔佛一又丁机宜一又撒马儿罕一又土耳其一		后阳成庆长1	1596
1146	越南一条		后阳成庆长2	1597
1147	越南一条又吕宋一		后阳成庆长3	1598
1148	朝鲜一条		后阳成庆长4	1599
1149	朝鲜一条又琉求一		后阳成庆长5	1600

续表

卷数与序号	所加条目	具体内容	在位天皇（年）	对应公元纪年
1150	朝鲜一条		后阳成庆长6	1601
1151	朝鲜一条又吕宋一又爪哇一		后阳成庆长7	1602
1152	朝鲜一条又吕宋一又土耳其一		后阳成庆长8	1603
1153	朝鲜一条		后阳成庆长10	1605
1154	越南一条又土耳其一		后阳成庆长11	1606
1155	朝鲜一条		后阳成庆长12	1607
1156	朝鲜一条又土耳其一又印度一		后阳成庆长13	1608
1157	朝鲜一条又土耳其一又印度一		后阳成庆长14	1609
1158	土耳其一又印度一		后阳成庆长16	1611
卷十八	1159—1264	共106处		
1159	朝鲜一条		后水尾庆长18	1613
1160	朝鲜一条又印度一		后阳成庆长19	1614
1161	朝鲜一条		后阳成元和1	1615
1162	琉求一		后阳成元和2	1616
1163	土耳其一		后阳成元和3	1617
1164	朝鲜一条又印度一		后阳成元和4	1618
1165	朝鲜一条又苏禄一		后阳成元和5	1619
1166	朝鲜一条又土耳其一又印度一		后阳成元和6	1620
1167	朝鲜一条又印度一		后阳成元和7	1621
1168	印度一		后阳成元和8	1622
1169	朝鲜一条又琉求一又土耳其一印度一又□□一		后阳成元和9	1623
1170	朝鲜一条又越南一条又印度一		后阳成宽永1	1624
1171	朝鲜一条又印度一		后阳成宽永2	1625
1172	朝鲜一条		后阳成宽永3	1626

附录三 二十二卷《外国通鉴稿》所加条目　391

续表

卷数与序号	所加条目	具体内容	在位天皇（年）	对应公元纪年
1173	朝鲜一条又印度一		后阳成宽永4	1627
1174	印度一		后阳成宽永5	1628
1175	朝鲜一条		后阳成宽永6	1629
1176	琉求一		明正宽永8	1631
1177	印度一		明正宽永9	1632
1178	朝鲜一条		明正宽永10	1633
1179	印度一		明正宽永11	1634
1180	印度一又□□一		明正宽永12	1635
1181	朝鲜一条又印度一		明正宽永14	1637
1182	土耳其一条又印度一		明正宽永15	1638
1183	土耳其一又印度一		明正宽永17	1640
1184	印度一又□□一		明正宽永19	1642
1185	暹罗一		明正宽永20	1643
1186	印度一		后光明正保2	1645
1187	土耳其一		后光明庆安1	1648
1188	浡泥一		后光明庆安4	1651
1189	土耳其一		后西明历2	1656
1190	印度一		后西万治1	1658
1191	印度一		后西宽文1	1661
1192	土耳其一		灵元宽文4	1664
1193	印度一		灵元宽文5	1665
1194	土耳其一		灵元宽文9	1669
1195	土耳其一又印度一		灵元延宝4	1676
1196	印度一		灵元天和1	1680
1197	土耳其一又印度一		灵元天和3	1682
1198	印度一		灵元贞享1	1684
1199	印度一		灵元贞享2	1685
1200	印度一		灵元贞享3	1686
1201	土耳其一		东山贞享4	1687
1202	印度一又□□□一		东山元禄2	1689
1203	土耳其一		东山元禄4	1691

续表

卷数与序号	所加条目	具体内容	在位天皇（年）	对应公元纪年
1204	土耳其一又印度一		东山元禄9	1696
1205	土耳其一		东山元禄11	1698
1206	土耳其一		东山元禄12	1699
1207	土耳其一		东山元禄16	1703
1208	印度一又□□□一		东山宽永4	
1209	土耳其一		中御门正德1	1711
1210	土耳其一		中御门正德5	1715
1211	土耳其一		中御门享保1	1716
1212	土耳其一		中御门享保2	1717
1213	土耳其一		中御门享保3	1718
1214	土耳其一		中御门享保15	1730
1215	土耳其一		樱町元文1	1735
1216	土耳其一		樱町元文2	1736
1217	土耳其一又印度一		樱町元文4	1739
1218	印度一		樱町元文5	1740
1219	土耳其一		桃园宝历4	1755
1220	印度一		桃园宝历6	1756
1221	土耳其一		桃园宝历7	1757
1222	印度一		桃园宝历8	1758
1223	印度一		桃园宝历11	1761
1224	印度一		后樱町明和1	1763
1225	印度一		后樱町明和2	1764
1226	土耳其一		后樱町明和6	1769
1227	土耳其一		后桃园明和8	1771
1228	印度一		后桃园安永1	1772
1229	土耳其一		后桃园安永2	1773
1230	印度一又一条		光格天明2	1782
1231	印度一		光格天明4	1784
1232	印度一		光格天明6	1786
1233	土耳其一		光格宽政1	1789
1234	印度一		光格宽政2	1790

续表

卷数与序号	所加条目	具体内容	在位天皇（年）	对应公元纪年
1235	土耳其一		光格宽政 3	1791
1236	土耳其一		光格宽政 5	1793
1237	印度一		光格宽政 10	1798
1238	土耳其一		光格宽政 11	1799
1239	土耳其一		光格宽政 12	1800
1240	印度一		光格淳和 2	1802
1241	印度一		光格淳和 3	1803
1242	印度一		光格文化 1	1804
1243	土耳其一又印度一		光格文化 4	1807
1244	土耳其一		光格文化 5	1808
1245	土耳其一		光格文化 9	1812
1246	印度一		光格文化 11	1814
1247	印度一		光格文化 12	1815
1248	印度一		光格文化 13	1816
1249	土耳其一又印度一		光格文化 14	1817
1250	土耳其一		仁孝文政 5	1822
1251	印度一		仁孝文政 6	1823
1252	土耳其一条又印度一		仁孝文政 7	1824
1253	土耳其一又印度一		仁孝文政 10	1827
1254	土耳其一又印度一		仁孝文政 11	1829
1255	土耳其一		仁孝文政 12	1829
1256	土耳其一		仁孝天保 3	1833
1257	土耳其一又印度一		仁孝天保 4	1834
1258	印度一		仁孝天保 5	1835
1259	印度一		仁孝天保 8	1838
1260	土耳其一又印度一		仁孝天保 10	1840
1261	印度一		仁孝天保 12	1842
1262	印度一		仁孝天保 14	1843
1263	印度一		仁孝弘化 1	1844
1264	印度一		仁孝弘化 2	1845
卷十九	1265—1277	共 13 处		

续表

卷数与序号	所加条目	具体内容	在位天皇（年）	对应公元纪年
1265	土耳其一又印度一		孝明嘉永1	1848
1266	土耳其一		孝明嘉永2	1849
1267	土耳其一又印度一		孝明嘉永5	1852
1268	土耳其一		孝明嘉永6	1853
1269	土耳其一		孝明安政1	1854
1270	土耳其一		孝明安政2	1855
1271	印度一		孝明安政3	1856
1272	印度一		孝明安政4	1857
1273	印度一条		孝明安政5	1858
1274	又印度一		孝明安政6	1859
1275	土耳其一		孝明万延1	1860
1276	土耳其一又印度一		孝明文久1	1861
1277	印度一又□□□		孝明文久2	1862
卷二十	1278	共1处		
1278	土耳其一		明治3	1870
卷二十一	1279—1283	共5处		
1279	土耳其一		明治8	1875
1280	土耳其一		明治10	1877
1281	土耳其一		明治11	1878
1282	土耳其一		明治18	1885
1283	土耳其一□□□		明治26	1893
卷二十二				

主要参考论著

A

［1］［英］艾约瑟：《冰洋事迹述略》，载王锡祺《小方壶斋舆地丛钞（第十一帙）》，杭州古籍书店1985年版。

B

［2］［日］坂本太郎：《日本的修史与史学》，沈仁安、林铁森译，北京大学出版社1991年版。

［3］北京图书馆普通古籍组：《北京图书馆藏普通估计总目（第四卷，地志门）》，北京图书馆出版社2003年版。

C

［4］曹陶仙：《曹典球生平事略》，载中国人民政治协商会议长沙县委员会文史资料研究委员会《长沙县文史资料（第6辑）》，中国人民政治协商会议长沙县委员会文史资料研究委员会1988年版。

［5］曹文振等：《比较宪政制度》，海洋大学出版社2005年版。

［6］曹子西、张登义、曹增友：《北京百科词典——科学技术卷》，北京科学技术出版社1992年版。

［7］陈继达：《监察御史徐定超》，学林出版社1997年版。

［8］陈建平：《〈日本考〉所见的日本婚葬礼俗：明代中国人的日本观初探》，《西南师范大学学报（人文社会科学版）》2000年第5期。

［9］陈琳：《贵州省古籍联合目录》，贵州人民出版社2007年版。

［10］陈平原、米列娜：《近代中国的百科辞书》，北京大学出版社2007年版。

［11］陈伟庆：《从宋代诗作看宋日交流》，《兰台世界》2012年第

15期。

［12］陈小法：《从服饰文化谈谈古代中国人的日本观》，《文献》2003年第2期。

［13］陈旭麓、方诗铭、魏建猷：《中国近代史词典》，上海辞书出版社1982年版。

［14］［日］重野安绎：《大日本维新史》，商务印书馆，光绪二十五年（1899）版。

D

［15］丁光训，金鲁贤：《基督教大辞典》，上海辞书出版社2010年版。

［16］杜宗预：《瀛寰译音异名记》，光绪三十年（1904）刻本。

F

［17］冯天瑜：《中华文化辞典》，武汉大学出版社2001年版。

［18］方浚师撰，盛冬铃点校：《蕉轩随录·续录》，中华书局1995年版。

［19］冯君：《试论黄遵宪的日本观》，《嘉应学院学报（哲学社会科学）》2010年第7期。

［20］冯志文等：《西域地名词典》，新疆人民出版社2002年版。

G

［21］高国抗、杨燕起：《中国近代史学史概要》，广东高等教育出版社1994年版。

［22］高书全等：《日本百科辞典》，吉林人民出版社1990年版。

［23］耿引曾：《汉文南亚史料》，北京大学出版社1990年版。

［24］龚柴：《弹丸小记》，载王锡祺辑《小方壶斋舆地丛钞》第十一帙，杭州古籍书店1985年版。

［25］龚柴：《五洲图考》，徐家汇印书馆，光绪二十八年（1902）版。

［26］龚抗云：《王先谦〈尚书孔传参正〉研究》，博士学位论文，湖南大学，2013年。

[27] 关贤柱:《浅谈黎庶昌的〈续古文辞类纂〉》,《贵州文史丛刊》1992 年第 3 期。

[28] 郭双林:《论鸦片战争时期的世界舆地研究》,《中州学刊》1992 年第 1 期。

H

[29] 韩小林,冯君:《论甲午战争前中国社会的日本观》,《嘉应学院学报(哲学社会科学)》2005 年第 2 期。

[30] 贺知章:《王先谦与毕沅〈释名〉研究比较》,《延安大学学报(社会科学版)》2008 年第 5 期。

[31] 侯德仁:《晚清域外地理学研究述论》,《苏州科技学院学报(社会科学版)》2010 年第 6 期。

[32]《湖南历代人名词典》编委会:《湖南历代人名词典》,湖南出版社 1993 年版。

[33] 湖南省地方志编纂委员会:《湖南省志(第二十卷:新闻出版志·出版)》,湖南出版社 1991 年版。

[34] 湖南省地方志编纂委员会:《湖南省志(第三十卷:人物志)上册》,湖南出版社 1992 年版。

[35] 湖南省地方志编纂委员会:《湖南省志(第二十八卷:文物志》,湖南出版社 1995 年版。

[36] 湖南省地方志编纂委员会:《湖南通鉴 1》,湖南人民出版社 2008 年版。

[37] 胡思敬:《戊戌履霜录》,南昌退庐,民国二年(1913)刻本。

[38] 胡玉缙撰,吴格整理:《续四库提要》,上海书店出版社 2002 年版。

[39] 华林甫:《中国地名学史考论》,社会科学文献出版社 2002 年版。

[40] 黄建国、金初昇:《中国所藏高丽古籍综录》,汉语大词典出版社 1998 年版。

[41] 黄林:《也知经术非时务 稍为儒林振古风:王先谦编辑出版活动及思想述论》,《湖南师范大学社会科学学报》2004 年第 1 期。

[42] 黄楙材:《游历刍言》,成都志古堂,光绪丁酉(1897)刊本。

［43］黄涛、黄伟：《从〈日本国志〉看黄遵宪明治维新观》，《商丘师范学院学报》2009 年第 7 期。

［44］黄宗瀚：《〈释名疏证补点校〉引用医籍考》，《医古文知识》2003 年第 2 期。

［45］黄宗瀚：《〈释名疏证补点校〉医籍引文之对象与作用》，《医古文知识》2004 年第 2 期。

［46］黄遵宪：《日本国志》，浙江书局，光绪二十四年（1898）刊本。

［47］黄遵宪：《日本国志序》，锓木板存绍邨中西学堂光绪丁酉（1897）孟夏刊本。

［48］黄遵宪：《日本国志》，上海古籍出版社 2001 年版。

J

［49］纪昀等著，四库全书研究所整理：《钦定四库全书总目（整理本）》，中华书局 1997 年版。

［50］姜亚沙：《影印珍本古籍文献举要》，北京图书馆出版社 2002 年版。

［51］蒋秋华：《台湾学界王先谦研究简述》，见朱汉民主编：《清代湘学研究》，湖南大学出版社 2005 年版。

［52］蒋升：《五洲括地歌》，土山湾慈母堂印书局，光绪二十四年（1898）铅印本。

K

［53］康有为：《日本变政考》，紫禁城出版社 1998 年版。

L

［54］来新夏：《近三百年人物年谱知见录》，上海人民出版社 1983 年版。

［55］雷文斯顿：《万国新地志》，何育杰译，光绪二十九年（1903）版。

［56］李栋：《词语缘起大观》，黄山书社 2007 年版。

［57］李和山：《王先谦学术年谱》，博士学位论文，苏州大学，

2007年。

[58] 李绍平、谢斌：《浅谈王先谦的文献学成就》，《船山学刊》2006年第2期。

[59] 李申：《中国儒教史（下卷）》，上海人民出版社2000年版。

[60] 李希泌：《健行斋文录》，书目文献出版社1996年版。

[61] 李肖聃：《星庐笔记》，岳麓书社1983年版。

[62] 李晓明：《〈晋书斠注〉的史注成就》，载邓鸿光，李晓明《史学理论与史学史（第1辑）》，崇文书局2002年版。

[63] 李玉、汤重南等：《中国的日本史研究》，世界知识出版社2000年版。

[64] 李玉等主编：《中国的中日关系史研究》，世界知识出版社2000年版。

[65] 梁淑安：《中国文学家大辞典 近代卷》，中华书局1997年版。

[66] [美] 林乐知、严良勋同译，李凤苞汇编：《四裔编年表》，江南制造局翻译馆1874年版。

[67] [美] 林乐知辑译，任保罗译述：《五大洲女俗通考》，美华书局，光绪二十九年（1903）摆印本。

[68] 刘锦藻：《清朝续文献通考》，浙江古籍出版社2000年版。

[69] 刘兰肖：《近代报刊与"民史"思想的阐发》，载瞿林东《史学理论与史学史学刊（2004—2005年卷）》，社会科学文献出版社2005年版。

[70] 刘兰肖：《晚清报刊与近代史学》，中国人民大学出版社2007年版。

[71] 刘林：《古代书院（下册）》，蓝天出版社1998年版。

[72] 刘芹：《论王先谦的〈五洲地理志略〉》，《史学史研究》2006年第4期。

[73] 刘德有、马兴国：《中日文化交流事典》，辽宁教育出版社1992年版。

[74] 刘声木：《桐城文学渊源撰述考》，黄山书社1989年版。

[75] 刘笑春、李俊杰、翁学东：《湘雅人物》，湖南教育出版社1994年版。

[76] 刘旭青：《略论王先谦文献整理的成就与方法》，硕士学位论

文，湖北大学，2000年。

[77] 刘泱泱：《思贤讲舍、思贤书局小考》，载中国近代现代出版史编纂组编：《中国近代现代出版史学术讨论会文集》，中国书籍出版社1990年版。

[78] 刘志盛：《先贤王先谦著书刻书考略》，载《长沙市北区文史资料（第1辑）》1985年版。

[79] 楼云林编：《中文图书编目法》，中华书局1951年版。

[80] 卢嘉锡主编，唐锡仁、杨文衡地学分卷主编：《中国科学技术史：地学卷》，科学出版社2000年版。

[81] 罗玉明：《王先谦与湖南近代工业的兴起》，《船山学刊》2002年第4期。

M

[82] 马固钢：《谈〈汉书补注〉的吸收前人成果》，《石家庄师范专科学校学报》2002年第1期。

[83] 马固钢：《〈汉书补注〉训诂杂识》，《古籍整理研究学刊》2002年第5期。

[84] 马金科、洪京陵：《中国近代史学发展叙论：1840—1949》，中国人民大学出版社1994年版。

[85] [英] 马恳西著，李提摩太译，蔡尔康述稿：《泰西新史揽要》，广学会光绪二十二年（1896）刻本。

[86] 马秀平：《从倭仁到王先谦：清代同光年间保守主义思想的典型探析》，硕士学位论文，福建师范大学，2003年。

[87] 梅季：《光辉与阴影：论岳麓书院最后山长王先谦》，载湖南大学岳麓书院文化研究所《岳麓书院一千零一十周年纪念文集（第一辑）》，湖南人民出版社1986年版。

[88] 梅季：《〈葵园四种〉的史料价值》，《复旦学报（社会科学版）》1987年第4期。

[89] 梅季坤：《王先谦的治学成就与学术思想》，载朱汉民《清代湘学研究》，湖南大学出版社2005年版。

[90] [日] 梅原猛：《诸神流窜：论日本〈古事〉》，卞立强、赵琼译，经济日报出版社1999年版。

[91] 孟旭琼：《黄遵宪〈日本国志〉》的文献学价值研究》，硕士学位论文，广西师范大学，2008年。

[92] 缪荃孙等撰；顾廷龙校阅：《艺风堂友朋书札（上册）》，上海古籍出版社1980年版。

[93] 明文书局：《中国史学史辞典》，明文书局1986年版。

[94] 缪佑孙：《俄游汇编》，海上秀文书局光绪己丑（1889）石印本。

[95] ［日］木宫泰彦：《日中文化交流史》，胡锡年译，商务印书馆1980年版。

[96] ［日］木寺柳次郎：《西洋历史》，章师濂、李国磐、胡叙畴合译，史学斋，光绪壬寅（1902）铅印本。

[97] ［英］慕维廉：《地理全志》，美华书馆光绪九年（1883）刻本。

O

[98] 欧阳修、宋祁：《新唐书》中华书局2003年版。

P

[99] 潘超、丘良任、孙忠铨：《中华竹枝词全编（7）》，北京出版社2007年版。

[100] 潘娜娜：《欧洲中心观与中国中心观内涵演变研究》，《河南社会科学》2009年第4期。

[101] 彭雷霆：《近代中国人的日本认识（1871—1915年》，博士学位论文，华中师范大学，2008年。

[102] 朴相泳：《从〈诗三家义集疏〉看王先谦的训诂学》，山东大学硕士学位论文2002年版。

Q

[103] 钱恂：《五洲各国政治考》，光绪二十七年（1901）石印本。

[104] 瞿林东：《史学理论与史学史学刊（2004—2005年卷）》，社会科学文献出版社2005年版。

R

[105] 任继愈：《宗教词典》，上海辞书出版1981年版。

[106] 蓉朴，美颖：《黄遵宪〈日本国志〉在中日交流中的贡献》，《宁波工程学院学报》2012 年第 1 期。

[107] 容若：《谈王先谦》，中央日报，1995 年 3（13）：6。

S

[108] 桑兵：《晚清学堂学生与社会变迁》，广西师范大学出版社 2007 年版。

[109] 上海图书馆：《中国近代期刊篇目汇录（第一卷）》，上海人民出版社 1965 年版。

[110] 上海图书馆：《中国丛书综录（总目）》，上海古籍出版社 1982 年版。

[111] 邵献图等：《外国地名语源词典》，上海辞书出版社 1983 年版。

[112] 沈林一：《五洲属国纪略》，錬青轩，光绪二十四年（1898）铅印本。

[113] 沈津：《美国哈佛大学哈佛燕京图书馆中文善本书志》，上海辞书出版社 1999 年版。

[114] 沈文泉：《海上奇人王一亭》，中国社会科学出版社 2011 年版。

[115] 盛邦和、[日] 井上聪主编：《新亚洲文明与现代化》，学林出版社 2003 年版。

[116] 盛宣怀：《日本商务学堂》，见：《盛宣怀档案》，上海图书馆藏。

[117] [日] 石村贞一：《日本新史揽要》，光绪二十五年（1899）石印本。

[118] 时培磊：《明清日本研究史籍探研》，博士学位论文，南开大学，2010 年。

[119] [日] 矢津昌永撰，樊炳清译：《万国地志》，成都志古堂光绪二十九年（1903）刻本。

[120] 师玉祥：《王先谦与刻书》，《图书馆》1996 年第 2 期。

[121] 松枝到著，施仁编译：《宋、元时期的日本观》，《国外社会科学快报》1992 年第 5 期。

［122］宋希仁：《中国伦理学百科全书（东方伦理思想史卷）》，吉林人民出版社1993年版。

［123］宋衍申：《中国史学史纲要》，东北师范大学出版社1996年版。

［124］孙海林：《湖南第一师范名人谱：1903—1949》，湖南省第一师范学校出版社2003年版。

［125］孙海林：《王先谦教育实践与教育思想》，《湖南第一师范学报》2004年第3期。

［126］孙文范：《世界历史地名辞典》，吉林文史出版社1990年版。

［127］孙玉敏：《王先谦研究综述》，《北方论丛》2005年第3期。

［128］孙玉敏：《王先谦生卒年考辨》，《船山学刊》2005年第4期。

［129］孙玉敏：《王先谦学术思想研究》，黑龙江人民出版社2008年版。

T

［130］［日］太安万侣著；周启明译：《古事记》，人民文学出版社1963年版。

［131］谭雯：《王闿运与王先谦治学特点之比较》，载羊列荣《诗书薪火（蒋凡卷）》，上海古籍出版社2006年版。

［132］唐才常：《觉颠冥斋内言》，光绪二十四年（1898）刻本。

［133］陶绪：《晚清文化史稿》，湖南出版社1996年版。

［134］脱脱：《宋史》，中华书局1977年版。

W

［135］汪向荣、夏应元编：《中日关系史资料汇编》，中华书局1984年版。

［136］汪向荣：《古代中国人民的日本观》，《世界历史》1981年第5期。

［137］王宝平：《中国馆藏日人汉文书目》，杭州大学出版社1997年版。

［138］王宝平：《黄遵宪〈日本国志〉征引书目考释》，《浙江大学学报（人文社会科学版）》2003年第5期。

［139］王宝平：《黄遵宪〈日本国志〉清季流传考》，《文献》2010年第4期。

［140］王青芝：《中西文化视野下的王先谦研究》，博士学位论文，中国人民大学，2007年。

［141］王青芝：《近百年来王先谦研究述评》，《兰州学刊》2007年第4期。

［142］王青芝：《王先谦的史学成就及思想与观念》，《船山学刊》，2008年第2期。

［143］王青芝：《〈五洲地理志略〉的编撰及其思想》，《史学史研究》2012年第1期。

［144］王青芝、王照兰：《王先谦与〈鲜虞中山国事表疆域图说〉》，《兰台世界》2008年第2期。

［145］王蓉，朴美颖：《黄遵宪〈日本国志〉在中日交流中的贡献》，《宁波工程学院学报》2012年第1期。

［146］王韬：《日本疆域考·日本沿革考》上海图书馆藏稿本。

［147］王锡祺：《小方壶斋舆地丛钞》，杭州古籍书店1985年版。

［148］王先谦：《日本源流考》，长沙思贤书舍光绪二十八年（1902）刻本。

［149］王先谦：《五洲地理志略》，湖南学务公所宣统二年（1910）刊本。

［150］王先谦：《西国通鉴二次稿》，北京大学图书馆藏1916年稿本。

［151］王先谦：《虚受堂诗存》，载王先谦著，梅季标点《葵园四种》，岳麓书社1986年版。

［152］王先谦：《王先谦自定年谱》，载王先谦著，梅季标点《葵园四种》，岳麓书社1986年版。

［153］王先谦：《虚受堂书札》，《葵园四种》，岳麓书社1986年版。

［154］王先谦：《虚受堂文集》，《葵园四种》，岳麓书社1986年版。

［155］王先谦撰，全国公共图书馆古籍文献编委会汇刊编：《蒙古通鉴长编》中华全国图书馆文献缩微复制中心1994年版。

［156］王先谦：《汉书补注》，书目文献出版社1995年版。

［157］王先谦：《外国通鉴稿》，中华全国图书馆文献缩微复制中心

1997年版。

［158］王先谦：《日本源流考》，载四库未收书辑刊编纂委员会编《四库未收书辑刊（捌辑肆册）》，北京出版社1998年版。

［159］王先谦：《五洲地理志略》，四库未收书辑刊编纂委员会：《四库未收书辑刊》，北京出版社1998年版。

［160］王晓秋：《黄遵宪〈日本国志〉初探》，载北京市中日文化交流史研究会编《中日文化交流史论文集》，人民出版社1982年版。

［161］王秀山：《王先谦刊刻书籍简论》，《邵阳学院学报》2002年第S1期。

［162］王仪：《隋唐与后三韩关系及日本遣隋使遣唐使运动》，中华书局1972年版。

［163］王志民、黄新宪：《中国古代学校教育制度考略》，首都师范大学出版社1996年版。

［164］王仲殊：《关于日本第七次遣唐使的始末》，《考古与文物》2000年第3期。

［165］魏宇文、王彦坤：《〈释名疏证补点校〉的"先谦曰"探微》，《学术研究》2005年第3期。

［166］［美］卫三畏（S. Wells Williams）：《中国总论（上册）》，陈俱译，陈绛校，上海古籍出版社2005年版。

［167］文廷式：《纯常子枝语》，民国三十二年（1943）刻本。

［168］吴春秋：《外国军事人物辞典》，世界知识出版社1996年版。

［169］吴枫编：《隋唐历史文献集释》，中州古籍出版社1989年版。

［170］吴怀祺：《中国史学思想通史·近代前卷1840—1911》，黄山书社2002年版。

［171］吴荣政：《王先谦〈汉书补注〉略论》，《兰州大学学报（社会科学版）》1982年第4期。

［172］吴荣政：《王先谦与〈东华录〉：兼论王录与蒋录、潘录和〈清实录〉的异同》，《湘潭大学社会科学学报》1987年第4期。

［173］吴士鉴、刘承干：《晋书斠注》，吴兴刘氏嘉业堂，民国十六年（1927）刻本。

［174］吴廷嘉、沈大德：《梁启超评传》，百花洲文艺出版社1996年版。

［175］吴仰湘：《中国内地王先谦研究述评》，载朱汉民《清代湘学研究》，湖南大学出版社 2005 年版。

［176］武斌：《中华文化海外传播史》，陕西人民出版社 1998 年版。

［177］武心波：《日本与东亚"朝贡体系"》，《国际观察》2003 年第 6 期。

X

［178］萧应椿：《五洲述略》，紫藤花馆，光绪二十八年（1902）刻本。

［179］肖东发等：《年鉴学概论》，中国书籍出版社 1991 年版。

［180］［日］小栗栖香顶：《北京纪事·北京纪游》，中华书局 2008 年版。

［181］香港中国语文学会：《近现代汉语新词词源词典》，汉语大词典出版社 2001 年版。

［182］谢承仁：《杨守敬集（第 7 册：增订丛书举要·续群书拾补）》，湖北人民出版社 1997 年版。

［183］谢丰：《王先谦的教育近代化实践》，《船山学刊》2006 年第 3 期。

［184］谢丰：《清末新政时期湖南官绅对书院改制政策的不同思考：以俞廉三、王先谦、赵尔巽的教育改革活动为例》，《湖南大学学报（社会科学版）》2006 年第 6 期。

［185］谢洪赉：《瀛寰全志》，商务印书馆 1906 年版。

［186］熊文华：《英国汉学史》，学苑出版社 2007 年版。

［187］熊月之：《晚清新学书目提要》，上海书店出版社 2007 年版。

［188］徐继畬：《瀛寰志略》，道光二十八年（1848）版。

［189］徐继畬：《瀛寰志略》，上海书店出版社 2001 年版。

［190］徐家康：《中日两国年鉴出版概况》，《世界图书》1985 年第 1 期。

［191］徐泰来：《中国近代史记（下）：1840—1919》，湖南人民出版社 1989 年版。

［192］徐州师范学院：《中国近代作家传记墅著述要目（初编）》。

［193］徐祖友、沈益：《中国工具书大辞典》，福建人民出版社1996年版。

［194］许焕玉：《中国历史人物大辞典》，黄河出版社1992年版。

［195］许顺富：《论戊戌维新运动时期的王先谦》，《湖湘论坛》2003年第5期。

［196］薛福成：《庸庵文编》，清薛福成光绪刻庸庵全集本。

［197］薛俊：《日本考略》清"得月簃丛书"本。

Y

［198］亚洲——太平洋研究院：《亚太研究论丛（第2辑）》，北京大学出版社2005年版。

［199］严绍璗：《汉籍在日本的流布研究》，江苏古籍出版社1992年版。

［200］杨宝华、韩德昌：《中国省市图书馆概况（1919—1949）》，书目文献出版社1985年版。

［201］杨宝忠：《论衡校笺》，河北教育出版社1999年版。

［202］杨布生：《岳麓书院山长考》，华东师范大学出版社1986年版。

［203］杨薇：《日本书化模式与社会变迁》，济南人民出版社2001年版。

［204］杨孝臣：《中日关系史纲》，上海外语教育出版社1987年版。

［205］杨正光：《中日关系史研究的回顾与前瞻》，载杨正光《中日关系史论文集（第一辑：从徐福到黄遵宪）》，时事出版社1985年版。

［206］杨昭全：《中国·朝鲜·韩国文化交流史（Ⅱ）》，昆仑出版社2004年版。

［207］阳信生：《湖南近代绅士阶层研究（1895—1912）》，博士学位论文，湖南师范大学，2003年。

［208］姚琦：《〈申报〉有关早期明治维新报道的研究（1872—1879）》，硕士学位论文，华东师范大学，2005年。

［209］叶昌炽：《缘督庐日记抄》上海：蟫隐庐，民国石印本。

［210］叶德辉：《〈葵园四种〉跋》，见：《葵园四种》，岳麓书社1986年版。

[211] 叶再生:《中国近现代出版通史(第一卷:清朝末年)》,华文出版社 2002 年版。

[212] 佚名:《五洲地名中西合表》,光绪铅印本。

[213] [日] 依田熹家:《简明日本通史》,卞立强等译,上海远东出版社 2003 年版。

[214] 壹岐一郎:《徐福集团东渡与古代日本》,天津人民出版社 1996 年版。

[215] 尤元梅:《〈日本国志〉的史学思想研究》,硕士学位论文,山东大学,2010 年。

[216] 虞舜:《湖南百科全书》,岳麓书社 1995 年版。

[217] 袁昶:《安般簃集》,袁氏小汇巢光绪十六年(1890)刻本。

[218] [美] 约瑟夫·阿·勒文森:《梁启超与中国近代思想》,刘伟、刘丽译,四川人民出版社 1986 年版。

Z

[219] 臧世俊:《康有为的日本观》,《学术论坛》1995 年第 3 期。

[220] 曾朴:《孽海花》,民国铅印本。

[221] [日] 斋谷祯夫:《日本全史》,教育世界社清末石印本。

[222] 翟迪:《王先谦〈汉书补注〉训诂研究》,硕士学位论文,渤海大学,2013 年。

[223] 张秉成、萧哲庵:《清诗鉴赏辞典》,重庆出版社 1992 年版。

[224] 张春生:《山海经研究》,上海社会科学院出版社 2007 年版。

[225] 张冬冬、巨永明:《刍议中国古人的日本观——从正史中关于日本的专门记来看古人的日本观》,《重庆师范大学学报(哲学社会科学版)》2007 年第 3 期。

[226] 张冬阳:《赖山阳与〈日本外史〉》,硕士学位论文,吉林大学,2011 年。

[227] 张海峰:《王先谦〈汉书补注〉研究》,博士学位论文,山东大学,2011 年。

[228] 张华清:《〈释名〉研究》,硕士学位论文,山东大学,2005 年。

[229] 张孟伦:《中国文学史(下册)》,甘肃人民出版社 1986 年版。

［230］张庆雄：《浅析王先谦教育思想的转变》，《呼伦贝尔学院学报》2004年第4期。

［231］张声振、郭洪茂：《中日关系史（第一卷）》，吉林文史出版社1986年版。

［232］张舜徽：《爱晚庐随笔》，华中师范大学出版社2005年版。

［233］张小兰：《论王先谦与湖南维新运动》，硕士学位论文，湘潭大学，2006年。

［234］张荫桓著；任青、马忠文整理：《张荫桓日记》，上海书店出版社2004年版。

［235］张政伟：《王先谦〈诗三家义集疏〉对诗旨的拟定》，载朱汉民《清代湘学研究》，湖南大学出版社2005年版。

［236］赵尔巽、柯劭忞等：《清史稿》，中华书局1977年版。

［237］赵建民：《赖山阳的〈日本外史〉与中日史学交流》，《贵州大学学报》1992年第2期。

［238］赵荣、杨正泰：《中国地理学史（清代）》，商务印书馆1998年版。

［239］赵树功：《中国尺牍文学史》，河北人民出版社1999年版。

［240］赵云田：《清朝〈理藩院则例〉的整理和利用》，《内蒙古社会科学（汉文版）》2001年第2期。

［241］郑佳明主编，彭平一、陈先枢、梁小进著：《湘城教育纪胜》，湖南文艺出版社1997年版。

［242］郑天挺等：《中国历史大辞典（上卷）》，上海辞书出版社2000年版。

［243］［日］中村五六：《万国地理志》，周起凤译，广智书局，光绪二十八年（1902）铅印本。

［244］《中国方志大辞典》编辑委员会：《中国方志大辞典》，浙江人民出版社1988年版。

［245］中国孔子基金会：《中国儒学百科全书》，中国大百科全书出版社1997年版。

［246］《中国历史大辞典》编纂委员会：《中国历史大辞典·史学史卷》，上海辞书出版社1983年版。

［247］钟珍维、万发云：《梁启超思想研究》，海南人民出版社1986

年版。

［248］周家珍：《20世纪中华人物名字号辞典》，法律出版社2000年版。

［249］周启乾：《晚清知识分子日本观的考察》，《日本学刊》1997年第6期。

［250］周秋光：《熊希龄传》，湖南师范大学出版社1996年版。

［251］周维翰：《西史纲目》，光绪二十七年（1901）石印本。

［252］朱汉民、黄梓根：《王先谦汉学研究与书院传播》，《湖南大学学报（社会科学版）》2004年第4期。

［253］朱易安、傅璇琮等主编，上海师范大学古籍整理研究所编：《全宋笔记（第一编·十）》，大象出版社2003年版。

［254］祝敏彻：《〈释名疏证补点校〉序言》，《湖北大学学报（哲学社会科学版）》1989年第1期。

［255］邹代钧：《西征纪程》，载王锡祺《小方壶斋舆地丛钞》，杭州古籍书店1985年版。

［256］邹特夫：《〈地图〉序》，载陈澧等著；刘善良译注：《陈澧、俞樾、王闿运、孙诒让诗文选译》，巴蜀书社1997年版。

［257］邹振环：《晚清西方地理学在中国：以1815年至1911年西方地理学译著的传播与影响为中心》，上海古籍出版社2000年版。

［258］邹振环：《慕维廉与中文版西方地理百科全书〈地理全志〉》，《复旦学报（社会科学版）》2000年第3期。

［259］邹振环：《〈大英国志〉与晚清国人对英国历史的认识》，《复旦学报（社会科学版）》2004年第1期。

［260］邹振环：《西方传教士与晚清西史东渐：以1815年至1900年西方历史译著的传播与影响为中心》，上海古籍出版社2007年版。

［261］邹振环：《〈外国史略〉及其作者问题新探》，《中山大学学报（社会科学版）》，2008年第5期。

［262］邹振环：《〈四裔编年表〉与晚清中西时间观念的交融》，《近代史研究》2008年第5期。

［263］邹振环：《〈职方外纪〉：世界图像与海外猎奇》，《复旦学报（社会科学版）》2009年第4期。

后 记

本书是在我的博士学位论文基础上修订而成的，是我多年思考和研究的结晶。

我出生在1972年，20世纪90年代参加工作；2003—2009年，而立之年的我离开家乡，先后辗转于西安、上海两个城市求学。2006年5月，在西北大学文博学院陈峰教授的指导下，我完成了硕士学位论文《试论北宋黜降官问题》；2006年8月，我又考入复旦大学历史系，做了邹振环教授的博士研究生，从事明清历史文献与文化研究，以《王先谦的外国史地著作述论》作为博士学位论文选题。

我对王先谦的外国史地著作产生兴趣，得益于我的博士学位论文导师邹振环教授的指导。邹老师多年致力于晚清西方历史与地理译著在中国传播的研究，他于2000年和2007年先后出版了《晚清西方地理学在中国：以1815年至1911年西方地理学译著的传播与影响为中心》和《西方传教士与晚清西史东渐：以1815年至1900年西方历史译著的传播与影响为中心》。邹老师的研究兴趣很快影响了我，我便选择以王先谦（1842—1918）撰写的三部不为学界所重视的外国史地著作《日本源流考》《外国通鉴》《五洲地理志略》作为研究对象。

2006年8月到2009年12月，我在复旦大学完成了我的博士学位论文。2010年1月，我到渭南师范学院历史与文化传播系（现为人文与社会发展学院）工作。2012年4月我进入陕西师范大学历史文化学院历史学博士后流动站从事科研工作，继续深化该研究。2013年，我想将我的博士学位论文付诸出版，我夜以继日地查阅相关资料、阅读原始文献，展开了深入修改。

为了完成本课题研究及其出版工作，我受到了来自各方的帮助，在此一并致谢：

首先需要感谢的是我的博士学位论文导师邹振环教授和博士后合作导师贾二强教授。邹振环教授在我的博士论文写作过程中付出了很多辛苦，他耐心、严谨，时时指导着我、督促着我。贾二强教授在我的博士后研究工作中，耳提面命，对该书在内容、结构上都提出了具体的要求。

　　我的硕士导师陈峰教授，经常与我谈学习、生活、工作等方面的问题，并多次赠书与我，希我进步。在我的书稿即将交付渭南师范学院学术著作出版委员会审核的时候，我恳请陈峰老师推荐，他慨然应允。渭南师范学院人文与社会发展学院的刘树友教授也为本书出版写了推荐信。我在西大读书的师门好友、年轻于我的师姐张明同志也为本书的出版提供了很多建议。

　　为了完成这一研究，我在复旦大学图书馆教师及研究生阅览室、复旦大学图书馆古籍部、历史系资料室、历史地理研究中心资料室、文博系资料室、上海市图书馆古籍阅览室、北京大学图书馆、中国国家图书馆、陕西师范大学图书馆古籍阅览室、陕西省图书馆等，阅读了大量古籍文献。曾经受到复旦大学历史系资料傅德华、李春博老师以及陕西师范大学图书馆古籍部史延、马冠芳老师的热情接待。

　　本书的出版得到了渭南师范学院优秀学术著作出版基金资助。渭南师范学院的副院长李海龙、程书强、社科处处长李明敏、副处长曹强，以及王有景、杨芳等同志对本书的出版给予了关心和帮助，他们不辞劳苦地为本书出版进行策划、联系出版社等，甚是辛苦，特地致谢。

　　我那年近八旬的老母亲及三位在河南老家的兄长，也在背后默默地支持我……

　　最后，感谢我的夫君——王奎群。王奎群在高校从事着繁重的教学和管理工作，又承担着大量家务，为了我的研究，凡琐事者，他都不辞劳苦地为我奔波、操劳。我每修改一部分书稿，他都会逐字逐句帮我校订，忘不了我与他夫妻二人在案头共同阅读文稿的点点滴滴……我的每一步前进，都离不开他的付出和支持。相濡以沫二十载，我的爱人，你辛苦了，我在这里特意对你道声谢谢！还要感谢我的女儿王凌云，2003年我外出求学时，她年仅6岁，刚上小学一年级，正是需要母亲在身边陪伴和教育的时候，每次当我要离开她奔向远方学习之时，她总是默默地掉眼泪，如今她已经17岁，已经步入高三。我想对我的女儿说："凌云，这么多年，妈妈欠你的太多了，希望你能理解。"

往事依稀，师友、亲人的一言一行，如今已深深镌刻在我的记忆深处。是你们，让我懂得了学习和生活的真谛！我要说，我爱这个世界，爱曾经帮助过我的所有人。出身农民家庭的我，如今能在学术边缘行走，已甚幸也！做自己喜欢的事情，无论如何都是件美事，人生夫复何求！

　　前面的路还很长，我将前行，虽然步履蹒跚，但我在路上，我在风雨兼程……

程天芹谨识

2014 年 11 月 9 日于陕西师范大学长安校区博士 1 号楼 1608 室